高等院校小学教育专业教材

小学语文课程标准与教材研究

主　编　郑国民　吴欣歆

编写者　郑国民　吴欣歆　李　倩
　　　　李　重　林江泽　任明满
　　　　钱　荃　管贤强　李军亮
　　　　刘锦华　陆　平

中国教育出版传媒集团
高等教育出版社 · 北京

内容提要

本书根据《义务教育语文课程标准(2022年版)》编写。全书首先概述了小学语文课程标准与教材,介绍了素养型的小学语文课程目标、结构化的小学语文课程内容、整体性的小学语文学业质量;其次分别讨论了语言文字积累与梳理、实用性阅读与交流、文学阅读与创意表达、思辨性阅读与表达、整本书阅读、跨学科学习六个学习任务群的课程标准理念与教材中的内容资源组织,并提供了教学案例分析;最后阐释了以专业阅读促进专业发展等内容。

本书反映《义务教育语文课程标准(2022年版)》的课程理念,呈现前沿研究与实践成果,注重理论与实践相结合、基础和拓展相匹配,是"纸质资源 + 数字化资源"的新形态教材。

本书既可作为高等院校小学教育专业教材,也可作为小学语文教师职后培训教材,还可供广大语文教育工作者学习参考。

图书在版编目(CIP)数据

小学语文课程标准与教材研究 / 郑国民,吴欣歆主编 . -- 北京 :高等教育出版社,2024.9(2025.2重印)
ISBN 978-7-04-062365-9

Ⅰ . G623.202

中国国家版本馆CIP数据核字第2024TJ4950号

XIAOXUE YUWEN KECHENG BIAOZHUN YU JIAOCAI YANJIU

| 策划编辑 | 何 淼 | 责任编辑 | 何 淼 | 封面设计 | 姜 磊 | 版式设计 | 徐艳妮 |
| 责任绘图 | 李沛蓉 | 责任校对 | 王 雨 | 责任印制 | 张益豪 | | |

出版发行 高等教育出版社　　　　　　　　　　网　　址 http://www.hep.edu.cn
社　　址 北京市西城区德外大街4号　　　　　　　　　http://www.hep.com.cn
邮政编码 100120　　　　　　　　　　　　网上订购 http://www.hepmall.com.cn
印　　刷 北京鑫海金澳胶印有限公司　　　　　　　　http://www.hepmall.com
开　　本 787 mm×1092 mm　1/16　　　　　　　　http://www.hepmall.cn
印　　张 23.5
字　　数 510千字　　　　　　　　　　　　版　　次 2024年9月第1版
购书热线 010-58581118　　　　　　　　　印　　次 2025年2月第2次印刷
咨询电话 400-810-0598　　　　　　　　　定　　价 48.00元

2022 年 4 月，《义务教育语文课程标准(2022 年版)》正式颁布。《义务教育语文课程标准(2022 年版)》在《义务教育语文课程标准(2011 年版)》的基础上，实现了对课程理念、课程目标、课程内容、课程评价等方面的进一步发展。新版课程标准立足学生核心素养发展，以文化自信、语言运用、思维能力、审美创造为统领，围绕"识字与写字""阅读与鉴赏""表达与交流""梳理与探究"四种语文实践活动，分学段呈现义务教育语文课程目标；构建语文学习任务群，加强课程内容整合，用语言文字积累与梳理、实用性阅读与交流、文学阅读与创意表达、思辨性阅读与表达、整本书阅读、跨学科学习来结构化地组织语文课程内容；首次描述学生完成四个学段语文课程阶段性学习后的学业质量，按照日常生活、文学体验、跨学科学习三类语言文字运用情境，整合四种语文实践活动，描述学生语文学业成就的关键表现，体现学段结束时学生核心素养应达到的水平，为指向核心素养的课程评价提供基本依据。

义务教育语文课程的内涵式发展，对小学语文教师培养带来了更大的挑战，对小学语文教师的课程标准解读能力和教材研究能力提出了更高的要求。本书意在迎接挑战、应对要求，使义务教育语文课程的发展落实到小学教师教育的过程中，全面提高小学语文教师实施新课程的能力。本书将充分凸显理论应用性，帮助学习者从理论、理念层面树立符合课程改革方向的课程观、教材观，紧密联系教学实践，提高落实语文课程目标的自觉意识和实践能力。

第一章至第四章概述小学语文课程、课程标准的历史演进脉络，以及小学语文教材的基本特点；介绍《义务教育语文课程标准(2022 年版)》视域下小学语文课程素养型的课程目标，结构化的课程内容、组织形态与教学实践路径，整体性学业质量的研制、内涵、功能与应用。第五章至第十章针对语言文字积累与梳理、实用性阅读与交流、文学阅读与创意表达、思辨性阅读与表达、整本书阅读、跨学科学习六个学习任务群，分别从功能定位、学习内容、教学要求和关键问题四个方面展开课程标准解读，从内容资源、编排方式和实施建议三个方面进行教材分析，并提供教学案例分析。第十一章从基础性阅读、指向性阅读、批判性阅读三方面阐释小学语文教师专业发展的基本路径。

本书在编写方面具有以下三个方面的特色，可以帮助学习者更好地学习、使用：

第一，理论与实践紧密结合。本书从整体设计到局部设计始终紧扣理论应用性。从章节关系来看,第一章至第四章、第十一章侧重小学语文课程的理论阐释,通过对小学语文课程标准发展脉络、教材基本特点,课程目标、课程内容和学业质量的特点,以及小学语文教师专业发展路径等方面的分析,可以帮助学习者建立正确的课程观、教材观及发展观;第五章至第十章涉及各学习任务群的课程标准解读以及对应的教材分析,并最终落到具体的教学案例分析上。学习者沿着这一脉络开展学习,便能够建立一条"由理论到实践"的具体路径。从章前、章中和章后的栏目安排来看,各个部分均包含理论性内容与实践性内容。以第五章为例,章前明确了学习目标,提供了学习指要和章前引言;章中主要为课程标准解读、教材分析和教学案例分析;章后提供了情境实践练习和文献摘要。从情境实践练习的构成来看,第一题通常是思辨型练习,指向理论性思考;第二题通常是实践型练习,侧重实践性反思,两者的结合为学习者提供了不同类型思考的机会。针对这一特色,学习者在使用本书的过程中应充分关注各章节内容之间、章内栏目之间,以及相关情境实践练习之间的内在关联。

第二,基础与拓展相互配合。本书充分考虑学习者理解课程标准、分析教材和设计教学过程中的基础性需要,在此基础上借助自主梳理、文献拓展、情境实践练习来帮助学习者拓展理解。书中关于六个学习任务群的目标要求与学习内容,分学段总结了小学语文教材中与学习任务群相关的部分内容资源。以此为示范,书中设置的"教学活动"要求学习者自主梳理小学语文教材三年级下册的内容资源,从而调动学习者在实际梳理中拓展对学习任务群和教材内容资源特征的理解。此外,除了正文内容,本书还为学习者补充了内容丰富、来源广泛的文献资源,有助于学习者从本书出发,拓宽专业阅读的范围,加大专业学习的深度。针对这一特色,学习者可以重点关注本书专业化的分析思路,在研究问题与分析材料之间建立紧密关联,充分思考本书观点与文献观点的异同。

第三,跨媒介资源有机整合。本书充分展现了"纸质资源 + 数字化资源"的新形态教材样貌。书中为学习者提供了丰富的数字化资源,如第五章至第十章通过二维码链接呈现了不同学段学习任务群的优秀教学案例,第十一章通过二维码链接呈现了多位小学语文教学名师在专业发展过程中的个人回顾与总结,学习者通过扫描相应的二维码即可获取相应资源。本书的课程标准解读、教材分析和教学案例分析与上述数字化资源相互补充,形成了有机整体。学习者在使用本书时,既可以从纸质资源出发拓展到数字化资源,也可以先从数字化资源中获得关于相应话题的经验性认知,然后再进入纸质资源的系统学习中。

全书由郑国民、吴欣歆设计编写大纲、统稿与审定。各章节的具体分工为:第一章,李重;第二章、第三章、第四章,李倩;第五章,陆平;第六章,钱荃;第七章,管贤强;第八章,林江泽;第九章,刘锦华;第十章,任明满;第十一章,李军亮。

本书自 2022 年 9 月启动编写以来,得到了高等教育出版社领导和编辑全方位的帮助。

本书文献资源和教学案例的选取,得到了小学语文教育专家、一线语文教师和教研员的大力支持。在此谨向他们表示诚挚的敬意和衷心的感谢! 由于我们的水平和时间有限,本书还有待教师教育课程的实践检验,恳请读者批评指正。

编者

二〇二四年五月

目录

第一章
小学语文课程标准与教材概述

■ 章前引言

  我国小学语文课程先后经历了晚清学堂章程时期、中华民国课程纲要及课程标准时期、新中国小学语文教学大纲时期及 21 世纪小学语文课程标准时期等四个发展阶段,实现了从文言文教学向白话文教学的转变,完成了小学语文课程的现代转型,最终建构出基于核心素养的小学语文课程新体系。与此同时,小学语文课程也迎来统编教材的新时代。为落实核心素养,提高语文教育质量,小学语文教材更新了编写理念,创新了教材编排体系,采用双线组织单元结构,尝试建构语文学科训练体系。本章聚焦小学语文课程与教材,从有关小学语文的课程标准的历史发展与教材的特点分析两个方面展开。学习者在学习本章内容时,既应梳理有关小学语文课程标准的历史演变,通过对比与探究,实现古今贯通,把握《义务教育语文课程标准(2022 年版)》的基本特点;又应理解小学语文教材的编写理念,把握小学语文教材的基本特点。

■ 学习目标

1. 回顾小学语文课程的百年发展历程,了解小学语文课程标准的历史演进脉络,特别是晚清时期的学堂章程、中华民国时期的课程纲要及课程标准、新中国的小学语文教学大纲与 21 世纪小学语文课程标准的本质区别与内在联系。

2. 在理解小学语文教材编写理念的基础上,准确把握小学语文教材在编写理念、内容编排、教材内容等方面的基本特点。

■ 学习指要

1. 梳理探究:通过梳理 1904 年、1923 年、1963 年、1992 年、2001 年、2011 年、2022 年等不同时期语文课程文件中课程目标与内容结构的相互演变关系,小组研讨与交流,理解小学语文课程标准的现代转型,把握《义务教育语文课程标准(2022 年版)》的基本特点。

2. 梳理探究:结合《义务教育语文课程标准(2022 年版)》,通过阅读学术论文、研读与分析小学语文教材,了解小学语文教材的编写背景、编写理念,把握小学语文教材在编写理念、教材编排、教材内容等方面的基本特点。

第一节　小学语文课程标准的历史发展

回顾小学语文课程的百年发展,了解小学语文课程标准的历史演进,既有助于夯实教师专业发展的基础知识素养,又可以将《义务教育语文课程标准(2022年版)》置于小学语文课程标准的百年历史演进中加深理解。本节从20世纪和21世纪至今两个时间跨度来梳理小学语文课程标准的历史发展。在每个阶段中,我们主要介绍小学语文课程标准出台的历史背景、目标要求、内容结构、效果评价等方面的内容。

一、20世纪小学语文课程标准的历史发展

自1902年语文独立设科,20世纪我国小学语文课程先后经历了晚清时期的学堂章程(1902—1911年)、中华民国时期的课程纲要及课程标准(1912—1949年)及新中国的小学语文教学大纲(1949—1999年)三个发展阶段。小学语文课程的演进历程也是我国不断化解民族危机,追求民族复兴的过程,即从晚清、中华民国到新中国的发展历程。通过上述发展历程,小学语文课程完成了现代化转型,开始走向高质量发展之路。

(一)晚清时期的学堂章程(1902—1911年)

在晚清特殊的历史背景下,清政府推行现代学校教育,先后颁布《钦定学堂章程》和《奏定学堂章程》,设置小学语文课程,这是小学语文的滥觞。晚清时期的小学语文课程,既延续古典语文的特点,又开启现代语文的新航道,具有内在固有的矛盾关系。

l. 历史背景

(1)晚清变法维新,探索新式学校教育

受西方列强的打击胁迫,加之国内社会矛盾涌现,清政府的统治风雨飘摇。在救亡图存的生存危机之下,清朝统治集团的开明之士大力推行洋务运动,实施"戊戌变法",试图通过变法维新巩固统治。

教育方面的改革既"破"又"立",教育发生了革命性的变化。在"破"的方面,清政府于1901年废八股,改试策论,1905年废除科举考试制度,这意味着儒生的命运轨迹被彻底改变,同时为推广新式学堂、谋求教育普及扫除了制度障碍。此后,新式学堂迅速发展。在"立"的方面,清政府从被动接受西方文化,转向主动拥抱新式学校教育,试图以中体西用的策略救亡图存。为全面普及教育,清政府建立了近现代学校体系,1902年及1904年先后颁布《钦定学堂章程》与《奏定学堂章程》,

借鉴日本学制探索新式学校教育,培养忠诚于清政府的新型、致用型人才。由于引进学制,推行新式学校教育,具有近现代意义的语文课程就此诞生了。

(2) 西学东渐、观念革新与"中体西用"

早在鸦片战争期间,晚清有识之士如林则徐、魏源"睁眼看世界",主动学习西方先进的科学技术。后来严复通过创办报刊、翻译西方人文社科著作,积极推进"西学东渐",对当时的儒生进行理性启蒙,呼唤变法维新。康有为、梁启超等维新派人士积极推动变法维新,试图改良政治制度,主张大力发展近代工商业及推行新式学校教育等。在西学东渐、社会思潮纷杂涌动之际,张之洞提出的"中体西用"思想被清政府采纳,成为当时学校教育及课程建设的指导思想。

"中体西用"思想注重"为我所用"的实用理性,与晚清兴起的实学思潮一致。在救亡图存之际,相比空谈心性、义理之学,晚清更注重通经致用的实学思潮,崇尚实际问题的有效解决。在改良维新派看来,"格致、制造等学,其本也(各国最重格致之学,英国格致会颇多,获益甚大,讲求格致新法者约十万人),语言文字其末也"①。就语文类科目而言,除维护道统之外,关键在于实际效用,这也许是废除八股取士的内在原因之一。这种注重实用、讲究效率的思想观念深刻影响了后来的语文教育发展。

2. 《钦定学堂章程》和《奏定学堂章程》②

(1) 宗旨目标

晚清社会矛盾风起云涌,在各种力量的剧烈冲击之下,清政府借鉴日本教育经验,开启具有近现代意义的学校制度改革。光绪二十八年(1902 年)《钦定学堂章程》颁布,光绪三十年(1904 年)《奏定学堂章程》颁布并实施。《钦定学堂章程》由时任管学大臣的张百熙主持制订,是我国参照西方教育制度制订的第一个现代学制,又称为"壬寅学制"。在借鉴日本学制的基础上,《钦定学堂章程》设计出我国首个完整的近代公共学校教育体系。

第一,确定"以忠孝为本"的育人宗旨。作为我国第一个颁布并实施的学制,《奏定学堂章程》为国文单独设科奠定了基础,标志着具有近现代学科意义的语文教育开端。《重订学堂章程折》指出,学堂办学宗旨应"以忠孝为本,以中国经史之学为基,俾学生心术一归于纯正,而后以西学渝其知识,练其艺能,务期他日成材,各适实用"③。此即"中学为体,西学为用",特别注重读经讲经教育,反映"家国同构"

① 郑观应.西学[A]//陈学恂.中国近代教育文选[C].北京:人民教育出版社,1983:53.《西学》写于 1892 年。

② 《钦定学堂章程》与《奏定学堂章程》是总称,小学部分包括《钦定蒙学堂章程》《钦定小学堂章程》《奏定初等小学堂章程》《奏定高等小学堂章程》;中学部分包括《钦定中学堂章程》《奏定中学堂章程》。

③ 喻本伐.中国学前教育史料集成:卷一:蒙养院论集[M].北京:人民教育出版社,2022:36.

的政治体制及权力关系,体现以"忠孝立国"的统治思想。

第二,设置古典人文价值与实用交往技能分途的双轨目标。从当时语文课程的设置结构来看,小学语文课程的目标定位在总体上存在双轨分途的结构关系。一是注重为培养封建官吏步入仕途及日后晋升做好准备,语文课程价值追求体现以宗经、征圣为特征的古代儒家伦理本位;二是注重儒家经典背诵,延续诗教传统,追求纯正、雅训、深厚文风,具有浓郁的古典文化基调。对无意仕途的学生则侧重训练简易的读写技能,培养其识文断句的基本能力,教学生用俗话书写日常应用文、简要记事文,其价值追求属于工具实用理性。

第三,通过强制性读经,灌输儒家经学义理,维护封建专制的统治秩序。根据《钦定学堂章程》《奏定学堂章程》的课程内容规定及教学要义,晚清语文课程非常重视儒家经典的日常诵习及讲授,课程名称先定为"读经",后变为"读经讲经",通过强制性读经教学,"令圣贤正理深入其心,以端儿童知识初开之本。每日所授之经,必使成诵乃已①",从而灌输儒家经学义理,塑造主流意识形态,维护封建专制的统治秩序。

第四,设置字课、古诗词、策论等,注重语用功能与古典文化修养。字课及古诗歌的教学可以为学生奠定文言学习的根基。晚清学堂章程不仅注重字课、习字或中国文字课,同时还注重古诗歌教学,延续了古典语文的教学传统。

从晚清学堂章程的设计来看,无论是"读经讲经"课,还是"字课""习字""中国文字"课,都关联并服务于策论写作。策论写作是晚清语文最主要的作文类型。从一定意义上来说,晚清语文教学的整体质量可以通过学生的策论文章表现出来。策论文章的写作能力也是当时官吏的核心能力之一。由此可见,晚清语文课程主要是为培养封建官吏的读写素养服务的。

除了注重培养封建官吏的读写素养,晚清语文课程还注重语文学习的实用交往功能。"中国文字""中国文学"的教学要义,充分体现出语文课程的工具实用功能,助力学生谋生应世。《奏定高等小学堂章程》中的"中国文学"科目规定:"其要义在使通四民常用之文理,解四民常用之词句,以备应世达意之用""并使习通行之官话,期于全国语言统一,民志因之团结。"

综上,晚清小学语文课程开始注重世俗的语用功能,凸显语文课程的工具技能属性,辅助学生谋生应世、自立自强。

(2) 内容结构

第一,小学语文的课程设置结构。根据《钦定学堂章程》的规定,学生自6、7岁至10岁入学,蒙学堂(4学年)设置字课、习字、读经等课程,寻常小学堂(3学年)

---

① 课程教材研究所.20世纪中国中小学课程标准·教学大纲汇编:语文卷[M].北京:人民教育出版社,2001:5.

安排读经、作文、习字等课程,高等小学堂(3学年)安排读经、读古文词、作文、习字等课程,初等教育共安排10学年。在初等教育阶段,字课、习字、读经、读古文词、作文等皆属于语文课程范畴。

根据《奏定学堂章程》的规定,初等教育共安排9学年,分为初等小学(5学年)与高等小学(4学年),一般初等小学入学年龄是6、7岁。初等小学设置读经讲经课、中国文字课,高等小学设置读经讲经课、中国文学课。中国文学包括读浅显古文、读古文、读古诗歌、习官话等内容;读古诗歌贯通初等小学、高等小学,连通中学堂,延续诗教传统。

第二,注重识字与写字的内容教学。根据《钦定学堂章程》《奏定学堂章程》的规定,晚清小学语文课程已经建构起识字与写字的具体目标及内容结构。

《奏定初等小学堂章程》中的"中国文字"科目规定:"其要义在使识日用常见之字,解日用浅近之文理,以为听讲能领悟、读书能自解之助,并当使之以俗语叙事,及日用简短书信,以开他日自己作文之先路,供谋生应世之要需。"这就从日常实用的角度将汉字学习与读书、作文紧密联系起来,倡导学生打好扎实的汉字功底,为日后"谋生应世"做准备。

《钦定蒙学堂章程》规定"字课""习字"安排连续4学年的课程内容,并明确了具体教法。《奏定初等小学堂章程》中的"中国文字"科目整合"字课""习字"内容,安排连续5学年的课程内容。[①]与此同时,通过分析《钦定蒙学堂章程》《奏定初等小学堂章程》可知,教授汉字、写字既要注意循循善诱、循序渐进,又要注意及时温习强化,巩固提升,避免遗忘。

第三,阅读教学的内容结构。由《钦定学堂章程》可知,独立设置的"读经""读古文词"属于阅读教学。《奏定学堂章程》中的"读经讲经"以及"中国文学"的阅读部分属于阅读教学。"中国文学"大致按听、说、读、写的方式安排课程内容,阅读方面主要是"读浅显古文""读古文",注重读写结合。"读经讲经"贯通初等小学及高等小学,合计9学年;"读古文"安排在高等小学,合计4学年。《奏定学堂章程》延续自古以来的诗教传统,从初等小学、高等小学到中学都安排读古诗歌的阅读教学。

3. "读经"教学

(1) 读经教学的要义

《奏定初等小学堂章程》明确规定,"读经讲经"科目"其要义在授读经文,字数宜少,使儿童易记。讲解经文宜从浅显,使儿童易解,令圣贤正理深入其心,以端儿童知识初开之本。每日所授之经,必使成诵乃已"。这体现出"中体西用"的宗旨观念。

《奏定高等小学堂章程》规定,"读经讲经"科目"其要义亦宜少读浅解。《诗》

---

① 根据舒新城《中国近代教育史资料》(人民教育出版社1980年版),第417—420页整理。

《书》《易》三经文义虽多有古奥之处,亦甚有明显易解之处,可讲其明显切用者,缓其深奥者以待将来入高等学堂再习"。可见《奏定学堂章程》强调读经要趁早,字数宜少,讲解浅显,让儿童容易理解经书,熟读成诵,入脑入心。

(2) 读经教学的主要内容

《钦定蒙学堂章程》规定,蒙学读经内容主要包括《孝经》《论语》《孟子》《大学》《中庸》。根据《钦定小学堂章程》的规定,寻常小学读经内容主要包括《诗经》《礼记》《大学》《尔雅》《春秋·左传》《公羊传》《谷梁传》。

《奏定学堂章程》规定,初等小学读经,"定以《孝经》《四书》《礼记》节本为初等小学必读之经,总共五年";高等小学读经,"定以在《诗经》《书经》《易经》及《仪礼》之一篇为高等小学必读之经"。

(3) 读经教学的主要方法

《钦定蒙学堂章程》规定,"凡教授之法,以讲解为最要,诵读次之,至背诵则择紧要处试验"。同样地,《奏定初等小学堂章程》也强调"凡教授之法,以讲解为最要,讲解明则领悟易"。也许是为了突出讲解的重要性,《奏定学堂章程》将课程名称从"读经"修改为"读经讲经"。通过讲解,深文浅教,既有助于学生理解、记忆,又有助于培养学生的兴趣。

(4) 读经教学的一般特点

一是读经教学注重精细安排,系统设计。《奏定学堂章程》中的读经之法注重精细安排,形成严密的操作体系。《奏定高等小学堂章程》也有相应的规定,整体形成小学连续读经的精细安排。

二是读经教学注重日常应用,强调在指导学生读经的同时,既要让学生容易理解、入脑入心,又要引导学生在生活中实践、应用,避免纸上谈兵,于事无补。

三是读经教学与写作教学融为一体。"读经讲经"直接影响到策论写作的义理、格调等。"读经讲经"将文章写作与修身养性融为一体,强调文以载道、文道统一。

4. 读古诗歌与古文

晚清学堂章程时期,小学语文课程注重读古诗歌,充分发挥诗歌教学的陶冶功能。《奏定初等小学堂章程》规定,"初等小学堂读古诗歌,须择古歌谣及古人五言绝句之理正词婉、能感发人者。唯只可读三四五言,句法万不可长,每首字数尤不可多。遇闲暇放学时即令其吟诵,以养其性情,且舒其肺气,但万不可读律诗"。章程还规定高等小学堂读古诗歌五、七言均可,"仍宜短篇","亦须择其词旨雅正而音节谐和者,其有益于学生与小学同,但万不可读律诗"。

5. 写作教学的内容结构

晚清时期,写作课程又称为"连缀""缀法""课艺""属对"等。从一定意义上来说,晚清语文课程的重心在写作教学,写作教学的重点在策论写作。《钦定学堂章程》在寻常小学堂专门设置"作文"课程,《奏定初等小学堂章程》的写作教学内容被分散融入"中国文字"及"中国文学"科目。从当时出版的写作教材来看,写作教学还是具有相对独立的课程形态,并不依附其他语文教材内容。

(1) 以写作教学为中心,注重文道统一

依据《钦定学堂章程》《奏定初等小学堂章程》的相关规定,晚清写作教学几乎可以关联语文课程的各个板块,如读经讲经、字课、习字、读古文词、习官话等,着力于建构以文言策论写作为中心,关联听、说、读、写的整体结构。文言策论写作要求文以载道,文道统一,从而将写作教学与"读经讲经"有机融通。

(2) 建构以文言写作为主导的分类写作教学结构

依据学堂章程的规定,参照当时语文课本、写作教材等,我们大致可以判断晚清时期小学语文课程形成了以文言写作为主导的分类写作教学结构,写作教学的组织形式也从个别教学制(私塾教学、书院教学)转向班级授课制度。写作教学主要从原来的写作"学徒制"转向班集体写作教学,开始探索新的作文教学法。

(3) 实用导向的白话文写作萌芽

初等小学堂的写作课侧重从满足日常书面交际的需要出发,教授简单实用文章,文体多是书信、简单记事文等应用文及实用文,只在高等小学堂最后 1 学年才学习简单的说理文,以便和中学堂衔接。这类写作教学内容,注重日常书面交往,突出简易的工具技能性,写作语言允许口语、俗话、俚语等介入。高等小学堂的写作课在第一、二学年注重训练"俗话翻译文话",为浅近的文言写作做好铺垫。这大致上属于早期白话文写作教学的萌芽。

6. 小学语文的课程内容开始注意尊重儿童的身心特点

为了更好地落实语文课程内容,晚清学堂章程注意更新儿童观念,遵循儿童的身心特点,避免造成伤害。如《钦定蒙学堂章程》强调"凡教授儿童,须尽其循循善诱之法,不宜操切而害其身体,尤须晓以知耻之义,夏楚之事断不宜施"。《奏定初等小学堂章程》也强调这一点,并有补充,"夏楚只可示威,不可轻施,尤以不用为最善"。同时两个学堂章程还提出要选择精要背诵,避免背诵过多,有伤脑力。如《钦定蒙学堂章程》提出"至背诵则择紧要处试验。若遍责背诵,必伤脑力,所当切戒"。

7. 效果评价

晚清学堂章程时期,小学语文课程已经开始关注教学效果评估,只是多为点状化的教学要求,缺乏体系化的建构。

《钦定蒙学堂章程》规定,"凡考验蒙童之法,皆取其平日曾经讲授之字课等项,随举问之,使之口答或笔答;第三、四年学过句法之后,可以纯用笔答。以上考问,须常日或间一日用之,以提醒孩童之知识"。《奏定初等小学堂章程》规定,"凡修毕初等小学堂五年课程者,其合格与否,可无须别用试验,但由堂长教员,会同考察儿童平素之成绩定之,给以毕业凭单"。就以上规定而言,当时的小学语文教学重在平时表现,并无应试取向。因学生人数不多,教师有较多时间组织学生吟读、背诵,以及批阅学生作文等,通过学生平时的语文活动表现进行评价。

(二) 中华民国时期的课程纲要及课程标准(1912—1949 年)

中华民国临时政府颁布新的学制方案,进一步推广、普及教育,同时加强小学语文课程建设。1920 年中华民国教育部设立"国语"科,这是小学语文课程史上的大事件,白话文教学获得合法地位。总体而言,中华民国时期的小学语文课程发展大致可以划分为两个阶段,即课程纲要时期与课程标准时期。课程纲要时期的小学语文规范,以《新学制课程标准纲要小学国语课程纲要》(1923 年)为代表;课程标准时期的小学语文规范,以《小学国语课程标准》(1936 年)为代表。中华民国时期是推进小学语文课程实现现代转型的关键阶段,为新中国成立后的小学语文课程的发展奠定了坚实基础。

l. 历史背景

(1) 建设现代民族国家,推广近现代学校教育

1912 年中华民国成立以来,中国开始从封建帝国向现代民族国家转型。想要建设现代民族国家,就迫切需要完善学制,发展教育,推广民族共同语,普及科学知识,培育新国民。1912 年 1 月,中华民国教育部颁发《普通教育暂行办法》和《普通教育暂行课程标准》。《普通教育暂行办法》规定:"凡各种教科书,务合乎共和民国宗旨。清学部颁行之教科书,一律禁用""凡民间通行之教科书,其中如有尊崇满清朝廷,及旧时官制、军制等课,并避讳、抬头字样,应由各该书局自行修改""如学校教员遇有教科书中不合共和宗旨者,可随时删改"。

1922 年中华民国北洋政府正式颁布"壬戌学制",又称新学制,确立了现代"六三三"学制。"壬戌学制"以教育标准取代之前的教育宗旨,注重科学、民主精神,注重贴近现实生活。"该学制除局部不断有调整外,基本上一直沿用到解放前夕。"[①]

(2) 新文化运动、白话文运动与"国语"科设立

中华民国成立后,学校教育废除"读经讲经"课,从建设现代民族国家的需要出发,推行新文化运动与白话文运动,积极探索建构新的国家意识形态。1915 年 9 月,陈独秀在上海创办《青年杂志》(后改名为《新青年》),这标志着新文化运动发端。1917 年,胡适、陈独秀、钱玄同、鲁迅等人发动了一场声势浩大的白话文运动,

---

① 叶澜."新基础教育"论:关于当代中国学校变革的探究与认识[M].北京:教育科学出版社,2006:181.

陆续发表《文学改良刍议》(胡适)、《文学革命论》(陈独秀)等系列文章,形成以白话文取代文言文的趋势。

上述时代浪潮直接推动了语文课程的发展,标志性事件就是"国语"科的设立。1920年,中华民国教育部训令全国各国民学校自当年秋季起,"凡国民学校一、二年级先改国文为语体文,以期收言文一致之效"①。后来修订的教育法规,将小学三、四年级课程也改为国语。各科文言教科书分期作废,改为语体文编写。《小学国文科改国语之部令》将国文科改为国语科。这"是中国现代语文教育史上继'国文'单独设科以来又一件具有里程碑意义的大事"②,影响至今。

(3) 大众语运动与标准语体文

20世纪20年代末、30年代初,中华民国经过"北伐战争""东北易帜",经历宁汉分立、宁粤分立、中原大战等,全国政治格局发生重大变革,完成形式上的统一。在上述背景下,大众语运动逐渐展开,这促进了标准语体文的发展,也促进了现代汉语书面语的进一步发展。

1934年6月,陈子展在《申报·自由谈》上发表《文言—白话—大众语》,首先提出"大众语"问题。"从前为了要补救文言的许多缺陷,不能不提倡白话,现在为了要纠正白话文学的许多缺点,不能不提倡大众语。"③从文言、白话到大众语,汉语呈现出不断进化的态势。

2. 《新学制课程标准纲要小学国语课程纲要》(1923年)

根据"以养成健全人格,发展共和精神"的教育宗旨,按照《学校系统改革案》(1922年)的新要求,中华民国临时政府于1923年发布《新学制课程标准纲要小学国语课程纲要》(以下简称《小学国语课程纲要》)。《小学国语课程纲要》在新文化运动浪潮下诞生,是第一个严格意义上的语文课程纲要。它倡导学生使用注音字母,阅读和书写"语体文",运用国语进行表达,挣脱几千年来"文言文"的禁锢,在语文教育发展史上具有里程碑式的意义。④

(1) 课程目标

《小学国语课程纲要》规定小学国语课程的总目的是"练习运用通常的语言文字,引起读书趣味,养成发表能力,并涵养性情,启发想像力及思想力"。此处"通常的语言文字"指的是言文一致的白话文。从儿童成长出发,将白话文的读书趣味与培养写作能力与涵养性情、开发想象力及思想力相统一,体现养成健全人格的宗旨观念,彰显国语课程的育人功能,这是时代的进步。

① 朱有瓛.中国近代学制史料:第二辑:上[M].上海:华东师范大学出版社,1987:158.
② 李杏保,顾黄初.中国现代语文教育史[M].成都:四川教育出版社,2000:68.
③ 文振庭.文艺大众化问题讨论资料[M].上海:上海文艺出版社,1987:209.
④ 吴忠豪.小学语文课程标准与教材研究[M].北京:教育科学出版社,2016:23.

新学制课程标准纲要小学国语课程纲要

（2）内容结构

在课程内容结构的设置上，《小学国语课程纲要》充分体现白话文的语体特点，强调听说的口语教学内容和言文一致的书面表达，注重"以听说带动写作"；在阅读教学内容方面，因废除"读经讲经"，吸纳现代的新文化、新思想，阅读选文类型追求多样化、大众化、儿童化，阅读学习的资源越来越丰富；在写作教学方面，积极探索白话文写作课程内容的建构，既注重白话写作与听说、阅读的相互联络，又注重回归儿童的生活世界。

一是注重听说、诵习及演讲，注重"以听说带动写作"。遵循白话文的学习规律，《小学国语课程纲要》注重听说、诵习及演讲，讲究"以听说带动写作"，体现言文一致的国语教学特点。这相比文言文时代的"以读代写"有了很大的进步。

二是阅读内容丰富多样，贴近现实生活。相比晚清时期连续14年读经，《小学国语课程纲要》要求的阅读内容丰富，种类多样，能够给予学生更富现代意义的阅读生活。纲要要求小学生阅读如童话、传记、剧本、谜语、小说、故事、诗、民歌、杂歌、儿歌等文类。此外，纲要还要求将报刊作为小学生日常要求的阅读内容，如第四学年"指导阅儿童报和参考图书"，第五学年"注重指导阅报和参考图书"，第六学年"注重指导阅普通的日报"。《小学国语课程纲要》规定，儿童阅读报刊品种从"儿童报"发展到"普通的日报"。

三是探索白话文写作教学。《小学国语课程纲要》规定，小学生写作学习从"简单语言的记录发表"起步，到简单议论文的作法研究、练习及设计。小学生练习的文体包括实用文、记叙文、说明文、议论文，这和清末小学以文言论说为主的写作结构有显著区别，小学写作课程内容向儿童生活世界回归。《小学国语课程纲要》对写作教学方法提出三个方面的建议：注重应用文的设计、研究和制作；前三年读文与作文写字合并教学，并与他科联络设计，后三年注重自学辅导；语言可独立教学，或与作文等联合教学。

（3）效果评价

在《小学国语课程纲要》中，毕业标准划分为初级与高级两个层级，从口语（"语言"）与书面语（"文字"）两个方面展开，包括语言、读文、作文及写字四个方面。下面主要介绍前三个方面。

● 初级标准

语言方面："能听国语的故事演讲，能用国语作简单的谈话。"

读文方面："读语体的儿童文学等书八册。"（以每年二册计，每册平均四五千字。）"能用字典看含生字百分之五的语体的儿童书报。试读，答问，准确数在百分之六十以上。"

作文方面："能作语体的简单记叙文，实用文，（包含书信日记等）而令人了解大意。"

上述初级标准从语用的角度提出学习国语的初级言语交际功能,如能听故事演讲、能作简单的谈话;能读儿童书报;能写简单的记叙类、实用类文章,达成简单的交际目的。可见,从目标定位上,学校的国语学习与社会生活中真实的言语交往实践相关,而非相互割裂。培养真实的言语交往能力,适应世俗社会生活的客观需要,这既是从文言文向白话文转型以来小学语文课程发展的基本趋势,也是现代小学语文课程的基本功能。

● 高级标准

语言方面:"能听国语的通俗演讲,能用国语演讲。"

读文方面:"读儿童文学等书累计至十二册以上。能用字典看与'儿童世界'或'小朋友'程度相当,生字不过百分之十的语体文,及与日报普通记事程度相当,生字不过百分之十的文体文。标点及答问大意,准确数在百分之六十以上。"

作文方面:"能作语体的实用文,记叙文,说明文,而令人了解大意"。①

比较上述初级标准与高级标准可知,二者在育人精神上完全一致,在内容上是相互承接、不断提升的关系。如从"能用国语作简单的谈话"到"能用国语演讲",从"能用字典看含生字百分之五的语体的儿童书报"到"能用字典看与'儿童世界'或'小朋友'程度相当,生字不过百分之十的语体文,及与日报普通记事程度相当,生字不过百分之十的文体文",从"能作语体的简单记叙文,实用文"到"能作语体的实用文,记叙文,说明文"。此外,无论是初级标准,还是高级标准,二者均注重从真实的语用能力角度来评估学生的国语学习效果,体现出科学的理性精神。

3.《小学国语课程标准》(1936 年)

中华民国临时政府在课程标准时期,先后 6 次颁布或修订国语课程标准,如1929 年的《中小学课程暂行标准》、1932 年的《小学国语课程标准》、1936 年的《小学国语课程标准》、1941 年的《小学国语科课程标准》、1948 年的《国语课程标准》等。其中,《中小学课程暂行标准》是我国第一部以政府教育部名义颁布的课程标准,该课程标准对中小学课程进行了全面设计,其中小学国语由说话、读书、作文、写字四项构成。《小学国语课程标准》是在《中小学课程暂行标准》基础上的进一步完善,也是小学国语课程标准成型阶段的典型代表。下面我们重点介绍 1936 年《小学国语课程标准》。

(三) 新中国的小学语文教学大纲(1949—1999 年)

新中国成立以来,全国学校向工农兵开放办学,学校教育开始具有鲜明的人民

小学国语课程标准

---

① 课程教材研究所.20 世纪中国中小学课程标准·教学大纲汇编:语文卷[M]. 北京:人民教育出版社,2001:15.

属性。小学语文课程进入教学大纲时期,这个时期正式确定"语文"的课程名称,影响至今。在这个时期,小学语文注重基础知识、基本技能教学,前后大致可以划分为三个发展阶段,分别以《全日制小学语文教学大纲(草案)》(1963 年)、《全日制小学语文教学大纲》(1986 年)与《九年义务教育全日制小学语文教学大纲(试用)》(1992 年)为标志。

I. 历史背景

(1) 新中国成立与"语文"名称的确立

"语文"名称的确立开启了语文课程新时代。1949 年春,华北人民政府教育部成立教科书编审委员会,叶圣陶担任主任委员。为迎接新中国、编制全国范围内使用的新教材,教科书编审委员会组织了研讨。有人建议把"国语""国文"更名为"语文",以白话文学习为主,以文言文学习为辅,作文要求一律写白话文。"彼时同人之意,以为口头为'语',书面为'文'。文本于语,不可偏指,故合言之。亦见此学科'听''说''读''写'宜并重,诵习课本,练习作文,固为读写之事,而苟忽于听说,不注意训练,则读写之成效亦将减损。"[1]1949 年 8 月,叶圣陶起草《中学语文科课程标准(草稿)》,把中学国文、小学国语统一更名为"语文",这是自语文设科以来具有里程碑意义的大事。

1950 年 8 月,《小学语文课程暂行标准(草案)》对"语文"的内涵作出界定:"所谓语文,应是以北京音系为标准的普通话和照普通话写出的语体文。""使儿童通过说话、写作的研究、练习,能正确地用普通话和语体文表达思想感情"。这为新中国的语文课程建设明确了语音标准与语法规范,即语文课程要以普通话和照普通话写出的语体文为语言基础进行系统建构。

(2) 建设社会主义现代化国家,完成义务教育普及

新中国成立后,明确了要改造旧教育、发展新教育的总方向。"这种新教育是民族的、科学的、大众的教育,其方法是理论与实际一致,其目的是为人民服务,首先是为工农兵服务,为当前的革命斗争与建设服务。""教育应着重为工农服务,学校要为工农子弟和工农青年开门。"[2]1956 年底,我国基本完成社会主义改造,迈向建设社会主义现代化国家的征途。

在社会主义改造完成之后,1957 年毛泽东同志明确指出社会主义的教育方针:"我们的教育方针,应该使受教育者在德育、智育、体育几方面都得到发展,成为有社会主义觉悟的有文化的劳动者。"[3]自此,坚持社会主义的办学方向成为我国

---

[1] 顾黄初. 中国现代语文教育百年事典[M]. 上海:上海教育出版社,2001:292.

[2] 中共中央文献研究室. 建国以来重要文献选编:第一册[M]. 北京:中央文献出版社,1992:87.

[3] 中共中央文献研究室. 毛泽东思想年编:1921~1975[M]. 北京:中央文献出版社,2011:829.

学校教育的根本属性。

1978 年党的第十一届三中全会召开以来,我国全面推行改革开放,全力推进社会主义现代化建设事业。1986 年国家颁布《中华人民共和国义务教育法》,保障适龄儿童、少年接受义务教育的权利,推广普及义务教育,提高全民族素质。1999 年我国基本实现普及九年义务教育和基本扫除青壮年文盲的目标,这是历史性的跨越。

2. 《全日制小学语文教学大纲(草案)》

随着党中央"调整、巩固、充实、提高"方针的提出,1960 年教育部召开新教材研究会议。1961 年 7 月,教育部根据中共中央的指示精神,编写了《全日制小学暂行工作条例(草案)》(即小学"四十条")。该条例总结了 1958 年以来教育工作的经验教训,提出"以教学为主"的学校办学原则,明确了语文学科的基础工具性。这成为制定 1963 年《全日制小学语文教学大纲(草案)》的重要指导思想。[①]

(1) 教学目的与教学要求

《全日制小学语文教学大纲(草案)》以语文的工具性为思想基础设置教学目标,明确提出"不要把语文课讲成政治课",同时强调"语文是学好各门知识和从事各种工作的基本工具",掌握语文工具"必须刻苦努力,多读多练,省力的办法是没有的。特别是在小学,一定要加强语文基本训练,对学生严格要求,使他们踏踏实实地打下牢固的基础"。为此,学生需要加强语文基础知识学习与基本技能训练。

第一,教学目的。"小学语文教学的目的,是教学生正确地理解和运用祖国的语言文字,使他们具有初步的阅读能力和写作能力。"从一定意义上来说,上述教学目的强调语文的语用功能,强调"通过多读多练来完成",为此大纲提出"一般不要把语文课讲成文学课或者政治课"。同时,小学语文教学也强调遵循"文道统一",强调"语文课本里编选的文章,在思想内容方面和语言文字方面都应该可以作为学生学习的典范",引导学生"在多读多练中真正掌握语言文字这个工具,并且运用这个工具更好地为革命事业服务。只有这样,语文教学的目的才能达到"。

第二,教学要求。"小学语文教学的要求,是使学生认识三千五百个常用汉字;学会汉语拼音,作为识字的辅助工具;掌握常用的词汇;流利地诵读课文,并且能够背诵教师指定的一部分课文;字写得端正;会写一般的记叙文和应用文,语句通顺,注意不写错别字,会用标点符号。"

《全日制小学语文教学大纲(草案)》从教学目的到教学要求,充分体现了当时以教学为中心的观念,教学目的注重"正确地理解和运用祖国的语言文字",培养学生具有初步的阅读能力和写作能力,还强调语文教学要有"为革命事业服务"的

---

① 顾黄初. 中国现代语文教育百年事典[M]. 上海:上海教育出版社,2001:431.

政治方向。教学要求则围绕"多读多练"具体提出,有利于实践落实。然而,从整体上看,上述教学目的仍存在忽视听说能力培养的倾向。

(2) 内容结构

《全日制小学语文教学大纲(草案)》从识字写字、课文、练习、作文四个方面设计教学内容,并且强调"教学内容的安排,以培养学生阅读能力和写作能力的顺序为主要线索,组成由浅入深,循序渐进的体系"。

识字写字:"为了适应阅读和写作的需要,三千五百个常用汉字,应该在一、二年级教学生掌握半数左右,其余半数的教学在以后四年中陆续完成。"一、二年级识字教学既可以采用集中识字,也可以采用随课文分散识字的方法。

课文:"课文是培养学生阅读能力和写作能力的综合性教材,是进行教学的主要凭借。课文应该是文质兼美的范文。""课文以散文为主,包括童话,故事,寓言,特写,传记,游记,科学小品以及一般记叙和论说的文章。全部课文中散文约占百分之八十,韵文约占百分之二十。"这一时期"课文"成为教学大纲中的高频词,在一定程度上弱化了小学语文的语篇类型价值。

练习:"练习包括识字,写字,拼音,掌握词汇;包括用词,造句,使用标点符号;包括朗读,默读,背诵,抄写,默写,分段,复述,写段落大意,等等。小学阶段不要系统地教语法知识,要让学生从实际运用中领会必要的用词造句的规则。""练习编在课本里,有课文后的练习,有单元后的练习。"《全日制小学语文教学大纲(草案)》从教学内容层面注重练习设置,充分体现了小学语文的实践性特征:学生的语文能力唯有在充分练习中才能够形成与发展。

作文:"作文是用词,造句,篇章结构的综合训练。学生语文学得怎样,可以用作文作为衡量的尺度。""作文要从写话入手,要注意口头表达能力的培养,要教学生听普通话,说普通话。""要教学生学写记叙文,逐步学会把耳闻目见的事物记下来。""在高年级还要教学生学写简单的论说文。""要教学生学写应用文,初步学会常见的应用文的写法。"这个时期的作文教学注重以普通话为规范,强调从写话入手,将口头表达与书面表达统整起来。作文教学的内容安排主要体现为文体写作的思路,包括记叙文、论说文、应用文等写作练习。

(3) 效果评价

《全日制小学语文教学大纲(草案)》虽然没有设置专门的效果评价,不过从小学一年级到六年级,结合 12 册教科书,分别详细设计了教学要求与教学内容,这可以为各学期的教学效果评价提供系统的评价依据。

3. 《九年义务教育全日制小学语文教学大纲(试用)》

《九年义务教育全日制小学语文教学大纲(试用)》既汲取新中国成立以来小学语文教学大纲的精华,又融入改革开放以来小学语文教学改革探索的新经验,可谓

九年义务教育
全日制小学语
文教学大纲
(试用)

在新课改之前新中国小学语文教学大纲研制的集成之作。

(1) 教学目的和教学要求

一是教学目的。《九年义务教育全日制小学语文教学大纲(试用)》规定,"小学语文教学的目的,是指导学生正确地理解和运用祖国的语言文字,使学生具有初步的听说读写能力;在听说读写训练的过程中,进行思想政治教育和道德品质教育,发展学生的智力,培养良好的学习习惯"。可见,小学语文教学的主线是"正确地理解和运用祖国的语言文字",在组织学生进行听说读写训练的过程中实现工具性与思想性、德育与智育的有机融通,落脚在良好的学习习惯与初步的听说读写能力养成上,构成逻辑自洽的系统。

二是教学要求。《九年义务教育全日制小学语文教学大纲(试用)》对小学语文教学的要求很具体,主要从小学语文的工具性与思想性两个维度展开。在工具性方面包括汉语拼音,识字、写字,听话说话,阅读,作文等要项。在思想性方面,该大纲要求"在语文教学过程中,使学生受到辩证唯物主义的启蒙教育和社会主义道德品质的教育;逐步加深热爱祖国、热爱中国共产党、热爱社会主义的思想情感;陶冶爱美的情趣;锻炼观察、思维、想象、记忆的能力;养成良好的意志品质和学习习惯"。

(2) 教学内容和教学提示

这部分内容主要从语言文字训练与思想教育两个方面展开。

● 语言文字训练方面

一是汉语拼音。汉语拼音是小学语文教学的重要内容。"在小学阶段,要使学生学会汉语拼音的声母、韵母、声调和整体认读的音节。""教学汉语拼音,要以声母、韵母和拼读方法为重点。""要重视汉语拼音字母和音节的书写指导。"

二是识字、写字。"在小学阶段,要使学生学会常用汉字 2 500 个左右。要能读准字音,认清字形,了解字义,并能正确地书写、运用。前三年完成大部分识字任务。""识字教学要教给识字方法,培养识字能力。"

三是听话说话。"听别人讲话要专心,能理解内容。能用普通话清楚明白地表达自己的意思。养成边听边想和先想后说的习惯。听话、说话要注意文明礼貌。""听说训练要贯穿在语文教学的各个环节之中。""听说训练要在学生的语言实践中进行。"

四是阅读。"阅读教学的主要任务是培养学生的阅读能力和良好的阅读习惯。"大纲从词汇教学、句子教学、段和篇的教学、朗读和默读训练、复述和背诵、课文理解等方面规定学习内容,提出教学建议。"阅读教学要着眼于逐步培养学生的自学能力,使学生在阅读实践中学习独立思考,学习怎样读书。"

五是作文。"作文是学生认识水平和语言文字表达能力的体现。""小学以学写记叙文为主,也要学写常用的应用文。""作文要做到观察、思维、表达密切结合。""作文教学应该从说到写,由易到难,循序渐进。""作文教学要与阅读教学密切配合。""指导学生作文,要从内容入手。教师要引导学生接触自然,接触社会,指导学生留心观察和分析周围的事物,养成观察和思考的习惯。"课内和课外阅读,可以丰富学生的作文内容,还有"其他学科中的观察、参观、操作、实验等实践活动,有的也可以作为作文的内容"。"作文训练的方式应当灵活多样。""作文教学还要鼓励学生多练笔。""要重视作文的指导。"

● 思想教育方面

"进行思想教育是语文教学的一项重要任务。教师要充分认识加强思想教育的重要性,提高自觉性。"思想教育的主要内容包括:引导学生在认识与理解的基础上,激发热爱祖国、热爱祖国语言文字的情感;培养热爱中国共产党的思想感情;懂得社会主义好,热爱社会主义;受到辩证唯物主义的启蒙教育,爱科学、爱劳动、爱护公共财物,关心集体、团结友爱,陶冶审美情趣等。

(3) 课外活动

《九年义务教育全日制小学语文教学大纲(试用)》专门设置课外活动,明确提出"课外活动是语文教学的有机组成部分",强调课外活动的多重育人价值,还介绍课外活动的主要内容,"小学语文的课外活动包括课外阅读、兴趣小组活动和其他语文课外活动",强调"开展课外活动要讲求实效,不要加重学生的负担"。从一定意义上来说,这里强调的课外活动是语文综合性学习的先声。

(4) 效果评价

《九年义务教育全日制小学语文教学大纲(试用)》提出改进成绩考查的方法,强调以成绩考查为手段,提高教学质量。"要根据教学大纲的教学目的、要求和教学内容,确定考查范围,改进考查的内容和形式。要对知识和能力进行综合考查。既要有书面的,也要有口头的。要安排好期末的成绩考查,更要注意对平时学习情况的考察,全面评估学生的学习成绩。要重视对学生学习成绩的分析,以利于改进教学。"上述评价要求体现出素质教育的价值追求。虽然《九年义务教育全日制小学语文教学大纲(试用)》没有设置专门的效果评价,不过对小学各年级提出具体的教学要求,可以为小学语文教学质量评价提供重要依据。

二、21 世纪小学语文课程标准的历史发展

21 世纪以来,小学语文进入以人为本的课程标准时期。在这一时期,小学语文课程从注重"基础知识、基本技能"转向注重"三维目标"、注重核心素养。总体而言,这一时期小学语文课程前后大致可以划分为三个发展阶段,分别以《全日制义务教育语文课程标准(实验稿)》(2001 年)《义务教育语文课程标准(2011 年版)》

和《义务教育语文课程标准(2022年版)》为标志。当前,小学语文课程已经开启培养学生核心素养的新时代,正在向探索高质量发展之路迈进。

(一)历史背景

1. 全球竞争加剧,信息社会全面转型

随着网络普及、数字技术的飞速发展,人类已经进入"地球村"的新时代。在全球经济的强势带动下,知识更新、技术迭代越来越快,国际之间竞争加剧。21世纪以来,人类社会正向信息社会全面转型。为此,基于工业革命的时代背景建构起来的学校教育体系,显得越来越难以适应新时代的要求,迫切需要转型升级。学校教育开始进入双线混融式教育的新航道,探索以数字技术赋能教育,以新理念培育创新人才。

2. 深化素质教育改革,为21世纪培育优秀的新型人才

当前,全球范围内形成一场以21世纪能力导向的教育改革运动。关于21世纪能力,经济合作与发展组织和欧盟称之为"关键能力"(key competences),美国称之为"21世纪技能"(21st century skills),我国称之为"核心素养"。为培养21世纪优秀的新型人才,我国教育改革需要"聚焦中国学生发展核心素养,培养学生适应未来发展的正确价值观、必备品格和关键能力,引导学生明确人生发展方向,成长为德智体美劳全面发展的社会主义建设者和接班人"[①]。我国的基础教育需要通过深化素质教育改革,落实核心素养,努力建构高质量的教育体系。

(二)《全日制义务教育语文课程标准(实验稿)》、《义务教育语文课程标准(2011年版)》和《义务教育语文课程标准(2022年版)》

进入21世纪以来,我国以前所未有的力度推进基础教育课程改革,倾力提升未来国民的整体素质,应对全球化带来的严峻挑战。小学语文被纳入义务教育结构(1—9年级)来整体安排,教育部先后颁布了《全日制义务教育语文课程标准(实验稿)》、《义务教育语文课程标准(2011年版)》和《义务教育语文课程标准(2022年版)》三个课程标准。比较20世纪颁布的历次小学语文教学大纲,21世纪有关小学语文的课程标准从课程理念、课程目标与内容到学业质量评价都有重大突破与提升,为整体推进小学语文教学的改革创新及质量提升提供了重要的政策保障及专业指导。

1. 课程性质与基本理念

与之前的小学语文教学大纲一致,21世纪有关小学语文的课程标准充分肯定语文课程的多重功能与奠基作用。语文素养既是学好其他课程的基础,也为学生

---

① 中华人民共和国教育部.义务教育课程方案:2022年版[M].北京:北京师范大学出版社,2022:2.

形成良好个性和健全人格打下基础,为学生的全面发展和终身发展打下基础,还为整体提升民族素质打好基础。

(1) 课程性质

2001年版语文课程标准[①]重新界定语文课程性质,认为"语文是最重要的交际工具,是人类文化的重要组成部分。工具性与人文性的统一,是语文课程的基本特点"。2011年版、2022年版语文课程标准继承上述观点,增补语言文字还是最重要的信息载体的表述,顺应数字化网络时代的趋势。

从语言文字运用的角度,2011年版、2022年版语文课程标准更新了语文课程的概念界定。2011年版语文课程标准提出,"语文课程是一门学习语言文字运用的综合性、实践性课程"。2022年版语文课程标准强调汉语汉字作为国家通用语言文字的属性,将语文课程的概念界定为:"语文课程是一门学习国家通用语言文字运用的综合性、实践性课程。"从国家通用语言文字运用的角度来理解基础型学习任务群、发展型学习任务群及拓展型学习任务群,可以发现其综合性与实践性的特点。

(2) 课程理念

基于语文素养,2001年版、2011年版语文课程标准提出了语文课程的基本理念,二者基本是一致的。进入核心素养时代,2022年版语文课程标准提出的语文课程理念,观点有重要深化,突出核心素养的培养、语文学习任务群的建构与课程内容的整合,强化课程评价的导向作用(表1-1)。总体而言,语文课程理念体现出追求超越学科本位、深化语文课程的育人价值的发展方向。

表1-1　21世纪语文课程理念

语文课程标准版本	总目标	语文课程理念
2001年版、2011年版	语文素养	1. 全面提高学生的语文素养 2. 正确把握语文教育的特点 3. 积极倡导自主、合作、探究的学习方式 4. 努力建设开放而有活力的语文课程
2022年版	核心素养	1. 立足学生核心素养发展,充分发挥语文课程育人功能 2. 建构语文学习任务群,注重课程的阶段性与发展性 3. 突出课程内容的时代性和典范性,加强课程内容整合 4. 增强课程实施的情境性和实践性,促进学习方式变革 5. 倡导课程评价的过程性和整体性,重视评价的导向作用

从表1-1可知,2022年版语文课程标准的总目标及课程理念发生重大改变,从语文素养到核心素养,课程理念越来越强调语文课程的育人功能,强调学科实

---

① 为便于并置比较,本部分将《全日制义务教育语文课程标准(实验稿)》简称为2001年版语文课程标准,以此类推。

践,强调课程内容整合,强调学习方式变革,强调评价的导向作用。语文课程理念的进步正是促进语文课程更好地适应时代发展的客观需要。

2. 课程目标

(1) 从语文素养的三维目标到核心素养的总目标

2001 年版、2011 年版语文课程标准根据知识与能力、过程与方法、情感态度与价值观三个维度来设计语文课程目标。语文课程目标的三个维度相互渗透,融为一体,致力于学生语文素养的整体提升。

2022 年版语文课程标准超越语文素养,以核心素养为核心,体现课程性质,反映课程理念,确立课程目标。2022 年版语文课程标准强调:"义务教育语文课程培养的核心素养,是学生在积极的语文实践活动中积累、建构并在真实的语言运用情境中表现出来的,是文化自信和语言运用、思维能力、审美创造的综合体现。"2022 年版语文课程标准舍弃三维目标框架,构建了以文化自信、语言运用、思维能力、审美创造四个维度为框架的核心素养目标结构。

(2) 从总目标到阶段目标

三个版本的语文课程标准均按第一学段(1~2 年级)、第二学段(3~4 年级)、第三学段(5~6 年级)设置分阶段目标或学段要求,详细描述小学每个学段要达成的目标要求。其中,2001 年版语文课程标准只是以"课程目标"形式呈现;2011 年版语文课程标准将学段目标与内容合为一体,以"课程目标与内容"形式呈现。

如果说上述阶段目标是纵向线索,那么每个阶段目标的领域分布就是横向线索。2001 年版、2011 年版语文课程标准中的阶段目标按照识字与写字、阅读、写话或习作、口语交际、综合性学习五个领域设计,其中综合性学习是新增的领域,突出小学语文课程的综合性特征。通过比对发现,2001 年版语文课程标准与 2011 年版语文课程标准中的阶段目标大致相同,后者更注重整合;"综合性学习"的阶段目标完全一致。

2022 年版语文课程标准中的阶段目标按识字与写字、阅读与鉴赏、表达与交流、梳理与探究四个板块设计,其中"表达与交流"在语文课程层面将"写话""习作""口语交际"进行整合;"梳理与探究"注重引导学生通过语文学习实践,掌握语文学习方法,突出在实践中不断优化语文学习的过程与方法。

3. 内容结构

2001 年版、2011 年版语文课程标准均没有设置专门的课程内容,但 2011 年版语文课程标准第二部分将"课程目标"调整为"课程目标与内容"。在表述上,这部分内容与 2001 年版语文课程标准的"课程目标"大致相同。

2022 年版语文课程标准专门设置课程内容部分,包括"主题与载体形式""内容组织与呈现方式"两部分内容。

一是主题与载体形式。为了更好地发挥立德树人的育人功能,语文课程内容突出"中华优秀传统文化""革命文化""社会主义先进文化"的人文主题,明确各个主题的载体形式,强调"教书"与"育人"的有机融通(表1-2);同时也重视外国优秀文化作品,以及反映科技、自然、生活等方面的应用、说明、记叙类作品学习。

表1-2 《语文课程标准(2022年版)》课程内容的重要主题与载体形式

重要主题	载体形式
中华优秀传统文化	主要载体为汉字、书法,成语、格言警句,神话传说、寓言故事、历史故事、民间故事、中华民族团结一家亲的故事,古代诗词、古代散文、古典小说、古代文化常识、传统节日、风俗习惯等
革命文化	主要载体为老一辈无产阶级革命家和革命英雄人物的代表性作品及反映他们生平事迹的传记、故事等作品,反映党领导人民革命的伟大历程和重要事件的作品,有关革命传统人物、事件、节日、纪念日活动等方面的作品,阐发革命精神的作品,革命圣地、革命旧址和革命文物等
社会主义先进文化	主要载体为反映社会主义建设事业中取得的重大成就、涌现出来的模范人物与先进事迹的作品;反映当代中国从站起来、富起来到强起来的奋斗历程和重大事件,以及体现中国式现代化新道路和人类文明新形态的相关作品;反映和谐互助、共同富裕、改革创新、劳动创造美好生活等方面的作品

由表1-2可见,2022年版语文课程标准对语文课程内容的重要主题及载体形式都有明确、具体、全面的设计,这为更好地落实、落细小学语文课程的立德树人功能创设了有利条件。

二是内容组织与呈现方式。2022年版语文课程标准将学习任务群作为课程内容的组织与呈现方式(表1-3):"义务教育语文课程内容主要以学习任务群组织与呈现。设计语文学习任务,要围绕特定学习主题,确定具有内在逻辑关联的语文实践活动。语文学习任务群由相互关联的系列学习任务组成,共同指向学生的核心素养发展,具有情境性、实践性、综合性。"

表1-3 《语文课程标准(2022年版)》的学习任务群结构

层级	类型	名称
第一层	基础型学习任务群	语言文字积累与梳理
第二层	发展型学习任务群	实用性阅读与交流
		思辨性阅读与表达
		文学阅读与创意表达
第三层	拓展型学习任务群	整本书阅读
		跨学科学习

4. 课程实施

(1) 从"实施建议"到"课程实施"

2001 年版、2011 年版语文课程标准均设置"实施建议",体现三维目标的要求,有助于推进课程实施。2001 年版语文课程标准的"实施建议"分为教材编写建议、课程资源的开发与利用、教学建议、评价建议四个方面。2011 年版语文课程标准对上述四个方面的顺序做了调整,将教学建议、评价建议置于首位,强化课程、教学、评价的逻辑关系。就"实施建议"的具体内容来看,2011 年版语文课程标准既注重传承 2001 年版语文课程标准的经验成果,又有所推进,内容更加具体丰富。

2022 年版语文课程标准将"实施建议"调整为"课程实施",强化课程理念、课程目标的实施与落地。"课程实施"除承续教学建议、评价建议、教材编写建议、课程资源的开发与利用之外,新增教学研究与教师培训,要求夯实语文课程实施的基础。

(2) 基于核心素养的"课程实施"

2022 年版语文课程标准的"课程实施"部分以核心素养为总目标,以遵循学生核心素养发展的基本规律为前提,从教学建议、评价建议、教材编写建议、课程资源的开发与利用以及教学研究与教师培训共五个方面推进语文课程的落实。其具体建议内容立足核心素养,突出问题导向与目标导向,体现最新研究成果,注重通过合作研究来推进课程实施,充分发挥语文学科独特的育人功能。

5. 效果评价

2001 年版、2011 年版语文课程标准在"实施建议"部分设置了"评价建议",不仅有总体上的评价建议,还针对识字与写字、阅读、写作、口语交际、综合性学习等各方面提出具体的评价建议;强调"语文课程评价的根本目的是促进学生学习,改善教师教学",要"充分发挥语文课程评价的多种功能""恰当运用多种评价方式""注重评价主体的多元与互动""突出语文课程评价的整体性和综合性"等评价理念。与教学大纲时期比较,这两版语文课程标准的"评价建议"有了比较大的进步。

在此基础上,2022 年版语文课程标准设置了"学业质量",不仅注重阐明学业质量内涵,而且按各学段依次描述学业质量。2022 年版语文课程标准提出:"学业质量是学生在完成课程阶段性学习后的学业成就表现,反映核心素养要求。语文课程学业质量标准是以核心素养为主要维度,结合课程内容,对学生语文学业成就具体表现特征的整体刻画。"语文学业质量描述为语文课程的核心素养评价提供了基本依据。

第二节 小学语文教材的特点分析

本节内容围绕小学语文教材的特点分析展开,主要包括小学语文教材的编写理念、双线组织单元内容的编排体系和语文学科训练体系的建构。想要深入理解小学语文教材的特点,学习者就要预先了解 21 世纪小学语文课程标准的历史发展,然后将小学语文教材的编写背景、编写理念、教材编排、教材内容和《义务教育语文课程标准 (2022 年版)》有机结合,加深理解。

一、小学语文教材的编写理念

小学语文教材先后以 2011 年版、2022 年版语文课程标准为依据,吸收语文课程改革的优秀成果及成功经验,注重培养学生的创新精神和实践能力,积极倡导自主、合作、探究的学习方式,加强语言文字运用,加强语文和生活的联系,致力于建构开放的、富有活力的教科书体系,全面提升学生的核心素养。[①]

(一) 体现社会主义核心价值观

教材编写是国家事权,自然要体现国家意志。统编版语文教材的编写立意要高,高在体现社会主义核心价值观,立德树人,指导思想明确,措施落实。措施就是八个字:"整体规划,有机渗透。"[②] 小学语文教材编写注意充分发挥语文学科在育人方面的独特优势,将社会主义核心价值观、中华优秀传统文化、革命传统教育、良好的思想道德风尚等人文教育内容有机融合在教科书之中,激发学生热爱祖国的思想感情,培养自尊自信、勤劳勇敢、自强不息的美好品德,增强社会责任感,努力达到"润物无声"的效果。

坚持立德树人,立足核心素养:用好统编本小学语文教材的两个前提(温儒敏)

(二) 突出语文学科基础工具属性

小学语文教材既注重体现工具性与人文性的统一,又特别注意从小学语文学段的特点出发,提炼语文要素,全面夯实基础,突出语文学科的基础工具性特点。教材编写者认为,小学语文教材以语文要素为核心概念,全套教材统筹规划语文要素,尝试建立语文训练体系,以语文要素作为单元语文训练的主线、明线。"所谓语

[①] 人民教育出版社,课程教材研究所,小学语文课程教材研究开发中心.义务教育教科书教师教学用书:语文一年级:上册[M].北京:人民教育出版社,2020:编写说明 1.

[②] 温儒敏."部编本"语文教材的编写理念、特色与使用建议[J].课程.教材.教法,2016,36(11):3–11.

文要素就是语文训练的基本元素,包括基本方法、基本能力、基本学习内容和学习习惯。"[1]例如,小学语文教材第1—2册的编写,特别重视汉语拼音、识字写字、阅读、口语交际等方面的学习,从而为学生打好语文素养的根基。

(三) 加强教材编写的科学性

小学语文教材编写的科学性大致分为两个方面:一是遵循语文学科自身的规律,加强学科内容的科学性;二是尊重小学生的身心发展规律,促进学生全面发展。

就第一个方面而言,小学语文教材编写注重守正创新,实行"编研结合",通过加强研究来全面加强教材编写的科学性。"要学习和继承以往教材编写好的经验,借鉴国外先进的经验,实行'编研结合',使教材编写有科学性,符合语文教育规律,也更有利于提升教学效果。"[2]为此,教材编写者认真梳理总结及吸收利用民国国文课本编写的有益经验,增加了很多童谣、儿歌,致力于激发学生对汉语音韵节奏的感觉,提升学生学语文的兴趣[3];还特别重视选择、吸收和转化学界有关语文认知规律的研究成果。

从第二个方面来看,小学语文教材编写注重从儿童身心特点出发,促进儿童素养的发展。如小学低学段教材编写,注重做好幼小衔接,保护儿童天性。"起步阶段的语文教育,尊重儿童,准确把握儿童身心发展的特点,关注学生已有的知识经验和生活经验,在学习内容、学习方式等方面做好过渡衔接。保护儿童探索世界的好奇心,让学生在玩中学,在喜闻乐见的游戏活动中学习。"[4]

总之,小学语文教材的编写注重从学科逻辑和心理逻辑的融合来突出编写的科学性。

(四) 贴近当代学生生活,体现时代性

随着人工智能时代的来临,社会生活正在经历时代转型,学校教育越来越重视着眼于未来,培育时代新人。小学语文教材编写注重与时俱进,贴近当代学生生活,体现时代内涵,培育核心素养。小学语文教材在课文选取、习题设计、教学活动的安排等方面,注重切入当代小学生的语文生活,体现时代特色。此外,小学语文教材的课文注重更新,与原来的人教版教材比,新的课文约占40%。教材的语言、习

① 陈先云.课程观引领下统编小学语文教科书能力体系的构建[J].课程.教材.教法,2019,39(3):78-87.
② 温儒敏."部编本"语文教材的编写理念、特色与使用建议[J].课程.教材.教法,2016,36(11):3-11.
③ 温儒敏."部编本"语文教材的编写理念、特色与使用建议[J].课程.教材.教法,2016,36(11):3-11.
④ 人民教育出版社,课程教材研究所,小学语文课程教材研究开发中心.义务教育教科书教师教学用书:语文一年级:上册[M].北京:人民教育出版社,2020:编写说明1.

题的题型、插图和装帧设计,都力图有所创新。[①]

二、创新教材编排体系,双线组织单元的课程内容

小学语文教材追求编排结构创新,既注重改变以阅读为本位的教材编排体系,进一步强化口语与书面语的表达与交流,又注重采用双线组织单元内容的方式,加强单元整体教学编排。以双线组织单元内容的教学结构,以宽泛的人文主题为引领,以语文要素为单元内容的主线,有助于加强教材人文性与工具性的有机整合。

(一)采用双线组织单元内容的方式,改变以阅读为本位的教材编排体系

小学语文教材的编排体系实质上是单元组合方式问题,关键是如何科学合理地统筹安排语文课程的总体内容。过去在语文课程发展演变中逐渐形成了以阅读为本位的语文教材编排体系,这种突出强化阅读、疏离听说、弱化写作的编写思路,既不利于学生听说读写能力的整体发展,更不利于培育学生的核心素养。现行小学语文教材编写的重要突破,就是创新教材编排的体系,采用双线组织单元内容的方式,加强单元整合,重构语文教材的内容结构,即围绕"人文主题"和"语文要素"两条线索组织单元内容。每个单元设有导语,在单元导语中明确语文要素。单元中的某些课文落实语文要素,贯穿方法的学习与运用。在"语文园地"中安排"交流平台"栏目,进一步强化语文要素,梳理、总结、提炼学习方法。某些单元的"词句段运用"和"习作"还引导学生实践运用本单元学习的方法。单元各部分内容环环相扣,相互配合,使每个单元形成一个系统。可见,通过以双线组织单元内容的方式,小学语文教材不仅加强了不同学段、不同册次之间的纵向联系,体现由易到难、由浅入深的发展梯度,而且还加强了单元内部的横向联系,使各板块内容形成合力,共同促进学生发展。[②]

如何用好"统编本"小学语文教材(温儒敏)

如何用好统编小学语文教材(陈先云)

(二)以宽泛的人文主题作为组织单元内容的显性线索

小学语文教材注重以宽泛的人文主题来组织单元内容。现行小学语文教材主要从贴近学生生活的角度,采用宽泛的人文主题来组织单元语文学习内容。

以小学语文教材一年级上册为例。该册教材开头入学教育单元以儿童的口吻"我上学了"引领儿童走进学校生活,凸显了儿童的主体地位。其内容分为"我是中国人""我是小学生""我爱学语文"三个部分,将情感熏陶、习惯养成与语言学

---

① 温儒敏."部编本"语文教材的编写理念、特色与使用建议[J].课程.教材.教法,2016,36(11):3-11.

② 人民教育出版社,课程教材研究所,小学语文课程教材研究开发中心.义务教育教科书教师教学用书:语文五年级:上册[M].北京:人民教育出版社,2020:编写说明1.

习进行有机整合。随后第一单元是第1个识字单元,编排了《天地人》《金木水火土》《口耳目》《日月水火》《对韵歌》五堂识字课,引导学生在有趣的情境中感受中华文化内涵。第二、三单元是拼音单元。第四单元围绕"自然"主题,编排了《秋天》《小小的船》《江南》《四季》四篇课文。课文题材及语言注重唤醒学生对四季的感受,激发学生对大自然的喜爱之情。[①]第五单元是第2个识字单元,编排了《画》《大小多少》《小书包》《日月明》《升国旗》五篇课文,将识字寓于生动形象、充满童趣的情境之中,注重引导学生感受国旗的美丽、升国旗的庄重,培育学生的爱国情感。第六单元围绕"想象"主题编排了4篇课文,激发学生对自然、对生活的热爱。第七单元围绕"儿童生活"主题编排了3篇课文,"不仅描绘了多彩的儿童生活场景,也展现了儿童真实而又丰富的内心世界,以及他们不同的情感体验"[②]。第八单元围绕"观察"主题编排了3篇课文,引导学生体会"只要留心观察,生活中处处都有学问"。可见,宽泛的人文主题有机渗透在这一册教材每个单元的语文学习活动安排之中,体现了人文价值的引领作用。

小学语文教材从三年级开始每个单元设置明确的人文主题,彰显人文价值引领。每个单元都编排了单元导语,每个单元导语都配有一幅能够体现单元主题思想的画。单元导语一般包括两部分,一部分用简短的语言点明单元人文主题,另一部分从阅读或表达的角度提出单元学习的要点,从而方便教师便捷地使用。[③]下面以小学语文教材三年级上册为例来说明(表1-4)。

表1-4　小学语文教材三年级上册人文主题系列 [④]

单元	人文主题
第一单元	学校生活:"美丽的校园,成长的摇篮,梦想起航的地方。"
第二单元	金秋时节:"金秋的阳光,洒在树叶上,洒在花瓣上,也洒在我们的心上。"
第三单元	奇妙想象:"乘着想象的翅膀,游历奇妙的童话王国,看花儿跳舞,听星星歌唱。"
第四单元	预测:"猜测与推想,使我们的阅读之旅充满了乐趣。"
第五单元	留心观察:"生活中不缺少美,只是缺少发现美的眼睛。——[法国]罗丹"

① 人民教育出版社,课程教材研究所,小学语文课程教材研究开发中心.义务教育教科书教师教学用书:语文一年级:上册[M].北京:人民教育出版社,2020:157.

② 人民教育出版社,课程教材研究所,小学语文课程教材研究开发中心.义务教育教科书教师教学用书:语文一年级:上册[M].北京:人民教育出版社,2020:242.

③ 陈先云.国家统编小学语文教科书教学指导:与其他版本教科书比对研究:下册[M].北京:语文出版社,2019:695.

④ 根据教育部组织编写的《义务教育教科书 语文 三年级(上册)》(人民教育出版社2018年版)整理。

续表

单元	人文主题
第六单元	祖国河山："祖国,我爱你。我爱你每一寸土地,我爱你壮美的山河。"
第七单元	我与自然："大自然赐给我们许多珍贵的礼物,你发现了吗?"
第八单元	美好品质："美好的品质,犹如温暖的阳光,带给我们希望和力量。"

总之,小学语文教材通过以宽泛的人文主题来组织单元内容,实现语文教材以人文价值来引领学生的听说读写及语文综合性学习的架构,凸显语文课程立德树人的育人功能。

(三) 以语文要素作为组织单元内容的主线

语文要素是小学语文教材明确提出的一个核心概念,主要是指语言文字训练的基本要素。从三年级开始,小学语文教材的每个单元导语都从阅读与表达两个方面列出语文要素,"将学生必备的语文知识、基本的语文能力、常用的学习方法或适当的学习策略和学习习惯等,分成若干个知识点或者能力训练点,统筹规划目标训练序列,并分梯度编排在各个年级的相关内容或活动中"[1],从而进一步夯实学生语文能力的根基。从价值维度来看,小学语文教材安排语文要素的价值主要体现在两个方面:一方面是明确语文课程内容,主要解决语文学科学什么及掌握程度的问题;另一方面是确立符合语文学科的基本规律和适应学生身心发展特点的语言文字训练目标序列,主要解决语文训练的系统性及教材编排的科学性问题。

通过语文要素的精心组织与编排,小学语文教材变得"精要有用,好教宜学"。需要说明的是,在小学语文教材中,单元导语、课后练习题、课文中的学习提示,"语文园地"中的"交流平台""词句段运用"等都是语文要素的主要载体。[2]通过这些语文要素的主要载体,学生能够把握语文要素的组织结构与编排逻辑。

从表1-5中,我们可以比较直观地感受到从三年级到六年级,小学语文教材文体单元的内容与语文要素的结构关系。这有助于教师从课程视角来把握小学语文教学内容的要点及结构。

---

[1] 陈先云.统编小学语文教科书中语文要素的内涵及其特点[J].课程·教材·教法,2022,42(3)28-37.

[2] 陈先云.统编小学语文教科书中语文要素的内涵及其特点[J].课程·教材·教法,2022,42(3)28-37.

表 1-5　小学语文教材中文体单元的内容与语文要素 [①]

年级	体裁	语文要素
三年级	童话	感受童话丰富的想象
	寓言	读寓言故事,明白其中的道理
四年级	神话	感受神话中神奇的想象和鲜明的人物形象
	现代诗	初步解现代诗的一些特点,体会诗歌表达的情感
	童话	感受童话的奇妙,体会人物真善美的形象
五年级	民间故事	了解课文内容,创造性地复述故事
	古典名著	初步学习阅读古典名著的方法
六年级	小说	读小说,关注情节、环境,感受人物形象
	外国文学名著	了解作品梗概,就印象深刻的人物和情节交流感受

三、尝试建构语文学科训练体系,精选教材内容

从强化语文学科要培养的学生核心素养出发,小学语文教材精选内容,提升选文标准,重建语文知识体系。小学语文教材注重将阅读训练结构化,建构"精读""略读""课外阅读"三位一体的阅读体系,新增阅读策略单元,创设"语文园地"的交流平台,注重引导学生学习阅读方法、应用阅读方法,通过阅读实践,学会阅读,指向独立阅读能力培养。小学语文教材还注重表达训练的主题化、序列化,加强口语与书面语的表达与交流,还编排了专门的习作单元。此外,小学语文教材进一步加强语文综合性学习,注重提升学生综合运用语言文字的实践能力。

(一)加强语文教学内容建设

小学语文教材的重要突破与创新就是基于核心素养,全面加强语文教学内容建设,综合编排听说读写活动,同时推进听说读写训练。

1. 强化选文标准,提升选文质量

小学语文教材的选文质量直接关系到语文教学内容建设质量,关系到语文育人价值的实现。教材选文不仅是语文教材的核心组成部分,而且还是语文教材发挥育人功能的重要载体。

针对新课改之前各个版本语文教材选文的偏颇与不足,现行小学语文教材强化选文标准,注重全面提升选文质量,强调课文选篇的"四个标准",主要指强调课文选篇要加强经典性、文质兼美、适宜教学、适当兼顾时代性,尤其要坚持守正立

[①] 陈先云.统编小学语文教科书中语文要素的内涵及其特点[J].课程·教材·教法,2022,42(3):28-37.

场[1];强调选文标准的"三维体系",主要指课文选篇要强化价值标准、语言文字标准和教学标准这三个维度的价值衡量,强调作出科学理性的价值判断。[2]

无论是"四个标准"还是"三个维度",都强调了小学语文教材的选文需要体现文化价值的经典性、文章语言文字的典范性及语文教学的适用性与前沿性。

2. 重视核心素养,重建语文知识体系

现行小学语文教材重新确定语文教学的知识体系,落实核心素养导向的知识点、能力点。小学语文教材的编写以语文要素为主要载体,尝试建立语文训练体系。

从语文要素的纵向编排来看,教材突出训练目标的连续性和发展性。在语文知识与能力、方法与习惯等方面,教材统筹规划训练目标序列,力求做到目标精准,体现语文要素安排的系统性和发展性。同时,学过的语文要素,会在之后的语文实践中反复运用,螺旋式上升。

从语文要素的横向编排来看,教材突出能力培养的整体性和综合性。从三年级开始,教材在每个单元导语中,围绕阅读与表达两个方面明示本单元的重点语文要素,课后练习题落实本单元的重点语文要素,语文园地中的"交流平台"对本单元的学习方法进行回顾、总结。各单元语文要素的学习环环相扣,将语文学习方法的掌握、语文能力的发展落到实处,突出能力培养的整体性和综合性。

(二) 阅读系列:指向独立阅读能力培养

l. 建构"精读""略读""课外阅读"三位一体的阅读体系

从培育核心素养的角度出发,《义务教育语文课程标准(2022年版)》在总目标中强调:"学会运用多种阅读方法,具有独立阅读能力。"小学语文教材注重培养学生的阅读兴趣,养成良好的阅读习惯,最终培养学生具有独立阅读、自由阅读的能力。为此,小学语文教材注重强化阅读,从小学三年级开始安排略读课文,建构"精读""略读""课外阅读"三位一体的阅读体系。精读课文、略读课文和"快乐读书吧",各自承担着不同的功能:精读课文学习方法,略读课文运用方法,"快乐读书吧"使课外阅读课程化,引导学生进行大量阅读实践。这样的设计,使得课外阅读与课内阅读有机整合,共同促进学生阅读能力的提升。[3]三位一体的阅读体系建构,也将学校阅读与家庭阅读打通,形成开放式的阅读体系架构,指向学生独立阅读能力的培养。

① 温儒敏."部编本"语文教材的编写理念、特色与使用建议[J].课程·教材·教法,2016(11):3-11.

② 陈先云.对小学语文教科书选文标准的基本认识:二[J].语文建设,2021(10):57-61.

③ 人民教育出版社,课程教材研究所,小学语文课程教材研究开发中心.义务教育教科书教师教学用书:语文三年级:上册[M].北京,人民教育出版社,2018:编写说明1.

2. 编排阅读策略单元

小学语文教材新增富有特色的阅读单元——阅读策略单元,从三至六年级一共安排了四个阅读策略单元,分别是"预测""提问""提高阅读速度""有目的地阅读"(表1-6)。这种单元类型,不以双线结构的方式来编排,而是完全以阅读策略为主线进行编排。

表 1-6 小学语文教材中的"预测"阅读策略单元能力要点梳理(举例)[1]

册次	阅读策略	语文要素	课文(项目)	阅读策略能力要点在该单元课文中的落实
三年级上册	预测	能运用预测的基本方法,边读边预测	《总也倒不了的老屋》	借助旁批、课后练习、泡泡框提示等,认识预测;根据题目、插图、故事内容线索,结合生活经验和常识进行有依据的预测
			《胡萝卜先生的长胡子》	根据线索进行有依据的预测,及时修正预测;尝试根据文章或书的题目,预测故事内容
			《小狗学叫》	根据故事线索和生活经验预测故事的结局,对比不同结局,体会预测的多样性;运用预测策略开展课外阅读
			口语交际:名字里的故事	迁移运用预测策略,猜测同学或老师名字的含义或来历
			习作:续写故事	根据插图和泡泡提示多角度预测故事、续写故事
			语文园地四	梳理总结预测的方法和运用预测策略的好处

该"预测"阅读策略单元的编排体例不同于其他单元,不仅注重教方法、用方法,而且注重单元整体化设计,如先安排一篇精读课文《总也倒不了的老屋》,侧重教学生理解预测策略的方法性知识,接下来安排两篇未呈现完整内容的课文《胡萝卜先生的长胡子》《小狗学叫》,引导学生运用所学到的预测策略的方法性知识进行阅读。一篇精读课文重在教预测的方法性知识,后面两篇课文主要侧重预测方法性知识的实践和运用,即从学生学预测的方法,到迁移运用预测的方法。"在整个单元中,还穿插安排了一系列阅读活动,提供丰富的实践机会,引导学生尝试运用阅读策略。比如,给出文章或书的题目让学生预测;又如,一个同学朗读故事,其他同学预测故事情节,使学生在兴趣盎然的阅读活动中使用预测策略,感受阅读带来的乐趣。'语文园地'的'交流平台',从不同角度强调预测策略的好处,引导

---

① 陈先云.国家统编小学语文教科书教学指导:与其他版本教科书比对研究:上册[M].北京:语文出版社,2019:46.

学生通过交流,体会到预测策略可以运用于生活中的多个场景,使学生进一步感受到预测策略的巨大实用价值。"①

3. 创设"语文园地"的"交流平台"

小学语文教材注重创设"语文园地"的"交流平台",引导学生学方法、用方法,促进阅读能力的整体提升。小学语文教材特别注重阅读方法的指导,因为只有引导学生学方法、用方法,才能够有效促进学生学会阅读,形成独立阅读能力。"从三年级到六年级,小学语文教材的'语文园地'中的'交流平台',集中体现了学习方法的指导与运用。每个单元的'交流平台',都聚焦学习方法,围绕本单元的语文要素,从学生的学习实践中提取可迁移运用的方法,总结出一些最基础的、最重要的学习经验,使学生对本单元的语文要素有更进一步的认识。""同时,在练习活动中渗透方法,培养学生的方法意识。教科书中的每一个练习活动,往往不只是简单提出一个学习要求,而是引导学生运用某种方法完成学习任务,开展学习活动的过程也是方法运用的过程。这些练习活动蕴含的学习方法,都可以举一反三地迁移运用于今后的阅读和表达实践。"② 上述小学语文教材中的"交流平台"与练习活动设计是从总体上来说的,其中阅读方法的指导是主要内容之一。

(三) 表达系列:增强语言表达能力培养

I. 加强口语与书面语的表达与交流

现行小学语文教材编写有意加强口语与书面语的表达与交流,试图改变过去以阅读为本位的编排体系,"加大语言表达,特别是书面表达在教材内容中的比重,达到阅读理解和语言表达内容上的均衡"③。

在口语交际方面,"教材在一至六年级共编排了 47 次口语交际,每册 4 次(六年级下册 3 次),涵盖了倾听、表达和应对等口语交际目标"。"教材这样编写的理念是重视在语文课堂教学中培养口语交际的能力,鼓励学生在各科教学活动以及日常生活中锻炼口语交际能力,做到减量不减质。"④ 小学语文教材口语交际活动的目标明晰。"教材结合每次口语交际活动,在教材右下方以小贴士

---

① 人民教育出版社,课程教材研究所,小学语文课程教材研究开发中心. 义务教育教科书教师教学用书:语文三年级:上册[M]. 北京:人民教育出版社,2018:编写说明 3.
② 人民教育出版社,课程教材研究所,小学语文课程教材研究开发中心. 义务教育教科书教师教学用书:语文三年级:上册[M]. 北京:人民教育出版社,2018:编写说明 1.
③ 陈先云. 课程观引领下统编小学语文教科书能力体系的构建[J]. 课程. 教材. 教法,2019(3):83.
④ 人民教育出版社,课程教材研究所,小学语文课程教材研究开发中心. 义务教育教科书教师教学用书:语文三年级:上册[M]. 北京:人民教育出版社,2018:59.

的形式单独列出几项要点提示。这是教材口语交际项目编排上最有特色的地方。这样有利于教师和学生明确每一次口语交际活动的目标要求。如四年级下册的'自我介绍'就有这样的口语交际提示:'对象和目的不同,介绍的内容有所不同。'"[1]

小学语文教材不仅凸显口语交际目标的交际性,而且凸显口语交际情境。口语交际凸显交际情境主要体现在三个方面:一是根据每一次口语交际活动的目的要求提供了形式丰富的交集情境,如图片或文字,或图文结合,为教学提供了方便,也为学生创设情境打开了思路;二是鼓励学生自主创设交际情境;三是口语交际把教学路径比较明晰地融入教学情境。[2]

在习作方面,小学语文教材不仅新增习作单元,而且注重应用文体习作,突出想象类习作。其中应用文体习作安排16次,"保留了人教版教科书中通知、书信、读后感等传统的应用文,新增了参观路线图、中国的世界文化遗产简介、设计海报、毕业联欢会活动策划书等紧跟时代部分,与实际生活息息相关的一些应用文练习"[3]。此外,小学语文教材安排14次想象类习作,"教材14次想象作文训练中,二至四年级童话类习作内容训练次数共有7次,比人教版增加了5次;五年级下册新增了编探险故事,而且还单独编排了'想象'习作单元"[4]。这样编排突出高阶思维能力培养,有助于发展学生的想象力与创造力。

2. 编排专门的习作单元

小学语文教材新增8次习作单元(表1-7),"这是新增的特殊功能单元,由6部分组成,采用单元整组编排的形式:'单元导语'点明习作要求,'精读课文'学习表达方法,'交流平台'梳理总结表达方法,'初试身手'初步尝试运用表达方法,'习作例文'进一步感悟、积累经验,'单元习作'呈现本单元的学习成果"[5]。

課程观引领下统编小学语文教材能力体系的构建(陈先云)

---

[1] 人民教育出版社,课程教材研究所,小学语文课程教材研究开发中心.义务教育教科书教师教学用书:语文三年级:上册[M].北京,人民教育出版社,2018:59.

[2] 人民教育出版社,课程教材研究所,小学语文课程教材研究开发中心.义务教育教科书教师教学用书:语文三年级:上册[M].北京,人民教育出版社,2018:59、60.

[3] 人民教育出版社,课程教材研究所,小学语文课程教材研究开发中心.义务教育教科书教师教学用书:语文三年级:上册[M].北京,人民教育出版社,2018:54.

[4] 人民教育出版社,课程教材研究所,小学语文课程教材研究开发中心.义务教育教科书教师教学用书:语文三年级:上册[M].北京,人民教育出版社,2018:55.

[5] 人民教育出版社,课程教材研究所,小学语文课程教材研究开发中心.义务教育教科书教师教学用书:语文三年级:上册[M].北京,人民教育出版社,2018:54.

表 1-7 小学语文教材中的习作单元列表 [①]

册次	单元主题	习作能力要点
三年级上册	观察	仔细观察,把观察所得写下来
三年级下册	想象	发挥想象写故事,创造自己的想象世界
四年级上册	写事	写一件事,把事情写清楚
四年级下册	写景	学习按游览的顺序写景物
五年级上册	写物	搜集资料,用恰当的说明方法,把某一种事物介绍清楚
五年级下册	写人	初步运用描写人物的基本方法,尝试把一个人的特点写具体
六年级上册	围绕中心意思写	从不同方面或选择不同事例,表达中心意思
六年级下册	表达真情实感	习作时,选择合适的内容写出真情实感

从儿童习作学习的视角,小学语文教材将习作单元主题划分为三个层次。

一是习作内容的源泉:观察与想象。"写什么?"这是习作练习的第一个问题。观察与想象是找到表达内容的两个源泉,观察侧重从客观的生活世界来发现习作内容,想象侧重从主观世界来创造习作内容。通过这部分的习作教学,学生要达到习作能力要求,分别是"仔细观察,把观察所得写下来""发挥想象写故事,创造自己的想象世界"。

二是习作的分项练习:写事、写景、写物、写人。教材从易到难,循序渐进,安排习作的分项练习。每个项目的教学,都注重方法性知识的学习,如学习把一件事写清楚的方法、按游览顺序写景物的方法;学会通过搜集资料,采用恰当的说明方法,从而把某一种事物介绍清楚的方法;学会初步运用描写人物的基本方法,把一个人的特点写具体。学习写事、写景、写物、写人的方法,应用相应的写作方法,这是习作分项教学的关键。

三是习作的综合练习:围绕中心意思写与表达真情实感。从语篇角度来看,成篇的写作活动都需要做到中心明确与真实可信。从一定意义上来说,中心明确是文章写作的内在要求,真实可信是文章写作的伦理规范。这两个习作单元主题虽然安排在小学六年级集中教学,但无论是中心明确的要求,还是真实可信的意识,都需要有机渗透进所有的习作单元教学中。

(四) 综合性学习

进入 21 世纪以来,我国特别强调努力建设开放而有活力的语文课程,"课程

① 人民教育出版社,课程教材研究所,小学语文课程教材研究开发中心. 义务教育教科书教师教学用书:语文三年级·上册[M]. 北京,人民教育出版社,2018:54.

标准还提出了'综合性学习'的要求,以加强语文课程内部诸多方面的联系,加强与其他课程以及生活的联系,促进学生语文素养全面协调地发展"[①]。小学语文教材注意专门安排综合性学习(表1-8),"在三至六年级共安排4次综合性学习:三年级下册、四年级下册结合单元主题各安排1次综合性学习,共2次;五年级下册、六年级下册各安排1次以单元编排方式出现的综合性学习,共2次"。相比人教版小学语文教材,现行小学语文"综合性学习的次数明显减少,使学生有充分活动的时间"[②]。

表1-8　小学语文教材综合性学习整体安排(举例)[③]

册次	主题	位置	内容	说明
三年级下册	中华传统节日	第三单元篇章页	收集传统节日的资料,交流节日的风俗习惯,写一写过节的过程	结合单元主题安排的综合性学习,穿插在整个单元的学习中。 篇章页明确目标;课文围绕话题,引出要求;课后"活动提示"具体指导;"综合性学习"进行总结,兼顾口语交际与习作。 三、四年级结合单元主题,逐步安排活动内容,指导更具层次性
		《古诗三首》	(活动提示)自由组成小组,先商量一下,打算了解哪些传统节日,怎么了解,用什么方式记录,然后各自开展活动	
		《纸的发明》	(活动提示)整理收集到的资料,再商量商量,打算怎样展示活动的成果,还可以补充哪些资料	
		综合性学习	1. 写一写过节的过程; 2. 展示活动成果	

　　总体而言,小学语文教材的综合性学习具有如下特点:在主题方面,综合性学习侧重传承中华优秀传统文化,引导学生通过语文综合性学习活动积累语文经验,提升核心素养;在内容编排方面,综合性学习注重单元整合设计,围绕一个主题开展多次活动,与单元课文密切关联,同时兼顾口语交际与习作。以单元编排方式出现的综合性学习,各部分之间联系紧密,活动方式具体,操作性强。在学习目标方面,四、五、六年级的综合性学习侧重培养学生收集资料、整理资料的能力,学习目标从"根据需要收集资料"到"学习搜集资料的基本方法",再到"学习整理资料的

---

① 中华人民共和国教育部. 义务教育语文课程标准:2011年版[M]. 北京:北京师范大学出版社,2011:5.

② 陈先云. 国家统编小学语文教科书教学指导:与其他版本教科书比对研究:上册[M]. 北京:语文出版社,2019:64.

③ 陈先云. 国家统编小学语文教科书教学指导:与其他版本教科书比对研究:上册[M]. 北京:语文出版社,2019:64.

方法",能力层层推进,形成训练体系。学习目标还明确指出学习成果的展示形式,如合编小诗集,举办朗诵会,撰写研究报告,学写策划书等,使综合性学习更贴近现实生活,着重考查学生综合运用语文的能力。①

情境实践练习

1. 根据自己的学习兴趣,围绕小学语文课程的现代转型,选择阅读不同历史时期的语文课程文件(学堂章程、课程纲要、教学大纲、课程标准),从不同角度思考、整理与分析现代小学语文课程的基本特点。

2. 结合本章第二节的学习内容,自主选择某一学段,研读小学语文教材,梳理探究小学语文教材在编写理念、教材编排、教材内容等方面的基本特点,并就如何使用好小学语文教材与同学研讨、交流。

文献摘要

[1] 温儒敏.坚持立德树人,立足核心素养:用好统编本语文教材的两个前提[J].语文建设,2019(14):4-7.

摘要:围绕如何用好小学语文教材这个问题,该文提出除了要了解教材的编写理念、框架、体例,还要了解并把握好两个理念——立德树人和核心素养,这是用好新教材的前提。该文能够让教学实践者明白,立德树人不是一句口号,而是教材编写者的通盘构思,立德树人要"整体渗透,润物无声",必须贯穿各个教学环节;用好小学语文教材,还要立足核心素养,克服教学的随意性。

[2] 陈先云.如何用好统编小学语文教材[J].民族教育研究,2022(5):43-49.

摘要:该文从现行小学语文教材的载体功能与历史使命出发,提出使用好小学语文教材的四个重要方面,即把握教材的编排意图和体系结构,了解教材的栏目设置及内容编排;准确把握教学目标,明确小学语文教学方向,规范小学语文教学实践;秉持学生视角和学生主体立场,基于学情,知晓学情,以学施教;充分发挥教材培根铸魂、启智增慧的育人功能。该文有助于让教学实践者形成用好小学语文教材的理性认识,为实际使用好小学语文教材奠定观念基础。

---

① 陈先云.国家统编小学语文教科书教学指导:与其他版本教科书比对研究:上册[M].北京:语文出版社,2019:67.

第二章
素养型的小学语文课程目标

■ 章前引言

　　教育目标的确定是课程设计与研发的首要环节。依据《义务教育语文课程标准(2022 年版)》,语文课程要以促进学生核心素养发展为目的,以识字与写字、阅读与鉴赏、表达与交流、梳理与探究等语文实践活动为主线,综合构建素养型课程目标体系。与《义务教育语文课程标准(2011 年版)》不同,《义务教育语文课程标准(2022 年版)》在明确核心素养内涵的基础上,独立设置了语文课程目标,并进一步从宏观与微观层面回答"语文课程应该追求的基本方向是什么""遵循学生身心发展规律,不同学段学生应达成哪些基本目标"两个问题。本章将采用课程标准解析、教学案例分析与问题研讨相结合的方式,探究素养型的小学语文课程目标的变革理念、基本特征,以及在教学实践中落实素养型的小学语文课程目标的基本路径等相关问题。

■ 学习目标

1. 了解我国第八次基础教育课程改革的背景,以及小学语文课程目标的发展脉络,特别是知识－技能型课程目标、三维课程目标、素养型课程目标的内在联系与本质区别。

2. 在理解核心素养内涵的基础上,准确把握素养型的小学语文课程目标的设计理念与基本特征。

3. 在教学实践过程中,以课程标准的总目标与学段要求为依据,结合小学语文教材学习单元的具体内容,合理设置教学目标。

■ 学习指要

1. 梳理探究:通过对比 1992 年、2011 年、2022 年语文课程文件(教学大纲或课程标准)中的"课程目标",梳理具体内容的继承与发展,把握素养型小学语文课程目标的设计理念;通过对《义务教育语文课程标准(2022 年版)》中的课程目标的独立阅读、小组研讨,理解素养型小学语文课程目标的基本特点。

2. 理解评价:通过课程目标研读、文献阅读、教学案例分析等方式,深化对核心素养与课程目标的关系、课程目标组织结构与基本特点的理解,并在教学实践中有效辨识课程目标落实的常见误区。

3. 实践探索:基于本章的学习内容,结合小学语文教材内容资源与学生身心发展规律,尝试以语文课程标准为依据,设计教学目标、选择教学内容,从而有效落实课程改革理念。

第一节　素养型小学语文课程目标的理解

　　《义务教育语文课程标准(2022年版)》中的课程目标部分包括核心素养内涵、总目标和学段要求三个部分。针对每个部分的具体内容,本节主要探究三个核心问题:(1)如何理解核心素养的基本内涵,以及文化自信、语言运用、思维能力与审美创造四个方面的关系? (2)核心素养与课程总目标的关系是什么? 核心素养的四个方面密不可分、相互依存,为什么要从四个方面来设置总目标? (3)为什么要以语文实践活动作为主线,呈现语文课程的学段要求? 基于对上述三个核心问题,本节将结合《义务教育语文课程标准(2022年版)》的具体内容,阐述素养型小学语文课程目标的设计理念与基本特征,为学习者在教学实践中落实素养型的小学语文课程目标奠定理论基础。

一、素养型小学语文课程目标的设计理念

　　《义务教育语文课程标准(2022年版)》构建了素养型的语文课程目标体系,这与基础知识与能力、三维目标体系相比,是一个重大突破。理解素养型语文课程目标体系的建构逻辑,要从核心素养的内涵、核心素养与课程总目标的关系、小学语文学段要求的组织与结构三个方面展开。

(一) 核心素养的内涵

　　建构核心素养取向的课程体系是国际教育发展的重要趋势。美国、加拿大、澳大利亚等国坚持"少而精,简而远"的原则,采用整合与综合的思路,先后构建了核心素养取向的课程、教学与考试评价体系。[1][2][3]2014年,我国教育部印发《关于全面深化课程改革落实立德树人根本任务的意见》,强调要根据学生发展规律与社会发展对人才培养的需求,研究制订学生发展核心素养体系和学业质量标准。林崇德先生在《21世纪学生发展核心素养研究》一书中采用理论梳理、国际比较、实证调查等方式,系统建构了中国学生发展核心素养的内涵。有学者指出,为了建立核心素养与课程教学的内在联系,要以核心素养框架作为核心框架,各学科结合本学科的特点与内容体系提出学科核心素养。[4]《普通高中语文课程标准(2017年版2020

落实学生发展核心素养 突显学生主体地位(郭华)

以文化人,建设素养型语文课程标准(郑国民)

① PELLEGRINO J W, HILTON M L. Education for life and work: developing transferable knowledge and skills in the 21st century[M]. Washington, D.C.: the National Academies Press, 2012: 7-9.

② BURNS A. A cross Canada inventory: evidence of 21st century educational reform in Canada[J]. Interchange, 2017(48): 283-292.

③ KLENOWSKI V. Assessment reform and educational change in Australia[M]// BERRY R, ADAMSON B. Assessment reform in education: policy and practice. London: Springer, 2011: 63-74.

④ 许祎玮,刘霞.基于核心素养的课程教学改革:基本模式、国际经验及启示[J].北京师范大学学报(社会科学版),2017(5):40-48.

年修订)》凝练了语文学科核心素养,结合语文课程内容,明确了学生应具备的适应终身发展和社会发展需要的必备品格和关键能力。在保证学段延续性的基础上,《义务教育语文课程标准(2022 年版)》结合义务教育阶段学生发展的基本特点,明确了核心素养的内涵:

核心素养是学生通过课程学习逐步形成的正确价值观、必备品格和关键能力,是课程育人价值的集中体现。义务教育语文课程培养的核心素养,是学生在积极的语文实践活动中积累、建构并在真实的语言运用情境中表现出来的,是文化自信和语言运用、思维能力、审美创造的综合体现。

准确理解核心素养的内涵是深化课程改革、践行课程变革理念的关键。对核心素养的理解至少可以从揭示了哪些内容、如何回应社会发展的现实需求、如何继承与发展语文课程变革经验三个方面展开,如图 2-1 所示。

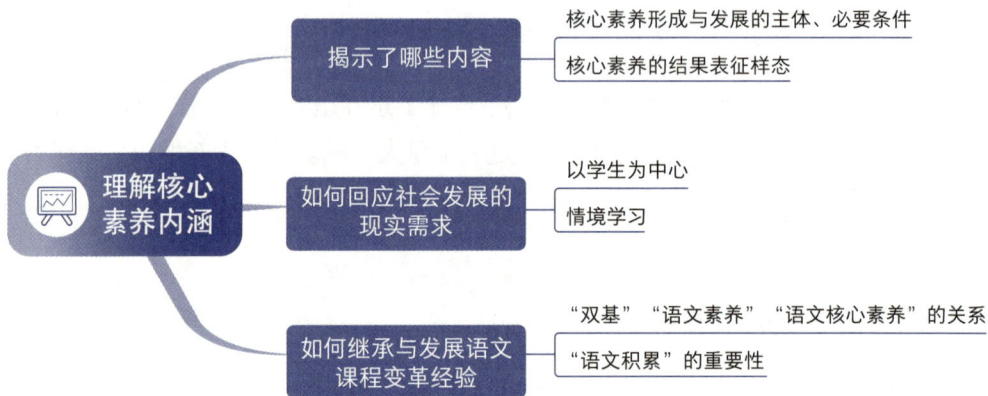

图 2-1　理解核心素养内涵的思维导图

首先,揭示核心素养形成与发展的主体、必要条件,以及具体的表征形态。从形成与发展的角度来看,"语文实践活动""语言运用情境"是核心素养形成与发展的基本条件。在真实的语言运用情境中,学生将会面对真实而复杂的问题,通过识字与写字、阅读与鉴赏、表达与交流、梳理与探究等不同类型的语文实践活动,逐渐发展核心素养。从表征样态来看,核心素养并非以确定性的语文课程知识或技能的形态而存在,而是文化自信、语言运用、思维能力和审美创造的综合体。这也就意味着构成核心素养的四个方面是有机整体,彼此之间存在多向度的内在联系。语言是交际与思维的工具,语言文字及作品是培养审美能力、提升审美品位的重要载体;语言文字既是文化的载体,又是文化的重要组成部分。语文课程与教学应从语言运用出发,着眼于文化自信、语言运用、思维能力和审美创造四个方面的系统关联,促进学生核心素养的整体发展。

其次,核心素养充分体现了社会发展对人才培养的新要求。在核心素养的表述中,学生、积极、建构等关键词充分体现了以学生为主体的教育理念。核心素养的发展是学生与学习资源、学习任务、学习共同体等外在因素积极互动实践的结果。在实践过程中,要关注学生主体意识的培养、学习兴趣的激发,引导学生以自身的生活实践与学校学习经验为基础,对学习内容进行深度加工,而非被动接受、机械训练。与此同时,"真实的语言运用情境"充分体现了情境学习理念,即学生需要在真实的生活、学科学习情境中发现问题、解决问题。

最后,继承与发展语文课程变革与教育教学实践经验。课程与教育教学的变革和发展是一个持续的过程,这就意味着核心素养的内涵蕴含了语文课程与教学的历史经验。对比分析《九年义务教育全日制小学语文教学大纲(试用)》《义务教育语文课程标准(2011 年版)》《义务教育语文课程标准(2022 年版)》,可以发现从"语文基础知识与基本能力"到"三维目标",再到"核心素养",课程目标更新迭代的方式并不是替代式或淘汰式的,而是在继承与发展的原则下,不断融合与丰富。"继承"是指对传统语文教育教学经验的回归,如强调语文积累的价值,强调让学生通过语言材料、文章样式、思想情感、生活体验的积累,形成良好的语感,以及对语言文字运用规律的理性认识。"发展"是指在原有课程目标的基础上,结合社会发展、时代变迁对人才培养提出的新要求,不断拓展课程育人目标的构成维度,如强调价值观念、思想方法、审美体验对学生个体成长的重要价值。

教育部关于全面深化课程改革落实立德树人根本任务的意见(节选)

链接标准

小学语文教学的目的是指导学生正确地理解和运用祖国的语言文字,使学生具有初步的听说读写能力;在听说读写训练的过程中,进行思想政治教育和道德品质教育,发展学生的智力,培养良好的学习习惯。

——《九年义务教育全日制小学语文教学大纲(试用)》

九年义务教育阶段的语文课程,必须面向全体学生,使学生获得基本的语文素养。

语文课程应激发和培育学生热爱祖国语文的思想感情,引导学生丰富语言积累,培养语感,发展思维,初步掌握学习语文的基本方法,养成良好的学习习惯,具有适应实际生活需要的识字写字能力、阅读能力、写作能力、口语交际能力,正确运用祖国语言文字。语文课程还应通过优秀文化的熏陶感染,促进学生和谐发展,使他们提高思想道德修养和审美情趣,逐步形成良好的个性和健全的人格。

——《义务教育语文课程标准(2011 年版)》

（二）核心素养与课程总目标的关系

课程目标是育人目标具体化的结果,对课程内容、教学方式、学业质量具有统摄功能。《义务教育语文课程标准(2022 年版)》(以下必要时简称《语文课程标准(2022 年版)》)中的课程总目标是核心素养内涵的具体化。作为内隐性的个体特质,核心素养最终的表征样态是文化自信、语言运用、思维能力、审美创造的综合。在形成与发展过程中,每个方面都具有独立性,同时彼此之间存在多向度的内在关联。语文课程总目标的设置,既要体现各自的独特价值,也要兼顾四个方面的内在互动关系。

《语文课程标准(2022 年版)》设置了 9 条语文课程总目标,与核心素养的四个方面存在对应关系,并力图突出每个方面的独特性,如图 2-2 所示。在总目标中,第 1 条目标旨在回答"培养什么人"的问题,将立德树人的根本任务贯穿语文课程与教学的全过程。第 2—3 条目标侧重"文化自信",即通过学习语言文字及其作品,学生要在态度上"热爱国家通用语言文字",在认识上"认识中华文化的丰厚博大",在行为上"弘扬社会主义先进文化、革命文化、中华优秀传统文化,建立文化自信"。在日常生活中,

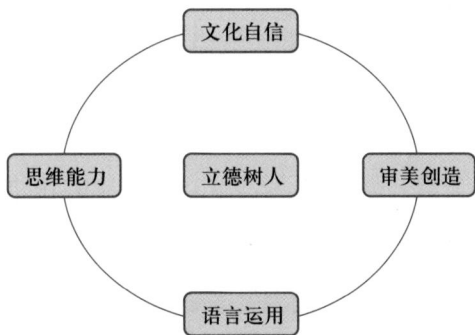

图 2-2　语文课程总目标的基本结构

学生要关注并积极参与社会文化生活,感受不同民族、不同区域、不同国家的优秀文化,吸收人类文化的精华。第 4—5 条侧重"语言运用",即以语言文字的实践运用为前提,通过积累、梳理与整合的方式,形成对语言文字的感性与理性认识,并以此指导日常语言文字实践。第 6—7 条侧重"思维能力",通过语言文字作品的阅读与表达,不断发展自身的直觉思维与形象思维;通过比较、分析、概括、推理等思维方法的初步学习,逐渐发展自身的逻辑思维、辩证思维和创造思维。第 8—9 条侧重"审美创造",即通过语言文字及作品的学习,实现审美经验的积累与反思;以语言文字为中心开展实践活动,形成感知、发现与创造美的能力,培养积极、健康的审美情趣。

在内在逻辑关系上,每一条总目标都与其他目标存在紧密的关联。这种内在的关联表现在以下三个方面:第一,语言运用方面的目标是其他方面目标实现的重要基础。围绕语言文字开展实践,贯穿所有课程目标的实现。学生关注与参与文化活动,需要"能根据需要,用书面语言具体明确、文从字顺地表达自己的见闻、

体验和想法"，更需要"运用多种媒介学习语文"；发展辩证思维、逻辑思维，需要"学会多种阅读方法，具有独立阅读能力"，也需要"梳理基本的语言材料和语言经验"；获得审美体验与提升审美品位，需要"能阅读日常的书报杂志，初步鉴赏文学作品"。第二，在目标达成的过程中，四个方面的目标是相互促进、协同发展的。在阅读与鉴赏文学作品时，学生积累与梳理语言材料的学习经验必然会对"形象思维能力""文学形象的审美""情感体验的丰富""认识中华文化、感受多样文化"产生积极的作用。学生发展"对语言文字运用规律的感性与理性认识"，必然要用到比较、分析、概括、推理等思维方法，以及"理解、欣赏与评价语言文字作品"。第三，从目标达成的结果来看，学习成果的表征样态具有综合性的特点，即学生获得的发展必然是指向语言、思维、审美、文化四个方面的。具体而言，学生在积累与梳理语言材料与语言经验的过程中，收获的不仅仅是语言文字运用的基本规律，还应该包括对语言文字美感、作品思想内涵与艺术价值的感知，以及对中华文化的认知。

最后，需要强调的是，核心素养的四个方面是一个整体，文化自信、语言运用、思维能力、审美创造彼此之间存在多向度的内在关联。那么，为什么要对应四个方面再进一步设置语文课程总目标？这是因为，从课程设计与编制的角度来说，课程目标是引导教师达成教育目的的具体指引，须具有可操作性，能够让作为课程实施主体的教师准确地理解课程目标的基本理念与具体内容，并据此设计出符合课程基本理念的实施计划。在理解与落实课程目标的过程中，教师也要注意从核心素养的四个方面整体着眼，避免简单切分、机械对应。

(三) 小学语文学段要求的组织与结构

就课程标准而言，课程总目标描绘了义务教育阶段学生核心素养发展的基本方向，而学段要求则是根据不同学段学生的发展特点，以总目标为依据，对学习过程、学习结果的进一步细化。在教学实践中，学段要求是教师较为关注的内容，学段要求对制订教学计划、开展教学实践活动具有更为直接的指导意义。

1. 学段要求的组织线索：语文实践活动

在组织形态方面，《义务教育语文课程标准(2011 年版)》(以下必要时简称《语文课程标准(2011 年版)》)是按照识字与写字、阅读、写作、口语交际、综合性学习五个方面呈现学段学习要求的。如图 2-3 所示，《语文课程标准(2022 年版)》则以语文实践活动为线索，呈现与组织不同学段具体的学习目标。为什么要以语文实践活动作为学段要求的组织线索？组织线索的调整并不是一种停留在形式层面的浅层探索。核心素养的本质属性、形成与发展的规律是推动学段要求组织线索变革的根本因素。作为一种综合性的品质，核心素养已远远超越传统的知识与技能

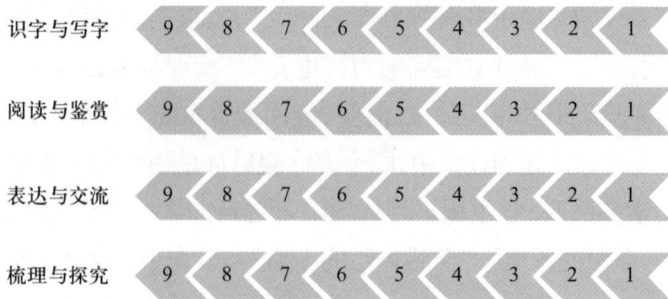

图 2-3   小学语文课程学段要求的组织形态

的组合模式,它既包含可量化、可分解的知识和能力,又包含高度关联、内隐性的思维品质、价值观念、情感态度、文化修养等。这就意味着原有以知识学习、技能训练为主体的课程目标体系本身与核心素养的内涵存在着深刻的矛盾冲突。在探究核心素养培养路径过程中,研究者共同意识到学科实践是达成核心素养育人目标的必要条件。在学科实践过程中,真实的情境、复杂的问题与任务、多样化的学习资源必然蕴含其中。所以,唯有以语文实践活动作为组织线索,才能够达成促进学生核心素养发展这一终极目标。

作为组织线索,语文实践活动的内涵是什么?它与语文课堂教学中内容丰富、形式多样的“实践活动”有哪些区别?通常来说,“活动”是指为达成某种目的而采取的行动,兼具名词与动词的性质。在语文课程语境中,语文实践活动是围绕语言文字及其作品开展理解、运用、研究的富有学科特色的“元学习活动”。它超越了具体的学习主题、学习材料和学习内容,是对日常具体的语文实践活动抽象化的结果。在义务教育阶段,任何语文学习都离不开识字与写字、阅读与鉴赏、表达与交流、梳理与探究四种典型的学习活动。

作为阅读与鉴赏、表达与交流、梳理与探究的基础,识字与写字主要是指学生以常用汉字为学习对象,开展正确认读、规范书写、表达应用等。在该实践活动中,学生养成主动学习汉字的兴趣与良好习惯,感知汉字与文化、日常生活的联系。如案例 2-1 中的活动 1 与活动 2 主要指向识字与写字,强调学生要能够准确记录、自主学习陌生的汉字。阅读与鉴赏是指围绕不同主题、题材、体裁与形式的文本,以自身生活与学习经验为基础,开展的意义建构活动。具体来说,意义的建构可以包括但不限于筛选关键信息、整合文本内容,对文本内容与形式进行探究与评价,以及运用文本内容或个人阅读体验解决实际问题。如案例 2-1 中的活动 1 与活动 3 涉及阅读与鉴赏,学生需要查阅相关资料,阅读不同类型的故事传说,并根据学习导引对文本内容进行深度加工。表达与交流主要是指根据特定的交流与表达目的,开展记录现象、描绘事物、解释原因、论述观点、分享个人思考与体验等的实践活动。如案例 2-1 中的活动 4、活动 5 与活动 6 均涉及表达与交流,学生需要以书面的方式呈现自己的学习成果,以及通过口头交流的方式,与同学分享、讨论自己的阅读体验。梳理与探究主要是指针对不同主题、不同体裁的语言文字材料的整理与分析,并在此基础上逐渐发展对语言文字的感性与理性认识;将积累的语言材料和学习的语文知识结构化,将言语活动经验逐渐转化为具体的学习方法和策略,并能在语言实践中自觉运用。如案例 2-1 中的活动 4 与活动 5,均要求学生对阅读过的文本、积累的学习经验进行梳理,并以此推动后续的学习过程。

案例 2-1

　　民间故事、神话传说、寓言故事是中华优秀传统文化的重要载体。在课内外,大家都读过不同主题类型的传说与故事,为了促进同学们学习经验的交流,班级将举办"故事分享会",以小组为单位,向教师、同学讲述自己最感兴趣的民间故事。请大家完成以下学习活动:

　　活动 1:通过采访爸爸妈妈、爷爷奶奶,或查阅相关资料的方式,收集一两个自己感兴趣的民间故事(神话传说或寓言故事),并将其记录在"故事采集卡"上。

　　活动 2:阅读教师提供的 4 篇文本(2 则民间故事、1 则神话传说、1 则寓言故事)。在阅读的过程中,请通过查阅字典、请教同学等方式,解决自己不认识的汉字或不理解的词语,并将其记录在自己的语文笔记本上。

　　活动 3:按照教师提供的学习导引,完成上述 4 篇文本的概括故事情节、复述故事、续写故事等相关活动。

　　活动 4:根据活动 3 的学习经验,自主修改活动 1 中的"故事采集卡",并思考为什么要选择这个故事、自己从故事中获得的最有价值的启示有哪些,以及如何生动有趣地向他人讲述这个故事等问题。

　　活动 5:采用小组合作学习的方式,尝试向小组成员分享自己的故事,并进一步打磨修改"故事采集卡";小组推选 1 名同学作为代表参加"故事分享会"。

　　活动 6:举办"故事分享会",每个小组派出代表分享故事,其他小组提出问题、分享听故事的体验,并填写"最佳故事讲述者"评选表格。

2. 学段要求内容的主要变化

　　《语文课程标准(2022 年版)》中的学段要求是对《语文课程标准(2011 年版)》"学段目标与内容"的继承与发展。[①] 通过对比两份语文课程标准的文本,我们可以更好地理解学段要求的设计理念与具体内容。

---

① 郑国民,李宇明. 义务教育语文课程标准(2022 年版)解读[M]. 北京:高等教育出版社,2022:82.

　　21世纪以来,语文课程改革在课程目标方面实现了较为显著的突破,特别是增加了综合性学习、诵读优秀诗文、阅读经典名著等学习要求。但是,由于人们对经典语言材料积累的价值、综合性学习的设计理念认识仍然不足,所以课程目标的落实效果受到影响。与此同时,科学技术与社会的发展不断改变着人类日常生活的形态,同时也对人才培养提出了新的要求。因此,2022年版语文课程标准延续了《语文课程标准(2011年版)》学段目标的主体内容(如识字与写字、阅读与鉴赏、表达与交流部分的具体学习要求),同时也针对社会发展与语文课程变革中的关键问题,做出了四个方面的调整:(1)进一步突出以文化人的基本理念,引导学生对社会主义先进文化、革命文化、中华优秀传统文化的感受与认同。《语文课程标准(2022年版)》在每个学段的具体要求结尾处增加了一个段落,旨在引导教师关注三种文化在学段要求落实过程中的重要价值。具体来说,第一学段从日常生活切入,引导学生感受、发现三种文化的具体表现;第二学段从情感态度的视角,借助语言文字及对作品的学习,激发学生对社会主义先进文化、革命文化、中华优秀传统文化内涵的情感认同;第三、第四学段从行为与价值观念的角度,引导学生树立正确的价值观念,并将之转化为日常行为实践。(2)增加了汉字梳理与探究的相关要求。如表2-1所示,《语文课程标准(2022年版)》中的"梳理与探究"延续了《语文课程标准(2011年版)》"综合性学习"的相关学习要求,并对汉字学习提出了全新的要求。(3)合并不同板块的内容。"写作"与"口语交际"合并为"表达与交流",分别从口头与书面两个方面呈现对学生学习的具体要求。(4)在阅读与鉴赏中增加整本书阅读。具体来说,要求学生第一学段尝试阅读整本书,并以个性化的方式向他人介绍分享阅读过的书籍;第二学段阅读整本书,要初步理解主要内容,并主动和同学分享自己的阅读感受;第三学段要把握整本书的主要内容,积极向同学推荐并说明理由;第四学段每学年要阅读两三部名著,探索个性化的阅读方法,分享阅读感受,并开展专题探究,建构阅读整本书的经验。

表2-1　"梳理与探究"中"汉字学习"的内容

学段	学段要求
第一学段	观察字形,体会汉字部件之间的关系,梳理学过的字,感知汉字与生活的联系
第二学段	尝试分类整理学过的字词。尝试发现所学汉字形、音、义和书写的特点,帮助自己识字、写字
第三学段	分类整理学过的字词,发现所学汉字形、音、义和书写的特点,发展独立识字能力和写字能力
第四学段	按照一定的标准分类整理学过的字词句篇等语言材料,梳理、反思自己语文学习的经验,努力提高语言文字运用能力,增强表达效果

3. 学段要求的内在逻辑关系

《语文课程标准(2022年版)》中的学段要求是以语文实践活动为线索,分学段将核心素养内涵具体化,使得核心素养的四个方面形成既各自独立又彼此融合的有机整体。学生核心素养的发展是一个连续的过程,这就意味着我们要从横向与纵向两个维度,正确理解学段要求的内在逻辑关系——横向具有关联性,纵向具有连续性。

识字与写字、阅读与鉴赏、表达与交流、梳理与探究四个方面的具体要求彼此关联、相互照应。在语文课程中,特别是小学中低学段,达成阅读与鉴赏、表达与交流、梳理与探究的学习要求必然是以识字与写字为基础的。也就是说,学生必须具备一定的识字量,以及正确书写汉字的能力,才能够独立阅读不同主题、体裁与呈现形式的文本,并以书面文字的形式传递个人的情感体验。同时,只有积累一定数量的汉字,学生才能够按照一定的规则对汉字进行分类梳理,才能够对汉字构形特点形成理性的认识。此外,从达成学习要求的过程与结果来看,识字与写字等四个方面都是处于联动状态的。以第一学段为例,阅读与鉴赏第3条要求"阅读浅近的童话、寓言、故事,向往美好的情境,关心自然和生命,对感兴趣的人物和事件有自己的感受和想法,并乐于与他人交流……"在达成该要求的过程中,学生就需要"借助汉语拼音认读汉字,用音序检字法和部首检字法查字典"(识字与写字),要"能认真听他人讲话,努力了解讲话的主要内容"(表达与交流),并"积极参加讨论,敢于发表自己的意见"(表达与交流)。这种联动关系在不同学段的具体要求之间均可以发现,此处不赘述。

不同学段的学习要求是一个有机整体,不可孤立地理解任何一个学段的要求。虽然学习要求是按照学段呈现的,但学生核心素养的发展是一个连续的自然过程,之所以人为地切分为不同的学段或年级,是因为学生在不同年龄段会呈现出不同的认知发展特点。从操作性的角度出发,针对不同年龄段学生发展的特点,设计符合其认知发展规律的目标与学习内容,学生才能获得较为理想的学习效果。因此,我们在理解学段要求时,要遵循从整体到局部的思路。具体而言,先明确在语文实践活动的任意一个方面要达成的总体要求;在此基础上,再明确这些要求在不同学段的具体表现。以梳理与探究为例,如表2-2所示,我们通过系统梳理第一学段至第四学段的具体要求,发现梳理与探究的整体要求集中在两个方面:一是对语言文字材料与实践经验进行梳理,从感性认识逐渐发展为理性认知;二是通过观察日常生活,发现感兴趣的问题,并通过自主、合作学习的方式探究问题,并形成结构化的学习成果。从学段分配来看,第一学段重点在梳理汉字学习经验,以及积极参加实践活动,尝试发现、思考问题;第二学段则强调整理字词,探究形、音、义的关系,以及采用多样化的方式探究问题,并呈现初步的学习成果;第三学段和第四学段则在前两个学段的基础上,增加了跨媒介阅读,强调对文本信息的梳理与分析,以及运用系统的学习方法解决问题,运用恰当的方式总结提炼探究的成果。基于上述分析,我们才能够在教学过程中明确"学生的起点是什么""本学段学生的基本发展方向是什么",避免学段与学段彼此相互脱节。

表 2-2　不同学段"梳理与探究"的学习要求

学段	具体学习要求
第一学段	1. 观察字形,体会汉字部件之间的关系。梳理学过的字,感知汉字与生活的联系。 2. 观察大自然,热心参加校园、社区活动,积累活动体验。结合语文学习,用口头或图文等方式整理、表达自己在活动中的见闻和想法。 3. 对周围事物有好奇心,能就感兴趣的内容提出问题,结合其他学科的学习和生活经验交流讨论,尝试提出自己的看法
第二学段	1. 尝试分类整理学过的字词。尝试发现所学汉字形、音、义和书写的特点,帮助自己识字、写字。 2. 学习组织有趣味的语文实践活动,在活动中学习语文,学会合作。结合语文学习,观察大自然,观察社会,积极思考,运用书面或口头方式,并可尝试用表格、图像、音频等多种媒介,呈现自己的观察与探究所得。 3. 能提出学习和生活中的问题,有目的地搜集资料,共同讨论,尝试运用语文并结合其他学科知识解决问题
第三学段	1. 分类整理学过的字词,发现所学汉字形、音、义和书写的特点,发展独立识字能力和写字能力。 2. 感受不同媒介的表达效果,学习跨媒介阅读与运用,初步运用多种方法整理和呈现信息。 3. 初步了解查找资料、运用资料的基本方法。利用图书馆、网络等渠道获取资料,解决与学习和生活相关的问题。尝试写简单的研究报告。 4. 策划简单的校园活动和社会活动,对所策划的主题进行讨论和分析,学写活动计划和活动总结。对自己身边的、大家共同关注的问题,或影视作品中的故事和形象,通过调查访问、讨论演讲等方式,开展专题探究活动,学习辨别是非、善恶、美丑
第四学段	1. 按照一定的标准分类整理学过的字词句篇等语言材料,梳理、反思自己语文学习的经验,努力提高语言文字运用能力,增强表达效果。 2. 学习跨媒介阅读与运用,体会不同媒介的表达特点,根据需要选用合适的媒介呈现探究结果。 3. 自主组织文学活动,在办刊、演出、讨论等活动过程中体验合作与成功的喜悦。关心学校、本地区和国内外大事,就共同关注的热点问题搜集资料,调查访问,相互讨论,能用文字、图表、图画、照片等展示学习成果。 4. 能提出学习和生活中感兴趣的问题,共同讨论,选出研究主题,制订简单的研究计划。能从书刊或其他媒体中获取有关资料,讨论分析问题,独立或合作写出简单的研究报告。掌握查找资料、引用资料的基本方法,分清原始资料与间接资料,学会注明所援引资料的出处

二、素养型小学语文课程目标的基本特征

纵观课程发展的历史,课程目标与课程组织形态会受到来自社会现实、教育理论等诸多因素的影响。总体来看,课程目标通常是在过程与结果、隐性与显性、唤起性与规定性之间选择与侧重。[①] 在核心素养立意的课程变革中,准确把握素养型语文课程目标的基本特征对提升课程实施有效性有着重要价值。与三维目标体系相比,核心素养的基本内涵决定了语文课程目标具有综合性、整合性、进阶性和生成性的特征。

(一) 综合性:改变确定性知识与技能的组合模式

课程总目标与学段要求是对核心素养的具体化。根据核心素养的内涵表述,通过分析《语文课程标准(2022 年版)》中的课程目标便能发现,与"双基"时期的课程目标不同,素养型小学语文课程目标具有综合性的特点。综合性是指小学语文课程目标不仅关注语文知识与技能的发展,还重视对学习动机、学习习惯、价值观念、情感态度与思维品质的培养。以第二学段为例,在识字与写字方面,语文课程在重视汉字知识识记与书写等显性内容的同时,还关注学生"良好书写习惯"的培养,引导学生"感受汉字的书写特点与形体美";在阅读与鉴赏方面,注重对情感态度的引导,如要让学生"关心作品中人物的命运和喜怒哀乐""与他人交流自己的阅读感受";在表达与交流方面,强调学习方法与思维方式引导,如"能就不理解的地方向人请教,就不同的意见与人商讨""能不拘形式地写下自己的见闻、感受和想象"。

《语文课程标准(2022 年版)》突破传统的知识与技能的组合模式,提升课程目标的综合性,主要出于以下几个方面的考虑:第一,从学生发展的角度来看,大量实证研究表明学习兴趣、学习动机、学习习惯、自我效能等非认知要素会对学生的学业表现、学业成就产生重要的影响。而核心素养作为一种综合的内隐性品质,更加需要在课程目标中充分体现知识与技能外的其他要素。第二,与数理类课程不同,语文课程本身在学习目标、学习内容、学习方式等方面具有一定程度的开放性。确定性、规定性过强的课程目标就与语文课程的定位存在一定的内在冲突。在保留课程知识与技能等相关要求的基础上,提升课程目标的综合性,能够赋予师生与课程目标、课程内容进行对话的机会。

(二) 整合性:以交叉与融合的方式促进协同效应的发生

理解与探究语文课程目标的整合性,需要以语文课程目标的历史发展为重要

---

① 郑国民. 新世纪语文课程改革研究[M]. 北京:北京师范大学出版社,2003:49.

基础。纵观语文课程目标的发展历程,传统课程目标大多采用的是要素分解的方式,即对语言与文学学科内容进行要素拆分,并将每个独立的知识点或能力点与学生的年龄特点进行匹配。例如1963年《全日制小学语文教学大纲(草案)》,小学阶段语文教学的目的之一是教学生正确地理解和运用祖国的语言文字,使他们具有初步的阅读能力和写作能力。以写作能力训练为例,小学一年级要"能清楚地说话,能口头叙述简单的故事",二年级"能写简单的句子,并能写几个连贯的句子",三年级"能写简短的记叙文",四年级"能写简短的记叙文,要求段落清楚,语句大致通顺"。写作能力训练目标,主要是按照从句子到段落,从段落到篇章的逻辑顺序逐渐分解到不同学段。随着课程改革的不断深入,人们越来越意识到整体并不等同于局部要素的简单相加,采用知识与能力分解的方式,并不能够实现听、说、读、写四个方面的协调发展,以及学生语文学习质量的整体提升。

核心素养取向的语文课程更为关注目标设置的整合性。"整合"强调的是从核心素养的整体出发,客观呈现课程目标之间彼此交叉、融合与渗透的真实状态,充分发挥目标与目标的协同效应,从而实现核心素养这一育人目标的整体性发展。语文学习应该有目标,但不是精确的知识点和能力点;语文学习应该遵循一定的逻辑顺序,但不是严密的线性逻辑顺序。[①]《语文课程标准(2022年版)》中的语文课程目标的具体内容,充分体现出交叉、融合、渗透的特点。以第二学段为例,阅读与鉴赏第4条目标,"能复述叙事性作品的大意,初步感受作品中生动的形象和优美的语言,关心作品中人物的命运和喜怒哀乐,与他人交流自己的阅读感受";表达与交流第3条目标,"能清楚明白地讲述见闻,说出自己的感受和想法。讲述故事力求具体生动。能主动参与日常生活中的文化活动,根据不同的场合,尝试运用合适的音量和语气与他人交流,有礼貌地请教、回应"。上述两条目标均涉及"与他人互动与交流",前者关注互动与交流的具体内容,即学生的阅读感受与体验,而后者则关注如何实现与他人的积极互动,以及如何保证交流的有效性。回归到真实的语文教学情境中,交叉与重复的状态才是学生语文学习的真实表现。再如,第三学段,识字与写字第1条目标,"感受汉字的构字组词特点,体会汉字蕴含的智慧";梳理与探究第1条目标,"分类整理学过的字词,发现所学汉字形、音、义和书写的特点,发展独立识字能力和写字能力"。对汉字独特性的理解与认识,一方面源自日常认读与书写的识字、写字,唯有如此学生才能近距离观察汉字的形态,通过真实的书写行为感受汉字的独特与美丽;另一方面,感性认识的积累是实现理性认知的重要基础,学生围绕汉字展开梳理与探究,才能够实现对汉字与文化内在关联的认识。

---

① 郑国民. 新世纪语文课程改革研究[M]. 北京:北京师范大学出版社,2003:69.

（三）进阶性：呈现学生核心素养的发展轨迹

学习进阶是科学教育领域首先提出的概念，具体是指对一段时间范围内，学习者理解、探究某一特定学习主题（或学习概念）时，其思维方式、学习路径连续发展过程的描述。[①] 在通常情况下，学习进阶往往被认为是保证课程、教学与评价连贯性的重要工具。近些年来，学习进阶被广泛应用于科学、化学、物理、生物等学生学科能力发展研究、课程标准研制中。在《语文课程标准（2022 年版）》中，学习进阶集中体现在课程目标、课程内容与学业质量三个部分。在此，我们重点探究语文课程目标如何体现学习进阶。

在语文课程目标中，进阶性主要有两种表征样态：一种是线性增长，具体表现为量化指标的逐年增加；另一种是交叉、重叠式增长，具体表现为内容深度、复杂程度等质性指标的波动式增长。下面我们结合语文课程目标的具体内容，对上述两种进阶性的表征样态进行分析。

如表 2-3 所示，随着学段的不断升高，学生应该认识与书写的常用汉字在数量上呈线性增长趋势。与此同时，学生对于学习汉字的兴趣与能力呈现波动式增长的样态，第一学段着重强调对汉字学习的兴趣，有主动识字与写字的愿望，在此基础上，要逐渐将"愿望"转化成为"习惯""独立识字的能力"。再如整本书阅读，学习目标的进阶性表现在并非一味强调阅读数量的增长，而是强调从阅读兴趣、阅读深度等方面，通过自主阅读、与他人交流分享的方式，引导学生逐步感受整本书阅读的乐趣。

表 2-3 不同学段"识字与写字""阅读与鉴赏"的学习要求

学段	学习要求	
	识字与写字	阅读与鉴赏（整本书阅读）
第一学段	喜欢学习汉字，有主动识字、写字的愿望。认识常用汉字 1 600 个左右，其中 800 个左右会写	尝试阅读整本书，用自己喜欢的方式向他人介绍读过的书。养成爱护图书的习惯
第二学段	对学习汉字有浓厚的兴趣，养成主动识字的习惯。累计认识常用汉字 2 500 个左右，其中 1 600 个左右会写。有初步的独立识字能力。能用音序检字法和部首检字法查字典、词典	阅读整本书，初步理解主要内容，主动和同学分享自己的阅读感受

---

① National Research Council. Taking science to school：learning and teaching science in grades k—8 [M]. Washington，D.C.：the National Academies Press，2007.

续表

学段	学习要求	
	识字与写字	阅读与鉴赏（整本书阅读）
第三学段	有较强的独立识字能力。累计认识常用汉字3 000个左右，其中2 500个左右会写。感受汉字的构字组词特点，体会汉字蕴含的智慧	阅读整本书，把握文本的主要内容，积极向同学推荐并说明理由
第四学段	能熟练地使用字典、词典独立识字，会用多种检字方法。累计认识常用汉字3 500个左右	每学年阅读两三部名著，探索个性化的阅读方法，分享阅读感受，开展专题探究，建构阅读整本书的经验。感受经典名著的艺术魅力，丰富自己的精神世界

在理解语文课程目标的进阶性时，我们还需要关注三个方面的问题：第一，与数理类课程不同，语文课程的学习是一个极具个性化特征的复杂过程。进阶揭示的是一种模糊的整体发展趋势，难以实现绝对意义上的精准。以表2-3中的整本书阅读为例，课程标准在第四学段才提出了整本书阅读的数量目标，但这并不意味着前三个学段不关注学生的阅读数量。第二，进阶是对处于特定阶段的学生平均发展水平的群像刻画，并不只是针对某一个或者某一特定群体的学生，因此，不能将之与某一个或若干学生机械地进行对号入座。第三，进阶是一个相对的框架，并不是一个绝对的标准。在现实教学情境中，学生的表现可能会超越进阶性学习目标所描述的内容，教师不能用进阶性学习目标来严格限制学生的个性化表现。

（四）生成性：赋予教师与学生自主发挥的空间

关于课程目标的价值取向问题，学界存在着不同的观点与认识，如追求确定性与外显性结果的行为主义目标，关注开放性与内隐性过程的生成性与表现性目标。显然，不同价值取向的课程目标都有其独特的优势，但在实践应用过程中也存在问题与挑战。在《语文课程标准（2022年版）》中，素养型课程目标兼顾确定性与生成性，即在呈现具体的、显性的、可操作的内容要求的同时，突出语文学习过程的开放性与学习成果的不确定性，赋予教师与学生自主发挥的空间。

以第一学段为例，一部分语文课程目标是确定的，如学生背诵优秀诗文的数量、课外阅读总量；另一部分是具有生成性的，即提供过程性的指引，给予学生学习更多个性化的空间、教师教学更多可发挥的空间。表达与交流第3条目标，"对写话有兴趣，留心周围事物，写自己想说的话，写想象中的事物。在写话中乐于运用阅读和生活中学到的词语"。该目标只是对写作兴趣、写作的基本方向、写作与阅读的关系进行了提示，并未明确规定学生写话的具体内容、表达方式与呈现形式。表达是一个富有创造性的、自由的过程，个体生活经验、思维方式不同，所表达的内容与情感体验难以预知,选择的表达方式也极富个性。从这个角度来看,课程目标强调生成性的目的在于赋予教师在教学过程中发挥创造性的权利,帮助学生获得有助于自身成长的学习经验。

第二节　素养型小学语文课程目标的落实

就课程变革而言,课堂教学实践是将课程理念、设计思路落地的关键场域。其中,教师观念与行为层面的转变至关重要。对于教师来说,落实素养型课程目标,是以课程标准为依据,结合教材与学生的具体情况,制订教学目标的实践过程。在此过程中,依据课程标准是确定教学目标的起点,其实施过程主要包括三个环节:以课程目标(总目标与学段要求)为依据,以课程内容为指引,以学业质量为参照。本节将结合具体案例,重点阐述落实素养型小学语文课程目标的基本原则与实施路径。

本节内容涉及"课程总目标""学段要求""教学目标(或学习目标)"三个关键概念。三个概念的内涵及其相互关系阐述如下:课程总目标是从宏观层面,根据核心素养的基本内涵,明确义务教育阶段语文教学的整体方向;学段要求是从中观层面,根据不同核心素养形成与发展的规律,结合不同学段学生认知发展的特点,明确不同学段语文教学的侧重点;教学目标是从微观层面,结合区域教育教学现实情况、学生特点与教材内容,确定语文课堂教学的具体目标。在实践过程中,课程总目标与学段目标决定着教学目标的制订,教学目标的核心理念与设计思想应与课程总目标、学段要求保持内在一致。

一、落实素养型小学语文课程目标的基本原则

落实课程目标是课程实施的重点,更是难点。在 21 世纪课程改革进程中,课程目标的实践转化存在要求分解与碎片割裂等问题。为避免上述问题及负面影响,素养型小学语文课程目标的落实要遵从"融合关联而非机械对应""整体落实而非简单拆分"两条基本原则。

(一)重视课程目标设计理念的准确理解,而非要素的机械对应

教学是围绕特定目标展开的实践活动。为了便于教师理解核心素养的基本内涵,《语文课程标准(2022 年版)》从四个方面分别对核心素养内涵的关键内容进行了描述。这种呈现方式提升了课程实施的可操作性,对教师"依据课程标准,制订教学目标"提出了新的挑战。下面以两则典型案例作为分析对象,阐述教师在

落实素养型小学语文课程目标时的基本原则。

　　案例2-2是教师针对小学语文教材六年级上册第八单元设计的教学目标。该单元主题为"走近鲁迅",编选了《少年闰土》《好的故事》《我的伯父鲁迅先生》《有的人——纪念鲁迅有感》四篇课文。围绕单元语文要素"借助相关资料,理解课文主要内容""通过事情写一个人,表达出自己的情感",教师设置了五条教学目标,希望通过在教学目标与核心素养之间建立一一对应的关系,以保证"培养学生核心素养"这一目标的达成。但是,核心素养的四个方面是一个有机整体,存在多向度的联系,并不是四个方面的平行发展,所以很难针对某一个核心素养与某一条教学目标设计教学活动。也就是说,表2-4中五条目标的达成是一个完整的过程,不同目标之间必然会在学习过程、学习材料、学习方法等方面交叉、重叠。

案例 2-2

表 2-4　小学语文教材六年级上册第八单元教学目标

核心素养	单元教学目标
语言运用	认识"郑、拜"等 25 个生字和"家景、郑重"等 29 个新词,准确书写部分生字词 通过读写结合的方式,发现并尝试运用"以事写人,表达情感"的方法
文化自信	阅读鲁迅先生的作品,感受其伟大的人格,形成主动阅读鲁迅作品的学习动机
审美创造	赏析文章中的关键语句,感知鲁迅先生通过作品所传递出的情感,并形成自己对鲁迅先生的理解与认识
思维能力	通过图书查阅、网络检索等方法,了解社会背景、作家生平等相关信息,提升自主学习能力

　　案例2-3是教师针对小学语文教材三年级下册第六单元设计的教学目标(表2-5)。该单元的语文要素之一是"运用多种方法理解难懂的句子"。围绕上述语文要素,该单元编排了《童年的水墨画》《剃头大师》《肥皂泡》《我不能失信》四篇课文。与案例2-2不同,该单元教学目标尝试与核心素养、语文实践活动建立双重对应关系,即每一条目标对应核心素养的某一个方面,又对应某一类语文实践活动。例如,在识字与写字活动中,学生要能够准确认读该单元中出现的陌生字词,并能理解重点词语的意思,从而实现核心素养中"语言运用"的发展。在阅读与鉴赏活动中,学生应能够有感情地朗读课文,并运用联系上下文的方法理解难懂的语句,从而获得审美情趣的提升。这种对应思路忽略了一个重要的事实,即语文学习是一个极为复杂的过程,阅读文章的过程必然涉及对陌生字词的辨识与理解,涉及对文章内涵的理解以及情感体验的丰富。对于学生来说,这些目标的

达成并不能依靠单一活动实现。

案例 2-3

表 2-5　小学语文教材三年级下册第六单元教学目标

核心素养	语文实践活动	单元教学目标
语言运用	识字与写字	认识本单元生字新词,准确书写生字,理解重点词语的意思
审美创造	阅读与鉴赏	有感情地朗读课文,能运用联系上下文的方法理解文章中难懂的语句
思维能力	表达与交流	能与同学、老师交流自己的阅读体验,感受童年时光的美好与纯真,丰富自身的情感体验
文化自信	梳理与探究	回顾与梳理自己的阅读经验,能够总结与提炼自己使用过的阅读方法

上述两个案例采用的两种做法看似是在落实课程目标的要求,但实际上割裂了核心素养的整体性,破坏了课程目标的综合性。这两种做法将导致教学目标与课程标准要求渐行渐远。有效落实课程标准的设计理念与相关要求,不能简单追求文字表述的一致,更不是呈现形式的一致,而是保证教学目标与课程标准核心思想的高度一致。具体来说,想要深入理解课程目标、课程内容、学业质量,教师就需要将课程文件的政策话语转化为教学设计的实践话语。在设计与撰写目标的过程中,教师应重视对课程目标设计理念的准确理解,充分体现课程总目标、学段要求的"典型学习过程、典型学习结果、典型学习方法、典型学习材料"。调整后的案例2-2、案例2-3中的教学目标具体呈现如下:

案例 2-4

(1) 能通过查阅字典、联系上下文、调动语文积累、网络搜索等方式,解决阅读过程中遇到的陌生字词,以及理解关键词句。

(2) 在课文学习的基础上,尝试运用跨媒介的方式搜集、整理相关信息,拓展自己对鲁迅及其作品的理解与认识,并尝试撰写读书笔记或记录自己的阅读感受。

(3) 能就阅读鲁迅作品的感受与体验、问题,与同学、老师讨论与交流,敢于表达自己的想法与观点。

案例2-5

（1）能尝试默读课文，用查阅字典的方式，准确认读陌生字词，并乐于将自己的汉字学习方法与体验分享给身边的同学。

（2）能有感情地朗读课文，感受生动的形象和优美的语言，并能就自己喜欢的片段与同学、老师讨论与交流。

（3）留心观察日常生活中的趣事，尝试以口头或书面的方式，将自己印象最深、感触最多的内容表达清楚。

案例2-4和案例2-5从目标陈述、目标之间关系的角度，尝试结合教材单元具体的学习材料与学习内容，最大限度地落实课程目标的相关要求。需要强调的是，单元教学目标不可追求面面俱到，更不可贪大求全，教师要结合教材单元的具体学习内容，择其重要、关键内容，设定单元教学目标。

（二）注重课程目标的整体落实，而非简单拆分

素养型小学语文课程目标具有整体性的特点，即从核心素养的整体出发，语文课程目标呈现出彼此交叉、融合与渗透的状态。在落实课程目标过程中，教师要充分发挥目标与目标的协同效应，实现核心素养的整体性发展。在设计教学目标时，教师往往会因为过度关注教材选篇或课后活动的具体内容，将教学目标设计得较为碎片化，目标之间缺乏内在关联。下面我们结合具体案例，讨论如何整体性地落实课程目标。

案例2-6呈现的是小学语文教材二年级上册第四单元的教学目标。该单元人文主题是"家乡"，编排了《登鹳雀楼》和《望庐山瀑布》两首古诗，三篇课文《黄山奇石》《日月潭》《葡萄沟》，以及"语文园地四"。教材设计的语文要素为"联系上下文和生活经验，了解词语的意思""学习课文的语言表达，积累词语"。根据每篇课文的内容特点，以及相关的课后练习，教师设计了9条教学目标。从目标的具体内容来看，教师希望全面涵盖整个教材单元学习内容与活动，并且采用了碎片化罗列目标要素的方式。但是，过度追求全面覆盖的教学目标将会让教师在教学实践中遇到两个方面的问题：第一，教学重点迷失。在实际教学中，教师不可能对所有目标平均用力，而是要根据学生的语文学习基础与个人优长，调控教学目标落实的进程。贪大求全型的教学目标将会影响甚至妨碍教师的专业判断。第二，教学效率较低。由于课时有限，所以针对每一条教学目标设计教学活动，必然会影响学生的学习效果、降低教师的教学效率。

案例2-6

(1) 认识57个生字,读准3个多音字,会写38个字,会写37个词语。

(2) 能运用联系上下文、调动日常生活经验,理解课文中关键语句的意思。

(3) 展开想象,用自己的话说一说诗句描绘的画面,初步感受大自然的神奇、壮丽。

(4) 能正确、流利地朗读课文,理解课文内容。

(5) 背诵古诗和指定的课文段落。

(6) 积累课文中学习的词语,并能够将其运用到日常写作。

(7) 借助火车票上的信息认识8个生字,增强在生活中主动识字的意识。

(8) 发现描写颜色的词语的构词规律,并积累相关的词语。

(9) 背诵积累风景名句,初步感受山河的壮美,激发认识家乡、热爱家乡的情感。

　　再如案例2-7,针对小学语文教材五年级上册第三单元,教师设计了5条教学目标。该单元的人文主题是"民间故事",语文要素为"了解课文内容,创造性地复述故事""提取主要信息,缩写故事",选编了《猎人海力布》《牛郎织女(一)》《牛郎织女(二)》三篇课文,围绕"故事"设置了口语交际与习作活动。口语交际要求学生会讲述民间故事,习作要求学生学会缩写故事。案例2-7设置的教学目标是整合不同课文的教学目标的结果。各条目标均符合课程标准对该学段的要求,但问题在于过于分散,在实践过程中难以形成合力。

案例2-7

(1) 识记本单元所有的生字新词,并能准确工整书写。

(2) 浏览课文,概括并摘录主要内容、情境、人物,对故事进行缩写。

(3) 初步感知民间故事的特点,感受蕴含于其中的中华民族智慧。

(4) 转换表述视角,运用联想与想象,对故事的内容进行创造性复述。

(5) 感受民间故事独特的表现方式与思想情感,并与他人分享自己搜集整理的民间故事。

　　之所以会出现教学目标碎片化的问题,很大程度上是因为教师容易将语文教学或语文学习视为拼图或搭积木,认为它是由一个个独立的子目标拼接而成的。尽管被分离出来的子目标确实代表了总目标的部分内容,但子目标之间尚未建立内在关联。对于学生而言,语文学习必然是整体推进式的,阅读故事的过程必然促进学生对陌生字词的辨识与理解,而复述故事内容也必然会带动学生对故事思想主题、表达方式、语言风格等方面的鉴赏与反思。因此,在落实课程目标的相关要求时,教师应秉持整体落实的基本思路,避免使用简单拆分的方式。

根据课程标准与教材内容,我们对案例 2-6 与 2-7 的教学目标进行了结构性调整,具体见案例 2-8、案例 2-9:

案例 2-8

　　(1) 正确地运用在阅读中积累的词语和句式,用简短的语言,描述或描写自己最熟悉或最喜爱的某处景物。
　　(2) 阅读一篇指定的短文,圈出自己不懂的词语,尝试联系上下文或生活经验,说出它的意思。

案例 2-9

　　(1) 阅读民间故事,概括故事的主要内容,并尝试转换表述视角,运用联想与想象,创造性复述故事。
　　(2) 结合阅读经历,发现民间故事的特点,并积极搜集与整理民间故事,感受中华智慧,并乐于与同学、老师分享故事内容与自己的感受、体验。

调整后的教学目标减少了数量,改变了组织形态,力求建立与课程目标之间的内在关联,提升整体性。

二、落实素养型小学语文课程目标的实施路径

对于教师而言,课程总目标与学段要求是指南,教材是达成课程目标的重要工具。教师应该依据课程标准的相关要求,结合教材研读和学情调研,明确单元的学习目标,同时确认目标达成的具体学业表现。在此过程中,教师至少需要经历三个关键环节:第一,研读课程标准,明确学段要求与学业质量的基本要求;第二,分析教材内容,提炼教材核心学习内容,并在课程与教材之间建立合理关联;第三,结合学生的具体情况,确定阶段性单元教学目标。需要说明的是,将课程目标落实为教学目标必然是一个循环往复、持续修改的过程,教师要根据实际情况做出灵活的调整。

（一）研读课程标准：系统梳理总目标、学段要求

尽管教学设计的起点是教学目标，但在明确教学目标之前，面对的往往是具体的教材单元或若干教材选文。在这种情况下，教师容易陷入对具体篇目或活动内容的分析，并将其视为本单元或本课时的学习目标与内容。但是，在分析教材内容时，教师必须明确课程标准与教材的关系，国家课程方案与课程标准是教材编写、教学实践、考试评价的根本依据。教材是为达成特定教育目标而供教学使用的材料，是完成教育教学任务的重要资源，并不是目标本体。教学目标是前置于教材的具有统摄功能的学习要求，教师可以根据教学目标的特点筛选、重组或补充教材内容。从这个角度出发，作为教育教学的重要资源，教材的学习单元是一个具有开放性的结构，教师可以根据学情、个人专长，对选文、课后学习活动、课外链接资料等进行调整。

下面以小学语文教材六年级下册第四单元为例，说明单元教学目标的制订过程。该单元包含《古诗三首》（《马诗》《石灰吟》《竹石》）、《十六年前的回忆》、《为人民服务》、《董存瑞舍身炸暗堡》等课文，课文内容在帮助学生理解"理想信念""革命文化"等方面有突出优势。在初步了解教材内容后，教师应重点思考学生通过学习该单元的教学资料，究竟要达到怎样的教学目标。想要解决这个问题，就要回归对课程总目标与学段要求的研读与梳理。

首先，教师要基于对课程目标的分析，结合教材内容特点，筛选出适合在该单元落实的显性课程目标。《语文课程标准（2022年版）》中的课程总目标共9条，第三学段的具体学习要求共计18条。课程总目标较为抽象地概括了在文化自信、语言运用、思维能力、审美创造四方面学生需要达成的基本要求；与其他学段相比较，第三学段在识字与写字上更为关注学生独立识字与正确书写，以及对汉字构形与组词特点的感性认识；在阅读与鉴赏方面重视学生对不同类型文章思想内容的整体把握与理解欣赏；在表达与交流方面强调学生有礼貌地口头交流，敢于发表自己的想法与观点，能够进行有效的书面表达；在梳理与探究方面，重视学生对已有字词学习经验的梳理，以及运用特定的学习方法，解决自己学习过程中的问题。结合该单元的人文主题、选文思想内容与语言表达、写作手法的特点，教师可以做出两个方面的判断：一方面，正确引导价值观、深入理解与弘扬革命文化等相关目标，是适合借助该单元的教学资源达成的；另一方面，借助对叙事类作品思想内容与表达方式的理解与欣赏，促进学生书面表达能力的提升，是可以通过该单元的内容实现的。综上，如表2-6所示，教师应分析课程总目标与学段要求的具体内容，确定适合在该单元重点落实的课程目标。

表 2-6 《语文课程标准(2022 年版)》中与小学语文教材六年级下册第四单元相关的课程总目标、学段要求

课程总目标	1. 在语文学习过程中,培养爱国主义、集体主义、社会主义思想道德,逐步形成正确的世界观、人生观、价值观。 2. 热爱国家通用语言文字,感受语言文字及作品的独特价值,认识中华文化的丰厚博大,汲取智慧,弘扬社会主义先进文化、革命文化、中华优秀传统文化,建立文化自信。 5. 学会运用多种阅读方法,具有独立阅读能力。能阅读日常的书报杂志,初步鉴赏文学作品,能借助工具书阅读浅易文言文。学会倾听与表达,初步学会用口头语言文明地进行人际沟通和社会交往。能根据需要,用书面语言具体明确、文从字顺地表达自己的见闻、体验和想法。 8. 感受语言文字的美,感悟作品的思想内涵和艺术价值,能结合自己的经验,理解、欣赏和初步评价语言文字作品,丰富自己的情感体验和精神世界
学段要求 (第三学段)	【识字与写字】 1. 有较强的独立识字能力。累计认识常用汉字 3 000 个左右,其中 2 500 个左右会写。感受汉字的构字组词特点,体会汉字蕴含的智慧。 【阅读与鉴赏】 3. 在阅读中了解文章的表达顺序,体会作者的思想感情,初步领悟文章的基本表达方法。在交流和讨论中,敢于提出看法,作出自己的判断。 4. 阅读叙事性作品,了解事件梗概,能简单描述印象最深的场景、人物、细节,说出自己的喜爱、憎恶、崇敬、向往、同情等感受;阅读诗歌,大体把握诗意,想象诗歌描述的情境,体会诗歌的情感。受到优秀作品的感染和激励,向往和追求美好的理想。 【表达与交流】 4. 能写简单的记实作文和想象作文,内容具体,感情真实。能根据内容表达的需要,分段表述。学写读书笔记,学写常见应用文。 【梳理与探究】 1. 分类整理学过的字词,发现所学汉字形、音、义和书写的特点,发展独立识字能力和写字能力。 3. 初步了解查找资料、运用资料的基本方法。利用图书馆、网络等渠道获取资料,解决与学习和生活相关的问题。尝试写简单的研究报告

　　其次,教师要有意识地将达成周期较长的目标融入单元学习过程。通过分析课程目标,我们能够发现部分目标的实现需要经历一个较长的周期,靠某一个单元、一个学段的学习难以实现。例如第三学段梳理与探究第 1 条目标,"分类整理学过的字词,发现所学汉字形、音、义和书写的特点,发展独立识字能力和写字能力"。尽管该目标无法直接通过该单元的任何课文或课后学习活动即刻落实,但是它对于提升学生的语言文字运用能力,发展学生对汉字与中华优秀文化传统关系的理解,有重要的意义与价值。再如梳理与探究第 3 条目标:"初步了解查找资料、运用资料的基本方法。利用图书馆、网络等渠道获取资料,解决与学习和生活相关的问题。尝试写简单的研究报告。"这一条目标看似与该单元无关,但作为一条指向学习过程与方法的目标,它对于学生独立自主学习能力的提升有着积极的影响。因

此,教师不可因此类目标与教材内容无直接关联,且实现周期较长,而忽视其重要价值。

综合以上两个方面,教师可以将该单元的教学目标初步拟定为:

(1)能运用之前学习的方法,自主学习本单元的陌生字词,并尝试关联学过的字词,发现其在形、音、义方面的联系;(2)能尝试利用图书资源、网络搜索等方式,解决自己在阅读过程中遇到的问题,并简要概括文章内容、评价关键人物;(3)能就印象最深的文章内容或语言表达,与他人交流讨论,或撰写阅读笔记,形成对革命人物精神品质的正确理解。

(二) 分析教材内容:结合课程内容的具体要求,明确单元教学目标

基于对课程标准分析的结果,初步拟写的单元教学目标指明了该单元学习的基本方向。对于单元教学实施来说,这些目标的表述还过于抽象、泛化,难以转化为具体的教学活动。为此,教师应展开教材分析,结合具体的教学材料,明确该单元的教学目标。

教材是达成课程目标的重要工具,教材编写要以特定年龄段儿童、青少年、青年为读者对象,遵照课程标准、教学计划、学制等相关规定。教材功能有别于其他书籍,主要包括呈现资料(形象且具体)、解释资料内部的关系、组织能力与技能的训练。教材要通过一系列具体的选文篇目、多样化的实践活动与学习资源,帮助教师与学生持续性地达成教学目标(或学习目标)。学段与学段、单元与单元之间在学习目标、学习内容等方面呈现螺旋上升的发展样态,分析教材内容要从横向与纵向两个维度展开。从横向来看,教师要明确同一册教材不同学习单元的学习主题与内容安排的差别与联系,以促进各单元协同效应的发生。如表 2-7 所示,教材中每个单元的学习主题相对独立,学习要点与单元活动设计彼此之间有着紧密的关联。从第一单元至第三单元的内容来看,学生已经在把握文章(或整本书)主要内容、结构安排、情感表达方面积累了一定的经验。在此基础上,第四单元重点关注的是人物描写与其内在精神品质的关系。

表 2-7　小学语文教材六年级下册单元学习内容梳理

单元	主题	学习要点	课文	单元活动	语文园地
第一单元	民俗风情	分清内容的主次,体会作者是如何详写主要部分的。 习作时注意抓住重点,写出特点	《北京的春节》《腊八粥》《古诗三首》(《寒食》《迢迢牵牛星》《十五夜望月》)《藏戏》	习作:家乡的风俗	如何安排文章内容的详略?

单元	主题	学习要点	课文	单元活动	语文园地
第二单元	外国文学名著阅读	借助作品梗概,了解名著的主要内容。 就印象深刻的人物和情节交流感受。 学习写作品梗概	《鲁滨逊漂流记(节选)》 《骑鹅旅行记(节选)》 《汤姆·索亚历险记(节选)》	口语交际:同读一本书 习作:写作品梗概	如何阅读名著?
第三单元	让真情在笔尖流露	体会文章是怎样表达情感的。 选择合适的内容写出真情实感	《匆匆》 《那个星期天》 习作例文:《别了,语文课》 习作例文:《阳光的两种用法》	习作:让真情自然流露	
第四单元	人生的理想与信念	关注外貌、神态、言行的描写,体会人物品质。 查阅相关资料,加深对课文的理解。 习作时选择适合的方式进行表达	《古诗三首》(《马诗》《石灰吟》《竹石》) 《十六年前的回忆》 《为人民服务》 《董存瑞舍身炸暗堡》	综合性学习:奋斗的历程	如何写好文章的开头与结尾?
第五单元	好奇心、爱思考与科学的发现	体会文章是怎样用具体事例说明观点的。 展开想象,写科幻故事	文言文二则(《学弈》《两小儿辩日》) 《真理诞生于一百个问号之后》 《表里的生物》 《他们那时候多有趣啊》	口语交际:辩论 习作:插上科学的翅膀飞	如何养成良好的学习习惯?
第六单元	校园生活的宝贵记忆	运用学过的方法整理资料。 策划简单的校园活动,学写策划书		综合性学习:难忘小学生活(回忆往事,依依惜别)	

　　从纵向来看,教师要明确不同学段学生语文学习经验的累积与进阶。以单元主题为例,一年级至三年级,学生在不同的教材单元中都接触过革命文化题材的课文。从五年级开始,学生开展过革命文化为主题的实践活动。学习六年级上册时阅读过红色经典主题的整本书,积累过革命领袖和革命家的诗词与名言警句等。在学习该单元的内容之前,学生对革命文化的思想主题已经有了一定的认识,这种感性认识的获得是通过课文精读与实践活动达成的。六年级下册的教学应该进一步引导学生深化对革命文化的理解,特别是要借助对革命先贤具体形象的感知,深入理解革命领袖与革命先烈伟大的精神世界和人格力量。再如,"查阅资料,解决问题"的学习方法。从四年级上册开始,教材通过课后习题设计,引导学生关注查阅

资料这一种学习方法,即让学生根据特定的需要,有意识地搜集与整理学习资料;五年级上册教材引导学生结合资料体会文章的思想情感。这个单元的资料需要学生结合学习的需要有目的地查找资料并有针对性、恰当地使用资料;五年级下册教材让学生学习搜集资料的基本方法,六年级上册教材引导学生体会课外辅助性资料在不同文章的学习过程中的作用。在六年级下册的学习过程中,学生可以充分调动已有学习经验,借助自主查阅资料等方式,解决课文内容与日常生活存在时空距离的问题,达成"深入理解革命人物的伟大精神世界""理解与弘扬革命文化"等学习目标。

综上,根据对教材内容的整理与分析,特别是对学生语文学习经验的梳理,教师应调整初步拟定的教学目标,加强教学目标的针对性。如表2-8所示,小学语文教材六年级下册第四单元的教学目标主要做出了以下几个方面的调整:首先,重视学生以往识字与写字的学习经验,推动"识字与写字""梳理与探究"的整合与关联。如目标1,细化了"学生之前学习的识字与写字方法",引导学生反思与总结自己的学习经验,培养其独立的识字与写字能力,以及对汉字构形特点的理性认知。其次,在学习方法与学习内容之间建立联系,充分利用学习内容与学生之间的时空差距,引导学生运用相关学习方法,开展专题探究,实现对学生价值观与理想信念的积极引导。最后,加强学生与学生、学生与教师的互动交流,拓展学生思考问题的视角,深化学生对革命文化内涵的理解,让学生以结构化的方式,及时总结自己的学习成果。

表 2-8 小学语文教材六年级下册第四单元教学目标

教学目标(初稿)	教学目标(修改稿)
(1) 能运用之前学习的方法,自主学习本单元的陌生字词,并尝试关联学过的字词,发现其在形、音、义方面的联系	(1) 能用字典或借助偏旁部首推断的方法,解决本单元所遇到的生字,并有意识地不断丰富自己的汉字积累,尝试按照特定的标准分类整理自己所学过的汉字
(2) 能尝试利用图书资源、网络搜索等方式,解决自己在阅读过程中遇到的问题,并简要概括文章内容、评价关键人物	(2) 能准确概括文章内容,尝试借助图书资源、网络检索等方式,就感兴趣的人物、故事情节开展专题探究,感知革命领袖与革命先烈的伟大精神世界与人格力量,形成对革命文化的正确理解
(3) 能就印象最深的文章内容或语言表达,与他人交流讨论,或撰写阅读笔记,形成对革命人物精神品质的正确理解	(3) 能就印象深刻的文章内容、语言表达、人物情节等,与同学、老师交流讨论,敢于表达自己的观点,并以读书报告、日记或随笔的方式,总结自己的学习收获

（三）撰写表现标准：参考学业质量，结合学生特点撰写预期结果

在教学设计中，教学目标是从相对抽象的角度回答"通过教学，希望学生能够做什么"的问题。在明确教师教学、学生学习的方向的基础上，教师还应该进一步明确学生达成这些目标时的具体表现。它不仅能够帮助教师检验教学目标的达成程度，还能够帮助学生从具象的角度理解学习目标，明确在阶段性学习结束时，自己要在哪些方面获得哪种程度的发展。为保证学生核心素养获得真正意义上的发展与提升，教师在确定单元教学目标后，还应该从"结果"的角度描述学生的具体表现。

《语文课程标准（2022年版）》中的总目标与学段要求是对核心素养内涵的细化，是从总体与具体学段两个层面，集中回答"要培养怎样的人"；课程内容是重点回答"哪些内容载体与活动形式"可以帮助我们达成上述目标；学业质量明确了我们培养的人应该"具备哪些特点"。如图2-4所示，确定单元教学目标要以课程标准中的总目标、学段要求为根本依据，同时参考课程内容。表现标准的撰写则需要将课程标准中的学业质量作为重要参考。

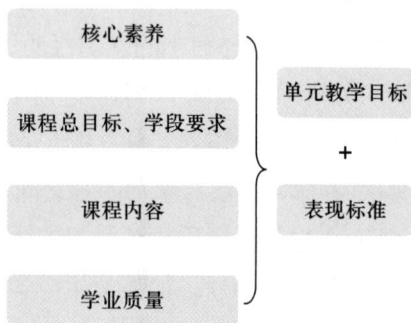

图2-4　以课程标准为依据研制教学目标与表现标准

接下来仍以小学语文教材六年级下册第四单元为例。在撰写表现标准前，教师要对该单元的教学目标进行分析，明确"目标指向的核心内容是什么，关键词有哪些"。通过对表2-7中教学目标的分析，教师可以提炼出"独立识字""梳理语文积累""概括主要内容"等关键词。在此基础上，教师聚焦于学业质量，筛选与教学目标中的关键词存在意义关联的内容。如表2-9所示，目标1中的"独立识字""梳理语文积累"；第三学段学业质量的描述主要包括两个方面的内容：一是学生能够借助工具书，准确理解不同语境中汉字的意思；二是学生要有自觉识字的意识，遇到不认识的汉字，能够进行合理的推断与验证。再如目标2，学业质量的描述涉及三个方面的内容：一是要能阅读不同类型的文学作品，并获取主要内容；二是要能够就文本中的关键内容，提出自己的观点或看法；三是能够自主学习体现社会主义先进文化、革命文化、中华优秀传统文化的作品，结合具体内容或时代背景丰富对作品内涵的理解。

表 2-9 结合教学目标研读学业质量

教学目标中的"关键词"	学业质量中的相关内容
独立识字 梳理语文积累	能独立识字,能借助工具书准确理解不同语境中汉字的意思。 有自觉识字的意识,在社会生活中发现自己不认识的字,能根据字形推断字音字义,并借助语境和工具书验证自己的推断
概括内容 学习方法 独立探究 审美体验 精神成长	独立阅读散文、小说、诗歌等文学作品,在阅读过程中能获取主要内容。 能借助与文本相关的材料,结合作品关键语句评价文本中的主要事件和人物,提出自己的观点或看法。 能主动阅读体现社会主义先进文化、革命文化、中华优秀传统文化的作品,在阅读、参观、访问过程中,结合具体内容或时代背景丰富对作品内涵的理解
交流讨论 总结收获	乐于参与讨论,敢于发表自己的意见;能认真、耐心倾听,抓住要点,并作简要转述;能根据对象和场合,作简单的发言。 能用多种方式记录、分享阅读、参观、访问的经历、见闻和心得体会

在梳理教学目标与学业质量内容的基础上,结合教材单元的具体内容,教师可以将学生应达到的表现标准表述为:

(1) 在阅读课文的过程中,能够借助字典查阅陌生字词,理解其基本含义,或借助汉字学习经验,分析字形特点推断字音与字义。在此基础上,能将新学习的汉字或词语,分类整理到自己的语文学习笔记中。

(2) 阅读课文后,能够抓住文章中的关键人物、情节等相关信息,并用自己的话对其进行简要概括。在阅读过程中,围绕革命历史人物或相关故事情节,提出自己感兴趣的问题,并通过查阅图书资料、网络多媒体资源以及与他人讨论交流等方式,获得对革命人物伟大人格、精神品质的认识与理解,并能够以此来促进自己的精神成长。

(3) 在班级讨论或小组学习的过程中,针对文章的内容、语言表达方式、人物或故事情节等,发表自己的看法,分享自己的感受与体悟。同时,能就自己感到困惑或存在分歧的意见或想法,礼貌地与老师、同学展开讨论。在单元学习结束时,能以读书笔记或报告、学习随笔或日记的方式,总结自己本单元学习的收获、感受或体悟。

在撰写表现标准的过程中,教师既要把握课程标准的具体表述、教材单元的具体内容,也要从学生日常语文学习的特点出发,客观评估学生达成教学目标后的学业表现水平。此外,从呈现的内容来看,表现标准不仅需要描述学生在知识储备、认知能力、情感体验等显性维度的具体表现,还要关照到思想观念、思维品质等隐性维度,确保表现标准的系统与全面。

总体来看,无论是基于某一学习单元,还是聚焦于单一课时,依据课程目标确定教学目标都是语文教学的起点。研读课程标准、梳理教材、撰写表现标准三个关键环节,能够帮助我们完成教学目标的确定。需要明确的是,落实素养型小学语文课程目标难以一步到位,依据课程标准确定教学目标是一个循环往复、持续修改与打磨的过程。

情境实践练习

1. 根据自己的学习兴趣,查阅不同历史时期的语文课程文件(课程标准、教学大纲等),结合同时期的小学语文教材,整理与分析小学语文课程目标组织与表现形态、表述方式的历史变化特点。

2. 结合本章的学习内容,深入研读《语文课程标准(2022年版)》的总目标与学段要求,聚焦于某一学段,结合任意一个语文学习任务群的学习要求,设计符合核心素养内涵与特点的语文教学目标。在此基础上,与同学一起研讨、打磨自己设计的语文教学目标。

文献摘要

[1] 郭华. 落实学生发展核心素养 突显学生主体地位:2022年版义务教育课程标准解读[J]. 四川师范大学学报(社会科学版),2022,49(4):107–115.

摘要:该文对2022年版义务教育课程标准中课程目标、课程内容结构化、跨学科学习、学业质量的素养表述等方面做了阐述,系统梳理了课程标准修订的基本思路是什么,以及课程标准修订的理论依据是什么。该文能够让教学实践者从"课程设计"这一宏观视角,对2022年版课程标准修订形成准确的理性认识。

[2] 郑国民. 以文化人,建设素养型语文课程标准:义务教育语文课程标准(2022年版)解读[J]. 基础教育课程,2022(9):30–36.

摘要:该文从修订背景、修订思路、主要的变化与突破、实施重点和难点等方面对《语文课程标准(2022年版)》进行了解读,从全面把握核心素养、深入理解语文学习任务群、充分发挥评价和考试的导向作用三个方面阐释了实施的重点和难点,揭示了语文课程标准在课程目标、课程内容、学业质量标准、评价和考试命题要求、减轻学生语文学习负担等方面的具体突破与变化。研读该文,有助于教师从学科角度理解此次课程标准修订的整体思路与设计原理。

第三章
结构化的小学语文课程内容

■ 章前引言

　　优化课程内容结构是《语文课程标准(2022年版)》修订工作的重点。在《普通高中语文课程标准(2017年版2020年修订)》的基础上,《语文课程标准(2022年版)》积极探索并构建了结构化的课程内容。《语文课程标准(2022年版)》结构遵循学生身心发展规律和核心素养形成的内在逻辑,以生活为基础,以语文实践活动为主线,以学习主题为引领,以学习任务为载体,整合学习内容、情境、方法和资源等要素,设计语文学习任务群。作为课程内容的组织形态,语文学习任务群的价值至少体现在以下三个方面:第一,有效推动语文课程内容的结构化变革,提升课程内容的综合性、典型性与实践性;第二,积极引导学生通过典型内容的学习,经历典型的学习过程,掌握典型的学习方法和策略,获得典型的情感体验[①];第三,促进教学理念与教学方式的革新,赋予教师自主创新的空间。本章将通过课程标准历史梳理、课程内容分析及教学案例分析等方式,帮助学习者认识、理解语文学习任务群,并从实践层面明确如何将其核心理念落实在日常教学中。

---

① 郑国民. 强化语文课程的育人价值取向:《义务教育语文课程标准(2022年版)》的四个重要变化[J]. 人民教育,2022(Z2):21-23.

■ 学习目标

1. 了解语文学习任务群的研制背景与设计理念,理解语文学习任务群的基本内涵、本质属性,及不同学习任务群之间的结构关系。

2. 研读不同历史时期的语文课程文件(课程标准或教学大纲),了解小学语文课程内容的三种表现样态,及不同类型小学语文课程内容的基本特点。

3. 在理解课程内容与语文学习任务群关系的基础上,结合不同学段学生的特点,创造性地运用小学语文教材,落实语文学习任务群的学习内容与教学要求。

■ 学习指要

1. 文献研读:系统研读教育政策文件、不同国家语文课程标准及有关的学术论文,理解以"重要观念""主题内容"设计课程内容的必要性。

2. 梳理探究:研读以 1992 年、2011 年、2022 年为代表的不同时期的语文课程文件,聚焦于它们对课程内容的具体描述,理解"知识与技能""学习活动""学习经验"取向的课程内容的特点,进而理解语文学习任务群的基本内涵与内在构成要素。

3. 实践探索:以本章学习内容为基础,结合小学语文教材的某一个具体单元,尝试在教学方案中落实语文学习任务群的学习内容与教学要求,在教学实践中有效辨识语文学习任务群学习内容与教学要求落实的常见误区。

第一节　小学语文课程内容变革的背景

《语文课程标准(2011年版)》采用课程目标与内容相融合的方式,呈现不同学段学生需要学习的具体内容。在《语文课程标准(2022年版)》中,课程内容作为独立的板块,从学习内容、教学要求两个方面系统地回答了"核心素养的发展需要以哪些内容作为载体"这一核心问题。作为与高中语文课程内容一脉相承的课程内容的组织形态,语文学习任务群并不是凭空提出的新概念,相反地,这一概念具有深刻的社会现实基础。在认识与理解语文学习任务群前,我们要明确为什么要提出语文学习任务群。

教育变革的发生往往根植于社会发展对教育提出的新需求。纵观国际教育变革与语文课程发展历程,不难发现语文学习任务群的提出根植于两个方面的现实情境:一是育人目标的变革;二是课程内容的重构。

一、育人目标的变革:超越知识技能,注重在实践中持续发展

作为时代性的育人目标,核心素养的内涵、基本特点与发展机制是课程标准研制的重要依据。换言之,准确把握核心素养的本质、内涵和基本特点,明确核心素养发展所依赖的必要条件,是回应学习哪些内容、如何学习这些内容等问题的基础。

20世纪末以来,"核心素养"(key competencies)成为经济合作与发展组织(经合组织,OECD)、欧盟(EU)、联合国教科文组织(UNESCO)共同关注的焦点。它们分别颁布了《核心素养促进成功的生活与健全的社会》(2003年)、《终身学习的核心素养:欧洲参考框架》(2010年)、《作为学习结果的核心素养草案:幼儿、小学和中学》(2012年)等文件,引领世界范围内的各个国家争相开展核心素养研究。由于视角与立场的差异,不同研究主体所提出的核心素养内涵存在一定的差异。经合组织指出素养与知识、技能不同,是在特定情境之中,有效调用心理资源、社会资源,从而满足解决复杂问题需要的综合品质。[①] 欧盟将素养定义为适用于特定情境的知识、技能和态度的综合,而核心素养是个体实现自我发展、开展社会实践所需要的品质,如运用语言交际、数学素养、基础科技素养、学会学习等。[②] 纵观不同

学科实践:义务教育语文课程的育人路径(徐鹏、王彤彦)

---

① 引自经济合作与发展组织2005年发布的《核心素养的界定与遴选:行动纲要》(The definition and selection of key competencies: executive summary)。

② GORDON J, HALASZ G, KRAWCZYK M, et al. Annex 1: Key competences for lifelong learning: a European reference framework[M]// Key competence in Europe: opening doors for lifelong learners across the school curriculum and teacher education. Warsaw: Center for Social and Economic Research, 2009: 240−249.

研究主体的界定,其中蕴含的思想观念呈现出一定的趋同性。首先,核心素养已远远超越传统的知识与技能的组合模式。从构成要素来看,核心素养既包含可量化、可分解的知识和技能,又包含高度关联的、内隐性的思维品质、价值观念、情感态度、文化修养等。知识与技能是形成核心素养的基础,但知识的积累与技能的发展并不必然带来核心素养的发展。[①] 从这个角度出发,原有以知识学习、技能训练为主体的课程内容本身与核心素养的内涵存在着深刻的矛盾冲突。其次,"持续性发展"是核心素养结果形态的外在表征。有研究者提出,素养并不是固体性的、可以占有的东西,而是一种不断发展的动态过程。[②] 对于个体而言,核心素养并不是一种静态的学业成就或学习成果,而是不断提升自我的方向。这意味着课程不能仅从"结果"角度确定具体学习内容,还要关注学生对自我发展的持续性投入,即是否能够"自主发掘有价值的学习问题""对有价值、有意义的问题开展持续性地研究"。最后,实践是核心素养发展与显现的必要条件。有研究者强调,"活动"是开展素养研究的关键,把握素养的核心方法论便是"与活动的关联"。[③] 在理解人类实践活动的复杂性时,研究者们共同关注到了真实情境、开放的任务、实践共同体等方面。这些基本要素不仅成就了核心素养的发展,也促成了核心素养的外显形态。义务教育语文课程培养的核心素养,是在学生积极的语文实践活动中积累、建构,并在真实的语言运用情境中表现出来的。因此,我们在刻画核心素养的表现特征时,也应围绕语言文字运用情境、语文实践活动、典型语文学习任务三个核心维度展开。

综上所述,核心素养的培养无法依靠静态的知识传授与简单的技能训练,而是要将真实情境、复杂任务、协同合作等基本要素纳入课程内容体系。重构课程内容的结构便成为核心素养立意下教育变革的应有之举。

二、课程内容的重构:重视实践经验,强调"少量"与"精深"

核心素养这一育人目标的提出,对"什么是课程内容"提出了再认识的必要。核心素养所包含的必备品格、关键能力、正确的价值观念是彼此不可分离的综合体。在社会实践中,核心素养可以表现为在真实情境中有效解决不确定性问题的高级能力,而非学科知识与技能的简单迁移。从这一育人目标出发,国际教育变革对课程内容的处理方式呈现出一种共同的趋势,即追求"活动"与"经验"的综合效应,即课程内容要围绕"少而精"的学习内容或主题,借助学科实践的方式[④],促进学

① 张华. 论核心素养的内涵[J]. 全球教育展望,2016,45(4):10-24.
② 岳欣云,董宏建. 素养本位的教育:为何及何为[J]. 教育研究,2022,43(3):35-46.
③ 陈佑清. 在与活动的关联中理解素养问题:一种把握学生素养问题的方法论[J]. 教育研究,2019(6):60-69.
④ 崔允漷. 溯源与解读:学科实践即学习方式变革的新方向[J]. 教育研究,2021(12):55-63.

生对学科学习经验的梳理与反思。

就课程内容而言,"少而精"是指以少量但关键,对"少而精"的学习内容的深入探究带动学生核心素养的发展。随着社会的发展,越来越多的研究者意识到专家思维、创新精神、数字媒介素养、合作交流、责任意识等品质对人才培养的重要价值。为满足这一现实需要,课程内容的扩容似乎是必然趋势。但是,在时间、空间、主体不变的情况下,扩大课程内容的容量势必出现"课程超载"[1]的问题。课程超载的直接表现便是内容超载,即在有限的时间内,教师要教的内容变得更多,从而导致不同课程之间出现结构性失衡、增加教师与学生的消极感受、影响课程改革实施效果等问题。对此,越来越多的国家和地区选择以"大观念"或"关键主题"作为课程内容。加拿大大不列颠哥伦比亚省便是典型案例,其课程修订的基本定位为"立足概念,素养驱动",即强调"大观念或关键主题的统摄价值",运用"概念"来定义不同学习领域课程标准中的知识与技能。[2]"立足概念的课程"是围绕高阶标准和关键思想构建的,允许学生对学习主题进行更深入的探索,从而获得对学科概念或内容更深入的理解,为未来迁移性学习提供机会。基于这一观点,其课程主要包含"大观念""课程素养""学习内容"三个部分。"大观念"是指学科领域内的原则和关键性概念,而非具体的学科知识,是学生通过学科实践形成的对学科本质规律的认识。"课程素养"是指学科技能、策略与实践过程,在学习过程中,学生要反思自己是如何实践的。"学习内容"是指学习领域内必要的学习话题和知识。从三者的互动关系来看,"大观念"指向的是语文学习结果或终极目标,"课程素养"解决的是通过哪些实践可以帮助学生形成对"大观念"的深入理解,"学习内容"则是在学科实践过程中涉及的关键概念。语文学习往往是一种非线性结构,其本质是学生在真实的语文实践活动中,借助语言材料持续且反复探究语言运用规律的过程。换言之,语文学习并不是学生被动获取知识、发展技能的过程,而是积累自主学习经验,发展对语文关键概念、大观念等的深度理解的过程。以加拿大大不列颠哥伦比亚省小学3~4年级为例,其课程内容主要是以大观念的方式呈现的。如表3-1所示,课程内容是由"故事"与"文本"为核心的规律或认识组成的。学生要通过不同学习资料、学习过程与方法,实现对"语言与故事是创造力与快乐的源泉"等学科大观念的认识与理解。需要强调的是,对于不同年级的学生来说,上述三个要素的具体内容,特别是对大观念的具体描述,是交叉、重复的,并不是泾渭分明的。也就是说,对语言文字运用规律的理性认识是一个不断深入、不断复杂化的过程。随着年级的升高,学生对语言材料的理解、语言运用能力逐渐提升,促成了对大观念的深入理解。

① OECD. Curriculum overload:a way forward [M]. Paris:OECD Publishing,2020.
② British Columbia Ministry of Education. Area of learning:english language arts:K—9 [S]. Province of British Columbia,2016.

学生要学习的内容不应该是"更多",而是"更精";学生对学科内容的学习不是"更全",而是"更深";学生投入的时间不是"更多",而是分配"更合理"。

　　课程内容数量的精简是为了赋予学生更充分的时间与空间,聚焦于少量而关键的学习主题,进行深度挖掘。秉持这一核心理念,课程内容就要从学科本体知识或技能,转变为基于学科实践而获得的学习经验,即明确学生开展语文学习、发展核心素养所经历的关键实践环节与具体表现。在不同学习领域,"经验取向"课程内容的设计思想表征形态也不尽相同。艺术、语言等实践取向的课程往往是以"学科关键实践"作为核心要素的,强调的是借助典型、关键实践经验的积累,达成对思想观念、文化内涵、语言艺术实践规律的深度理解。以美国艺术课程标准为例,其课程内容并未呈现舞蹈、音乐、戏剧艺术等学科的核心知识与技能,而是从"创造"、"表现"(表演、呈现、制作)、"反应"、"关联"四个艺术实践过程的环节[①],分别呈现学生需要积累的艺术实践经验。这并不意味着学生不需要掌握相关知识或实践技能。相反地,这些内容蕴含在艺术实践过程中,是学生通过与学习资源、同伴、真实情境互动而自主建构的。

表 3-1　加拿大大不列颠哥伦比亚省的小学 3~4 年级语文课程内容

三年级	四年级
1. 语言与故事是创造力与快乐的源泉 2. 故事与其他文本能够帮助我们了解自我、家庭与所在的社区 3. 理解故事的内容是可以基于不同的视角的 4. 富有创造性与趣味性地运用语言会帮助我们理解语言运用的内在规律 5. 好奇心与求知欲能够让我们对自我和周围世界有新的认识	1. 语言与故事是创造力与快乐的源泉 2. 探索故事与其他文本能够帮助我们了解自我,并与他人和世界建立联系 3. 理解故事的内容是可以基于不同的视角的 4. 富有创造性与趣味性地运用语言会帮助我们理解语言运用的内在规律 5. 对听到的、读到的与浏览过的内容提出疑问,将有助于公民素养的发展
关键概念	
故事:叙事文本,无论是真实的还是想象的,都可以引导我们认识人类的本性、动机和经验。同时,这些文本通常记录着个人的旅程,或者能帮助我们增强认同感。这些文本也可以被视为集体智慧。故事可以是口头的、书面的或视觉的,并用于指导、启发和娱乐听众和读者。 文本: 作为通用术语,文本主要指不同形式的口头、书面、视觉和数字交流: - 口头文字包括演讲、诗歌、戏剧和口述故事。 - 书面文本包括小说、文章和短篇小说。 - 视觉文本包括海报、照片和其他图像。 - 数字文本包括以上所有内容的电子形式。 - 可以将口头、书面和视觉元素进行组合(例如,戏剧性表演、图画小说、电影、网页、广告)	

---

① National Coalition for Core Arts Standards. National core arts standards: a conceptual framework for arts learning[S].2014.

第二节　小学语文课程内容与组织形态

课程内容是指课程中特定的事实、观点、原理和问题，以及处理它们的方式。[①]《语文课程标准（2022 年版）》对课程内容本体及其组织形态进行了革新，并在课程理念、课程内容中的"内容组织与呈现方式"部分，从设计理念、基本构成、教学实施等方面，对语文学习任务群进行了阐述与说明。

链接标准

义务教育语文课程内容主要以学习任务群组织与呈现。设计语文学习任务，要围绕特定学习主题，确定具有内在逻辑关联的语文实践活动。语文学习任务群由相互关联的系列学习任务组成，共同指向学生的核心素养发展，具有情境性、实践性、综合性。

义务教育语文课程按照内容整合程度不断提升，分三个层面设置学习任务群，其中第一层设"语言文字积累与梳理" 1 个基础型学习任务群，第二层设"实用性阅读与交流""文学阅读与创意表达""思辨性阅读与表达" 3 个发展型学习任务群，第三层设"整本书阅读""跨学科学习" 2 个拓展型学习任务群。根据学段特点，学习任务群安排可有所侧重。

——《义务教育语文课程标准（2022 年版）》

作为课程标准中的高频词，语文学习任务群是关键概念，对其内涵的准确理解直接影响语文课程实施的效果。本节将结合不同历史时期的语文课程文件、文献资料，重点探究"对于新修订的语文课程标准来说，语文课程内容是什么"，以及"作为课程内容的组织形态，语文学习任务群的基本内涵与构成要素有哪些"两个问题。

一、语文课程内容的典型样态：从知识与技能、学习活动到学习经验

语文学习任务群是课程内容的组织形态，并不是语文课程内容本体。那么，教师应该如何理解语文课程内容？其本质属性究竟是什么？在课程研究领域，对课程内容的阐释大多基于三种取向展开：一是内容即教材，重点在于学生应习得的学科知识与技能体系；二是内容即学习活动，强调学生应开展怎样的实践；三是内容

[①] 施良方. 课程理论：课程的基础、原理与问题［M］. 2 版. 北京：教育科学出版社，2020：98.

即学习经验,关注学生与学科、外部环境的互动。[①]在教育发展的不同时期,上述三种取向在课程内容筛选与设计上均有所体现,也不可避免地展现出其各自的优势与问题。下面我们以不同历史时期的语文课程标准(教学大纲)的具体内容,分析不同表现样态的语文课程内容的内涵与特点,重点关注"应该教(学)什么内容""如何组织与呈现内容"两个问题。需要强调的是,在现实的教育情境中,上述三种取向必然会以相互融合的方式呈现在课程内容中。

(一) 语文知识与能力

在相当长的一段时间内,课程内容被视为某一学科领域内重要的知识,如事实、概念、原则、理论与方法。在组织与呈现形态方面,课程内容基本是按照由简单到复杂,从整体到部分的顺序。以知识与技能为课程内容,其核心理念是以学科为中心,强调学术理性的重要价值,学生学习课程的目的是准确地获得对特定学科内容的理性认知。在实际教学情境中,教师重视课程内容的传递,即教师占据主导地位,通过教授与示范的方式,帮助学生不断地吸收、存储学科知识,并通过严格的训练,帮助学生熟练地掌握学科技能。在我国语文课程发展历程中,知识与技能取向的课程内容最为常见,如 1956 年《小学语文教学大纲(草案)》、1978 年《全日制十年制学校小学语文教学大纲(试行草案)》、1986 年《全日制小学语文教学大纲》、1992 年《九年义务教育全日制小学语文教学大纲(试用)》等。

遵循上述逻辑,教材是课程内容的重要载体,把重点放在教材上,不仅有利于保持学科知识的系统性,还可以使教师与学生明确教与学的具体内容,保证传授知识与技能的效率。通过梳理语文课程发展史,我们可以发现大多数课程标准(或教学大纲)只设置"教学内容""教材编写""教学安排",而不使用"课程"等相关表述。教学内容或教学安排呈现的是应该让学生学习什么内容,教材应该如何安排这些学习内容,以及如何在单位时间之内合理安排这些内容。如表 3-2 所示,有些语文课程文件是围绕教学展开的,重点呈现"教材编写原则与要求""不同学段的教材与教学要求"等内容。

表 3-2　1950—1978 年小学语文课程文件的基本结构梳理

课程文件	基本结构
1950 年《小学语文课程暂行标准(草案)》	目标—教材大纲—教学要点
1956 年《小学语文教学大纲(草案)》	说明—准备课—识字教学—阅读教学—汉语教学—作文教学—写字教学—教学大纲

---

① 施良方 . 课程理论:课程的基础、原理与问题[M]. 2 版 . 北京:教育科学出版社,2020:99–102.

续表

课程文件	基本结构
1963年《全日制小学语文教学大纲(草案)》	语文的重要性和语文教学的目的—教学要求—教学内容—选材标准—教学内容的安排—教学中应该注意的几点—各年级的教学要求和教学内容
1978年《全日制十年制学校小学语文教学大纲(试行草案)》	教学目的和要求—教材编排原则和方法—识字、写字教学—阅读教学—作文教学—基础训练—大力改进小学语文教学(各年级的具体教学要求)

与其他类型的课程内容相比,以知识与能力为中心的课程内容,主要表现出三个方面的典型特点:第一,权威性。课程内容所包含的事实、规律或规则等,是学科领域中具有共识性、无争议的结论。在语文课程中,此类内容大多是不同历史时期的经典作品、语言知识与文学常识等。教材编写更强调所选作品内容与形式的典范性,以及传递知识的准确性。以1963年《全日制小学语文教学大纲(草案)》为例,选材标准指出课文必须是范文,入选的文章要具有革命的思想内容、准确的科学知识,语言文字合乎规范,力求各方面都足以成为学生学习的典范,一些经过教学时间证明效果良好的文章应该选入课本。第二,确定性。知识与技能是较为确定性的结论,不需要教师或学生再进行个性化加工。教学实践则更为强调对知识的准确传递、技能的有效训练。例如,1978年《全日制十年制学校小学语文教学大纲(试行草案)》指出要处理好知识与技能的关系,知识是懂不懂的问题,技能是会不会的问题。教师要把知识讲清楚,要讲清重点和难点;不在讲得多,而要讲在点子上;不在讲得深,而要讲求实效。第三,系统性。以知识与技能为中心的课程内容,往往会呈现要素齐全的网状结构,即要实现对学科关键内容的全面覆盖。例如,1956年《小学语文教学大纲(草案)》对每个学年要学习哪些词汇有着非常明确且系统的规划。第一学年,从实际上认识名词、动词、形容词、数词、量词和代词,并着重学习人称代词的用法;第二学年,继续从实际上认识名词、动词、形容词、数词、量词和代词,并增加构成名词的辅助成分、趋向动词、人称代词、数量词和表疑问的词语;第三学年,继续从实际认识各类词,并增加名词性"的字结构"、能愿动词、表任指和虚指的代词等;第四学年,增加动词的重叠、形容词的重叠以及表示地点的词、表示时间的词等。再如,1986年《全日制小学语文教学大纲》指出基础训练是重要的学习内容,其目的是让学生通过各种形式的作业练习,复习、巩固并综合运用学到的语文知识和技能,为听说读写能力的发展打下扎实的基础。基础训练的编排,要由浅入深,由简到繁,由具体到抽象,由感性到理性。每个年级的训练,要突出重点,小学低年级以字、词、句的训练为重点;中年级继续进行字、词、句的训练,以段的训练为重点;高年级继续进行词、句、段的训练,以篇的训练为重点。

以逻辑清晰的形式,呈现准确、科学的课程内容,这必然能给教师教学与学生学习提供诸多的便利。在实践的过程中,教师必然会遇到如何解决学生学习的兴趣与自主性的问题,以及如何处理所学知识、技能与日常生活实践的关系的问题。对于学生来说,教材所呈现的内容不一定是学生感兴趣的内容,学生的独立思考与探究的能力难以得到发展。

(二) 语文学习活动

随着社会与科学技术的发展,以知识与技能为核心的课程内容逐渐暴露出课程内容与社会生活脱节、学生内在学习动机缺失等问题。为了对这些问题做出积极回应,怀特海等学者提出活动取向的课程设计理念,即将课程内容的重点放在学生开展的活动上,而非知识与技能等事实性内容。课程内容不再局限于"学习什么内容",而是"开展哪些活动以调动学生的积极性与自主性"。

对于语文课程来说,课程内容从强调字词句段、语修逻文等语文知识,逐渐转变为关注语文实践活动,即引导学生积极从事不同类型与社会生活紧密关联的学习活动。在组织方面,这一取向的课程内容更强调听说读写活动的整合。《全日制义务教育语文课程标准(实验稿)》《义务教育语文课程标准(2011 年版)》充分吸收了以学习活动为课程内容的理念,在继承语文课程内容原有结构的基础上,单独设置了"综合性学习",以加强语文课程内部识字与写字、阅读、写作、口语交际等多方面的联系,加强语文课程与其他课程及与生活的联系,促进学生语文素养全面协调发展。[①] 例如,《语文课程标准(2011 年版)》在第一学段,综合性学习要求学生对周围事物有好奇心,能就感兴趣的内容提出问题,结合课内外阅读共同讨论;结合语文学习,观察大自然,用口头或图文等方式表达自己的观察所得;热心参加校园、社区活动,结合活动,用口头或图文方式表达自己的见闻和想法。在第二学段,综合性学习要求学生能提出学习和生活中的问题,有目的地搜集资料、共同讨论;结合语文学习,观察大自然,观察社会,用书面或口头方式表达自己的观察所得;能在教师的指导下组织有趣味的语文活动,在活动中学习语文,学会合作;在家庭生活、学校生活中,尝试运用语文知识和能力解决简单问题;等等。

语文综合性学习是语文课程内容组织形态的重要突破。与知识与技能取向的课程内容相比,其特点与优势主要表现在两个方面:一方面,语文综合性学习蕴含跨学科学习的理念,促进学生科学探究意识与创新精神的发展。作为课程内容,学习活动往往是让学生围绕问题或学习专题,调动已有的知识经验与学习经验,运用不同学科的知识与技能,探索解决问题的方案。在此期间,学生不仅能够打破对不

---

① 郑国民.新世纪语文课程改革研究[M].北京:北京师范大学出版社,2003:230-233.

同学科之间关系的固有认识,还能够通过问题探究发现语文学科与其他学科的融合与关联。以小学语文教材二年级上、下册为例,借助第四单元《黄山奇石》《日月潭》《葡萄沟》等课文的学习,教师可以设计"我为家乡制作风景明信片"的学习活动,学生可以结合自身家乡风景的特点,综合运用语文、艺术、地理等不同学科的学习经验,以个性化的方式呈现自己家乡的特色,表达对家乡的热爱。另一方面,语文综合性学习重视对现实生活的观察与反思,培养学生的社会实践能力。以知识与技能为学习对象,学生关注的某一个或若干学科,而忽视了学科与社会生活之间的内在关联。换言之,学习知识、积累学习经验的根本目的在于解决生活实践中富有挑战的问题。例如,针对青少年沉迷网络游戏的问题,教师可以带领学生开展"互联网时代下,我该如何规划学习与娱乐"的主题活动。在学习过程中,学生可以采用独立自主、小组合作学习等多样化的学习方式,通过"互联网使用时间的调查""撰写科学使用互联网的倡议书"等学习任务,探究"青少年应该如何合理使用互联网"这一核心问题。

　　以学习活动为中心的课程内容,在一定程度上改变了学校学习与日常生活相互分离的状态。然而在实施过程中,其局限性也是显而易见的。引导学生开展丰富多样的学习活动,教师观察到的往往是学生的外显行为,难以发现学生如何与学习内容互动,以及如何形成自己的学习经验。在这种情况下,学生的学习质量与深度难以得到有效的评估。教师容易将关注点放在活动主题、形式与结果呈现等外部形式要素上,继而忽略学习目标的合理性、学习活动与学习目标之间的关系等问题,导致"形式热闹,内容空洞"的现实困境。

(三) 语文学习经验

　　针对"应该学习哪些内容"这一问题,具有代表性的观点是泰勒提出的"教育的基本手段是提供的经验,而不是向学生展示各种事物"[1]。在泰勒提出的课程模型中,课程内容并不是教材或学习活动,而是学生自主建构的学习经验,即学习是主体性行为,其结果是学生与外部环境相互作用的结果。[2] 换言之,课程内容并不是以学科为中心地向学生灌输的具体学习内容,而是通过营造环境、设置条件,为学生自主建构有价值、有意义的学习经验提供的良好基础。相比知识与技能、学习活动,学习经验是学生自主建构的心理体验,会因个体经验、学习环境、学习材料的不同产生一定程度的差异。在课程设计中,教师无法确定学生学习经验的具体表现样态,只能呈现学习情境、学习任务、学习材料、学习方法等促进学生主观建构的

---

① 泰勒. 课程与教学的基本原理[M]. 罗康,张阅,译. 北京:中国轻工业出版社,2008:55.
② 施良方. 课程理论:课程的基础、原理与问题[M]. 2版. 北京:教育科学出版社,2020:101.

环境要素。在组织结构方面,学习经验取向的课程内容强调统整、整合,即以主题、专题、研究问题或学习任务为核心要素,整合学习材料、学习主题、学习情境等相关要素,从而实现为学生提供完整学习经验的目的。

《语文课程标准(2022年版)》以语文学习任务群组织与呈现课程内容。语文学习任务群由相互关联的系列学习任务组成,共同指向学生核心素养的发展,具有情境性、实践性、综合性。课程标准对语文学习任务群的"学习要求""教学提示"的相关表述分别从"如何建构语文学习经验""语文学习经验的应然状态具有哪些特点"两个层面展开。具体来说,语文学习经验就是在真实学习情境中,学生围绕特定学习主题,聚焦于多样化的语言材料,开展理解、评价、探究等实践,逐渐形成、发展的对语言文字运用的感性与理性认识。以第一学段为例,不同语文学习任务群在每个学段中的学习要求与教学提示,都包含学习主题、学习情境、学习材料、学习活动等相关要素。这些相互关联的要素,共同描绘出学生学习经验的应然状态。如表3-3所示,以"实用性阅读与表达"为例,1~2年级学生应该结合自身生活体验,从自我、社会、家庭等视角出发,通过对不同文本的专题阅读、比较与分析、讨论与交流等方式,获得对语言文字及其作品的理性认知,以及负责任、有中心、有条理、重证据的理性思维与理性精神。再如,语文学习任务群"整本书阅读"旨在引导学生在语文实践活动中,通过阅读不同主题、不同体裁的语言文字作品,发展自身的阅读兴趣,提升独立阅读的能力,以及提高整体认知能力、丰富精神世界。

义务教育语文学习任务群的价值、结构与实施(郑桂华)

表3-3 第一学段(1~2年级)语文学习任务群的构成要素分析

学习任务群	主题–情境	学习材料	学习活动
语言文字积累与梳理	人体、天地、自然,家庭生活、学校生活、社会生活	字词、成语、语言、格言警句、儿歌、古诗	书写、分类整理、主动探究、与他人交际、阅读经典语言材料等
实用性阅读与交流	家庭生活、校园生活、社会公共场所(如"我爱我家""我爱上学""文明的公共生活"等)	家庭、个人与校园、中华优秀传统文化主题的短文;指示牌、说明书、图示等	日常讨论与交流、专题阅读、参观与观察等
文学阅读与创意表达	革命文化、自然、儿童生活(如"英雄的童年""春夏秋冬""多彩世界"等)	古诗、短小诗文、儿歌、童话、图画书	默读、诵读、复述、分享与交流等
思辨性阅读与表达	日常生活与学习(如"生活真奇妙""我的小问号""大自然的奥秘""生活中的智慧"等)	短文、日常生活现象	问题探究、观察、阅读、讨论等

续表

学习任务群	主题 - 情境	学习材料	学习活动
整本书阅读	为了促进学习、为了个体审美体验等(如世界读书日、我最爱的童话等)	图画书、儿歌、童话	阅读、朗诵、想象、复述故事等
跨学科学习	图书馆、书店、文具店等,家庭或学校养护动植物、学校或社区的专题活动	生活现象、传统节日、风俗习惯、学习习惯等	观察与记录、参与社会实践活动、日常购买文具与图书、借阅图书等

与知识、活动取向的课程内容相比,经验取向的课程内容主要呈现出三个方面的特点。首先是开放性与生成性。学习经验是学生与外部环境(如学习情境、语言材料、学习人物等)相互作用的结果,而非人为预先确定的内容。与此同时,由于个体的生活与学习经历的差异,不同的学生在面对相同的学习情境、学习材料时,也会有不同的学习经验。学习经验是无法被固化为某种确定性的结论或规律的。其次是动态实践性。作为一种主观体验,学习经验的获得与发展有赖于以学生为中心的实践活动。以学习经验为中心的课程内容,其组织与呈现形态较为重视与真实世界紧密结合的学习任务的设计,并以此为学生提供真实的读写活动,而非为反复练习技巧而特意设计的活动。最后是内隐性。学习经验是一种主观的心理感受,是学生长期与外部环境互动的结果。作为一种心理体验或感受,教师等外在于学生的主体是很难了解其形成过程与外显形态的。以"跨学科学习"为例,《语文课程标准(2022 年版)》提出"综合运用语文、道德与法治、科学、劳动等多方面的知识和技能,通过小组研讨,集体策划,设计参观考察活动方案,运用跨媒介形式分享研学成果"。在实施过程中,教师可观察的只有学生外显的具体行为、可视化的学习成果,学生探究与解决跨学科问题过程中的思维品质、情感体验、价值观念等难以直观呈现。正因如此,以学习经验为中心的课程内容,其课程编制、课程实施的难度大大增加。

二、语文课程内容的组织形态:语文学习任务群

作为语文课程本体论层面的难题,语文课程内容一直是课程改革发展历程中备受瞩目的议题。为确保不同学段的有效对接,《语文课程标准(2022 年版)》延续并再次提升了《普通高中语文课程标准(2017 年版 2020 年修订)》的设计思路,以核心素养为纲、以语文学习任务群为载体组织与呈现课程内容。毫无疑问,语文学习任务群对未来语文课程建设与实施提出了前所未有的挑战。为此,深入理解语文学习任务群的学理依据和基本内涵,对核心素养取向的课程理念真正落地具有重要意义。

(一) 学理依据

课程内容的结构化是核心素养取向课程变革的内在要求。在 2022 年义务教育各课程标准修订中,各课程遴选重要观念、主题内容和基础知识,设计了课程内容。由于课程或学科本质属性的差异,课程内容结构化的方式也呈现出各自的特点。例如,艺术课程以欣赏、表现、创造、联系和融合等艺术实践为基础,以学习任务为抓手,有机整合学习内容,构建一体化的内容体系。生物学课程综合考虑学生发展的需要、社会需求和生物学发展,采用学习主题的方式构建课程内容体系。英语课程内容由主题、语篇、语言知识、文化知识、语言技能和学习策略等要素构成。

作为课程内容组织形态的创新,语文学习任务群的提出与设计必然遵循一定的理念。从现有研究来看,语文学习任务群蕴含着杜威的"做中学"、克伯屈的"任务驱动"等教育思想,并且充分融合了项目式学习、任务型教学法、语境教学法等教学实践理念。[①][②] 毫无疑问,上述理念均对语文课程内容组织形态的创新有着重要价值。任何新型理念的提出必然是在学术理论、现实问题与本土社会情境之间平衡的结果,绝不是理念或观点的生搬硬套。追溯语文学习任务群的学理起点,本质上是在探寻教育理论与其设计理念的内在连结点。

作为课程内容组织形态,语文学习任务群旨在引导"教师确定与核心素养发展相关的主题,设计教学情境和多样化的学习任务"[③],帮助学生自主积累语文学习经验。据此,落实语文学习任务群的学习内容,要依靠主题情境、学习任务与学生自主实践等关键要素。而这些要素也进一步揭示出项目式学习、任务型教学法、语境教学法、活动理论与语文学习任务群的内在关联。

1. 以关键学习任务促进学生深度学习的发生

学习任务是语文课程内容变革的关键。对学习任务价值与功能的关注,受到了任务型教学法的启发。作为 20 世纪 80 年代第二语言教学实践理论,基于任务的语言教学(task-based language teaching)在如何理解语言学习、如何推动语言学习实践方面有着较为突出的优势。在认识论上,语言学习被理解为个体积极的主动实践过程,而非被动的、静态的接受信息的过程。在实践层面,基于任务的语言教学是教师通过具体的语言学习任务,调动学生内在学习动机,并引导其在真实复杂的情境中,开展语言实践,深度探究语言文字运用的规律,即借助任务来实现学生

---

① 徐鹏.学习任务群:高中语文课程的新形态[J].中学语文教学,2018(6):4-7.

② 荣维东,李雯雯,赵泽龙.语文学习任务群的学理阐释与实践反思[J].教师教育学报,2022,9(2):101-112.

③ 语文建设编辑部.语文学习任务群的"是"与"非":北京师范大学王宁教授访谈[J].语文建设,2019(1):4-7.

对语言文字的深度学习。从这两个角度出发,我们对任务的理解至少要关注三个方面:第一,任务的本质是意义建构。任务有别于一般意义上的学习活动,其聚焦于学生自主的"意义建构",即在真实交际过程中,学生运用语言文字解决问题,而非直接学习语言文字本身。因此,任务的本质是"意义建构",而不是"被驱使做事情"。第二,任务所对应的目标相对开放。在语言运用与交流过程中,学生"学到了什么"并不是前置性预设的结果,而是在实践中自然且必然形成的,且会因个体差异而呈现出不同的形态。第三,强调有意义的过程与结构化的成果。以任务为核心的语言学习,要求学生在学习结束时以结构化的方式呈现学习成果。[①]也就是说,为了避免学习任务的形式化,学生要在完成学习任务的过程中,及时总结、反思自己的学习成果。

2. 以学习主题与情境激发学生的学习投入

学习主题与情境是教师在落实语文学习任务群的理念与教学要求过程中不可忽视的概念。学习主题是根据学生的生活经验、学习兴趣及汉语丰富的表意功能和独特的文化内涵而确定的语文学习话题,情境是围绕主题所设计的语文学习任务依托的背景与载体。[②]这两个概念的提出及其内涵,受到了情境认知理论与项目式学习的影响。前者关注人类学习行为的发生与发展,后者关注如何在教育情境中更为合理地促进有效学习行为的发生。情境认知理论强调知识具有情境性,是活动、背景与文化产品的一部分,并在文化中不断被发现和发展;学习活动则是根植于社会文化情境,且与物理环境、文化传统与实践共同体形成积极的互动关系。从实践探索层面来说,项目式学习落实并发展了上述理念。受进步主义教育思潮影响,项目式学习强调真实情境与自主实践对学生获得知识与经验的重要价值。在实施过程中,教师会将学生的学习任务项目化,指导学生基于真实情境提出问题,并利用相关知识与信息资料开展研究、设计和实践操作,最终解决问题并展示和分享成果。[③]对于学生而言,学习项目与情境的价值与意义至少表现在两个方面:一是教师依托真实情境与实践性学习项目,充分调动学生对学习活动的参与度与积极性,为系统全面地了解学生学习过程提供基础;二是教师促进学生知识观与学习观的改变,借助情境与学习项目,学生能够真切地感知知识的建构性与实践性。

3. 以实践活动促进学生核心素养的发展

在一段时期内,语文课程实施强调教师通过对选文的分析与讲解,向学生传递

① 埃利斯. 任务型语言教学概述:英文[M]. 上海:上海外语教育出版社,2019:3-4.
② 陈晓波. 小学语文教科书"主题-情境"编排方式的理论探析[D]. 北京:北京师范大学,2006:5.
③ 杨明全. 核心素养时代的项目式学习:内涵重塑与价值重建[J]. 课程. 教材. 教法,2021,41(2):57-63.

语文课程知识。这种被动接受式的学习理念不仅使学生丧失了学习的主体意识，也严重阻碍了其创新意识、反思批判等高阶思维能力的发展。针对这一现实问题，语文学习任务群强调以"具有内在逻辑关联的语文实践活动"帮助学生积累与反思学习经验，促进其核心素养的发展。活动理论为语文学习任务群的理念与实践奠定了重要的理论基础。活动理论认为人的意识或心理与活动是统一的，要从人参与的现实活动去理解和把握人的心理或意识。[①]"活动"是活动理论发展的逻辑起点，其核心思想观点为"活动是分析人类发展的立足点，而人类的发展是在现实活动中得以实现的"[②]。围绕"活动"这一核心概念，活动理论将促进人的发展的活动扩展为由主体、客体、共同体、工具、规则、分工等六个维度构成的"社会性的活动系统"。这些关键维度对理解学生的语文学习实践活动、建构语文学习任务群的实施模型提供了重要参考。

（二）内涵阐释

语文学习任务群是语文课程内容在组织形式继学科化、模块化之后，"回归语言实践特质的课程内容重构"，是语文课程内容组织形态的重大转型。[③] 想要正确理解语文学习任务群的内涵，就至少应该解决"什么是语文学习任务群""语文学习任务群的本质是什么""为什么选择这些语文学习任务群""不同语文学习任务群之间的关系是什么"等关键问题。

首先，对语文学习任务群内涵的理解，目前主要有以下几种观点：一是认为语文学习任务群是课程内容。这一观点是从"语文课程应该呈现哪些内容"的角度进行分析的，将语文学习任务群视为主题多样、编排形式复杂的课程内容。例如，语文学习任务群体现了课程内容的丰富性，全新的高中语文课程内容"学习任务群"，其主题多元，包容性强，角度多维，背景宏观，操作没有规定，但这在一定程度上也给一线教学实践带来了很大的不确定性，但也因此极大地赋予了语文课程更多的可能性和丰富性。[④] 二是认为语文学习任务群是课程组织形态。这一观点侧重从"如何组织语文课程内容"的角度讨论与分析。例如，"学习任务群"是课程内容的一种组织形态(或呈现方式)，无法涵盖语文课程内容的全部，也不能由此反

---

① 陈佑清. 在与活动的关联中理解素养问题：一种把握学生素养问题的方法论[J]. 教育研究，2019，40（6）：60-69.

② 吕巾娇，刘美凤，史力范. 活动理论的发展脉络与应用探析[J]. 现代教育技术，2007（1）：8-14.

③ 管贤强，母小勇. 学习任务群：回归语言实践特质的课程内容重构[J]. 语文建设，2018（10）：17-21.

④ 刘飞. 后现代课程视野下的"学习任务群"解读[J]. 天津师范大学学报（基础教育版），2022，21（1）：26-30.

推出一个"任务群教学"。①三是认为与传统语文教学相比,语文学习任务群是一种创新性的教学形式。这种认识从教学实践的视角出发,强调语文教学应包含的基本要素。例如,语文学习任务群教学主要是以学习任务为导向,以学习活动为中心,为学生创设真实情境,引导学生积极参与学习任务。② 从整体来看,我们可以就综合语文学习任务群提出的现实背景、学理脉络作出如下定义:语文学习任务群是根据发展学生核心素养的要求,实现语文课程内容结构化的一种新探索,是语文课程内容新的组织形态③,并非语文课程内容的直接事实。作为课程组织形态,语文学习任务群不仅呈现了关键的课程知识与技能,还呈现了学生语文学习的过程,特别是明确了学什么、学到什么程度、用什么样的方法学、学了以后怎么去运用。④

其次,语文学习任务群的具体设置对教师理解语文学习任务群带来诸多挑战。义务教育阶段按照内容整合程度不断提升,分基础型、发展型、拓展型三个层面设置学习任务群。为什么要在义务教育阶段设置 6 个学习任务群? 语文课程的学习永远是挂一漏万的,无论是文本材料,还是具体学习活动均难以实现全面覆盖。语文学习任务群倡导"以关键少数带动全面发展",即通过对关键且富有价值的少量学习主题、关键问题的深度挖掘,促进学生核心素养的整体提升。语文学习任务群的具体设置综合考虑了学科、社会、学生个体发展等多方面因素的结果,力图通过多元组合的方式实现协同效应。"语言文字积累与梳理"学习任务群指向学习语文课程的根本问题,包括如何学习国家通用语言文字,如何阅读语言文字作品。"实用性阅读与交流"与"文学阅读与创意表达"学习任务群则是从社会性、审美性两个方面提出语言文字运用的学习要求。"思辨性阅读与表达"学习任务群旨在引导学生明确观点、事实与材料及其关系,养成勤学好问的习惯,培养理性思维和理性精神。实际上,这一学习任务群的提出既是语文课程发展的内在诉求,更是对当代社会发展的积极回应,即培养学生的批判性、创新性思维品质。"整本书阅读"学习任务群重在解决阅读平庸化的问题,有效提升阅读品位,建立文化自信。"跨学科学习"学习任务群的提出则是体现核心素养综合性的特点,加强不同课程学习之间的内在关联。

最后,对语文学习任务群内涵的解释,必然涉及"不同学习任务群的关系是什么"这一问题,即如何理解语文学习任务群中"群"的内涵。通过对不同语文学习任务群的内容分析,我们能够发现在学习内容、学习材料、学习结果等方面,这 6 个

---

① 程翔. 对"学习任务群"的几点思考[J]. 语文建设,2021(11):72-74+80.
② 邓倩茹. 指向深度学习的小学语文学习任务群教学研究[J]. 广东教育(综合版),2023(4):43-44.
③ 郑国民,李宇明. 义务教育语文课程标准(2022 年版)解读[M]. 北京:高等教育出版社,2022:100.
④ 朱慕菊. 构建新教学理念指导下的育人共同体[J]. 语文教学通讯,2021(Z3):1.

语文学习任务群确实存在交叉、重叠。如果与传统线性结构的课程内容相比,恐怕这是语文学习任务群的问题或劣势。但是,如果从后现代课程发展的视角来看,这种组织形态是一种创新性的探索。"群"有聚集或聚合之意,强调的是事物内在结构的松散与开放,其中蕴含着"模糊有界性"①的思想观念。具体来说,这些具体的学习任务群之间呈现出一种模糊而有界的关系,而非基于特定时空、难度、数量而形成的严格线性序列关系。"模糊有界性"有两层含义:一方面每个学习任务群具有自身的独立性,指向的是语文学习过程中的某个特定的关键实践,解决核心素养培养的"关键问题"。作为基础型学习任务群,"语言文字积累与梳理"学习任务群的独立性体现在"积累语言材料与语言经验,形成对语言运用规律的理性与感性认识",即解决学生学习语文课程的"基础性问题",是如何进入语文课程学习的基础性问题,也是成就语文学习深度的关键。另一方面,不同学习任务群之间又呈现出"纵横交错"的状态。②这种关系并不是相同内容或材料的简单复现,而是对关键学习目标、典型学习经验的复现,每一个学习任务群都能为另一个学习任务群的深化提供重要的基础。例如,在学习材料、学习目标、学习方式等方面,"文学阅读与创意表达"学习任务群与"整本书阅读"学习任务群存在一定程度的交叉,但两者也存在相互促进的关系。从本质上来看,这种交叉、重叠的关系是由学生的语文学习实践过程决定的,也就是不同语文学习任务群何时、以怎样的方式交叉,由学生探究的问题、运用的学习资源、形成的学习成果来决定。总体来看,学习任务群并不是各个学习项目在数量关系上的简单组合,也不是听、说、读、写等语文活动在序列关系上的简单排列,而是基于核心素养的结构化、生态化的关系整合。③

第三节 落实语文学习任务群理念的教学实践路径

语文学习任务群的设计以生活为基础,以语文实践活动为主线,以学习主题为引领,以学习任务为载体,整合了学习内容、情境、方法和资源等要素。从本质属性来看,语文学习任务群是课程内容的组织形态,并不是课程实施的直接体现。所

---

① HAMPTON J A. Concepts and natural language [M]// BELOHLAVEK R , KLIR G. Concepts and fuzzy logic. Cambridge, Mass. : The MIT Press, 2011 : 233-258.

② 赵飞. 后现代课程观视野下的"学习任务群"解读[J]. 天津师范大学学报(基础教育版),2020,21(1):26-30.

③ 陈昱. 从研究性学习视角谈语文学习任务群设计[J]. 语文建设,2018(36):4-7.

以，我们并不能直接将其表述为"语文学习任务群教学"。对于语文学习任务群与语文课程教学，我们探索的重点是如何在教学实践中落实语文学习任务群设计理念，如何调整教学的价值取向，从"以学科内容为中心"转变为"突出学生学习主体性"，将教材的内容单元转变为学生的学习单元。纵观语文专题教学、单元整体教学、项目式学习等实践模式，不难发现落实语文学习任务群理念的教学设计应该包括包含明确教学目标，确定学习主题、创设学习情境，设计学习任务，设计评价方案等环节。由于本书在第二章第二节已经对"如何依据课程标准设计教学目标"这一问题有较为详细的阐述，本节将不再赘述，仅重点讨论学习情境的创设，以及学习任务的设计与评价。

一、创设真实而有意义的语文学习情境

核心素养的形成与发展有赖于真实而富有意义的情境。情境认知理论认为，"情境"是多维性与系统性的教育概念[①]。在通常情况下，"情境"是指真实具体的物理环境与抽象的文化背景，是个体获取知识、开展学习实践活动所依赖的环境[②]，具体表征为学习主题、语言材料、解决问题的限制条件等多种形态。在教学实践过程中，无论是单元整体活动情境，还是自核心学习目标展开的由一个个小情境构成的"情境连续体"，都能将学生始终置于语文学习的中心，使他们产生强烈的"在场感"，清晰、具体地觉察到单元主题对于自己的意义，产生真实的学习期待与兴趣。在确定教学目标后，有效利用教材中的学习素材、学生生活经验，创设真实且有意义的学习情境是落实语文学习任务群理念的关键要点。

为了能进一步明确学习情境创设的策略与方法，下面我们将结合具体教学设计，明确语文学习情境建构可能存在的问题。以小学语文教材四年级上册第六单元为例，该单元围绕人文主题"童年"选编了《牛和鹅》《一只窝囊的大老虎》《陀螺》三篇课文，在口语交际部分要求学生学习如何选择恰当的方式安慰他人，习作部分要求学生描述自己最喜欢玩的一种游戏。三篇课文都与"童年"相关，令人难忘的童年故事既包含快乐的瞬间，也包含成长的苦恼。《牛和鹅》将鹅的神气十足、大胆妄为，以及"我"的狼狈不堪、慌忙逃窜，通过对人物的语言、动作、神态的细致刻画表现出来；《一只窝囊的大老虎》记述了"我"扮演老虎的难忘经历，作者以朴实的语言记录着时至今日难以名状的"成长困惑"；《陀螺》以小陀螺战胜大陀螺的经历，与读者分享"人不可貌相，海水不可斗量"的人生启示。根据学习单元所包含的素材，教师设计的单元学习情境如案例3-1所示。

---

① 裴新宁. 国际视野下李吉林情境课程优势分析[J]. 中国教育学刊,2016(10):18-21+49.
② 王文静. 基于情境认知与学习的教学模式研究[D].上海:华东师范大学,2002.

案例 3-1

单元教学目标：

1. 理解《牛和鹅》《一只窝囊的大老虎》《陀螺》三篇课文的基本内容，感受丰富多彩的童年生活，获得个人成长的有益启示。

2. 准确认读本单元的生字词，并能不断丰富自己的字词积累。能结合上下文和生活实际理解"昏乱""平白""通情达理""重整旗鼓"等词语的意思。

3. 在阅读过程中，理解批注的作用，并能尝试在自己阅读的过程中使用批注，从多个角度记录自己的阅读感悟与困惑。

4. 通过人物的动作、语言、神态体会人物的心情，感受童年生活的烦恼与欢乐，同时尝试模仿上述写作方式，把自己最感兴趣的游戏写清楚、写精彩。

单元学习情境：

如诗的童年，记录着成长的欢乐乐章；如画的童年，描绘着生活的多姿多彩；如梦的童年，承载着对未来的想象与憧憬。在这个单元的学习中，希望我们一起阅读"他"的童年味道，丰富"我"的童年色彩；感知"他"的甜与苦，书写"我"在游戏时的乐与忧；品鉴"他"的多彩童年，编织"我"自己的童年（图 3-1）。

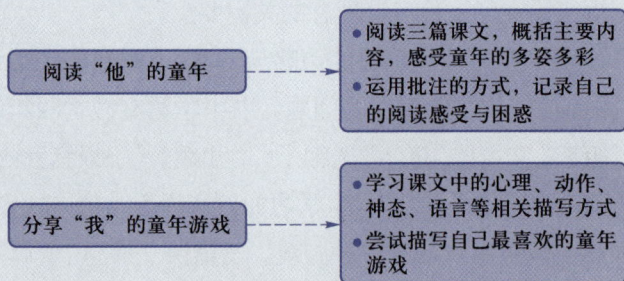

图 3-1　单元学习情境

在上述案例中，单元学习情境的创设有三个特点：一是从情境设置与学生的关系来看，单元学习情境有意识地贴近学生的日常生活经验，童年趣事是每个人都会经历的，教师以此引发学生对该单元学习内容的学习兴趣；二是从情境设置的依据来看，教师以文本内容为基础，提炼该单元的主题与情境；三是从情境的功能来看，情境是该单元课文学习、书面表达的重要背景。该案例在单元学习情境创设方面的问题具体表现为：一是情境与学生真实生活交叉、重叠，但只强调了表层情境的相关性，并没有从行为、情感层面引发学生的共鸣；二是情境仅发挥背景的作用，并未融入学生具体的语文学习过程,学生对情境内的相关内容并无认知加工。

根据情境认知理论与语文学习任务群的内涵,我们认为情境至少应该具有三个特点(表3-4):第一,真实性。教师设置特定的场景、话题或事件,要实现学生情境感知与认知投入的真实,即情境所包含的内容要素应与学生已有实践经验存在合理的联系,并能激发学生情感、行为、思维的真实参与。需要强调的是,对情境"真实性"的理解并不可局限于简单地还原现实生活的场景或事件,而应更多考虑学生学习投入与思维过程的真实有效。第二,连续性。情境贯穿学生学习实践展开的全过程。个体行为或活动具有前后相继性与连续性,作为行为发生的条件,情境必然是连续存在的。[①] 也就是说,情境不能单纯地作为学习实践的背景、导入,教师还要以条件、影响因素、目的、态度、资源等多种形态,支撑并引导学生的整个学习过程。第三,动态性。在教学实践过程中,情境并不是静态的理想蓝图,它会随学习内容、学习行为以及学习者的身份而变化。[②] 下面我们结合具体的学习素材,进一步阐述创设学习情境的具体路径,以及需要关注的具体问题。

表 3-4　学习情境创设的有效性自评表

关键维度	分析内容
真实性	所涉及的内容或话题是否与学生真实的校园、家庭、社会生活密切关联? 是否充分考虑学生的已有经验? 是否有效地引入学生身边可利用的学习资源? 是否充分还原目标学习内容产生与应用的背景? 所涉及的内容或话题是否能够促进学生真实的学习投入? 所涉及的内容或话题是否能够实现? 是否具有一定的可操作性?
连续性	是否与学习任务的整体设计有紧密的关联? 是否贯穿学生完成任务的全过程? 是否能够为学生完成任务提供目的、条件或影响因素,从而有效推进学生任务完成的进程? 是否能够为学生展现个性化的成果提供空间?
动态性	在教学设计阶段,是否随语文学习任务的展开而发生变化? 在教学实施阶段,是否根据学习内容、学生学习行为等因素及时调整?

(一) 分析学习资源的内容指向与内在结构关系

教材是落实课程理念的重要辅助工具。在通常情况下,教材会按照学习单元组织与呈现,每个单元会包含单元人文主题、课文、课后练习、学习活动等基本要

---

① 谷传华,张文新. 情境的心理学内涵探微[J]. 山东师范大学学报(人文社会科学版),2003(5):99-102.

② 陈晓波. 语文学习情境的建构:从教材设计到教学实施[J]. 中学语文教学,2020(6):4-8.

素。从教材编写角度来看,上述要素是围绕特定学习目标彼此关联的有机整体。深入分析上述学习资源的内容指向,以及内在结构关系,是教师学会创设学习情境的首要环节。

现行小学语文教材采用人文主题与语文要素双线组织单元结构的方式呈现学习资源,人文主题以话题的形式对单元内课文内容进行凝练与概括,语文要素以关键概念的方式呈现单元学习的阶段性目标。在教学实践中,教师要准确把握单元主题与课文内容的内在关联,通过对课文内容的解读与分析,将抽象的单元主题转变为具体的单元学习情境。以小学语文教材四年级下册第五单元为例,该单元围绕人文主题"妙笔写美景,巧手著奇观"编排了《海上日出》《记金华的双龙洞》两篇课文,以及习作例文《颐和园》《七月的天山》。上述课文都是对大自然的描写,以独特的视角、细腻的笔触,呈现出大自然的景观,以及作者对大自然的热爱。依据对文本内容的分析,教师可以将"走四方,看美景"作为整个单元的大的学习情境,设计两个学习活动:其一,请学生以批注、联想想象的方法,学习课文内容,以及描绘自然景物的具体方法;其二,以课文学习经验为基础,鼓励学生描写自己家乡独特的自然风光,或旅途中的难忘景色。

除了关注文本内容,教师还要加强对单元人文主题、课文与学习活动结构关系的分析,以促进不同学习资源的有机整合。以小学语文教材三年级下册第六单元为例,该单元的人文主题是"多彩童年",语文要素是"运用多种方法理解难懂的句子""写一个身边的人,尝试写出他的特点"。在该单元中,《童年的水墨画》《剃头大师》《肥皂泡》《我不能失信》都是从"他人"的视角出发,记录对童年美好回忆的。单元习作设置的活动是从"自我"的角度出发,从身边那些有特点的人入手,展现美好的童年。课文与单元习作之间存在紧密的关联,充分体现了以读促写、读写结合的理念,即学生借助课文学习,感受他人眼中多姿多彩的童年,并在此基础上,唤起自己对童年生活的记忆。依据课文与单元学习活动的结构关系,教师可以将单元学习情境设置为"读童年·画童年·写童年——制作《童年故事汇》",依托此情境设计"寻觅他人童年成长足迹""绘制我的精彩童年""书写我印象里的美好童年"三个学习活动,实现单元内学习资源、不同学科学习资源的整合。

(二) 依托学生学习经验凝练单元关键学习问题

学生核心素养的形成与发展有赖于其对学科关键问题的持续探究。教师在创设学习情境时,要充分考虑学生的语文学习经验,准确定位学生的兴趣点与认知生长点,凝练单元关键学习问题。换句话说,教师要聚焦于学习问题,根据学生问题解决的过程设置学习情境。

以小学语文教材五年级下册第二单元为例,该单元四篇课文为四部古典名著的节选,分别是《草船借箭》《景阳冈》《猴王出世》《红楼春趣》。每篇课文都是一个独立的阅读单元,各文本之间的具体思想内容不容易建立关联。但是四篇课文均围绕"阅读经典"这一话题展开,单元的核心目标是通过具体经典篇目的阅读,引导学生学习古典经典作品的阅读方法,以恰当的方式记录自己的阅读感悟与体验。学生学习该单元的目的是解决"运用何种方法阅读古典名著"这一关键问题。对于小学阶段的学生来说,这是教材第一次集中安排古典名著的学习,但并不是学生第一次接触整本书阅读,也不是学生第一次接触阅读方法。在以往的语文学习过程中,学生学习过预测、猜测、结合上下文推断、批注等不同类型的阅读方法,也在课后不同程度地阅读过童话故事、神话故事等。为了解决上述学习问题,教师可以在"保护阅读兴趣,提升阅读主动性"的基本原则下,创设"说出你的困惑,分享我的经验"主题阅读活动情境。在此情境中,教师可以尝试设计三个学习活动:首先,征集与讨论阅读过程中的问题。教师以单元某一篇课文为起点,在预习环节请学生写下阅读过程中的困惑与问题,并提交给教师。教师可以带领学生在课堂上讨论大家的问题。其次,分享个人阅读方法与体验。请班级内两三名同学(或教师),分享自己在阅读名著过程中使用的方法,以及自己是如何记录阅读感受的。最后,请学生从还没有讲读过的课文中任选一篇,采用自己喜欢的方式阅读,并记录自己的阅读过程,撰写阅读笔记。整体看来,从"唤醒体验,交流困惑"到"分享经验,示范学习",再到"自主探究",学生的阅读学习在完整且连续的学习情境中展开。需要强调的是,教师对于单元关键学习问题的提炼要结合学生以往的学习经验和单元学习资源的内容特点,即结合学习资源的特点,在学习起点与学习目标之间找到着力点。

(三) 充分利用日常生活中有价值的资源

语言文字是人类社会最重要的交际工具和信息载体。语言文字的运用,包括生活、工作和学习中的听、说、读、写活动以及文学活动,存在于人类社会的各个领域。对于语文课程来说,学习资源与实践机会无处不在。校园文化节、自然风光、时事新闻、社会公共资源等,都能够转化为创设语文学习情境的重要资源。在创设学习情境时,教师应在关照单元主题、课文内容的基础上,结合学生的认知特点,适度引入日常生活中有价值的资源。

以小学语文教材三年级上册第二单元为例,该单元的人文主题为"金秋的阳光,洒在树叶上",教材选编《古诗三首》(《山行》《赠刘景文》《夜书所见》),以及《铺满金色巴掌的水泥道》《秋天的雨》《听听,秋的声音》三篇课文。教师可以将校园主题活动"观察校园秋日"作为单元学习情境,让学生通过阅读描绘秋日风光的文学作品,学习如何捕捉秋日的特色。在此基础上,教师引导学生通过观察校园,以拍照、撰写观察日记的方式,积极参与校园主题活动。

再以小学语文教材二年级上册第八单元的课文《狐假虎威》为例,教师可以创设为班级新年联欢会排演课本剧的学习情境,依据"虎狐相遇—狐借天威—狐假虎威—虎为狐欺"的故事内容线索形成"情境连续体",指导学生在读演互促的学习过程中达成自主识字、理解词语等学习目标。又如小学语文教材五年级上册第七单元"自然之趣"中的习作"＿＿＿即景",教师可以将校园摄影活动"捕捉自然之美"比赛作为学习情境,建议学生选择一张参赛照片,尝试"把照片写成动画故事",最终评选出最佳作品,选入年级优秀作文集。

二、设计典型而多样的语文学习任务

设计典型而多样的语文学习任务是达成核心素养育人目标的关键环节。典型性是指"学生通过典型内容的学习,体会典型的思维过程与方法,体验典型的思想情感,呈现典型的学习成果"。教师要努力摆脱追求全面覆盖、面面俱到的思想,以富有探究价值的学习任务,促进学生深度学习的发生。此外,教师还要以语文实践活动为主线,设计侧重某一类型实践活动的任务,也可以设计涉及多种实践活动的综合型任务。为了能进一步掌握语文学习任务创设的策略与方法,下面以小学语文教材六年级上册第八单元"走近鲁迅"教学设计为例,梳理语文学习任务设计方面可能存在的问题。

案例 3-2

单元教学目标:

1. 能运用查阅字典、联系上下文、调动语文积累、网络搜索等方式,解决阅读过程中遇到的陌生字词,并理解关键词句。

2. 在课文学习的基础上,尝试运用跨媒介的方式搜集、整理相关信息,拓展自己对"鲁迅"及其作品的理解与认识,并尝试撰写读书笔记或记录自己的阅读感受。

3. 能就阅读鲁迅作品的感受与体验、问题,与同学、老师讨论与交流,敢于表达自己的想法与观点。

单元学习情境与任务:

2021 年 9 月 25 日是鲁迅先生 140 周年诞辰。班级想要举办"鲁迅专题展览",让全校同学了解鲁迅先生、阅读鲁迅先生作品。为了举办本次展览,请大家完成下面的学习任务(图 3-2)。

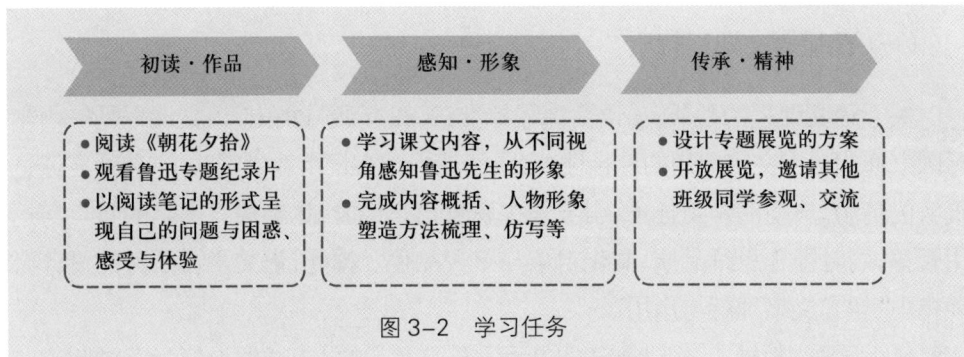

图 3-2 学习任务

在案例 3-2 中,结合单元主题与文本内容指向,教师尝试以专题展览的形式设计与实施这一核心任务,引领整个单元的学习。这样的教学设计改变了传统单纯的课文讲读的学习方式,以课文学习与自助探究实践的方式激发学生内在的学习兴趣。就任务设计而言,上述单元学习任务框架仍有进一步完善的空间:一是尽管任务与单元学习主题密切关联,但是并未凸显语文学习的独特价值,即通过鲁迅专题展览,如何让学生与语言文字作品发生积极互动,学生的学习重点集中在语言文字理解与运用的哪些方面;二是总任务与子任务的逻辑关系不明确,在初读作品阶段,学生阅读鲁迅作品、看专题纪录片,对策划专题展览能够产生哪些积极影响,还有待明确。

根据课程标准的要求,语文学习任务的设计要围绕特定的学习主题,确定具有内在逻辑关联的语文实践活动。如表 3-5 所示,良好的语文学习任务至少应该具备三个方面的特点:第一,学科性,即要能充分体现语言文字的理解与运用;第二,系统性,即不同的任务应指向共同的学习问题,任务与任务之间应具备合理的逻辑关系,并在达成学习目标方面形成合力;第三,整合性,即语文学习任务要能够充分体现不同语文实践活动的整合。下面我们结合具体的学习素材,进一步阐述设计学习任务的具体路径,以及应关注的具体问题。

表 3-5 学习任务设计的有效性自评表

关键维度	分析内容
学科性	学习任务的具体内容是不是围绕语言文字的理解与运用展开的? 学习任务的实践是否以"语言文字"为中心? 学习任务的成果是否以"语言文字"形式呈现的?
系统性	是否有关键问题作为任务设计的引领? 任务与任务之间是否有内在的联系? 任务与任务之间的逻辑关系具体是什么? 在达成目标方面,不同任务之间是否能够形成合力?
整合性	学习任务中是否涉及一类语文实践活动的不同表征形态? 学习任务是否涉及多种语文实践活动?不同语文实践活动在语文学习任务中的具体表现是什么?彼此之间的联系是什么?

(一) 凸显语文课程特质

关于语文课程的性质,《语文课程标准(2022 年版)》指出,语文课程是一门学习国家通用语言文字运用的综合性、实践性课程。在日常教学实践中,教师应通过真实的情境、典型的学习任务,引导学生积累语言经验,体会语言文字的特点与运用规律,同时提升思维品质、文化自信与审美品位。据此,语文学习任务的设计必须指向"语言文字理解与运用"。

以小学语文教材二年级上册第四单元为例,该单元的人文主题为"家乡"。如表 3-6 所示,"学习课文的语言表达,积累语言"是该单元的学习重点。具体来说,教材在课文《黄山奇石》《葡萄沟》中安排了仿写的练习,在课文《古诗二首》《日月潭》中安排了词语的拓展积累,在多篇课文后安排了背诵课文或片段的练习。整体看来,该单元的学习内容指向典型语言表达经验的理解、积累与运用。除了制作风景明信片,教师还可以尝试设置"我眼中的故乡与他乡",以及"制作风景名胜手抄报"等语文学习任务。手抄报的制作主要包括"他乡"与"故乡"两个板块,前者依托教材课文学习完成,可以采用摘抄、仿写课文中描写风景名胜的内容等方式,并配以图画;后者从学生的生活经验出发,自主选择风景名胜的图片、文字描写与呈现方式。对于学生来说,无论是摘抄、仿写,还是自主创作,都会涉及词语的灵活运用、修辞手法的使用等关键语言实践行为。

表 3-6　小学语文教材二年级上册第四单元教材内容分析

课文篇目		写作内容要点	课后活动
《古诗二首》	《登鹳雀楼》	登高	识字与写字;朗读与背诵;展开想象,描述景物;积累词语
	《望庐山瀑布》	仰望	
《黄山奇石》		静物观察与描写	识字与写字;朗读与背诵;运用修辞方法,描写景物;积累与运用词语
《日月潭》		景物在一日内的变化	识字与写字;朗读与背诵;积累描写性语句;积累词语
《葡萄沟》		地方风土人情	识字与写字;词语读音;讲述阅读体验;仿写,描写景物
语文园地四:《画家乡》		—	识字与写字;展开想象,运用修辞方法描写事物;联系上下文理解词义;撰写留言条,探究词语意义,积累名言警句

(二) 重视不同学习任务的内在关联

素养型的课程目标具有综合性、实践性、整体性的特点,达成课程目标需要借助多个语文学习任务,力图实现不同学习任务之间的协同效应。因此,确保不同语文学习任务之间具有合理的逻辑关系就显得尤为重要。从学习任务设计的角度来看,不同学习任务之间的逻辑关系可以表现为阶梯式、分总式、嵌套式等多种形态。

以小学语文教材六年级下册第一单元"民风民俗"的学习任务设计为例,根据单元文本内容指向的分析结果,教师设计了探究"为什么要传承民风民俗"的主要学习任务。这一主要学习任务统摄着三个子学习任务:(1)"分享家乡年俗",以照片、视频、实物的方式,展现家乡年俗,并介绍家乡过年习俗的特点;(2)"跟随名家赏年俗",阅读单元内的名家作品,梳理文章中展现的民俗及其蕴含的思想情感;(3)"开展年俗专题社会调查",采用小组合作学习的方式,围绕年俗发生了哪些变化、为什么要传承民风民俗等问题展开问卷调查、社会访谈等,并撰写研究报告。从逻辑关系来看,上述三个子学习任务呈现出"观察—感知—探究"层层深入的阶梯式结构。

再以叶圣陶童话集《稻草人》的阅读为例,根据学生的阅读经验,教师希望通过这本书的阅读培养学生自主制订阅读计划、分享阅读体验与阅读经历的能力。在教学设计中,围绕"如何阅读童话集《稻草人》"这一核心问题,教师设计了三个学习任务:(1)"研讨制订阅读计划",师生以讨论协商的方式,制订整本书阅读的时间安排与打卡计划,并撰写每日阅读笔记;(2)"制作人物档案",以文字与图片结合的方式,为童话故事里的关键人物制作档案卡片,并请学生为每个人物写一句评价语;(3)"分享阅读感受与体验",请学生为学校杂志"书籍漂流瓶"栏目撰写一篇文章,分享自己的阅读感受,并将这本书推荐给其他年级的同学。就任务内容来说,学习任务一与学习任务二旨在引导学生合理规划阅读过程,并及时梳理阅读内容与阅读感悟,学习任务三则是力图引导学生对整个阅读过程做总结与提炼。

(三) 强调学习成果的可视化

语文学习任务群以主题、情境为引领,以语文实践活动为主线,以学习任务群为载体,促进学生语文学习经验的积累。由于"学习经验"具有主观性与生成性的特点,这无疑会给教师的教学实践与学业质量评价带来诸多困难。以可视化、结构化的学习成果将内隐性的学习经验外显化,不仅能够有效调动学生的学习积极性,也为教师评价学生学习目标的达成程度提供了客观依据。

读书笔记、手抄报、社会调查报告、观察日记等均属于可视化的学习成果,是学生完成语文学习任务形成的最终成果。为保证学习成果的可视化,教师应就如何呈现学习成果、从哪些方面呈现学习成果等问题,给出详细的建议与指导。例如,针对童话集《稻草人》的阅读任务,教师应在学习任务中明确如下内容:关于"阅读计划"的制订,应以表格的形式,呈现阅读时长、阅读篇目、阅读笔记等维度的具体规划;关于"制作人物档案",应以关键词或评语的方式,呈现自己对人物的看法,并结合具体故事情节说明理由;关于"阅读感受分享",应明确表达目的是杂志专栏投稿,表达对象是同学,表达内容应包括整本书的核心内容、个人阅读感触、推荐理由等相关内容。值得关注的是,学习成果的可视化并不意味着限制学生的个性化理解与认识,相反地,教师应更加关注学生在现有要求基础上的自主创新。

三、系统规划促进学习的评价方案

学习评价是指借助多样化的评价方法与工具,收集、整理学生学习过程中的相关证据,并对其进行整理与分析,用以促进学生学习、改进教学的过程。无论是课堂教学评价,还是大规模教育评估项目,学习评价的设计至少都应包括认知、观察、阐释三个核心维度。其中,认知重在解决"评价什么",即教师要对学生的认知发展规律,以及特定学科领域的学习规律有明确而清晰的认识;观察指向"如何评"的问题,即明确评价目标后,教师借助多样化的评价方法与评价任务,收集学生真实而多样的学习表现,形成富有价值的发现与判断;阐释主要指向"如何理解与运用评价结果",具体指教师须综合评价目的与情境等相关要素,分析与解释上述证据,并有效运用于教育教学活动中。下面我们将从上述三个方面,阐述如何在落实语文学习任务群的教学设计中规划学习评价方案。

(一) 依据学习目标的特点,确定恰当的评价方法

评价目标决定着评价内容与方法的选择。按照"促进学习的评价""评价即学习"的理念,学习评价是语文探究实践性活动的组成部分,贯穿教与学的始终;其目的是收集学生学习表现,及时了解学生学习过程中的优势与问题,改进与提升教学。从这一角度来考虑,分析学习目标的内容指向与达成周期,选择恰当的评价方法,是设计学习评价的起点。

遵循"教—学—评"一体化的观念,语文探究实践活动的学习目标即评价目标。因为部分学习目标的达成需要经历较长的周期,是语言实践经验长期积累的结果,所以教师应对学习目标进行类型划分,从学习成果与时间周期的角度,将学习目标转化为及时性与持续性的评价目标,并有针对性地确定评价方法。以小学语文教材六年级上册第六单元为例,该单元的人文主题是人与土地、人与自然相互依存,倡导保护地球家园。对照课程标准、结合教材研读与学生特征,教师可以初步拟定如下学习目标:(1)准确掌握本单元的生字词,积累"晶莹""摇篮"等词语;(2)借助课下注解、关键语句,理解诗词大意,感受诗词意境之美;(3)能抓住关键语句,把握课文的主要观点;(4)感受环境之美和地球环境面临的威胁,理解保护环境的重要性。从达成周期与学习成果表现来看,教师可以将其划分为两种类型:目标1至目标3短期可达成,且学习结果具有外显性;达成目标4须经历较长周期,且预期成果多为内隐性思维品质、审美品位。前者可直接转化为短期评价目标;后者则需要教师长期观察,通过收集学生不同类型的学习成果,评价其达成度。

评价目标可以指向知识与技能、学习过程与方法、情感态度与价值观等多个层面。学习评价方式方法种类繁多,各有其优势与局限。在学习评价的设计过程中,教师须在评价目标与评价方式之间建立合理的对应关系,准确分析评价目标的内容指向,选择与之匹配的评价方式。如上述小学语文教材六年级上册第六单元的学习评价,目标1可以采用纸笔测试的评价方式,目标2与目标3可以采用课堂问答的评价方式,目标4可以采用读书报告、课堂辩论等评价方式。

(二) 设置开放的评价任务,收集多样的学习证据

评价任务是评价目的、评价目标的具体体现。在通常情况下,学习任务与评价任务是一体两面的关系,两者都是依据学习目标设计的具有语文课程特色的实践活动。为获取学生学习证据,有效评价学生核心素养的发展水平,高质量的评价任务应具备典型性与开放性的特点,下面主要介绍评价任务的开放性。

"开放性"强调要摆脱学习结果的确定性与唯一性,在设置问题或创设任务时教师要给予学生展示多样化学习过程与学习结果的空间。开放的评价任务能够保证多样化的学习证据。换言之,在设计评价任务时,教师应允许学生的语文学业成就有多样化的表征样态与发展类型。以小学语文教材六年级下册第一单元为例,在开展"年俗专题社会调查"这一学习任务前,教师可以设置"调查主题申报""集体研制社会调查设计的评价标准"两个环节:一方面,让学生根据自己的学习与生活经验,自主选择感兴趣的年俗话题;另一方面,调动学生的自主性,通过查阅资料、小组研讨等,引导学生自主社会调查设计的评价标准。在此过程中,开放的评价任务能够让学生充分展示个性化的学习成果,也能够给予教师更多发现学生学习问题的机会。

(三) 运用评价标准与反馈机制,达成评价促进学习的效果

学生的学习成果往往以读书笔记、辩论赛、调查报告、演讲稿、访谈提纲等形式呈现。面对这些极富个性的学习成果,教师难以用标准化的规则进行统一评价。结合评价任务的特点,师生共同建构质性取向的表现评价标准是十分重要的。以小学语文教材五年级下册第七单元为例,该单元的人文主题是"足下万里,移步换景,寰宇纷呈万花筒",语文要素为"体会静态描写和动态描写的表达效果""搜集资料,介绍一个地方"。整体看来,该单元的教学目标可以拟定为:掌握静态与动态的描写方法,并能够感知其表达效果的差异;能够运用学习的描写方法,尝试介绍某地独具特色的人文或自然景观。为达成教学目标,教师设计的任务之一是"让世界了解中国",请学生选择一个自己喜欢的中国自然景观或人文景观,运用该单元学习的描写方法,撰写一篇写景散文。作为表现性评价任务,教师需要运用评价标准系统评价学生的表现。通过课文的学习,学生已经对"如何描写自然或人文景

观"形成了一定的认识。教师可以与学生共同研讨,确定核心评价维度与评价等级。需要关注的是,在建构评价标准的过程中,教师应该将"评级评分"的评价观念转化为"促学促教"的评价观念,积极建构一种有温度、有成长引导功能的评价标准,发现学生目前存在的优势与问题,反思、改进教学设计与实施。

教师建构评价标准的根本目的在于形成富有价值的结论与发现,借助反馈帮助学生调整学习进程。教师可以运用评价标准,实现三个层面的反馈:一是任务水平,聚焦于学生任务完成情况及其具体学习行为;二是学习过程水平,聚焦于学生完成学习任务的过程,关注学生对学习内容的理解程度,以及对学习策略与方法的使用情况;三是元认知水平,培养学生的自我调节、自我监控能力。在设计学习评价时,教师应具有全局观念与整体意识,不能仅仅关注某一次评价结果的反馈,要对学生在课堂学习中的表现与评价结果进行持续性的追踪与跟进,了解每个学生核心素养的发展轨迹与学习需求。

情境实践练习

1. 根据自己的学习兴趣,从义务教育阶段课程中任选 2~3 门,阅读相应的课程标准中的"课程内容",并将其与《语文课程标准(2022 年版)》进行对比分析,了解不同学科课程之间"课程内容"的异同,尝试概括与凝练语文课程内容的独特性。

2. 请根据本章所学内容,参考《语文课程标准(2022 年版)》中"课程内容"的相关内容,以区域课程资源与小学语文教材为基础,任选一学段,完成一份落实语文学习任务群理念的教学设计。

文献摘要

[1] 郑桂华. 义务教育语文学习任务群的价值、结构与实施[J]. 课程. 教材. 教法,2022,42(8):25-32.

摘要:该文聚焦于义务教育阶段,梳理了语文学习任务群的课程价值、整体结构与教学实施要点。对于语文学习任务群的教学实施,文章提出"理解任务的性质""把握群的特点""从构成要素、情境化、学习价值以及适切性四个维度考察与设计语文学习任务"等观点。该文有助于教师理解语文学习任务群的内涵,把握教学设计的基本原则与核心环节。

[2] 徐鹏,王彤彦. 学科实践:义务教育语文课程的育人路径[J]. 课程. 教材. 教法,2022,42(11):14-20.

摘要:该文从语文课程的性质出发,通过分析学科实践的理论支点,梳理学科实践的内容载体,探寻学科实践的功能指向,深入阐释了《语文课程标准(2022 年版)》的设计理念。该文为教师全面把握学科实践的育人价值,探索核心素养取向的教学实践提供了重要的理论基础。

第四章
整体性的小学语文学业质量

■ 章前引言

提升人才培养质量一直是世界各国教育变革的共同追求。学业质量的研制是达成这一目标的重要环节。[①]2022年4月,《义务教育语文课程标准(2022年版)》正式发布,并将学业质量作为课程标准的内容构成要素。在八次基础教育课程改革进程中,这是首次对义务教育阶段学生应达成的学业成就进行系统描绘。在这样的现实情境下,准确把握学业质量的内涵,探索学业质量的应用的基本路径与应用范畴,充分发挥学业质量对教学实践、考试评价的重要引导作用,是课程实施过程中的重要问题。本章将采用课程标准研读、教学案例分析与评价等方式,阐述小学语文学业质量的研制背景、基本内容与特点,以及在真实教学情境中的应用。

---

① 辛涛. 学业质量标准:连接核心素养与课程标准、考试、评价的桥梁[J]. 人民教育,2016 (19):17—18.

■ 学习目标

1. 在核心素养型的课程变革背景下,了解研制小学语文学业质量的现实与理论背景;结合核心素养的内涵与语文学习任务群的具体要求,理解小学语文学业质量的基本内涵与结构特点。

2. 理解学业质量与教学、评价的关系,结合教学需求,准确把握小学语文学业质量的具体功能。

3. 在教学实践过程中,合理运用小学语文学业质量,优化教学目标设计,研制过程性评价工具,做好学业水平考试命题工作。

■ 学习指要

1. 理解探究:通过研读政策文件、学术论文,了解小学语文学业质量研制的背景,理解其基本内容、结构特点与基本功能。

2. 实践探索:基于本章学习内容,借助具体的教学实践案例、学业水平考试试题,把握小学语文学业质量的应用范畴与基本路径。

第一节 小学语文学业质量的研制、内涵与功能

研制学业质量标准是深化基础教育课程改革的关键环节。《语文课程标准(2022年版)》的突出特色便是建构了核心素养型的课程内容体系与学业质量标准。语文学业质量是以核心素养为重要维度,结合语文学习任务群的相关要求,对学生语文学业成就具体表现特征的整体刻画。在课程实施过程中,语文学业质量标准在提升"教—学—评"一致性方面具有独特的价值,具体表现在检验教学目标的适切性、树立以学生为中心的评价观念、提升评价任务与评价量表的有效性与科学性等方面。

一、小学语文学业质量的研制背景

学业质量是指学生完成特定阶段学习后应该具备的具体学业表现。在国际课程改革实践中,作为国家课程文件的重要组成部分,学业质量是检验育人目标达成程度的重要标准。在基于核心素养的课程改革进程中,研制具有国际视野、符合我国教育现实的学业质量标准,具有至关重要的意义与价值。

(一)现实背景:深化教育改革的重要举措

在基础教育课程改革的过程中,无论是教育理念,还是课程设计与教学实施,都实现了巨大的突破。基础教育工作者们在教学实践方式、学生学习方式的转变方面,积累了富有价值的经验,但也在课程评价上面临诸多问题和挑战。其背后的深层原因是教育质量认知的模糊,以及核心素养取向的教育质量标准的缺失。树立科学的教育质量观,研制义务教育学业质量及其标准是基础教育深化改革的重要举措。

作为21世纪我国第一个中长期教育改革和发展规划,《国家中长期教育改革和发展规划纲要(2010—2020年)》明确提出,要"坚持育人为本,以改革创新为动力,以促进公平为重点,以提高质量为核心,全面实施素质教育,推动教育事业在新的历史起点上科学发展,加快从教育大国向教育强国、从人力资源大国向人力资源强国迈进,为中华民族伟大复兴和人类文明进步作出更大贡献";要求"建立国家义务教育质量基本标准和监测制度",并"改革考试评价制度和学校考核办法"。2014年4月,教育部颁发《关于全面深化课程改革落实立德树人根本任务的意见》,提出要"研究制订中小学各学科学业质量标准……,根据核心素养体系,明确学生完成不同学段、不同年级、不同学科学习内容后应该达到的程度要求,指导教师

准确把握教学的深度和广度,使考试评价更加准确反映人才培养要求"。研制符合我国国情与教育实际的学业质量标准,落实国家中长期教育改革和发展规划的重要举措,对我国教育发展具有重要的战略意义。

科学的人才观与教育质量观是建构学业质量标准的重要依据。中共中央、国务院印发的《关于深化义务教育教学改革全面提高义务教育质量的意见》强调"树立科学的教育质量观,深化改革,构建德智体美劳全面培养的教育体系,健全立德树人落实机制,着力在坚定理想信念、厚植爱国主义情怀、加强品德修养、增长知识见识、培养奋斗精神、增强综合素质上下功夫"。我国基础教育已经进入全面提升质量的新阶段,教师应树立科学的教育质量观,要注重学生德智体美劳的全面发展,提升学生的素养和能力,而不是片面地追求知识的数量积累。研制符合科学人才观与教育质量观的学业质量标准是《语文课程标准(2022 年版)》的重要修订内容。

(二) 理论背景:课程内容结构化的现实诉求

21 世纪以来,社会经济、科技与文化的发展对人才培养目标提出了新的挑战。以培养核心素养为根本宗旨,创新课程与教学体系成为世界各国教育变革的重要议题。作为教育变革的标志性成果,课程标准致力于回答"学习什么""学到怎样的程度"两个核心问题。由此,我们可以把课程标准划分为两种类型:一种是"内容标准",即明确规定学生在特定学习领域的知识或技能;另一种是"表现标准",即系统刻画学生特定学业成就的表现特征与发展规律。

一直以来,语文课程与教学的关注点在于"学生学习语文课程的哪些内容""学生学习的程度如何"。这种认识带有一种鲜明的"学科中心"价值取向,即强调字音字形、文学与实用阅读、写作方法等静态学习内容对学生语能力提升的重要价值。在这样的观念下,语文课程需要的是"内容标准",明确学生应该学习哪些内容,以及学到何种程度。《语文课程标准(2022 年版)》改变了以"知识 – 技能"为核心线索组织课程内容的设计思路,以语文学习任务群的方式组织与呈现课程内容。为了达成核心素养的育人目标,语文学习任务群强调"以学生为中心",以学科实践的方式设计具有内在关联的语文学习任务,促进学生语文学习经验的自主建构。学习经验是学生的一种主观性的心理体验,教师无法直观了解学生与外在环境的内在互动过程。[①] 在课程设计与实施过程中,学习经验的内隐性与个性化为教师把握课程目标达成程度、了解学生语文学习的过程与结果,带来了诸多的挑战。因此,以核心素养为依据,结合课程内容的具体要求,提炼不同学段学生典型、

---

① 施良方. 课程理论:课程的基础、原理与问题[M]. 北京:教育科学出版社,2020:101.

关键的外显行为表现,对课程实施的有效推进和质量保证具有重要的意义。换言之,研制核心素养取向的语文学业质量标准,对于教师把握课程目标与课程内容的落实程度是十分重要的。

二、小学语文学业质量的内涵与组织结构

(一) 小学语文学业质量的内涵

准确把握学业质量的内涵是有效实践与应用学业质量的重要前提。《语文课程标准(2022 年版)》指出,语文课程学业质量是以学生在完成课程阶段性学习后的语文学业成就表现,反映核心素养要求。如何理解语文学业质量? 语文学业质量的本质属性是什么? 语文学业质量与核心素养、课程内容、课程评价之间的关系是什么? 对于"什么是语文学业质量"这一问题,当前存在一些典型的认识(表 4-1)。通过对这些典型认识的分析,发现其中隐藏的问题,才能进一步理解语文学业质量的内涵。

表 4-1　关于语文学业质量内涵的典型认识

维度	典型认识举例
评价	语文学业质量是评价的一种方式,就是评价学生学习、教师教学的质量。 语文学业质量就是课程评价的一部分,是具体的评价工具
学生表现	语文学业质量就是不同年级学生的真实表现,是对实际表现水平的客观描述
课程内容	与课程内容相同,就是针对学生语文学习提出的具体要求,按照学段呈现出来
学习目标	与课程目标一致,是对不同年级学生学习目标和内容的表现

总体来看,表 4-1 中的典型认识可以划分为两种类型:一种是从本质属性的角度理解语文学业质量的内涵,将语文学业质量等同于学生的真实学习表现;另一种是从与课程标准其他部分的关系角度,将语文学业质量等同于目标、内容或评价。对照课程标准的表述,我们可以发现以上认识存在不同程度的误解。

学业质量是学生在完成课程阶段性学习后的学业成就表现,反映核心素养要求。语文课程学业质量标准是以核心素养为主要维度,结合课程内容,对学生语文学业成就具体表现特征的整体刻画。据此,语文学业质量本质属性是学生语文课程学习后形成的学业成就。与智商等先天的生理特质不同,学业成就是以生理特质为基础,在学校环境、特定课程、教学等人为因素影响下后天逐渐形成的学业表现,具有一定的可塑性、发展性与个体差异性。语文学业质量呈现的是学生学业成就的"关键"表现,而非"全部"表现。在现实情境中,学生核心素养的表现形态与

素养本位学业质量的内涵及意义(杨向东)

类型是丰富多样的。《语文课程标准(2022 年版)》中的"学业质量",呈现的是对核心素养的培养与发展来说有重要价值的"典型表现",不能等同于学生具备核心素养的所有表现。以第一学段语文学业质量的首段内容为例,其主要从应然角度,描述了 1~2 年级学生在识字与写字、梳理与探究等语文实践活动中的具体学业成就表现。在真实的教学情境中,第一学段学生的具体表现要比学业质量更为丰富。教师要确保学生能够达成学业质量里所描述的具体标准,但不能用学业质量限制学生语文学业成就表现的多样性与丰富性。在理解学业质量的具体标准时,教师要将其作为学生核心素养发展的"基准线",在此基础上关注学生个性化发展的具体表现。

链接标准

　　留心公共场所等真实社会场景中的文字,尝试认识标牌、图示、简单的说明性文字中的常用汉字;借助汉语拼音认读汉字,借助学过的偏旁部首推测字音字义,愿意向他人说出自己的猜想;遇到不认识的字,主动向他人请教。在学习与生活中,累计认识 1 600 个左右常用汉字,能正确书写 800 个左右常用汉字。喜欢识字,有意识地梳理在日常生活中学习的汉字、词语,并尝试进行分类;愿意整理自己的学习成果,并向他人展示。

——《义务教育语文课程标准(2022 年版)》

语文学业成就呈现的是学段结束时学生应该达成的结果性表现,而非过程性表现。也就是说,学业质量仅仅从结果角度描述学生通过学习语文课程所应该达到的基础性水平。至于达成基础性水平的方法、策略与资源,并不是语文学业质量需要呈现的内容。

(二) 小学语文学业质量的组织结构

关于学业质量的组织结构,《语文课程标准(2022 年版)》指出:"依据义务教育四个学段,按照日常生活、文学体验、跨学科学习三类语言文字运用情境,整合识字与写字、阅读与鉴赏、表达与交流、梳理与探究等语文实践活动,描述学生语文学业成就的关键表现,体现学段结束时学生核心素养应达到的水平。四个学段的语文课程学业质量标准之间相互衔接,体现学生核心素养发展的进阶,为核心素养评价提供基本依据。"

对此,可以从显性与隐性两个层面理解。前者主要回应"语文学业成就具体表现是以怎样的方式呈现的",后者重在解决"语文学业成就是如何处理不同学段的差异的"。从核心素养的形成与发展规律来看,"真实情境"与"积极的语文实践活动"是必要条件。语文学业质量按照日常生活、文学体验、跨学科学习三种语言文字运用情境,并整合识字与写字、阅读与鉴赏、表达与交流、梳理与探究等语文实践活动,组织与呈现语文学业成就的关键表现。表 4-2 以"'情境'表现在哪里?""'语文实践活动'及'语文实践活动的整合'具体表现在哪里?"两个问题为导向,分析第一学段语文学业质量的具体内容。

表 4-2　第一学段语文学业质量组织结构的举例分析

"情境"表现在哪里?	"语文实践活动"及"语文实践活动的整合"具体表现在哪里?
留心公共场所等真实社会场景【情境 1-日常生活】中的文字,尝试认识标牌、图示、简单的说明性文字中的常用汉字;借助汉语拼音认读汉字,借助学过的偏旁部首推测字音字义,愿意向他人说出自己的猜想;遇到不认识的字,主动向他人请教。在学习与生活中【情境 1-日常生活】,累计认识 1 600 个左右常用汉字,能正确书写 800 个左右常用汉字。喜欢识字,有意识地梳理在日常生活中学习的汉字、词语,并尝试进行分类;愿意整理自己的学习成果,并向他人展示	留心公共场所等真实社会场景中的文字,尝试认识标牌、图示、简单的说明性文字中的常用汉字【在"阅读与鉴赏"中"识字与写字"】;借助汉语拼音认读汉字,借助学过的偏旁部首推测字音字义,愿意向他人说出自己的猜想【在"识字与写字"中"表达与交流"】;遇到不认识的字,主动向他人请教。在学习与生活中,累计认识 1 600 个左右常用汉字,能正确书写 800 个左右常用汉字。喜欢识字,有意识地梳理在日常生活中学习的汉字、词语,并尝试进行分类【在"识字与写字"中"梳理与探究"】;愿意整理自己的学习成果,并向他人展示【在"梳理与探究"后"表达与交流"】
【情境 1-日常生活】与人讨论交流,注意倾听,主动用礼貌用语回应;乐于表达自己的想法,遵守规则,主动合作,积极参与讨论,把自己的想法说清楚。看图说话,能描述一幅图画的主要内容,说出多幅图画之间的内容关联。留心观察周围事物,对写话有兴趣	【表达与交流】与人讨论交流,注意倾听,主动用礼貌用语回应;乐于表达自己的想法,遵守规则,主动合作,积极参与讨论,把自己的想法说清楚。看图说话,能描述一幅图画的主要内容,说出多幅图画之间的内容关联【在"阅读与鉴赏"后"表达与交流"】。留心观察周围事物,对写话有兴趣【表达与交流】
【情境 2-文学体验】喜欢阅读图画书、儿歌、童话、寓言等,在阅读过程中能根据提示提取文本的显性信息,通过关键词句说出事物的特点,作简单推测;能借助关键词句复述自己读过的故事或其他内容,尝试对阅读内容提出问题;愿意向他人讲述读过的故事,乐于向他人展示自己的作品;喜欢积累优美的词句,并尝试在口头和书面表达中运用	愿意为他人朗读自己喜欢的语段【阅读与鉴赏】;朗读时能使用普通话,注意发音;注意用语气、语调和节奏表现对文本的理解和感受;愿意和同学交流朗读体验,能简单评价他人的朗读【表达与交流】。喜欢读古诗,能熟读成诵;喜欢阅读故事,并与他人讨论【在"阅读与鉴赏"后"表达与交流"】。喜欢在学校、社区组织的朗诵会、故事会、课本剧表演等活动中展示。参加文学体验活动,能表达自己的体验、感受和发现,愿意用文字、图画等方式记录见闻、想法【在"阅读与鉴赏"中"梳理与探究",而后"表达与交流"】
在跨学科学习【情境 3-跨学科学习】和探究活动中有好奇心和求知欲,喜欢观察、提问,能用自己喜欢的方式呈现学习所得	在跨学科学习和探究活动中有好奇心和求知欲,喜欢观察、提问,能用自己喜欢的方式呈现学习所得【在"梳理与探究"后"表达与交流"】

在表 4-2 中,首段内容重点描述学生在"日常生活"开展"识字与写字"时的具体表现,第二、三段重点呈现学生在"文学体验"情境中综合开展"阅读与鉴赏""表达与交流""梳理与探究"等相关活动的典型表现;末尾段落则是从"跨学科学习"情境的角度,描述学生在不同语文实践活动中的表现。

语文学业质量内部隐含着学段进阶的核心思想,即有针对性地呈现不同学段学生发展的阶段性特点。以"识字与写字"实践活动为例,第一学段重点关注学生对汉字的学习兴趣、汉字的数量积累与对汉字表意特点的感性认知,第二学段强调主动识字意识与能力、梳理与发现汉字之间的区别与联系等,第三学段与第四学段则重视在文本阅读、语言表达中的恰当运用。值得关注的是,普通高中课程标准和义务教育课程标准均呈现了学业质量标准,其功能和定位高度一致,但其组织结构存在差异。普通高中语文学业质量是依据不同水平学业成就表现的关键特征,学业质量标准明确将学业质量划分为不同水平,并描述了不同水平学习结果的具体表现。[1]高中阶段语文学业质量强调的是水平差异,且水平与年级之间并不存在明确的对应关系。义务教育阶段语文学业质量在强调学段连贯性的同时,更加关注不同学段的独特发展特点。

从构成要素来看,语文学业质量的描述展现了学生在"关键能力""必备品格""正确价值观"等不同维度的具体表现。它不仅涵盖了语文知识、技能维度,还囊括了情感态度、思想认识、学习方法等非认知维度。以第一学段为例,"借助汉语拼音认读汉字,借助学过的偏旁部首推测字音字义,愿意向他人说出自己的猜想",这一描述指向"汉字读音、意义的准确把握"这一知识性的学习目标,同时关注"积极梳理所积累的语言材料""乐于分享与交流"的学习态度与方法。再如,第三学段"在文学体验活动中涵养健康向上的审美情趣",这一描述将审美体验与情趣作为重要的学业成就表现。整体来看,落实德智体美劳全面发展,重新建构学业成就的基本构成是语文学业质量的重要特色。

三、小学语文学业质量的功能定位

在课程实施过程中,学业质量的价值与功能集中表现在两个方面:一是丰富与拓展教育质量的基本内涵,即从单纯关注确定性学科知识与技能转向强调关键技能、必备品格与正确价值观的全面发展;二是帮助教师与教育评价设计者准确把握教学深度与广度,保证教学实施、考试评价等方面能够准确反映人才培养要求。

立足核心素养的育人目标,课程与教学体系应突出"学生学习为中心"的教育理念。据此,明确"学生能够做什么""什么是预期学习结果"便成为课程设计与

---

① 中华人民共和国教育部. 普通高中语文课程标准:2017 年版 2020 年修订[M]. 北京:人民教育出版社,2020:35.

教学实施的重要前提。作为规范性标准与实际性标准相结合的产物[①],对于不同的教育实践主体,学业质量的功能不一。[②]总体来看,学业质量标准明确了不同学段学生核心素养的典型表现,为教学实施与考试评价设计提供了重要依据。

对于教师来说,语文学业质量是帮助教师把握教学深度与广度的重要工具。在通常情况下,教学目标的筛选与确定往往以课程标准、教材内容为重要依据。区域教育发展与学生实际情况的差异,难免会导致教学目标与学生发展现状之间出现矛盾。此时,教师便可将语文学业质量作为检验教学目标适切性的工具,将其作为判断学生是否达成学习目标要求的重要依据。以小学语文教材五年级上册第三单元为例,在单元整体设计中,教师初步拟定两个方面的教学目标:(1)阅读民间故事,概括故事的主要内容,并尝试转换表述视角,运用联想与想象创造性地复述故事;(2)结合阅读经历,发现民间故事的特点,并积极搜集与整理民间故事,感受中华智慧,并乐于与同学或老师讲述故事内容与自己的感受、体验。关于文学作品阅读,第二学段学业质量强调"提取主要信息、预测情节发展",第三学段则关注"获取主要内容,用朗读、复述等自己擅长的方式呈现对作品内容的理解,……在文学体验活动中涵养健康向上的审美情趣"。根据上述学业质量的内容,以上两个方面的教学目标既体现了学段之间的进阶要求,又凸显了该单元学习内容的特点。

对于教育评价设计者来说,学业质量是教育评价设计的重要指南,也是实现"严格依据课程标开展评价"这一目标的关键环节。在评价的设计与实施中,学业质量标准可以用来考查学生是否达到规定的学业水平,评价教师的教学是否得当,监控教育质量是否符合要求。[③]聚焦于语文教育评价领域,语文学业质量至少可以发挥两个方面的作用:第一,帮助教育评价设计者树立"心中有学生"的评价观念,科学设计评价任务。语文课程评价的对象主要是学生,其设计与实践要以学生真实的学习表现作为基础。语文学业质量是对学生完成语文课程阶段性学习后的学业成就表现的系统描述,也就是说,通过描绘学生学习行为、学习结果,展现出"真实的语文学习者"的形象。学业质量能够让教育评价设计者明确学生在语文学习过程中,清楚地了解会在怎样的情境下、面对哪些学习内容与材料、呈现怎样的表现特点。因此,评价任务的设计不能只从材料和命题人两个维度出发,还要从"学生有哪些典型表现""命题要引出学生哪些典型表现"等方面综合考量。第二,明确学生学业表现的"基础水平",提升评分标准或评价量规的有效性。语文学业质量呈现的是每个学段结束时学生核心素养应达到的结果性表现,是学生必须达成

① 杨向东. 基础教育学业质量标准的研制[J]. 全球教育展望,2012(5):32-41.
② 乐毅. 试论制定国家学业质量标准的若干基本问题[J]. 教育研究,2014(8):40-51.
③ 辛涛,乐美玲,郭艳芳,等. 学业质量标准的建立途径:基于认知诊断的学习进阶方法[J]. 教育学报,2015(5):72-79.

的基础水平。在设计评分标准或评价量表时,教育评价设计者可以将学业质量作为重要参照体系,结合不同类型学生的表现,进一步提炼优秀、良好等不同水平的具体表现。以教学实践中的表现性评价任务的评价量表设计为例,小学语文教材六年级下册第一单元的人文主题是"风俗",教师设计了"家乡风俗展览"活动。在展览活动中,每组学生需要制作家乡风俗展板,采用图文并茂的方式,呈现对地方风俗文化的感受与理解。每个学习小组需要开展调查、资料搜集、设计展板等相关活动。为有效评估小组学习质量,教师参照学业质量标准,研制了相应的评价量表。在学业质量标准中,"积极参加跨学科学习活动,能利用多种信息渠道获取资料,在简单的调查、访谈等活动中记录真实生活",以及"能借助跨学科知识和相关材料,与同学合作探索解决问题的具体方法,运用相关知识解释自己的想法,记录俺就的过程及结论,写简单的研究报告"等相关描述,均是教师建构评价量表的重要参考。在此基础上,教师还可以结合学习目标、学习活动、学生的真实表现,对评价量表的评价维度、水平描述进行丰富与拓展。

第二节　小学语文学业质量的应用

从课程设计角度来看,学业质量标准为教师把握教学深度与广度提供依据,确保考试评价内容与人才培养要求保持一致。教师在教学设计与实施中如何合理运用语文学业质量,确保语文考试命题与学业质量保持内在一致,成为当前迫切需要解决的实际问题。本节将从教学与学业水平两个角度,结合具体案例,明确小学语文学业质量的应用范畴与基本路径。

一、教学设计

在教学设计方面,语文学业质量的功能至少表现在两个方面:一是帮助教师检验教学目标的有效性与适切性,反思教学目标是否与学生预期发展方向相契合;二是帮助教师撰写与教学目标对应的表现标准,结合教学目标的具体内容,从学生外在行为与内在品质两个角度,明确达成教学目标后学生的基本表现。

(一) 检验教学目标的有效性与适切性

有效、适切的教学目标是教学实践的良好开端。在通常情况下,教师确定教学目标的主要依据是课程标准中的"课程目标",以及教材单元中的"学习资源"。但是,达成教学目标的主体是学生,由于学生个体学习经验存在差异,教师会不可避免地面对教学目标与学生发展要求不匹配的情况。对于这样的问题,教师应依据学情分析的结果调整教学目标。这里的"学情分析"往往是对学生以往学习经验和当下学习情况的分析,而缺少了对学生"应然性"学习质量的分析。小学语文学业质量的介入,可以有效解决这一问题。下面我们结合具体案例,阐述如何运用小学语文学业质量,检验教学目标的有效性与适切性。

以小学语文教材六年级下册第五单元为例,该单元的人文主题是"科学发现的机遇,总是等着好奇而又爱思考的人",课文主要包括《文言文二则》(《学弈》《两小儿辩日》)、《真理诞生于一百个问号之后》、《表里的生物》、《他们那时候多有趣啊》。根据该单元课文的内容指向,教师初步拟定了4条单元教学目标,如表4-3中第一列所示。结合语文学业质量第三学段的内容,教师至少应该完成两个方面的内容梳理:第一,结合初步拟定的单元教学目标,梳理小学语文学业质量的相关内容,提炼与本单元学习密切相关的学业表现描述。需要强调的是,教师在提炼与单元教学目标相关的学业质量内容时,要坚持整体性原则,即提炼完整的语义单元,而不是根据目标进行碎片化提取。第二,结合学业质量的具体内容,教师至少要反思三个关键问题:(1)教学目标是否高于或低于语文学业质量相应年级的具体描述? (2)从学生核心素养表现的角度,哪些表述是不准确、不恰当的? (3)哪些内容可能会与语文学业质量的相关描述存在差异? 通过对上述问题的分析,教师对拟定的单元教学目标进行调整。教师通过上述梳理与分析,确保单元教学目标既能体现语文学业质量的基础性要求,又能凸显该单元学习内容的特点。

(二) 作为对应教学目标撰写表现标准的辅助

教学目标是从基本方向角度呈现学生实现哪些方面的改变的。与学生具体真实的表现相比,教学目标具有一定的抽象性。为了保证教师与学生能够明确教学目标达成后的"真实改变",教师还应该对应教学目标,从结果角度系统描述学生达成教学目标后的具体学业表现。

仍以小学语文教材五年级上册第三单元为例,根据单元人文主题、语文学习要素,以及课文的内容指向,教师初步将教学目标确定为:(1)阅读民间故事,概括故事的主要内容,并尝试转换表述视角,运用联想与想象创造性地复述故事;(2)结合阅读经历,发现民间故事的特点,并积极搜集与整理民间故事,感受中华智慧,乐于与同学、教师讲述故事内容与自己的感受、体验。对应上述目标,教师运用语文学业质量撰写表现标准需要经历三个关键环节。首先,分析教学目标指向的核心内容,提炼关键词,并确定关键词之间的关系。通过分析以上目标,教师发现"概括""表述视角""联想与想象""复述""整理""感悟"这些概念指向"文本"与"读者"两个维度:从文本出发,强调读者要运用不同的方式感知故事的核心内容;

从读者出发,强调要对文本内容有个性化与结构化的理性认识。其次,聚焦于语文学业质量,教师提炼了与"概括主要内容、表述视角、联想与想象、复述"等关键词存在意义关联的具体内容。学业质量是根据核心素养、课程目标与课程内容撰写的,难以与教材中的单元教学目标形成必然的对应关系。因此,教师在提炼相关内容时,要关注学业质量相关表述的上下文,确保意义的完整性。最后,教师结合学习单元的具体内容,参照学业质量的结构与描述方式,进行了表现标准的描述(表4-4)。在此过程中,教师还可以根据学习资源的特点,对学业质量的相关表述进行具体拆分或合理拓展。

表 4-3　单元教学目标与语文学业质量对比分析表

教材单元	小学语文教材六年级下册第五单元
单元教学目标 (初稿)	(1) 能以实事求是的态度对待他人的观点和言论,形成"用事实来说话"的生活原则,养成负责任地表达的生活习惯。 (2) 能在生活情境中,依据事实做出分析与判断,增强辨别是非的能力,提升基于证据与推理的逻辑思维水平。 (3) 能在阅读中运用概括观点、画结构图、推理判断等方法,区分观点和事实,找出两者的内在联系,提升阅读思辨能力。 (4) 能在问题情境中,通过摆事实、讲道理进行负责任的劝解和有说服力的演讲,提高有理有据的理性表达能力
对应学段的语文学业质量评价的具体内容	乐于参与讨论,敢于发表自己的意见;能认真、耐心倾听,抓住要点,并作简要转述;能根据对象和场合,作简单的发言。能根据积累的知识和经验初步判断信息真伪,感知情感倾向,形成自己对社会热点问题的初步认识;能概括说明性文字的主要内容或简单的非连续性文本的关键信息……;能用多种媒介方式表达交流。能根据表达需要,准确使用常用的标点符号……,表达参与活动的感受。 积极参加跨学科学习活动……;能根据活动需要,结合自己的知识积累和生活经验提出要探究、解决的主要问题;能借助跨学科知识和相关材料……;能组织讨论和专题演讲,发表自己的观点,在交流反思中辨别是非、善恶和美丑。能根据校园、社会活动的需要,自己或与同学合作撰写活动计划、实施方案或活动总结
单元教学目标 (修改稿)	(1) 能以实事求是的态度对待他人的观点和言论,养成负责任地表达自己观点的生活习惯。 (2) 根据需要,能在阅读中运用概括观点、画结构图、推理判断等方法,呈现观点和事实,提升阅读条理性。 (3) 能在表达交流中,借助摆事实、讲道理的方式,进行负责任地劝诫和有说服力的演讲,提高有理有据的理性表达能力。 (4) 能在解决问题中,依据客观事实做出分析与判断,发展分辨是非的能力,提升理性思维水平

表 4-4 小学语文教材五年级上册第三单元相关的语文学业质量与表现标准

语文学业质量	表现标准
独立阅读散文、小说、诗歌等文学作品,在阅读过程中能获取主要内容,用朗读、复述等自己擅长的方式呈现对作品内容的理解;能用文字、结构图等方式梳理作品的行文思路;能品味作品中重要的语句和富有表现力的语言,注意词语的感情色彩,通过圈点、批注等多种方法记录自己的阅读感受和体验,并主动与他人分享;能通过诵读、改写、表演等方式,表达自己对感人情境和形象的理解与审美体验;能借助与文本相关的材料,结合作品关键语句评价文本中的主要事件和人物,提出自己的观点或看法;能发现不同类型文本的结构方式和语言特点,感受作品内容、表现形式上的不同,积极向他人推荐,并有条理地说明推荐理由。在文学体验活动中涵养健康向上的审美情趣	学生能够: • 独立阅读中国民间故事,提取关键人物、故事情节(如时间背景、矛盾冲突等)等信息,并按照自己的理解讲述故事的主要内容。 • 结合自己的学习与生活经验,提炼出富有价值的生活智慧,并与老师、同学分享、交流与讨论,丰富自己的认识。 • 根据自己的兴趣,选择阅读不同类型的民间故事,感受中华民族文化的独特魅力;与其他文学作品对比,发现民间故事在语言、故事内容、结构等方面的特点

二、学业水平考试

对于学业水平考试而言,学业质量能够保证测试框架与工具设计、测试结果的解释准确反映人才培养的要求。下面我们围绕"以语文学业质量为依据,如何开展小学语文学业水平考试设计"这一核心问题,从测试工具结构、测试任务设计、测试结果分析与解释三个方面展开讨论。

(一)重构测试工具结构:关注学业质量的"整合性"与"实践性"

把握学业质量的组织结构特征对合理设计学业水平测试工具有重要意义。在《语文课程标准(2022 年版)》中,核心素养取向的学业质量组织结构呈现出鲜明的整合性与实践性特征。[①] 整合性强调将学生学业成就发展与表现视作一个有机整体,其内在构成要素存在高度的内在关联。语文学业质量以核心素养为主要维度,充分融合课程内容,对学生语文学业成就具体表现特征进行整体刻画。也就是说,语文学业质量是按照"整体性描绘"的思路组织呈现的,而非围绕核心素养的四个方面或六个学习任务群的"要素拼接"。"实践性"是理解学业质量组织结构的突破点。结合核心素养的基本内涵与语文学业质量的具体内容,我们能够发现"真实的语言文字运用情境""语文实践活动"是组织与呈现学生关键表现的核心要素。以第三学段为例,"积极参加跨学科学习活动,能利用多种信息渠道获取资料,在简单的调查、访谈等活动中记录真实生活",集中展现了学生在跨学科情境中,如何

---

① 杨向东. 基于核心素养的基础教育课程标准研制[J]. 全球教育展望,2017(10):34-48.

以语言文字为中心开展梳理与探究、表达与交流等语文实践活动;"独立阅读散文、小说、诗歌等文学作品,在阅读过程中能获取主要内容,用朗读、复述等自己擅长的方式呈现对作品内容的理解",则重点呈现学生在文学体验情境中,在阅读与鉴赏不同类型文学作品时,以何种方式实现个性化体验感悟的表达与交流。

语文学业质量系统展现了"真实的语文学习者"的形象,为解答"从哪些维度评估学生核心素养发展水平"这一试卷结构设计的核心问题提供了明确方向。长期以来,在"课程内容即教材"[①]的核心观念影响下,试卷构成维度往往是由学科知识与技能体系决定的。一般来说,小学语文试卷往往包括"语文基础(语文积累)""阅读""写作"三个部分,其中语文基础重在考查学生对汉字音形义、词语与句子运用规则的识别与记忆等,而阅读与写作重在考查学生对文章内容的理解与分析、书面表达等。这种结构设计的优势在于清晰呈现考试内容与课程内容之间的对应关系,有利于实现对语文知识与技能体系的合理覆盖。现有的试卷结构设计的问题在于难以体现核心素养的综合性、学业质量的整合性与实践性特征。因此,试卷结构的设计不能仅从课程知识与技能本体出发,还要以学业质量作为重要依据,兼顾学生学习语文课程的实践规律。

核心素养立意的试卷结构应将主题与情境作为显性线索,将语文实践活动作为隐性线索,根据不同学生的认知发展水平、语文学习规律,设计包含一定数量的测试单元。就设计理念而言,这种试卷结构的设计以核心素养的内涵作为出发点,强调以真实而复杂的学习主题、学习情境为载体,围绕不同类型的语言材料,设置丰富多样的语文实践活动。[②]就具体表现形态而言,如图4-1所示,试卷结构的三个核心组织要素是形成学业质量具体表现的必要条件,在此基础上,试卷具体由不同测试单元组成,每个测试单元有独立的主题与情境,教师可以根据主题、情境选择不同语体、题材与体裁的语言材料,并围绕核心任务设置具体试题。测试单元、试题、语言材料的数量,教师可以根据不同学段的特点进行灵活调整。

以第三学段为例,综合考虑课程目标与内容、学生学习教材的经验等相关因素,教师设计了"观察与记录身边的语文生活""阅读中国民间故事,探究中华民族智慧"等测试单元。"观察与记录身边的语文生活"重在引导学生在日常生活中,搜集、观察、分析现代汉语规范使用过程中的问题,结合自身的语文学习经验,进一步探索语言文字运用的规律。"阅读中国民间故事,探究中华民族智慧",以学生学习教材单元的经验为基础,聚焦于《中国民间故事精选》整本书阅读,让学生发现故事中所蕴含的民族智慧,以及与现当代生活实践的关系,以富有意义的真实情境

---

① 施良方.课程理论:课程的基础、原理与问题[M].北京:教育科学出版社,2020:99.
② 李倩,谭霞,吴欣歆,等.教育评价变革背景下语文学科核心素养测评框架研究[J].课程.教材.教法,2021:41(2):95-102.

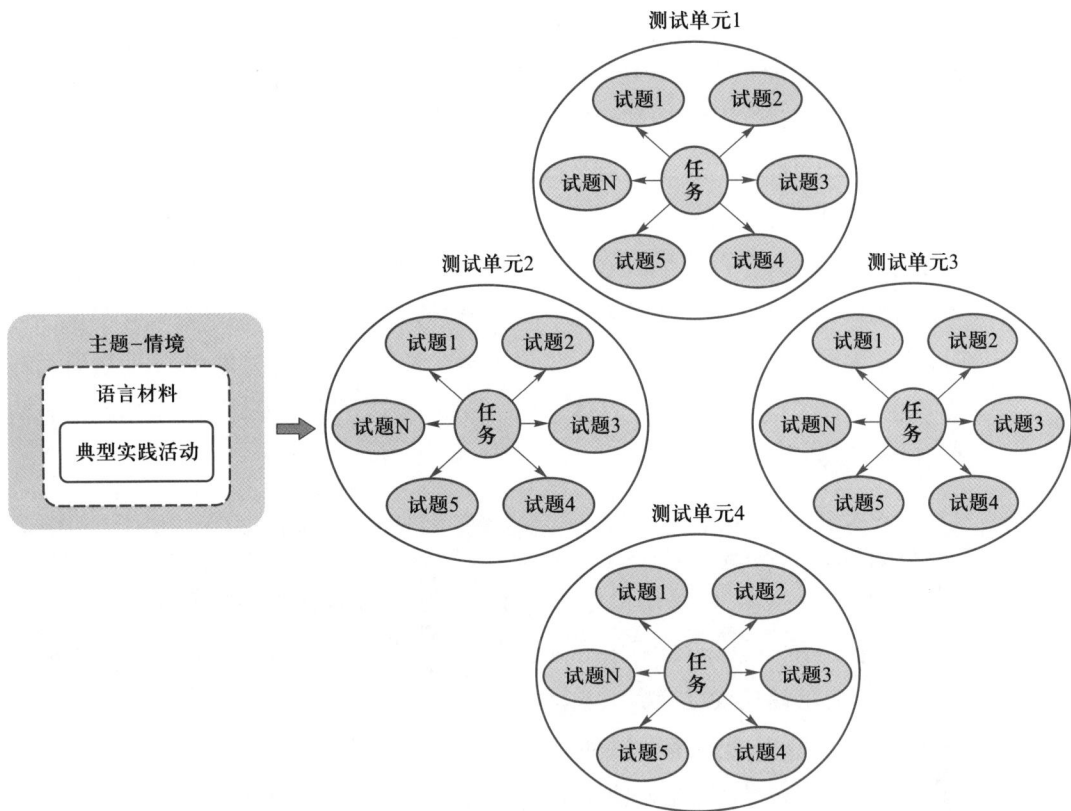

图 4-1　核心素养取向的小学语文试卷结构设计

与学习主题为组织要素,以富有探究价值的学习任务作为载体,在复杂多样的语文实践活动中,综合考查学生核心素养的发展水平。

　　总体来看,学业质量组织结构的变化,不仅是核心素养要义的具体表现,更是理解学习评价的重要指引。整合性与实践性的组织结构,决定了试卷的整体设计要以学生真实的语文学习为切入点,打破单一的知识或技能的学科内容逻辑,强调以真实情境、复杂实践活动为载体,赋予学生展示核心素养发展水平的空间。

(二) 优化测试任务设计:提炼"关键而典型"的学业表现

　　学业质量是学生在结束特定学习进程后应该具备的学业成就。这就决定了它与学生所具备的其他心理特质不尽相同。课程标准中的学业质量所规定的"学业成就"兼具表现性与规范性双重特征[①],即在学生真实表现的基础上,融入了受到教育、社会发展等多重因素影响的期望性表现。从这个角度出发,学业质量所呈现的并不是学生核心素养发展的"所有"表现,学业质量综合考虑学生认知发展水平、课程目标与内容等相关因素,筛选出的"关键而典型"的学业表现。以《语文课

---

① 杨向东.素养本位学业质量的内涵及意义[J].全球教育展望,2022(5):79-93.

程标准(2022 年版)》中第三学段学业质量的首段描述为例,通过文本内容分析可以发现,学生应具备的关键表现集中表现在以下几个方面:(1)比较与分析学习过的汉字在音、形、义等方面的异同,发现蕴含于其中的规律;(2)借助语境、工具书和学习经验,合理推断陌生汉字的意义或读音;(3)归类与整理自己读过的词句和段落,并有效指导自己的语言表达。需要强调的是,在真实的教学情境中,学生核心素养的表现样态远超过学业质量所呈现的内容。受测试时空条件、学生认知发展水平等因素影响,测试任务的数量必须控制在一定范围内。据此,教师在设计测试任务时,要准确理解"学业质量"与"学生日常学习表现"之间的关系,以学业质量为核心参照,设计关键测试任务。具体来说,可以从测试任务的设计理念与组织形态两个方面实现突破。

链接标准

能独立识字,能借助工具书准确理解不同语境中汉字的意思。能辨识同音字、形近字,纠正错别字。在学习与生活中,累计认识 3 000 个左右常用汉字。能用硬笔规范、端正、整洁地书写 2 500 个左右常用汉字。有自觉识字的意识,在社会生活中发现自己不认识的字,能根据字形推断字音字义,并借助语境和工具书验证自己的推断;在学习中,能发现富有表现力的词句和段落,自觉记录、整理,乐于与他人分享积累的经验,并尝试在自己的表达交流中运用。

——《义务教育语文课程标准(2022 年版)》

一方面,教师要扭转以语言材料为中心的设计理念,以学生关键而典型的表现为核心参照。设计测试任务的根本目的是引出学生的真实表现,从而实现对其具体表现的水平划分或等级评定。因此,对学生语文学习规律的合理认识是有效设计测试任务的重要基础。然而,在现实情境中,核心素养取向的学业成就表现具有复杂性与多样性特点[①]。现有的学业质量标准是我们明确核心素养具体表现的重要基础。设计测试任务,不仅要考虑测试框架、语言材料等相关因素,还要借助学业质量,着重分析"从哪些关键维度,考查学生核心素养的发展水平""要运用怎样的任务,引发学生关键而典型的表现"等相关问题。以第三学段为例,结合学业质量的相关描述,在"梳理与探究""识字与写字"语文实践活动中,命题者可以聚焦于"记忆与辨识""归类与整理""比较与分析""发现与提炼"等维度设计测试任务;在"阅读与鉴赏"方面,可以侧重"整体感知""梳理与整合""理解与阐释""欣赏与评价"等维度。

---

① 张华. 迈向素养本位教育评价观[J]. 教育发展研究,2019,39(6):3.

　　另一方面,教师要坚持以终为始的设计思路,聚焦于学业质量中关键而典型的表现,围绕核心测试任务设计具体试题。核心素养的培养依赖学生对某一领域相关问题或现象的持续钻研。真正富有意义的语文学习是学生对学科关键问题的持续关注和探究。在此过程中,学生需要完成一系列高度关联的学习任务,每一个任务均指向"核心问题",并且每一个任务的完成都为下一个任务奠定了良好基础。设计测试任务,可以基于主题、情境和语言材料的特点,设计1~2个核心任务,并围绕核心任务设计具体的测试题目。在小学语文教材六年级上册中,学生学习过《七律·长征》《狼牙山五壮士》《开国大典》《灯光》等篇目,教师就可以在设置测试单元时选择"追寻历史的脚步,重温革命精神"主题情境,如案例4-1所示。其中核心任务为"阅读革命经典作品,策划与组织主题展览,感受革命英雄伟大的精神世界与人格力量"。围绕这一核心任务,结合筛选的语言材料,教师可以设计侧重单一语文实践活动的题目,也可以命制涉及阅读与鉴赏、表达与交流、梳理与探究等的综合性试题。

案例 4-1

　　【材料一】为初中历史八年级上册第17课《中国工农红军长征》的节选文字;

　　【材料二】为中国工农红军长征路线示意图;

　　【材料三】与【材料四】分别为《金色的鱼钩》中的"炊事班长"与"白求恩"的简介;

　　【材料五】为七言律诗《七律·长征》。

　　(1)展览将于7月1日中午12点在教学楼6层礼堂正式拉开帷幕。请你作为校学生会代表写一封"邀请函",邀请全校师生前来观展。

　　(2)在主题展览中,你将担任解说员,请根据【材料一】【材料二】相关内容,撰写一段文字,向同学们介绍红军长征的路线。

　　(3)主题展设立了"我心中的革命英雄"专区。请你从【材料三】【材料四】中任选一位最打动你的革命英雄,完成"革命英雄"展板中的相关内容。

　　(4)主题展设置了"革命诗歌朗诵"活动。你的同桌子轩将在活动中朗诵《七律·长征》,请你结合【材料五】的相关内容,从对这首诗歌的理解、朗诵要领(重音、节奏、语速、手势等)角度,为同桌提出朗诵建议。

(三) 测试结果分析与解释:充分理解学业质量的"综合性"与"进阶性"

　　测试结果的分析与解释是保证学业水平考试有效性的关键环节。在此过程中,学业质量的指导作用集中体现在两个方面:一是标定学生核心素养发展水平提供参照;二是丰富学生核心素养发展水平的描述维度。

语文学业质量体现的是每个学段结束时学生核心素养应达成的水平。达到基础性合格水平的学生应具备但不限于学业质量所描述的关键表现。与此同时,语文学业质量内部隐含着学段进阶思想,即有针对性地呈现了不同学段学生语文学业表现的具体差异。以梳理与探究这一语文实践活动为例,第一学段重点关注学生是否能够具备梳理与探究的意识,以及是否能够对已有的学习经验进行分类或整理。第二学段强调学生能够根据特定的线索对所有内容进行分类与梳理,以及能就感兴趣的问题进行简单的探究。第三学段则重视学生对学习经验的自觉梳理,并将相关发现运用到自身的语言实践中,探究与解决学习与生活中遇到的真实问题,并形成相关学习成果。聚焦于评价设计与实施,学业质量标准可以用来考查学生是否达到规定的学业水平,评价教师的教学是否得当,监控教育质量是否符合要求。[1]换言之,在真实的语文学业水平考试中,学业质量能够为测试结果的水平等级标定提供相应的参照。以案例4-1中第三个测试任务为例,学生的作答如案例4-2所示。在学业质量中,"独立阅读散文、小说、诗歌等文学作品,在阅读过程中能获取主要内容,用朗读、复述等自己擅长的方式呈现对作品内容的理解",以及"能借助与文本相关的材料,结合作品关键语句评价文本中的主要事件和人物,提出自己的观点或看法"分别界定了学生在阅读与鉴赏中应具备的基础性表现。按照学业质量的描述,我们可以将三个作答示例划分为三个水平:示例1能结合个别词语整体描述自己对诗句的理解,但对朗读建议的陈述较为空泛、概括;示例2能结合具体诗句阐述自己对诗歌的理解与认识,并能结合诗歌内容阐述朗读建议;示例3对诗歌理解存在错误,而对朗读建议的陈述较为空泛。综合来看,仅有示例1与示例2能够达到学业质量中的基础性水平。总体来看,在设计评分标准或评价量表时,教师可以将学业质量作为重要参照体系,结合不同类型学生的表现,划分等级水平。

案例 4-2

学生作答示例

示例1:这首诗描写了红军战士们不畏险阻、视死如归地飞夺泸定桥的画面,"万水千山""云崖"写出了长征路途的困难,也侧面体现出红军战士们的伟大精神。朗读时,要带有饱满的情绪,声音要响亮,要激昂,注意停顿,让诗更充满节奏感,让聆听者可以产生共鸣,身临其境。

---

① 辛涛,乐美玲,郭艳芳,等. 学业质量标准的建立途径:基于认知诊断的学习进阶方法[J].教育学报,2015(5):72-79.

　　示例2:这是一首七言律诗,第一句写了红军战士们不怕难、不怕累的优秀品质;第二句介绍了长征初期的故事;第三句生动地描写了红军过泸定桥与金沙江的壮丽景象。在读这首诗时,声音要洪亮,有气势,要体现出长征的决心。

　　示例3:《七律·长征》写出了当时红军过金沙江、飞夺泸定桥等种种困难,还有红军们的坚强、坚持、有毅力的精神。朗读这首诗要做到情感投入到位,将自己深入"带入"诗中,个别词语要加重。

　　此外,评分标准的研制是根据学生所展示出的"真实表现",做分类与等级、水平划分的过程。具体来说,评分标准包括水平或等级、表现特征、学生作答样例。其中,表现特征是对每个水平或等级的学生表现特征的提炼与概括,是评分标准研制的关键环节。学业质量的构成要素呈现出综合性的特点,语文学业质量展现了学生在关键能力、必备品格、正确价值观等不同维度的具体表现。它不仅包含语文知识与技能、语文学习方法等,还涵盖审美情趣、思想认识、价值观念等非认知要素。从不同维度对学生表现进行综合评价,既要关注学生问题解决的视角、解决问题的过程与方法,又要通过问题所折射出的学生情感态度与价值观。

情境实践练习

　　1. 请任选一个学段,独立阅读语文学业质量的具体内容,思考"语文学业质量是如何体现核心素养的""语文学业质量是如何体现情境,以及语文实践活动的整合的",并记录自己思考的结果。

　　2. 任选一个学段,结合课程目标与课程内容,以语文学业质量为参照,设计1~2个测试题组,并根据对教师与学生访谈内容的分析结果,从设计思路、题目表述、材料选择等方面,调整与修改测试题组的具体内容。

　　3. 请以任意一个学段的教材单元为例,以语文学业质量作为参照,检验教学目标的适切性。重点思考:教学目标是否高于或低于学业质量相应的学段要求? 哪些表述是不恰当的? 与预期的学生表现存在哪些矛盾? 请将思考结果填写在表4-5中。

表4-5　检验教学目标适切性的反思表

教材单元	
单元教学目标是什么?	
对应学段的语文学业质量有哪些?	
调整后的单元教学目标是什么? 原来的单元教学目标表述存在哪些问题?	

续表

总结与反思	
在检验教学目标的适切性时,语文学业质量可以发挥哪些作用?	
在运用语文学业质量,调整教学目标时,我经历了哪些关键环节? 使用了哪些具体的方法?	

📖 文献摘要

[1] 杨向东. 素养本位学业质量的内涵及意义[J]. 全球教育展望,2022(5): 79−93.

摘要:该文主要对核心素养立意下的学业质量的内涵、义务教育学业质量的研制思路与基本路径,以及学业质量的意义与价值进行了系统的阐述。这篇论文对学习者的帮助表现在两个方面:一是从宏观层面,帮助学习者对义务教育课程标准中学业质量的研制形成系统性的认识;二是从中观层面,帮助学习者准确把握语文学业质量的基本结构。

[2] 李倩,郑国民. 义务教育语文核心素养评价模型的建构与实践应用[J]. 中国考试,2023(1):51−60.

摘要:该文参考核心素养取向的国际大型教育评价项目的实践经验,依据《语文课程标准(2022年版)》,构建以"情境""语文实践活动""语文课程大观念"为核心的核心素养评价模型。阅读这篇论文,有助于学习者开展语文学业水平考试的框架与工具的设计。

第五章

"语言文字积累与梳理"学习任务群
课程标准解读与教材分析

■ 章前引言

　　"语言文字积累与梳理"属于基础型学习任务群,在义务教育语文课程内容体系中占据基础地位。小学语文教师应明确"语言文字积累与梳理"学习任务群的功能定位,准确把握该学习任务群的学习内容、教学要求及关键问题,准确理解并用好小学语文教材中有关"语言文字积累与梳理"的内容资源,科学设计并实施有关"语言文字积累与梳理"的教学活动,指导小学生学好国家通用语言文字,为发展型与拓展型学习任务群的实施、为促进学生核心素养发展奠定坚实基础。

■ 学习目标

1. 认识"语言文字积累与梳理"学习任务群的功能定位。

2. 了解"语言文字积累与梳理"各个学段的学习内容。

3. 掌握"语言文字积累与梳理"学习任务群的教学要求。

4. 能分析"语言文字积累与梳理"教学案例的任务设置、活动设计与评价方案的合理性。

5. 能选取小学语文教材的相关内容,设计"语言文字积累与梳理"学习任务以及整个教学方案。

■ 学习指要

1. 比较阅读:与发展型学习任务群和拓展型学习任务群章节比较阅读,理解"语言文字积累与梳理"作为基础型学习任务群的功能定位、内容特征与目标要求。

2. 理解评价:在学习本章相关理论的基础上,能就"语言文字积累与梳理"学习任务群的教学案例展开分析与评价,在理论与实践层面深入理解"语言文字积累与梳理"学习任务群。

3. 实践操作:基于本章的案例研讨与教学建议,用好小学语文教材内容资源,尝试设计"语言文字积累与梳理"学习任务群教学方案,协同发展理论认识与实操能力。

第一节 "语言文字积累与梳理"学习任务群的课程标准解读

小学语文课程内容主要以学习任务群组织与呈现,按内容整合程度设置了三个层面的学习任务群,"语言文字积累与梳理"属于第一层面的基础型学习任务群。本节对《义务教育语文课程标准(2022年版)》中有关"语言文字积累与梳理"学习任务群的功能定位、学习内容和教学要求作进一步解读。

一、"语言文字积累与梳理"学习任务群的功能定位

"语言文字积累与梳理"学习任务群的功能定位主要表现在以下三个方面。

(一)凸显"语言文字积累与梳理"在语文课程内容体系中的基础地位

义务教育语文课程培养的核心素养是文化自信和语言运用、思维能力、审美创造的综合体现,"语言文字积累与梳理"学习任务群主要指向语言运用方面素养的发展。所谓语言运用,是指学生在丰富的语言实践中,通过主动的积累、梳理和整合,初步具有良好语感;了解国家通用语言文字的特点和运用规律,形成个体语言经验;具有正确、规范运用语言文字的意识和能力,能在具体语言情境中有效交流沟通;感受语言文字的丰富内涵,对国家通用语言文字具有深厚感情。这一表述有三层意涵:第一,从语文知识经验来说,学生能积极投入语文实践活动,主动积累、梳理和整合,发现国家通用语言文字的特点和运用规律,形成较为丰富的语言经验和良好的语感;第二,从语言文字运用能力来看,学生具有正确、规范运用语言文字的意识和能力,能在具体语言情境中有效交流沟通;第三,从语言文化与情感来说,学生能感受语言文字的丰富内涵,对国家通用语言文字具有深厚感情。这三层意涵是密不可分的整体,指向学生核心素养中处于基础层面的"语言运用"素养的发展状况。学生的思维能力、审美创造、文化自信都以语言运用为基础,并在学生个体语言经验发展过程中得以实现。

《语文课程标准(2022年版)》指出,"语言文字积累与梳理"学习任务群旨在引导学生"在语文实践活动中,积累语言材料和语言经验,形成良好语感;通过观察、分析、整理,发现汉字的构字组词特点,掌握语言文字运用规范,感受汉字的文化内涵,奠定语文基础"。这一表述也有三层意涵:第一,从语文知识经验来说,学生能积极参加语文实践活动,主动积累语言材料和语言经验,发现汉字的构字组词特点,形成良好语感;第二,从语言文字运用能力来看,能通过观察、分析、整理等语

文实践活动,掌握语言文字运用规范;第三,从语言文化与情感来说,学生能感受汉字的文化内涵,涵养对国家通用语言文字的深厚感情。概括来说,本学习任务群的根本目的是为学生"奠定语文基础"。

"语言文字积累与梳理"被《语文课程标准(2022年版)》明确定位为基础型学习任务群。因此,教师要引导学生认真学好"语言文字积累与梳理"学习任务群的课程内容,丰富语言文字积累,为进一步学习发展型学习任务群、拓展型学习任务群的课程内容打牢基础。若学生的"语言文字积累与梳理"这一基础不牢固,后续"实用性阅读与交流""文学阅读与创意表达""思辨性阅读与表达"等发展型学习任务群学习以及"整本书阅读""跨学科学习"等拓展型学习任务群学习都会成为"空中楼阁"。因此,教师应凸显"语言文字积累与梳理"在义务教育语文课程内容体系中的基础地位,加强和改进本学习任务群的教学工作,为促进学生核心素养发展奠定坚实的基础。

链接标准

　　本学习任务群旨在引导学生在语文实践活动中,积累语言材料和语言经验,形成良好语感;通过观察、分析、整理,发现汉字的构字组词特点,掌握语言文字运用规范,感受汉字的文化内涵,奠定语文基础。

——《义务教育语文课程标准(2022年版)》

(二) 赓续我国语文教育重视语言积累的优良传统

重视语言积累、强调多读多记是我国传统语文教育的宝贵经验。南宋教育家朱熹在《童蒙须知》中指出:读书"须要读得字字响亮。不可误一字,不可少一字,不可多一字,不可倒一字。不可牵强暗记,只是要多诵遍数,自然上口,久远不忘"。清代教育家崔学古说:"多选多读,若能日诵数千言,而时时记于胸次,何患文辞之不富,而下笔之难就也?"(《少学》)我国古代以《三字经》《百家姓》《千字文》为代表的识字教材,音韵和谐,言简意赅,通俗易懂,供学童记诵识字;以《神童诗》《千家诗》《文选》等为代表的文选教材,选文典范,文辞优美,为学子涵泳咀嚼提供了范本;以四书、五经(四书即《大学》《中庸》《论语》《孟子》,五经即《诗》《书》《礼》《易》《春秋》)为代表的经学教材,博大精深,意蕴丰厚,是儒家思想文化之经典,士子读书问学的必读书。

新中国成立以来,小学语文教育延续了重视语言积累的传统,历部课程标准(教学大纲)大多都提出了背诵要求。现将有关小学阶段背诵的数量要求列表呈现如下(表5-1)。

表 5-1　相关课程标准（教学大纲）关于背诵的数量要求

版本	第一学段	第二学段	第三学段	背诵总量
1963 年《全日制小学语文教学大纲(草案)》	一年级读 56 篇,能背诵 90% 左右	三年级读 90 篇,能背诵 60% 左右	五年级读 72 篇,能背诵 50% 左右	290 余篇
	二年级读 80 篇,能背诵 80% 左右	四年级读 90 篇,能背诵 60% 左右	六年级读 72 篇,能背诵 50% 左右	
1992 年《九年义务教育全日制小学语文教学大纲(试用)》	未详	未详	未详	未详
2001 年《全日制义务教育语文课程标准(实验稿)》	背诵优秀诗文50 篇(段)	背诵优秀诗文50 篇(段)	背诵优秀诗文60 篇(段)	160 篇(段)
2011 年《义务教育语文课程标准(2011 年版)》				
2022 年《义务教育语文课程标准(2022 年版)》				

　　如表 5-1 所示,在上述课程标准（教学大纲）中,背诵量要求最高的是 1963 年《全日制小学语文教学大纲(草案)》,它要求学生小学阶段累计背诵 290 余篇;1992 年《九年义务教育全日制小学语文教学大纲(试用)》只笼统提出"能背诵或复述指定的课文",并未明确数量要求。21 世纪以来的 3 部课程标准,要求背诵优秀诗文的总量稳定在 160 篇(段)。这种做法既能确保学生获得一定数量的语言积累,又能减轻学生过重的课业负担。

　　从儿童语文学习的规律来看,语文知识和方法的教学必须以大量的语文积累为基础和前提。大量积累语言材料,毫无疑问应该成为小学语文教学特别是小学低中年级语文教学的重点。对于小学生而言,积累丰富的语言材料可以为他们一生语文能力的发展奠定坚实的基础,语言材料积累与其语文能力发展成正比,是"过了这个村没了这个店"的。[①]《语文课程标准(2022 年版)》将"语言文字积累与梳理"设置为基础型学习任务群,赓续了我国语文教育重视语言积累的优良传统。小学语文教材中的选文"文质兼美,具有典范性",其中不少选文历经时间的洗礼,成为富有文化内涵的经典,值得儿童精读乃至记诵。语文的外延就是生活的外延,

---

① 吴忠豪.语文到底教什么[M].武汉:长江文艺出版社,2022:47.

小学生是在母语环境中学习语文的,教师要引导他们留心日常生活中的语言,逐步养成日积月累的习惯,形成较丰厚的语言积累。

(三)大力弘扬中华优秀传统文化

义务教育语文课程凸显了"中华优秀传统文化、革命文化、社会主义先进文化"这三大主题。《语文课程标准(2022 年版)》明确指出,要"围绕创造性转化和创新性发展要求",从三个方面确定中华优秀传统文化内容主题:一是在核心思想理念方面,要注重弘扬讲仁爱、重民本、守诚信、崇正义、尚和合、求大同等核心思想理念;二是在中华人文精神方面,要弘扬有利于促进社会和谐、鼓励人们向上向善的中华人文精神;三是在中华传统美德方面,要弘扬自强不息、敬业乐群、扶危济困、见义勇为、孝老爱亲等中华传统美德。中华优秀传统文化在语文学科中的主要载体包括:一是汉字、书法;二是成语、格言警句;三是神话传说、寓言故事、历史故事、民间故事、中华民族团结一家亲的故事;四是古代诗词、古代散文、古典小说;五是古代文化常识、传统节日、风俗习惯等。这说明传承中华优秀传统文化,离不开语言文字的积累与梳理,语言文字是传承中华优秀传统文化最基本的载体形式。

语言文字是人类社会最重要的交际工具和信息载体,是人类文化的重要组成部分。汉字是表意体系的语素文字,是世界上为数不多的自源文字之一,具有自身的构字组词特点,蕴含着丰富的美学意蕴和民族文化内涵,堪称中华文化的"活化石"。一个汉字从古文字到现代汉字,从原始思维到文明思维再到现代思维,从最古老的形体一路流转变化,从最早的本义到各种意义的发生与泯灭,在中国数千年的文化背景中像有生命的河流一样流淌,一个字的文化史、心理史确是可以充分发掘的。[①]通过"语言文字积累与梳理"学习任务群的学习,学生在小学阶段不但要有一定的语言文字积累,还要感受汉字的构字组词特点以及语言文字的文化内涵,受到中华优秀传统文化、革命文化和社会主义先进文化的熏陶。

总之,凸显"语言文字积累与梳理"在语文课程内容体系中的基础地位,赓续我国语文教育重视语言积累的优良传统,大力弘扬中华优秀传统文化,助力学生积累丰富的语言材料与语言经验,感受汉字的构字组词特点,掌握语言文字运用规范,感受语言文字的文化内涵,为促进学生核心素养的发展奠定坚实的基础,是"语言文字积累与梳理"学习任务群的功能定位之所在。

---

① 姚淦铭.汉字心理学[M].南宁:广西教育出版社,2001:257.

二、"语言文字积累与梳理"学习任务群的学习内容

《语文课程标准(2022 年版)》分学段架构了"语言文字积累与梳理"学习任务群的课程内容,我们以识字与写字、阅读与鉴赏、表达与交流、梳理与探究这四类语文实践活动为分类依据,对该学习任务群的学习内容作进一步梳理(表 5-2)。

表 5-2 "语言文字积累与梳理"学习任务群的学习内容

语文实践活动	第一学段	第二学段	第三学段
识字与写字	认识有关人的身体与行为、天地四方、自然万物等方面的常用字;认识家庭生活、学校生活、社会生活中的常用字;学习书写笔画简单的字,初步体会汉字结构的主要特点 先认先写基本字,学习部首检字法 认读拼音字母,拼读音节,认识声调,借助汉语拼音认读汉字,学习音序检字法;在日常交际情境中学习汉语拼音和普通话	在真实的语言文字运用情境中独立识字与写字 关注校园内外汉字和标点符号的正确使用情况	主动通过多种方式独立识字 丰富自己的词语积累,注意词语的感情色彩
阅读与鉴赏	诵读、记录课内外学到的成语、谚语、格言警句、儿歌、短小的古诗等,感受中华优秀传统文化,养成自主积累的习惯	诵读、积累成语典故、中华文化名言、短小的古诗词和新鲜词语、精彩句段等,丰富自己的语汇	诵读优秀诗文
表达与交流	—	在语言积累和运用过程中,体会同义词、反义词等词语的作用,发现、感受语言的表现力和创造力	尝试运用到日常读写活动中,增强表达效果
梳理与探究	尝试发现汉字的一些规律,初步学习分类整理课内外认识的字;在生活中主动识字,发展独立识字能力	初步梳理常用汉字形、音、义之间的联系 整理自己的发现并和同学交流,互相正字正音 分类整理、交流,初步认识中华优秀传统文化蕴含的思想	按照汉字字形结构等规律梳理学过的汉字 开展校园内外讲普通话、写规范字、正确使用标点符号情况的调查,整理、分享自己的发现 分主题梳理自己积累的成语典故、格言警句、对联等语言材料

首先,从学习内容涉及的主题来看,"语言文字积累与梳理"学习任务群所涉主题范围渐次扩展。如关于识字,第一学段要求认识的是有关人的身体与行为、天地四方、自然万物方面的常用字,认识家庭生活、学校生活、社会生活中的常用字,初步学习分类整理课内外认识的字;第二学段要求关注校园内外汉字和标点符号的正确使用情况;第三学段要求开展校园内外讲普通话、写规范字、正确使用标点符号情况的调查。这就要求教师要从贴近儿童生活的常用字开始教儿童识字,继而要求儿童关注校园内外汉字和标点符号的使用情况,直至要求儿童对校园内外讲普通话、写规范字、正确使用标点符号等情况展开调查,所学内容的主题逐渐扩展,知识视野逐步拓宽。

其次,从语言材料类型来看,材料类型渐趋丰富。第一学段学习常用汉字,尤其是基本字、汉语拼音、音序检字法和部首检字法,以及成语、谚语、格言警句、儿歌、短小的古诗等;第二学段学习常用汉字、常用标点符号,以及成语典故、中华文化名言、短小的古诗词和新鲜词语、精彩句段等;第三学段学习常用汉字、常用标点符号,以及成语典故、格言警句、对联等语言材料。从汉字、汉语拼音、成语、谚语、格言警句、诗句,到中华文化名言、新鲜词语、精彩句段,到成语典故、对联等,语言材料类型随学段升高而更加丰富多样。

最后,从语文实践活动类型来看,"语言文字积累与梳理"学习任务群的活动类型越来越丰富,认知层次逐步提升。第一学段以识字与写字、阅读与鉴赏活动为主,初步尝试梳理与探究活动;第二学段要求初步梳理常用汉字形、音、义之间的联系,整理并交流有关校园内外汉字和标点符号使用情况的发现,分类整理语言材料,在语言积累和运用过程中发现、感受语言的表现力和创造力;第三学段要求按汉字字形结构等规律梳理学过的汉字,整理、分享自己的调查发现,分主题梳理自己积累的成语典故、格言警句、对联等语言材料,并尝试运用到日常读写活动中,增强表达效果。可见,第二学段和第三学段除了识字与写字、阅读与鉴赏活动,还强调开展梳理与探究活动。在梳理与探究活动方面,如第一学段初步学习分类整理课内外认识的字,第二学段能对自己所积累的语汇进行分类整理,第三学段能开展相关调查活动,整理、分享自己的发现,能把所积累的语言材料尝试运用到日常读写活动中,增强表达效果,对语言材料的学习要求由记忆、理解层面要求,逐步提高到运用、分析、评价与创造的高度。

三、"语言文字积累与梳理"学习任务群的教学要求

《语文课程标准(2022年版)》在学习主题选择与情境创设、识字与写字、诵读、语文知识教学、识字与写字评价等方面提出了"语言文字积累与梳理"学习任务群的教学要求。

(一)基于学情与学习内容,选择适宜的学习主题,创设学习情境

《语文课程标准(2022年版)》在该学习任务群的教学提示(1)中明确提出,要

"根据学生的年龄特点和认知规律,紧密联系学生的生活实际,结合识字内容,选择适宜的学习主题,创设学习情境"。这一表述指出了选择学习主题、创设学习情境的依据:一是学情,即学生"年龄特点和认知规律"与"生活实际";二是学习内容的特点,即"结合识字内容"。例如,李吉林老师在教授一组有关"花卉"的生字新词时,把低年级小学生带到自己家的小院里,展开情境教学。李老师先领着学生逐一认识院子里的"牡丹、玫瑰、牵牛花、蜡梅",结合教材进行识字教学,然后进到屋里认识"茉莉、茶花、水仙、君子兰",最后聚焦于草字头的生字,又顺便教了"睡莲"。[①]该课例以"花卉"主题为引领,在情境中教授学生认识事物并学习汉字:一是让学生观赏花卉,获得有关花卉的直接经验;二是引导学生形象直观地认识生字,帮助他们记忆字形;三是注重梳理与探究,使学生对一组草字头生字的造字规律和文化内涵有了初步的认识,取得了"一箭三雕"的教学效果。可见,在语言文字积累与梳理的教学中,教师要基于学情与学习内容,注意选择适宜的学习主题,创设情境,激发学生的学习兴趣,引导他们在识字、写字、语言积累中感受中华文化的魅力,激发热爱中华文化的情感。

链接标准

　　根据学生的年龄特点和认知规律,紧密联系学生的生活实际,结合识字内容,选择适宜的学习主题,创设学习情境;激发学生识字、写字、诵读、积累、探究的兴趣,并注意将语言积累、梳理与体认社会主义先进文化、革命文化、中华优秀传统文化相结合;引导学生在识字、写字、语言积累中感受中华文化的魅力,激发热爱中华文化的情感。

　　　　　　　　　　　　　　　　——《义务教育语文课程标准(2022年版)》

(二)综合运用多种识字方法,促进识字与写字能力发展

关于识字与写字教学,《语文课程标准(2022年版)》在该学习任务群的教学提示(2)中提出了以下四点要求:

第一,充分认识识字与写字的重要性。从识字与写字和读写的关系来说,"识字与写字是阅读和写作的基础";从学段分布来看,识字与写字是"第一学段的教学重点",也是"贯串整个义务教育阶段的重要教学内容"。

第二,选用恰当的教学手段,创设合宜的教学情境,综合运用多种识字方法。对于小学生来说,汉字是复杂的符号系统,想要掌握这套系统绝非易事。教师要依

---

① 李吉林.李吉林文集:情境教学实验与研究[M].北京:人民教育出版社,2006:185-186.

据小学中低年级学生以形象思维为主、高年级学生由形象思维向抽象思维过渡的特点,结合学生的生活经验,采用形象直观的教学手段,创设丰富多样的学习情境,综合运用随文识字、集中识字、注音识字、字理识字等多种识字方法,激发儿童识字写字学习的兴趣,化解其识字与写字学习的困难。

第三,坚持"认写分开,多认少写"的原则,合理安排识字与写字的量。课程标准要求"第一学段应多认少写,要求学生会认的字不一定同时要求会写",也就是说,要明晰"认识""学会"这两种生字学习要求。要求"认识"的字,即要求看清字形,读准字音,不抄写,不默写,不考试;要求"会写"的字,即要求会读、会写、了解字词在语言环境中的意思、逐步做到在口头和书面表达中运用。"认写分开",即要求学生认识的字,不一定要求会写;"多认少写",即多识字、少写字。"多认"汉字是期望学生通过一定阶段的学习,能达到相应的识字量,以便及早进入汉字阅读阶段,促进儿童读写能力和思维能力的发展。"少写"汉字,一是考虑到初入学儿童的手指肌肉尚未发育成熟,掌握精细动作存在困难,力求减轻学生过重的课业负担;二是便于教材编者由易到难、由独体到合体、由简单到复杂编写写字教材。《语文课程标准(2022 年版)》要求"一年级第一、第二学期会认的字大致安排 250 个和350 个,其中二分之一的字会写",这是从幼小衔接着眼,降低起始年级的识字量。《语文课程标准(2022 年版)》强调"应先认先写《识字、写字教学基本字表》中的字,充分发挥这些字构形简单、重现率高、组字构词能力强的特点",旨在让低年级学生把有限的时间和精力用在认写更具生成性的基本字上面,在减轻儿童过重的课业负担的同时,使学习收益最大化。

第四,重视引导学生写字姿势正确,养成良好的书写习惯。《语文课程标准(2022 年版)》强调"应重视学生的写字姿势",这不仅影响写字的质量,也关系到学生的身体健康。教师要加强这方面的示范指导,常抓不懈,帮助学生掌握正确的坐姿和握笔方式,引导学生写字时注意"身正、肩平、足安",做到"三个一"(即眼睛离书本一尺,胸部离桌子一拳,手指离笔尖一寸)。教师要指导学生掌握基本的书写技能,养成专心、静心、耐心、认真、细致、注意书面整洁等良好的写字习惯。

链接标准

识字与写字是阅读和写作的基础,是第一学段的教学重点,也是贯串整个义务教育阶段的重要教学内容。识字与写字教学应结合学生的生活经验,采用形象直观的教学手段,创设丰富多彩的学习情境,综合运用随文识字、集中识字、注音识字、字理识字等多种识字方法,逐步发展学生的识字、写字能力。……应重视学生的写字姿势,引导学生掌握基本的书写技能,养成良好的书写习惯。

——《义务教育语文课程标准(2022 年版)》

（三）重视诵读、积累与梳理，着力培养兴趣、语感和习惯

关于诵读、积累与梳理，《语文课程标准(2022年版)》在该学习任务群的教学提示(3)中提出了以下三点要求：

第一，要引导学生增强语言积累和梳理的意识，并学会语言积累和梳理方法。一个人所积累语言材料的丰富程度是影响其语言能力提高的重要因素。学习者只有持续不断积累，其所拥有的语言材料才能日益丰富。语言积累分为自发积累和自觉积累两种，自觉积累能够提高语言积累的速度和质量。教师要引导学生增强持续积累和梳理的意识，学习语言积累和梳理的方法，养成自觉积累的习惯。

第二，选择合适的诵读材料。关于诵读材料，课程标准要求"选择脍炙人口的千古名篇和名言名句，既要有文化内涵，又要短小精悍，朗朗上口"。

第三，采用合适的诵读方法和手段。在时间安排上，"提倡日积月累，不要贪多求快"；在积累方法上，"提倡熟读成诵，不要死记硬背"；在方式手段上，要"引导学生借助信息技术等多种方式汇总、梳理自己积累的语言材料，建立自己的创意语言资料库，并能学以致用"。

链接标准

> 诵读、积累与梳理，重在培养兴趣、语感和习惯。引导学生增强语言积累和梳理的意识，教给学生语言积累和梳理的方法，注重积累、梳理与运用相结合。诵读材料要选择脍炙人口的千古名篇和名言名句，既要有文化内涵，又要短小精悍，朗朗上口。提倡日积月累，不要贪多求快；提倡熟读成诵，不要死记硬背。引导学生借助信息技术等多种方式汇总、梳理自己积累的语言材料，建立自己的创意语言资料库，并能学以致用。
>
> ——《义务教育语文课程标准(2022年版)》

（四）根据语言文字运用的实际需要，结合实例进行语文学科基础知识教学

《语文课程标准(2022年版)》在该学习任务群的教学提示(4)中提出了语文学科基础知识教学的注意点，即"在教学中应根据语言文字运用的实际需要，从遇到的具体语言实例出发进行指导"。语文课程内容是由三方面内容构成的：一是"定篇"，即语文课程中必须研习的文化、文学经典作品；二是作为语文课程内容的语文知识，或称之为学生应该掌握的语文知识；三是具有课程意义的语文经历。其中，语文知识是语文课程内容的主体。语文知识可以分为两大类：第一类是语文学习领域的知识，是语文知识的主体部分。语文学习领域的知识，是语言文字运用的知

识,是揭示"识字与写字""阅读与鉴赏""表达与交流""梳理与探究"等语文实践活动的知识,是主体如何识字与写字、如何阅读与鉴赏、如何进行表达与交流、如何进行梳理与探究的程序性知识和策略性知识。第二类是语文学科的基础知识,是语文知识的必要组成部分。语文学科的基础知识,是关于客体的知识,即关于语言的语言学知识、关于文章的文章学知识、关于文学的文学理论知识和文学史知识,它们表征为陈述性知识。

课程标准提及的"语音、文字、词汇、语法、修辞等方面的知识",属于上面所说的第二类语文知识,即"语文学科的基础知识"。语文学科的基础知识,在语文教学中主要属于教学中的交往系统;作为语文课程与教学内容的,只有其中的少部分,此类知识的学习,为"识字与写字""阅读与鉴赏""表达与交流""梳理与探究"服务,只有满足语文学习领域的需要,融会在"识字与写字""阅读与鉴赏""表达与交流""梳理与探究"的学习中,语言学、文学、文章学的相应知识点才有资格成为语文课程内容,这些知识也才有语文学习的意义和价值。[①] 因而,此类知识教学应根据"识字与写字""阅读与鉴赏""表达与交流""梳理与探究"等语言文字运用的实际需要,从遇到的具体语言实例出发加以指导,要避免围绕相关知识的概念、脱离实际运用进行机械训练。《语文课程标准(2022年版)》还特别提醒"语文知识的概念不作为考试内容"。

链接标准

语音、文字、词汇、语法、修辞等方面的知识,要避免围绕相关知识的概念、脱离实际运用进行机械训练。在教学中应根据语言文字运用的实际需要,从遇到的具体语言实例出发进行指导。

——《义务教育语文课程标准(2022年版)》

(五) 依据质量标准,科学设计识字与写字评价

关于识字与写字评价问题,《语文课程标准(2022年版)》在该学习任务群的教学提示(5)中提出了以下三点要求:

第一,准确把握识字评价要点。识字评价要点包括:一是认清字形情况;二是读准字音情况;三是掌握汉字基本意义情况;四是在具体语言环境中运用汉字的能力;五是借助字典、词典等工具书查检字词的能力;六是写规范字的习惯养成情况。

---

① 王荣生.语文课程与教学内容:2021版[M].北京:中国人民大学出版社,2021:34—43.

第二,不同学段识字评价的侧重点应有所不同。例如,第一、第二学段应多关注学生主动识字的兴趣,第三学段要重视考察学生独立识字的能力。

第三,准确把握写字评价要点。写字评价要点包括:一是学生对要求"会写"的字的掌握情况;二是"书写的正确、端正、整洁"程度,并在此基础上,"逐步要求书写流利"。

链接标准

> 识字评价要考察学生认清字形、读准字音、掌握汉字基本意义的情况,在具体语言环境中运用汉字的能力,借助字典、词典等工具书查检字词的能力,帮助学生养成写规范字的习惯,减少错别字。第一、第二学段应多关注学生主动识字的兴趣,第三、第四学段要重视考察学生独立识字的能力。写字评价要考察学生对要求"会写"的字的掌握情况,重视书写的正确、端正、整洁,在此基础上,逐步要求书写流利。语文知识的概念不作为考试内容。
>
> ——《义务教育语文课程标准(2022年版)》

四、"语言文字积累与梳理"学习任务群的关键问题

在"语言文字积累与梳理"学习任务群的教学实施过程中,教师需要着力解决以下几个关键问题。

(一)认清"语言文字积累与梳理"学习目标的整合性与进阶性

教师要认清《语文课程标准(2022年版)》有关"语言文字积累与梳理"学习目标的整合性与进阶性,以便循序渐进地推进学习目标的落实。

1. "语言文字积累与梳理"学习目标的整合性

《语文课程标准(2022年版)》是从语言文字知识与语言经验、语言文字运用能力、对国家通用语言文字及文化的情感等维度来设计学习任务群的目标的。其一,语言文字知识与语言经验。通过该学习任务群的学习,学生要掌握汉语拼音和一定数量的汉字,掌握汉字的构字组词特点和语言文字的运用规律,积累较丰富的语言材料,在语文实践中积累较多的语言经验。其二,语言文字运用能力。学生要积极参加"观察分析、整理总结、探究发现"等语文实践活动,在语言文字运用过程中,提高语言文字运用能力,形成良好的语感。其三,对国家通用语言文字及文化的情感。学生在语言文字学习过程中,要充分感受汉字的文化内涵,领悟汉字的美,萌发对国家通用语言文字及其文化内涵的热爱之情。三者之间相互关联,互为补充,共同构成"语言文字积累与梳理"学习任务群的目标整体。

2. "语言文字积累与梳理"学习目标的进阶性

"语言文字积累与梳理"学习任务群的学段要求之间呈现出循序渐进、螺旋上升的特点。以识字为例,识字是学习者所掌握汉字的数量逐步积累的过程,每积累到一定的数量,其认知规律和思维特点会发生变化,识字速度也随之变化。从学生的初始习得至掌握 2 500 个常用汉字的整个过程,可以划分为三个阶段:

第一,初始积累阶段,也就是突破零的阶段。学习者把单字字形与语素或单音词联系起来,从而把握了它的音和义。由于没有任何系统可以依托,这些字的识别完全靠机械识记,而且是以对大轮廓的整体识记为主,不使用任何理性的分析。由于认字量很少,读音与明意只能是以独立的形式进行的,无法实现组合。由于对笔画的感觉还没有形成,写字在这一阶段也不能大规模展开。这一阶段识字的进展一般是匀速的,快慢要由儿童的智力及学习兴趣决定。利用朗读与语音来强化字形与口语的关联、利用构图来显示字形与语义的关联,是教师在这一阶段开展识字教学的两个重要手段。增进识字的兴趣,往往是教学成功的重要前提。这一阶段教学难度最大,教学意义也最重大。

第二,中期积累阶段,也就是识字量大幅度增加的阶段。在这个阶段,随着单字字数的逐步增多,字理的显现越来越明显,学习者容易对字理作归纳。加以引导后,汉字表意性的观念、形声系统的观念就会逐步产生。由于单字量的增多,已识汉字渐渐可以与双音词、简单的句子联系,借助语言环境,学习者可以不断深化对意义的理解和把握。汉字的表意性一旦显现,汉字与文化的联系也就越来越明显,为汉字教学内容的人文性和趣味性创造了条件。在这一阶段,学习者把口语转化为书面语——阅读与写作的需求会自然产生。这时,写字教学可以且有必要大面积展开。由于单字数量的增加,同音字、同形字频率上升,字理在辨异中的作用显得格外重要。在这一阶段,把握字形的速度是不均匀的,有时出于深入了解意义或者辨析同音字、形近字的需要,速度甚至会放慢。在衡量这一阶段的教学效果时,教师不能简单地以学习者把握字形的数量和速度为标准,在总体数量达到一定程度后,重要的是观察评价学习者在识别字形的同时依靠字理掌握意义的深入程度,无形之中形成的关于汉字的正确观念的程度,以及书面阅读和表达能力的提高程度。

第三,后期积累阶段,也就是识字的巩固阶段。在这一阶段,阅读、写作与识字同步进行。识字进入字用阶段,形、音、义是并重的,新字的积累主要采用演绎的方法。在用字过程中,语言环境对学习者识别汉字的作用日益增大,汉字在聚合中见其形义系统,又在组合中见其音义系统。在这一阶段,识字教学应当摆脱了困难,速度不断加快,也不可能是匀速的。①

---

① 王宁. 汉字教学的原理和各类教学方法的科学运用:上[J]. 课程·教材·教法,2002(10):1-5.

以《语文课程标准(2022年版)》中有关培养学生独立识字能力的目标表述为例,我们来了解学段要求设计的衔接与递进状况。课程标准在第一学段提出:"先认先写基本字,学习部首检字法,尝试发现汉字的一些规律,初步学习分类整理课内外认识的字;在生活中主动识字,发展独立识字能力",旨在引导低年级儿童从认写笔画简单的基本字起步,对所认的字加以分类整理,尝试发现汉字的一些规律,开始培养学生的独立识字能力。《语文课程标准(2022年版)》在第二学段提出:"在真实的语言文字运用情境中独立识字与写字,初步梳理常用汉字形、音、义之间的联系",旨在引导学生从汉字形、音、义的关联入手,发展独立识字能力。同时在第三学段提出:"主动通过多种方式独立识字,按照汉字字形结构等规律梳理学过的汉字",旨在引导学生进一步认识汉字构字组词等规律,提高独立识字能力。"授人以鱼,不如授人以渔",从《语文课程标准(2022年版)》关于学生独立识字能力发展的目标表述中可以看出,从第一学段到第三学段,学生的识字量在不断增加,他们对汉字特点和规律的认识越来越全面,独立识字能力也随之增强。

(二) 以主题为引领,以任务为载体,整合优化语言文字学习内容

"语言文字积累与梳理"着力于学生语言运用素养的提升。如前所述,"语言运用"涵盖语言文字知识与语言经验、语言文字运用能力以及对国家通用语言文字与文化的情感这三个方面的意涵,且三者是密不可分的整体,全面体现学生语言运用素养的发展状况。我国语文教育界历经百年探索才形成对上述意涵的认识。"语言运用"方面的一些因素在不同时期受到重视的程度是有区别的。中华民国时期,课程指导文件多以四项语文活动来切分语文课程内容。《小学课程暂行标准小学国语》(1929年)、《小学课程标准国语》(1932年)、《小学国语课程标准》(1936年)、《小学国语科课程标准》(1941年)、《国语课程标准》(1948年),均把"说话、读书、作文、写字"并列为"作业类别",再分述各类别的具体目标和内容。新中国成立以后,语文教育界对于"语言运用"的认识在曲折中得到深化。《小学语文教学大纲(草案)》(1956年)指出,"小学语文科的教学内容"主要涵盖阅读教学、汉语教学、作文教学、识字教学、写字教学,增加了汉语知识内容,并把"识字"与"写字"分开罗列。《全日制小学语文教学大纲(草案)》(1963年)认为"教学内容"包括识字、写字、课文、练习、作文,显然以小学语文教科书的构成要素代替了课程内容要素。《全日制十年制学校小学语文教学大纲(试行草案)》(1978年)、《全日制十年制学校小学语文教学大纲(试行草案)》(1980年)、《全日制小学语文教学大纲》(1986年),均从"识字、写字教学""阅读教学""作文教学""基础训练"等四个方面提出具体要求,仍留有教科书构成要素的印迹。《九年义务教育全日制小学语文教学大纲(试用)》(1992年)从语言文字训练、思想教育这两大方面来表述"教学内容",前者划

分为"汉语拼音""识字、写字""听话、说话""阅读""作文"五个部分。《九年义务教育全日制小学语文教学大纲(试用修订版)》(2000 年)从汉语拼音、识字写字、阅读、习作(写话)、口语交际等五个方面提出教学内容和要求,该大纲把听话、说话合称为"口语交际",标志着该领域课程取向的转变。《全日制义务教育语文课程标准(实验稿)》(2001 年)、《义务教育语文课程标准(2011 年版)》均从识字与写字、阅读、习作(写话)、口语交际、综合性学习这五大学习领域提出具体目标与内容。或从学习活动角度切分,或以教科书构成要素替代课程内容要素,我国语文课程标准(或教学大纲)对语文学习领域的划分逐渐趋于合理。然而,旨在培养学生语言运用素养的课程内容被人为切割、分散在不同学习领域中,难以形成教学的合力。

有鉴于原有课程标准(或教学大纲)的不足,《义务教育语文课程标准(2022 年版)》设置了"语言文字积累与梳理"学习任务群,旨在通过由学习任务相联结而构成的系列学习任务来统领原先分散的碎片化的语文课程内容,以便丰富、优化、整合语文课程内容,引导学生在具有情境性、实践性、综合性的任务学习活动中,提升个体语言经验和语感,了解国家通用语言文字的特点及其运用规律,提高运用语言文字进行交流沟通的能力,增进个体对国家通用语言文字及其文化内涵的深厚感情,由单向度的目标要求走向多维度的素养建构,追求语言、知识、技能和思想情感、文化修养等多方面、多层次发展的综合效应,促进其核心素养的形成与发展。

(三) 优化语言文字学习情境,综合运用多种识字方法

教师在实施"语言文字积累与梳理"学习任务群教学时,要依托学习任务整合学习情境、学习内容、学习方法和学习资源,综合运用多种学习方式设计连贯的语文实践活动,引导学生在运用语言文字过程中提升自身的核心素养。

1. 优化语言文字学习情境

《语文课程标准(2022 年版)》指出,"创设情境,应建立语文学习、社会生活和学生经验之间的关联,符合学生认知水平"。以识字教学为例,情境的创设旨在引导学生与所要学的汉字及用字语境之间建立关联,学生能识、写、用所学的汉字。其中,"学生"与"所需学习的汉字"制约着识字教学情境的特质和类型划分。循此思路,我们可以把识字教学中的情境分为四种类型:

一是字源情境。汉字是表意体系的语素文字,有系统的造字规律。尽管汉字在数千年的发展过程中,因追求书写便利等实用性而使造字规律有所变化,但在一定程度上,其造字及演变规律仍有迹可循。有学者对 6 090 个常用汉字的提示度(即字符提示意义和读音的程度)作了研究,发现"现代汉字的平均提示度为 4.46 分,相当于 44.6%",这意味着现代汉字"一小半可以在掌握字符的意义或声音的基础

上活学活记"①。对于提示度高的汉字,教师可以通过直观形象的手段,揭示汉字的构形规律,再现汉字的演变历程,将抽象的符号转化为生动的形象。字源情境不仅能帮助学生化解识字的难度,又能让他们初步了解汉字构形规律,初步认识汉字所蕴含的文化,窥探先民的生存状态和思维方式,受到民族文化的熏陶。

二是文本情境。文选型教材一册书的主体是由 20 多篇课文连缀而成的,一般一篇课文安排 10 多个生字。教师可以创设与文本语境一致的情境,使学生借助文本情境学习生字,既通过识字来帮助读文,又通过读文来巩固识字。

三是生活情境。教师直接将学生带入某个生活场景,或者通过出示图片、播放视频等手段呈现替代性生活场景,或者通过设置模拟性生活场景,帮助学生识字。生活情境的运用有助于打破学校学习生活与社会生活世界之间的壁垒,帮助学生将间接经验与直接经验相关联,使两者之间形成必要的张力,提高学生对汉字的认识、理解和运用能力。

四是主体情境。教师要注重激活学生已有的知识经验,使学生新获得的知识与原有知识之间相互作用,促进其将新的学习内容同化到已有知识经验之中。这种关注学习主体自身已有知识经验的情境,被称为"主体情境"。教师应通过知识的"双重情境化",改变通过传授而使知识表面化和惰性化的状况,促进学校教育情境中的学习和教学革新。所谓知识的"双重情境化",一是将知识置于其发生和应用的真实世界的情境之中,回复知识与其所指、发生和应用情境之间的本然联系;二是将知识与学习者已有知识和经验构成的主体情境结合起来,使知识成为学习者动态复杂的知能结构中强有力的部分。②字源情境、文本情境、生活情境促进的是知识的第一重情境化;而"主体情境"促进的则是知识的第二重情境化。教师应依据具体教学内容和学情,选用合宜的情境类型,并把不同类型的情境加以灵活组合,以期达到最优的教学效果。

2. 综合运用多种识字教学方法

每一种识字教学方法都有其优点与不足,教师要根据识字教学目标与内容的特点,灵活选择,综合运用,以取得最佳教学效果。我国当代识字教学方法研究很活跃,有定称的教学方法达 30 余种。在常用的识字教学方法中,随文识字与集中识字是一组相对概念。1958 年辽宁省黑山北关实验学校率先起步,1960 年北京景山学校加入,进行了集中识字教改实验。集中识字汲取了先识字后读书、在阅读中巩固和扩大识字量等传统识字教学经验,采用基本字带字的方法,在较短时间内达到一定的识字量后,让学生逐步进入读写阶段。集中识字的优势在于:第一,由

---

① 潘钧. 现代汉字问题研究[M]. 昆明:云南大学出版社,2004:106.
② 郑太年. 知识与其双重情境化:关于教学革新的思考[J]. 全球教育展望,2004(12):6-10.

于利用了汉字自身的系统,学生可以增进对汉字的科学认识,有利于今后的自学;第二,培养了学生归纳和演绎的思维能力。其局限在于:其一,基本字不一定是易识字,教学程序难以设计;其二,基本字带字必须配合课文。1958年南京师范学院附属小学斯霞老师进行了随文识字的教学改革实验,其教学以"字不离词,词不离句,句不离文"为特征,强调具体语言环境的作用,把生字词放在特定的语言环境中让学生去感知、理解直至掌握。随文识字是以课文带识字,识字与用字、写字同步进行。随文识字的优势在于:第一,它以语言为切入点,符合汉语第一性、汉字第二性特性;第二,识字、用字、写字同步,易于边学边巩固。其局限在于:其一,较难进入零的突破,因而不宜在初期积累阶段使用;其二,到一定时期,随文分散所识之字,仍要进入对汉字内在规律的整理,因而最终与集中识字相辅相成。小学低年级语文教材安排了6个集中识字单元,其余为随文识字,两类识字教学方法各有千秋,互为补充。

注音识字是"注音识字·提前读写"实验的重要组成部分,由黑龙江省语言文字工作委员会组织实施,1982年在佳木斯市第三小学、拜泉县育英小学和讷河市实验小学开始首轮实验。注音识字是利用拼音提前阅读,在课文中教学汉字。先全文拼读,逐步过渡到只拼生字,最后全部取消拼音。注音识字的优势在于:第一,有利于将汉字与口语联系,体现汉字第二性的特征;第二,有利于在方言区推广普通话和正音。其局限在于:其一,汉字的形义关系容易被淡化,违背汉字的表意性质;其二,识字量增加后,若不加强字形、字理教学,易产生别字。小学语文教材一年级上册先识字(第一单元),再学拼音(第二单元、第三单元);学了汉语拼音后,课文便全文注音(只有最后一课《小蜗牛》标注生字拼音)。小学语文教材一年级下册除了最后两课(《咕咚》《小壁虎借尾巴》)、二年级上册除了最后两课(《纸船和风筝》《风娃娃》),均全文注音。从二年级下册起,课文中均只标注生字拼音。这种编排形式汲取了注音识字的研究成果,让刚入小学的学生先借助拼音学汉字,再逐渐摆脱拼音,直接认读汉字。

字理识字是由湖南省邵阳市教育科学研究所教研员贾国均率先提出的,他主张教师利用汉字形义统一原则,加强对字理的讲解,使识字教学逐步理性化。字理识字的优势在于:第一,它以汉字的义符系统为纲,契合汉字表意文字的性质,易于产生对汉字的正确观念;第二,易于培养归纳和演绎思维能力。其局限在于:其一,字理只有在积累达到一定数量后才能对教学起作用,因而教学初期难以使用;其二,现代汉字并不都有字理,生硬的、编造的讲解反而会扰乱汉字构形的系统性,破坏已取得的成果。

此外还有四川省鄢文俊等人提出的字族文识字、天津市教育科学研究院谷锦屏提出的听读识字、辽宁省东港市姜兆臣提出的韵语识字、江苏省南通师范第二附属小学李吉林提出的情境识字等识字方法。需要指出的是,"没有一种教学法是适用于教学的各个阶段以及各种汉字字符的,也没有一种一元化的识字教学法是万能的、没有局限的","过去的一些被称作教学法的经验总结,都是有价值的,它们属于不同的教学途径和不同的教学切入口,适用于不同阶段,彼此并无对立性,应当相互取长补短,自觉地综合使用,因地因时甚至因人而具体选用"[①]。

(四)细化质量标准,科学设计并实施教学评价

《语文课程标准(2022年版)》在学业质量部分对学生"语言文字积累与梳理"的学业成就表现作了具体描述,现将相关表述梳理如下(表5-3)。

表5-3 "语言文字积累与梳理"学业质量标准描述

学段	学业质量标准描述
第一学段	留心公共场所等真实社会场景中的文字,尝试认识标牌、图示、简单的说明性文字中的常用汉字;借助汉语拼音认读汉字,借助学过的偏旁部首推测字音字义,愿意向他人说出自己的猜想;遇到不认识的字,主动向他人请教。在学习与生活中,累计认识1 600个左右常用汉字,能正确书写800个左右常用汉字。喜欢识字,有意识地梳理在日常生活中学习的汉字、词语,并尝试进行分类;愿意整理自己的学习成果,并向他人展示。 喜欢积累优美的词句,并尝试在口头和书面表达中运用。 喜欢读古诗,能熟读成诵
第二学段	能借助汉语拼音、工具书,在阅读中主动识字;能根据具体语境辨析多音多义字的读音和字义,辨识、纠正常见的错字。在学习与生活中,累计认识2 500个左右常用汉字。能使用硬笔规范、端正、整洁地书写1 600个左右常用汉字。注意积累和梳理语言材料,能把具有相同或相似特征的汉字进行分类,愿意与他人交流分类的理由,感受汉字和汉语的魅力;能分类梳理日常生活中学到的词句,愿意用自己喜欢的方式整理学习成果,参加集体展示活动。 能发现作品中的优美词语、精彩句段,并根据需要进行摘录;乐于和他人分享阅读所得,关注有新鲜感的词句,并有意识地在口头和书面表达中运用。 能诵读学过的优秀诗文,尝试用不同的语气、语调表达自己的理解与感受
第三学段	能独立识字,能借助工具书准确理解不同语境中汉字的意思。能辨识同音字、形近字,纠正错别字。在学习与生活中,累计认识3 000个左右常用汉字。能用硬笔规范、端正、整洁地书写2 500个左右常用汉字。有自觉识字的意识,在社会生活中发现自己不认识的字,能根据字形推断字音字义,并借助语境和工具书验证自己的推断;在学习中,能发现富有表现力的词句和段落,自觉记录、整理,乐于与他人分享积累的经验,并尝试在自己的表达交流中运用。 能主动梳理、记录可供借鉴的语言运用实例,比较其异同,积极运用于不同类型的写作实践中

[①] 王宁. 汉字教学的原理与各类教学方法的科学运用:下[J]. 课程·教材·教法,2002(11): 23—27.

《语文课程标准(2022年版)》所倡导的语文课程评价呈现出以下特点:一是评价主体的多元化。评价的主体可以是教师,也可以是学生,加强师生、生生互动,提高评价效果。二是评价表现标准具体化。《语文课程标准(2022年版)》的一个重要变化是增加了"学业质量"部分,如表5-3所示,课程标准对有关语言文字积累与梳理的学业质量作了细致描述,为开展课程评价工作提供了重要依据。三是增强"教—学—评"一致性意识,科学选择评价方式。"教—学—评"一致性是课程教学的内在要求,应体现在学期、单元、课时等不同层次之中。课程评价方式要多样,应包括过程性评价和终结性评价;评价手段有纸笔测验、观察学生课堂表现以及朗读、背诵等口头测试形式。

总之,小学语文教师要秉持"教学即评价"理念,增强"教—学—评"一致性意识,将评价融于教学过程之中,改进语文课程与教学评价,促进学生核心素养的发展。

第二节　"语言文字积累与梳理"学习任务群的教材分析

语文教材是呈现语文课程内容的重要载体,是师生达成语文课程目标的重要凭借。教材是体现和落实国家意志的重要媒介。现以小学语文教材为对象,对有关"语言文字积累与梳理"学习任务群的相关内容资源与编排方式作梳理与解析。

一、内容资源

根据课程标准中有关"语言文字积累与梳理"的目标要求与学习内容,表5-4至表5-6是分学段对小学语文教材中有关"语言文字积累与梳理"学习任务群的内容资源的梳理。

学习活动

请从小学语文教材中选取某一册进行研读,参考表5-4、表5-5、表5-6的样式,梳理该册教材中有关"语言文字积累与梳理"学习任务群的内容资源;梳理完成后,以小组为单位与同学交流分享。

表 5–4　第一学段 "语言文字积累与梳理" 小学语文教材内容资源梳理

册次	课文	课后练习	语文园地	识写字量
一年级上册	第一至第八单元所有课文	识字表、写字表;朗读、背诵要求;其他形式的语言文字积累练习	语文园地一(识字加油站、字词句运用、书写提示、日积月累) 语文园地二(识字加油站、用拼音、字词句运用) 语文园地三(用拼音、字词句运用) 语文园地四(识字加油站、字词句运用、展示台、日积月累) 语文园地五(识字加油站、我的发现、字词句运用、书写提示、日积月累) 语文园地六(字词句运用、展示台、日积月累) 语文园地七(识字加油站、我的发现、字词句运用、日积月累) 语文园地八(识字加油站、字词句运用、书写提示、日积月累)	认识 300 个生字,会写 100 个字
一年级下册	第一至第八单元所有课文	识字表、写字表;朗读、背诵要求;"读一读,记一记"等语言文字积累练习	语文园地一(识字加油站、字词句运用、书写提示、日积月累) 语文园地二(识字加油站、字词句运用、展示台、日积月累) 语文园地三(查字典、日积月累) 语文园地四(识字加油站、字词句运用、书写提示、日积月累) 语文园地五(识字加油站、我的发现、字词句运用、日积月累) 语文园地六(识字加油站、字词句运用、展示台、日积月累) 语文园地七(识字加油站、字词句运用、书写提示、日积月累) 语文园地八(识字加油站、我的发现、字词句运用、日积月累)	认识 400 个生字,会写 200 个字
二年级上册	第一至第八单元所有课文	识字表、写字表、词语表;朗读、背诵要求;"读一读,记一记"等语言文字积累练习	语文园地一(识字加油站、字词句运用、书写提示、日积月累) 语文园地二(查字典、日积月累) 语文园地三(识字加油站、字词句运用、展示台、日积月累) 语文园地四(识字加油站、字词句运用、我的发现、日积月累) 语文园地五(识字加油站、字词句运用、书写提示、日积月累) 语文园地六(识字加油站、字词句运用、我的发现、日积月累) 语文园地七(识字加油站、字词句运用、展示台、日积月累) 语文园地八(识字加油站、字词句运用、书写提示、日积月累)	认识 450 个生字,会写 250 个字

续表

册次	课文	课后练习	语文园地	识写字量
二年级下册	第一至第八单元所有课文	识字表、写字表、词语表；朗读、背诵要求；"读一读，记一记"等语言文字积累练习	语文园地一（识字加油站、字词句运用、书写提示、日积月累） 语文园地二（识字加油站、字词句运用、展示台、日积月累） 语文园地三（识字加油站、字词句运用、我的发现、日积月累） 语文园地四（识字加油站、字词句运用、书写提示、日积月累） 语文园地五（识字加油站、字词句运用、我的发现、日积月累） 语文园地六（识字加油站、字词句运用、日积月累） 语文园地七（识字加油站、字词句运用、书写提示、日积月累） 语文园地八（识字加油站、字词句运用、我的发现、日积月累）	认识 450 个生字，会写 250 个字

表 5-5　第二学段"语言文字积累与梳理"小学语文教材内容资源梳理

册次	课文	课后练习	语文园地/综合性学习	识写字量
三年级上册	第一至第八单元课文中的生字词及相关句子、语篇	识字表、写字表、词语表；朗读、背诵要求；"在课文中画出你认为写得好的句子，抄写下来和同学交流"等语言文字积累练习	语文园地一（交流平台、词句段运用、日积月累） 语文园地二（交流平台、词句段运用、书写提示、日积月累） 语文园地三（识字加油站、词句段运用、日积月累） 语文园地四（识字加油站、词句段运用、日积月累） 语文园地六（识字加油站、词句段运用、日积月累） 语文园地七（交流平台、词句段运用、书写提示、日积月累） 语文园地八（交流平台、识字加油站、词句段运用、日积月累）	认识 250 个生字，会写 250 个字
三年级下册	第一至第八单元课文中的生字词及相关句子、语篇	识字表、写字表、词语表；朗读、背诵要求；"画出课文中你觉得优美生动的语句"等语言文字积累练习	语文园地一（交流平台、识字加油站、词句段运用、日积月累） 语文园地二（词句段运用、书写提示、日积月累） 综合性学习：中华传统节日（展示活动成果，如写春联、朗诵古诗等） 语文园地三（识字加油站、词句段运用、日积月累）	认识 250 个生字，会写 250 个字

续表

册次	课文	课后练习	语文园地/综合性学习	识写字量
三年级下册	第一至第八单元课文中的生字词及相关句子、语篇	识字表、写字表、词语表；朗读、背诵要求；"画出课文中你觉得优美生动的语句"等语言文字积累练习	语文园地四(词句段运用、日积月累) 语文园地六(交流平台、识字加油站、词句段运用、日积月累) 语文园地七(交流平台、词句段运用、书写提示、日积月累) 语文园地八(识字加油站、词句段运用、日积月累)	认识250个生字,会写250个字
四年级上册	第一至第八单元课文中的生字词及相关句子、语篇	识字表、写字表、词语表；朗读、背诵要求；"找出课文中你认为写得准确、形象的句子,抄写下来"等语言文字积累练习	语文园地一(交流平台、词句段运用、书写提示、日积月累) 语文园地二(识字加油站、词句段运用、日积月累) 语文园地三(交流平台、词句段运用、日积月累) 语文园地四(交流平台、识字加油站、日积月累) 语文园地六(识字加油站、词句段运用、日积月累) 语文园地七(词句段运用、日积月累) 语文园地八(识字加油站、词句段运用、书写提示、日积月累)	认识250个生字,会写250个字
四年级下册	第一至第八单元课文中的生字词及相关句子、语篇	识字表、写字表、词语表；朗读、背诵要求；"读一读",再从课文中找出"生动形象的句子,抄写下来"等语言文字积累练习	语文园地一(交流平台、词句段运用、书写提示、日积月累) 语文园地二(识字加油站、词句段运用、日积月累) 综合性学习:轻叩诗歌大门(合作编写小诗集、举办诗歌朗诵会) 语文园地三(交流平台、识字加油站、词句段运用、日积月累) 语文园地四(交流平台、识字加油站、词句段运用、书写提示、日积月累) 语文园地六(词句段运用、日积月累) 语文园地七(交流平台、识字加油站、词句段运用、日积月累) 语文园地八(交流平台、词句段运用、书写提示、日积月累)	认识250个生字,会写250个字

表 5-6   第三学段"语言文字积累与梳理"小学语文教材内容资源梳理

册次	课文	课后练习	语文园地/综合性学习	识写字量
五年级上册	第一至第八单元课文中的生字词及相关句子、语篇	识字表、写字表、词语表;朗读、背诵要求;"抄写你喜欢的自然段"等语言文字积累练习	语文园地一(交流平台、词句段运用、日积月累) 语文园地二(词句段运用、日积月累) 语文园地三(词句段运用、日积月累) 语文园地四(交流平台、词句段运用、书写提示、日积月累) 语文园地六(交流平台、词句段运用、日积月累) 语文园地七(交流平台、词句段运用、日积月累) 语文园地八(交流平台、词句段运用、书写提示、日积月累)	认识 200 个生字,会写 220 个字
五年级下册	第一至第八单元课文中的生字词及相关句子、语篇	识字表、写字表、词语表;朗读、背诵要求;课文中有一些"体现人物特点的语句,画出来和同学交流"等语言文字积累练习	语文园地一(交流平台、词句段运用、日积月累) 语文园地二(交流平台、词句段运用、日积月累) 综合性学习:遨游汉字王国(搜集资料、展开调查、撰写研究报告) 语文园地三(识字加油站、词句段运用、日积月累) 语文园地四(交流平台、词句段运用、书写提示、日积月累) 语文园地六(词句段运用、日积月累) 语文园地七(交流平台、词句段运用、日积月累) 语文园地八(交流平台、词句段运用、书写提示、日积月累)	认识 200 个生字,会写 180 个字
六年级上册	第一至第八单元课文中的生字词及相关句子、语篇	识字表、写字表、词语表;朗读、背诵要求;"读下面的句子,回答括号里的问题。再从课文中找出类似的句子,读一读,抄写下来"等语言文字积累练习	语文园地一(交流平台、词句段运用、日积月累) 语文园地二(交流平台、词句段运用、书写提示、日积月累) 语文园地三(词句段运用、日积月累) 语文园地四(交流平台、词句段运用、日积月累) 语文园地六(交流平台、词句段运用、日积月累) 语文园地七(词句段运用、日积月累) 语文园地八(词句段运用、书写提示、日积月累)	会写 180 个字

续表

册次	课文	课后练习	语文园地/综合性学习	识写字量
六年级下册	第一至第六单元课文以及"古诗词诵读"中的生字词及相关句子、语篇	写字表、词语表;朗读、背诵要求;"读下面的句子,注意加点的词语,体会老舍'京味儿'语言的特点"等语言文字积累练习	语文园地一(词句段运用、书写提示、日积月累) 语文园地二(交流平台、词句段运用、日积月累) 语文园地四(交流平台、词句段运用、日积月累) 语文园地五(交流平台、词句段运用、书写提示、日积月累) 综合性学习:难忘小学生活(制作成长纪念册、举办毕业联欢会等) 古诗词诵读	会写120个字

　　小学语文教材中"语言文字积累与梳理"内容资源分布面广,覆盖12册教材的各个单元,板块类型多样,从大的方面来看,包括以下三类资源。

　　第一,课文与课后练习中的语言文字积累与梳理。小学语文教材属于文选型教材,课文是教材的主体,课文中的生字词、精彩句段乃至整个篇章,都可以成为学生阅读、积累和梳理的语言材料;课后练习题中的相当一部分题目,提示学习本课应掌握的生字词,应熟读、背诵以及重点关注的语言材料、语言现象。不同学段、不同单元、不同篇目所蕴含的内容资源各有侧重,各具特色,需要教师依据课程标准中的学段要求、教材中的语文要素、课文的文本体式、课后练习中的提示以及学情进行教学加工,选取合适的教学内容实施教学。

　　第二,语文园地中的语言文字积累与梳理。在语文园地板块,编者设计了多个栏目,这些栏目中的大部分内容,均与语言文字积累与梳理有关。"识字加油站"栏目多分布于第一、第二学段,围绕某主题,呈现一组汉字或词串,扩大学生的识字量、词汇量,凸显生字词与生活的关联性,帮助学生深入理解并运用字词。"我的发现"栏目结合相关生字词,引导学生整理、比较、分析,在梳理中有所发现,使其识字学习由感性走向理性,逐步加深对构字组词规律的认识。"交流平台"栏目引导学生结合课文,梳理相关语言现象,从中发现语言文字运用规律。"书写提示"栏目从笔画、笔顺规则到书写的间架结构特点,再到行款布局,循序渐进地指导学生写好汉字,领略汉字的构形美以及中国书法的艺术美。"日积月累"栏目贯串整个小学阶段,引导学生熟记背诵经典的古诗词、成语、谚语等语言材料。第一学段"字词句运用"栏目、第二学段和第三学段"词句段运用"栏目,设计多种形式的语言文字运用练习,引导学生在运用练习中强化语言文字积累。

　　第三,综合性学习等板块中的语言文字积累与梳理。小学语文教材在第二、第三学段每个年级各编排一个综合性学习单元,分别是:三年级下册综合性学习"中华传统节日"、四年级下册综合性学习"轻叩诗歌大门"、五年级下册综合性学习"遨游汉字王国"、六年级下册综合性学习"难忘小学生活"。教师要引导学生收集有关元宵节的灯谜、有关中秋节的古诗、辞旧迎新的春联、报刊书籍上的现代诗、字谜以及体现汉字特点的古诗、歇后语、对联、故事等语言材料,学习检索、梳理语言文字材料的方法,围绕汉字历史、汉字书法、日常生活用字情况等主题开展调查研究,组织开展做诗歌摘抄本、合编小诗集、举办诗歌朗诵会、策划举行毕业联欢会等活动,丰富语言文字积累,提高语言文字积累、梳理与运用能力。

此外,小学语文教材中还附有识字表、写字表、词语表、常用笔画名称表、常用偏旁名称表等资料,帮助学生积累并梳理语言文字方面的学习内容。

二、编排方式

钻研教材,准确把握教材的编排特点,是教师用好教材的前提。小学语文教材有关"语言文字积累与梳理"的教材编排有如下特点。

(一)先学汉字再学拼音,集中识字与随文识字相结合

长期以来,小学语文教材首册开头便是汉语拼音内容,一年级新生在入学后用一个多月时间集中学习抽象的拼音符号,与汉字接触机会甚少,难以满足他们对进入小学识字读书的热切憧憬。现行小学语文教材打破了这一惯例,首册采用了先学汉字再学汉语拼音的编排顺序。一年级上册第一单元是集中识字单元,由5课识字以及口语交际、语文园地、"快乐读书吧"构成,安排认识40个汉字,会写其中的17个。在学生需要认识的40个汉字中,有39个在《识字、写字教学基本字表》之内,这些字"构形简单,重现率高,其中的大多数能成为其他字的结构成分。先学这些字,有利于打好识字、写字的基础,有利于发展识字、写字能力,提高学习效率"[1]。这些高频字,学生在生活中已有接触,多数已经认识,教师要注意激活学生的生活经验,通过教师范读、学生听读、基于生活经验交流自己的认识与理解等方式,帮助学生认清字形、读准字音、了解大致意思。这样编排有两点好处:一是理顺了识字与拼音学习的关系。汉字是我国的法定文字,汉语拼音是帮助学生识字、正音、学习普通话的辅助工具,"汉字与汉语拼音的关系应该是主从关系"[2]。二是符合一年级新生的学习期待,有利于他们借助已有的生活认字经验,开启系统的识字

---

① 中华人民共和国教育部.义务教育语文课程标准:2022年版[M].北京:北京师范大学出版社,2022:66.

② 张田若.集中识字·大量阅读·分步习作:张田若论小学语文教学[M].北京:中央编译出版社,2011:142.

写字学习生活,获得小学语文初始学习的成就感。

在识字教材编排上,现行小学语文教材注重集中识字与随文识字相结合。以一年级两册教材为例,整理识字、写字量的分布情况如表 5-7 所示:

表 5-7 一年级语文教材识字、写字量统计表

教材板块		数量		识字量				写字量			
		上册	下册	上册	下册	小计		上册	下册	小计	
集中识字	识字单元	2	2	90	93	268	38.3%	38	56	100	33.3%
	语文园地	8	8	31	54			6	0		
随文识字	拼音单元	2	0	32	0	432	61.7%	0	0	200	66.7%
	课文单元	4	6	147	253			56	144		
合计				300	400	700	100%	100	200	300	100%

从表 5-7 中我们可以看出,一年级两册教材编有 4 个识字单元,16 个语文园地,利用这两个板块分主题集中识字,识字量占学年总量的近四成,写字量占三分之一;在课文单元以及汉语拼音单元穿插识字,分散识字量在学年识字总量中逾六成,写字量占三分之二。在第一学段,集中识字与随文识字相结合,随着年级升高,随文识字占比越高;第二学段和第三学段全部为课文单元随文识字,在语文园地中穿插安排"识字加油站""我的发现"等栏目,引导学生进行专题梳理,以"学习小伙伴"形式,揭示构字组词规律。

(二) 第一学段课文的主功能是为识字提供语境、为语言文字积累提供语料

儿童进入小学就读,开始接受系统的母语教育。基于儿童心理发展特点,不同学段的小学语文学段目标与任务各有侧重。小学低年级学生语文学习的首要任务是"识字",即学习认写一定量的汉字,学会汉语拼音,逐步增加词语、句式、语段等语言材料积累,为后续阅读与写作学习打基础。《语文课程标准(2022 年版)》指出:"识字与写字是阅读和写作的基础,是第一学段的教学重点,也是贯串整个义务教育阶段的重要教学内容。"这一表述揭示了第一学段语文教学所要解决的主要矛盾,是长期以来小学低年级语文教学正、反两方面经验的总结。从宋代到清末民初的蒙学教育,儿童记诵《三字经》《百家姓》《千字文》为代表的识字教材,可以在一两年内集中认识 1 500 个左右的汉字,为后续转入读诗读经学习做好铺垫。只有突出识字与写字这一重点,第一学段语文教学质量才能得到保证。如前所述,第一学段有关"语言文字积累与梳理"教材编写采取集中识字与随文识字相结合的方式,其中随文识字所占分量更重。小学教师对第一学段课文的主功能应有正确

的认识,即"小学低年级课文的主功能是在课文语境中学习生字词"[①]。现行小学语文教材主编温儒敏先生指出,小学低年级教材分汉语拼音、识字写字和课文三个板块。在实际教学中,汉语拼音教学可以相对集中完成,识字写字教学和课文教学可以有更多的融合。条件较好的学校,完全可以多一些融合重组。[②] 教师在教学中要充分利用低年级课文所提供的语境,引导学生依托文本语境,联系已有的口语经验和在生活中获得的识字经验,激活在生活中积累的直接经验,学习生字词,扩大识字量和词汇量,学习写好汉字,为后续读写学习奠定扎实的基础。

心理学研究表明,小学低年级学生处于"学习阅读"阶段,到三年级逐步过渡到"通过阅读而学习"阶段。因此,低年级语文教学要用好课文,将课文作为训练学生学习识字与写字、学习解码和朗读的材料,通过历练不断提高识字写字能力、解码能力、朗读能力,对典范性语言材料做到熟读成诵,使儿童的语言积累不断丰富起来。

(三) 第二、第三学段"语言文字积累与梳理"内容资源丰富,且与其他学习任务群的学习资源密切关联

小学语文教材中有关"语言文字积累与梳理"学习任务群的内容资源十分丰富,广泛分布于课文与课后练习、语文园地、语文综合性学习等板块。如果说第一学段课文功能主要指向"语言文字积累与梳理"尤其是识字与写字的话,那么第二、第三学段课文教学的指向要更加复杂些。小学语文教材第二、第三学段单元教学都以人文主题和语文要素"双线组元",具体某个单元或篇目的教学指向,要依据该单元的语文要素、选文文本体式来作具体分析。例如,三年级上册第一单元语文要素之一为"阅读时,关注有新鲜感的词语和句子",教师对精读课文《大青树下的小学》《花的学校》、略读课文《不懂就要问》的教学,均要凸显这一语文要素,该单元教学主要指向"语言文字积累与梳理"。六年级上册第四单元语文要素为"读小说,关注情节、环境,感受人物形象;发挥想象,创编生活故事",教师对2篇精读课文、1篇略读课文的教学均要引导学生学习抓住"三要素"阅读小说的方法;习作《笔尖流出的故事》,教师要引导学生创意写作,完成想象性作文。显然,该单元教学定位于"文学阅读与创意表达"学习任务群。精读课文《桥》课后练习第1题要求学生"注意读好短句",第2、3题分别要求学生揣摩描写人物、环境的句子的作用;《穷人》课后练习第2题要求学生揣摩描写人物对话和心理活动的句子,第3题要求揣摩描写环境的句子,体会其作用。略读课文《金色的鱼钩》的导语要求学

---

① 中华人民共和国教育部. 中小学幼儿园教师培训课程指导标准:义务教育语文学科教学 [M]. 北京:高等教育出版社,2019:37.

② 温儒敏."部编本"语文教材的编写理念、特色与使用建议[J]. 课程. 教材. 教法,2016,36(11): 3-11.

生体会描写人物对话和心理的句子的作用。"语文园地"板块中的"词句段运用"栏目,第1题要求学生朗读《三国演义》中"长坂桥张飞退曹军"语段,体会其塑造人物形象的作用;第2题要求学生朗读描写心理活动的2个语段,体会人物复杂的内心世界。"日积月累"栏目,要求学生背诵唐诗《回乡偶书》,这些都为"语言文字积累与梳理"的教学实施提供了资源。

在高中语文课程中,"语言积累、梳理与探究""在所有学习任务群中处于枢纽地位,因为它与语文课程的性质紧密相连,又直接体现了语文学科核心素养的第一项(语言建构与运用),也就是语文学科核心素养的主要支柱,所以它与所有学习任务群都存在密切的关系","这个学习任务群除了独立设计为单元外,必然要贯串语文课程的全部,其他学习任务群都要配合它来达成语文课程的总目标"。[①]这一论述亦适用于理解义务教育语文课程"语言文字积累与梳理"学习任务群与其他学习任务群之间的关系。如表5-5、表5-6所示,小学第二、第三学段语文教材中蕴含丰富的"语言文字积累与梳理"内容资源,虽然大部分单元的教学主要指向发展型学习任务群或拓展型学习任务群,但"课文中的生字词及相关句子、语篇"具有"语言文字积累与梳理"的属性,教师要渗透开展"语言文字积累与梳理"学习活动。也就是说,小学中、高年级语文教材中的相当一部分"语言文字积累与梳理"内容资源是与其他学习任务群资源密切关联、交织分布的。例如,在小学语文教材五年级上册第一单元中,教师对精读课文《白鹭》《落花生》《桂花雨》、略读课文《珍珠鸟》的教学,均要体现"初步了解课文借助具体事物抒发感情的方法"这一语文要素的要求;习作《我的心爱之物》要体现"写一种事物,表达自己的感情"语文要素要求,该单元教学可用作"文学阅读与创意表达"的学习资源。第1课《白鹭》是郭沫若的散文名篇,语言优美,其课后练习中"朗读课文""背诵课文""抄写你喜欢的自然段"等表述体现了"语言文字积累与梳理"的学习要求。第二、第三学段"语言文字积累与梳理"的落实,应当与其他学习任务群统筹安排、有机渗透、互为促进,共同指向学生核心素养的发展。

三、实施建议

教师要准确把握"语言文字积累与梳理"的功能定位、目标要求,依据本学习任务群课程内容、学业质量标准要求,用好小学语文教材,整合多种资源,创造性地开展"语言文字积累与梳理"学习任务群的教学活动。

(一)依据儿童年龄特征和学段特点,整体规划学习内容

教师要研究不同学段儿童的年龄特征,认真钻研教材,准确把握"语言文字积

---

① 王宁,巢宗祺. 普通高中语文课程标准(2017年版)解读[M]. 北京:高等教育出版社,2018:116.

累与梳理"在不同学段的连续性和层级性,整体规划、合理设计教学目标和学习内容。以写字为例,现行小学语文教材从基本笔画、笔顺规则、间架结构等方面来呈现写字学习内容,其层级表现为如下几个方面:

在第一学段,教材把首次提出书写要求的笔画,在田字格左侧小方框中以红色标示。在笔顺方面,一年级上册所有要求会写的字,在该字田字格上方逐一呈现笔顺。一年级上册"语文园地一"提醒学生"写字时注意坐端正,握好笔",学习"从上到下,先横后竖"笔顺规则;"语文园地五"提醒学生学习"从左到右,先撇后捺"笔顺规则;"语文园地八"提醒学生学习"先中间后两边,先外后内"笔顺规则。一年级下册"语文园地一"提醒学生学习"先外后内再封口"笔顺规则;"语文园地四"提醒学生注意"点在正上方或左上方,先写点""点在右上方,后写点";"语文园地七"提醒学生注意"左上包围和右上包围的字先外后内"。在间架结构方面,二年级上册"语文园地一"提醒学生注意"有的字左边窄,右边宽;有的字左边宽,右边窄";"语文园地五"提醒学生注意"有的字左边短,右边长;有的字左边长,右边短";"语文园地八"提醒学生注意"有的字左右两边宽窄大致相等",做到"先看后写",养成良好的书写习惯。

在第一学段练写铅笔字基础上,从第二学段起,学生开始学习用钢笔写字,用毛笔临摹正楷字帖。关于写硬笔字,三年级上册"语文园地二",提示"使用钢笔,注意执笔姿势,把字写得规范、端正、整洁","横画要写得平稳,竖画要写得端正";"语文园地七"提醒学生注意写好关键笔画,"撇和捺写得舒展"。三年级下册引导学生根据字形特点考虑笔画的变化,"语文园地二"提醒学生"横画或竖画较多的字,书写时要事先考虑好这些笔画的长短比例和距离";"语文园地七"提醒学生"笔画较少的字,要把笔画写开一些","笔画较多的字,要把笔画写得短小些,缩小笔画间距"。 四年级教科书出示用钢笔书写语段的范例,提出注意行款整齐、有一定的速度等要求。四年级上册"语文园地一"提示"字的中心要在横格的中线上,保持水平","字距要差不多,标点符号和字之间也要保持一定的距离","养成提笔就练字的习惯";"语文园地七"传授提高书写速度的方法。

第三学段提出用钢笔书写整幅(篇)正楷字、学写行楷字提高书写速度的要求。五年级上册"语文园地四"出示抄写古诗的范例,提示"每一行诗句都居中,注意上下、左右文字要对齐",注意笔画、结构等细节;五年级下册"语文园地四",出示抄写散文的范例,提示"标题和作者要写在醒目的位置","段落要分明"。六年级上册"语文园地二",鼓励学生创作硬笔字作品,举办书写作品展览;六年级下册"语文园地一"要求学生临摹行楷范例,尝试提高书写速度。第三学段教材还介绍了古代书法名家,指导学生欣赏书法名作,提高书法审美能力。

通过上述梳理,教师可以准确把握教材中有关写字教学内容的整体设计情况。

在此基础上,教师还要结合所教班级的学情,整体规划本班教学内容分布,引导学生循序渐进地开展写字学习活动,拾级而上,提高写字能力和书法审美能力,提升汉字书写素养。

> **学 习 活 动**
>
> 纵观十二册小学语文教材,请你围绕"语言文字积累与梳理"的某项学习内容(如认识汉字构字组词特点),系统梳理、分析该项学习内容在不同学段分布的连续性和层级性。梳理完成后,以小组为单位与同学交流分享。

(二)用好小学语文教材,整合多种资源,设计学习任务

《语文课程标准(2022年版)》提出:"教师要明确学习任务群的定位和功能,准确理解每个学习任务群的学习内容和教学提示。在此基础上,综合考虑教材内容和学生情况,设计不同类型的学习任务,依托学习任务整合学习情境、学习内容、学习方法和学习资源,安排连贯的语文实践活动。"教师要成为积极的课程资源开发者,做好以下工作。

第一,确立教材是国家事权的意识,研读课程标准,用好小学语文教材。教师要深入研读语文课程标准和小学语文教材,各级教研组织要组织开展集体研读课程标准、教材的活动,系统梳理教材中有关"语言文字积累与梳理"的内容,结合各学校各班级实际,做好教材的"二次开发"工作。例如,小学语文教材五年级上册第23课《鸟的天堂》,写字表有11个要求会写的字,这些生字是依其在课文中出现的顺序排列的,这种排列具有随机性。在教学时,教师可以把4个木字旁的字("桨""榕""桩""梢")归为一组,形义结合指导认写。根据学生默写易错情况,选取"暇"字作为教学着力点,引导学生查词典,了解其在词典中的含义("没有事的时候;空闲"),注意其形部为"日",与"时间"有关;再联系课文,说说"应接不暇"的意思;联系描写榕树由静到动的语句(如"树上就变得热闹了,到处都是鸟声,到处都是鸟影……"等),指导学生朗读,语音由低到高、节奏由慢到快、气势由小到大,渲染出"鸟的天堂"热闹、令人目不暇接的情形。

第二,留心学生及其家庭成员、社区的语文生活,注意搜集整理本校、本班学生学校生活、家庭生活、社区生活中的常用字、谚语、成语、格言警句、对联等鲜活的语言文字材料。教师要有意识地把这些材料纳入语文课程资源,将有关语言文字积累与梳理的课堂学习与社会生活相关联,增强儿童语文学习的活力。

第三,注意搜集整理课外书籍、报纸、杂志、网络等媒介中的语言文字材料。教师要以小学语文教材为主要资源,将其与课外读物相贯通,将纸质媒介与数字媒介

相贯通,整合多种学习资源,设计多种类型的学习任务。

(三) 加强梳理与探究指导,促进学习方式变革

21 世纪以来,我国先后发布的三部语文课程标准都把"学习方式变革"作为课程改革重点之一,《全日制义务教育语文课程标准(实验稿)》《义务教育语文课程标准(2011 年版)》均提出了"积极倡导自主、合作、探究的学习方式"的课程理念,《义务教育语文课程标准(2022 年版)》则提出"增强课程实施的情境性和实践性,促进学习方式变革"的课程理念。两种表述虽只是一词之差,内涵却大不相同。前两版课程标准用"倡导",意味着自主、合作、探究作为新的学习方式,尚处于初创和发轫阶段。如今,第八次基础教育课程改革已历经 20 余年,教师们不但对这些学习方式早已耳熟能详,而且已经进行了许多有益的实践探索,'倡导'的目标可谓已经达成。接下来要做的,就是从"倡导"转向"促进",纠正部分学校和教师在学习方式变革实践中出现的误读和偏差。[①]《语文课程标准(2022 年版)》以学习任务群的方式来组织和呈现语文课程内容,为促进学习方式的变革创造了契机。现将"语言文字积累与梳理"学习任务群中关于学习方式的表述整理如下(表 5-8)。

表 5-8　"语言文字积累与梳理"学习任务群中有关学习方式的表述

学段	相关表述
第一学段	初步体会汉字结构的主要特点。 尝试发现汉字的一些规律,初步学习分类整理课内外认识的字。 诵读、记录课内外学到的成语、谚语、格言警句、儿歌、短小的古诗等,感受中华优秀传统文化,养成自主积累的习惯
第二学段	初步梳理常用汉字形、音、义之间的联系。 关注校园内外汉字和标点符号的正确使用情况,整理自己的发现并和同学交流,互相正字正音。 诵读、积累成语典故、中华文化名言、短小的古诗词和新鲜词语、精彩语段等,丰富自己的语汇,分类整理、交流,初步认识中华优秀传统文化蕴含的思想;在语言积累和运用过程中,体会同义词、反义词等词语的作用,发现、感受语言的表现力和创造力
第三学段	主动通过多种方式独立识字,按照汉字字形结构等规律梳理学过的汉字。 开展校园内外讲普通话、写规范字、正确使用标点符号情况的调查,整理、分享自己的发现。 分主题梳理自己积累的成语典故、格言警句、对联等语言材料,并尝试运用到日常读写活动中,增强表达效果

---

① 郑国民,李宇明. 义务教育语文课程标准(2022 年版)解读[M]. 北京:高等教育出版社,2022:55.

表5-8凸显的关键词表现出新一轮义务教育语文课程改革对学习方式变革的追求。这些词可以分为三类:第一类有"诵读""调查""记录""感受""体会"等,强调要充分发挥学生的主动性和积极性,自主学习,养成自主积累的习惯;第二类有"交流""互相""分享"等,强调学生之间的互动,合作学习,共同进步;第三类有"分类整理""分主题梳理""尝试运用""尝试发现"等,强调学生投入探究学习活动,在关注语言现象、积累语言材料的基础上,下一番梳理分析的功夫,尝试发现"汉字的构字组词特点,掌握语言文字运用规范"。

《语文课程标准(2022年版)》强调"增强课程实施的情境性和实践性,促进学习方式变革"。"语言文字积累与梳理"学习任务群的设置,为落实这一课程理念找到了抓手。以识字教学为例,小学语文教材中的少量集中识字课文、语文园地中的"识字加油站""我发现"栏目是根据汉字规律编排的;绝大部分生字是随课文出现的,这些生字材料处于随机、无序的状态。这就需要教师积极开发汉字梳理与探究专题教学等新的课型,促进学生语文学习方式的变革。例如,在春暖花开时,教师可以组织学生观察花草树木,记录、整理所认识的花草树木名称,小组合作进行梳理,从中发现草字头、木字旁汉字的构形特点,领悟汉字形、音、义之间的联系,增进对汉字及其文化内涵的理解与热爱。

第三节 "语言文字积累与梳理"学习任务群的教学案例分析

在正确理解"语言文字积累与梳理"学习任务群的基础上,教师可以从理论学习走向实践尝试,通过研习、开发教学案例,提高"语言文字积累与梳理"学习任务群的教学能力。

一、"语言文字积累与梳理"学习任务群案例描述

江苏省昆山市培本实验小学孙博雅老师设计的教学案例"探寻二十四节气"适用于二年级下学期。该案例以小学语文教材二年级下册语文园地七中的《二十四节气歌》为基本学习内容,同时结合线上资料、学生已有知识经验等资源,引导学生体会传统节气文化。该案例设计了3个学习任务,其整体设计框架如(表5-9)。

表 5-9　"探寻二十四节气"整体设计框架

主题	学习任务	学习活动
探寻二十四节气	我是二十四节气"传诵人"	观看视频 学习生字词 诵读二十四节气歌谣
	我是二十四节气"绘画家"	搜集节气诗歌、谚语
		了解节气风俗文化
		绘制节气文化手抄报
	我是二十四节气"解说员"	解说二十四节气

课例:第一学段"探寻二十四节气"(孙博雅)

　　如表 5-9 所示,学习任务一为"我是二十四节气'传诵人'"。这一学习任务以教材中的《二十四节气歌》为依托,辅之以二十四节气视频,引导学生认识二十四节气,初步了解二十四节气的气候、物候特征,认读生字,明了二十四节气歌的具体内容,激发学生学习《二十四节气歌》的兴趣,最后熟读成诵。学习任务二为"我是二十四节气'绘画家'"。流传千年的二十四节气承载着丰厚的中华优秀传统文化,节气诗词、节气谚语是节气文化的重要载体。二十四节气在世代相传过程中形成了丰富多彩的风俗文化,包含食俗、习俗活动等,早已成为人们生活中不可分割的一部分。学生以小组为单位,结合已有的语文知识经验,通过网络搜索、书籍查阅、访问长辈等形式,搜集有关节气的诗词、谚语,了解有关节气的风俗文化。在此基础上,将诗词、谚语、风俗文化等以手抄报形式绘制、展示出来。这一学习任务以学生为主体,在交流、协作中丰富语言积累,传承节气文化。学习任务三为"我是二十四节气'解说员'"。在完成前两个学习任务的基础上,学生担任"节气解说员",选择一个自己喜欢的节气,从多方面介绍该节气,使他们的语言表达能力得到历练。

二、"语言文字积累与梳理"学习任务群案例分析

　　基于《语文课程标准(2022 年版)》对学习任务群学习要素的阐释,我们厘析出学习内容等 7 个维度,并具体描述每个维度的表现标准,形成"语言文字积累与梳理"学习任务群教学案例的分析与评价标准(表 5-10)。

表 5-10　"语言文字积累与梳理"学习任务群教学案例分析与评价表

评价维度	表现标准描述
学习内容	教学内容与课程标准中"语言文字积累与梳理"学习任务群所提示的相应学段的学习内容相一致,这些内容指向该学习任务群目标的达成

续表

评价维度	表现标准描述
学习情境	创设真实的语言文字运用情境,这些情境对学生投入"语言文字积累与梳理"学习活动能发挥积极的作用
学习任务	案例中设计了系列学习任务,这些学习任务之间体现了一定的进阶性与逻辑性,学习任务与学习内容、学习情境之间能保持一致性
学习活动	设计了系列学习活动,这些学习活动在相当程度上包蕴了"语言文字积累与梳理"方面的学习内容
学习方法	为学生提供了具有操作性的学习支架,渗透了学习方法指导,这些方法的选用与学习目标、学习内容相匹配
学习资源	能以小学语文教材为主体,整合多种学习资源,以满足学生"语言文字积累与梳理"学习任务群学习的需要
学习评价	能体现学习评价类型的多样性、评价方式的适切性、评价指标的合理性和科学性

依照表 5-10 所列标准,我们对教学案例"探寻二十四节气"加以检视。

第一,从学习内容来看,该案例引导学生诵读歌谣《二十四节气歌》,认识相关生字,了解节气名称,感受传统节气文化的魅力。《语文课程标准(2022 年版)》在第一学段"语言文字积累与梳理"中指出:"诵读、记录课内外学到的成语、谚语、格言警句、儿歌、短小的古诗等,感受中华优秀传统文化,养成自主积累的习惯。"显而易见,诵读相关语言材料、感受中华优秀传统文化的魅力、丰富语言积累是第一学段学生学习的一项重要内容。该案例设计符合两个方面的需要:一是传承中华优秀传统文化的需要。2016 年,"二十四节气——中国人通过观察太阳周年运动而形成的时间知识体系及其实践"被列入联合国教科文组织人类非物质文化遗产代表作名录。二十四节气蕴含着丰富的中华优秀传统文化和教育价值,包括诗词、谚语、习俗、书画等文化形式,内容丰富多彩。将二十四节气纳入语文教学内容,有助于传承并发展二十四节气这一中华优秀传统文化。二是提高学生核心素养的需要。《语文课程标准(2022 年版)》提出以学习任务群的方式来组织和呈现语文课程内容,"探寻二十四节气"可以有效驱动学生主动学习,在搜集、整理、创作、实践中感受语言文字的魅力,提升他们的语言、文化、审美和思维水平。

第二,从学习情境来看,该案例注重优化学生的学习情境。案例呈现了两个情境:一是通过视频等直观情境,还原历史场景,让学生了解我国"二十四节气"的来历、作用,感悟中华民族祖先的智慧;二是创设游戏情境,组织学生举办"节气解说大比拼"比赛,让学生担当节气解说员,提示学生从节气名称、节气诗歌、谚语,节气食俗、民俗活动等方面作介绍,凭借语言运用情境促进儿童的语言文字积累与梳理。

第三,从学习任务来看,该案例中的3个学习任务紧扣学习主题,任务与任务之间环环相扣,体现了很强的进阶性和逻辑性。学习任务与学习内容、学习情境相匹配,这些学习任务融语言积累、中华优秀传统文化熏陶、语言表达、当地习俗等于一体,有助于学生深刻理解我国的节气文化,提升学生的核心素养。

第四,从学习活动来看,该案例在每个学习任务之下都设计了相应的学习活动,构成了完整的学习过程。学习任务一下设计了"观看节日介绍视频""诵读《二十四节气歌》"等学习活动;学习任务二下设计了"搜集节气诗歌、谚语""了解节气风俗文化""绘制节气文化手抄报"等学习活动;学习任务三下设计了"解说二十四节气"等学习活动。学习活动展开的过程就是学生能动地参与其中、核心素养获得提升的过程。

第五,从学习方法来看,该案例为学生提供了富有针对性的学习方法与策略指导。在学习任务一中学生可利用"情境学习策略""诵读策略""归类识记策略",增进自身对二十四节气的直观了解,感受歌谣的节奏美、韵律美,高效记忆歌谣内容。在学习任务二中学生可以利用"合作学习策略""展示互评策略",发展合作意识,增强生生、师生之间的互动,在合作分享中深化对传统节气文化的理解和认同。在学习任务三中学生可以利用"资源整合策略""实践运用策略",发挥多种资源的综合效应,促进其知识学习转化为能力历练、素养涵育。

第六,从学习评价来看,该案例体现了"教学即评价"理念,学习目标明确,为教学评价提供了依据。参考"语言文字积累与梳理"学习任务群的学业质量标准,教师可以进一步为学生提供必要的量规,注重学生学习的表现性评价,进一步以评价促进学生发展。

课例:第二学段"'云'游祖国大好河山"(郭凯艳)

🧑‍🤝‍🧑 情境实践练习

1. 研读小学语文教材五年级上册《古诗词三首·山居秋暝》教学片段,试从学习任务与学习活动设计、学习资源整合、教学效果等方面解析课例,指出其教学设计特色,并搜集有关这首诗的教学设计,进行比较分析、交流分享,探讨改善此类文本教学设计的路径。

板块一:破题,学习生字词(略。)

板块二:初读,把古诗读正确、读流利(略。)

板块三:再读,抓景物,读出节奏(略。)

板块四:品读,想象画面,读出韵味(略。)

板块五:积累梳理,比较读,读懂诗人

师(过渡):同学们,我们学过王维的哪些诗歌? (教师顺着学生回答,出示已学过的篇目,告知下学期将学的诗篇,见表5-11。)请小组合作学习,读、背其余三首诗,你能猜到它们分别是王维早期求学、中期做官,还是晚年归隐时创作的吗?

表5-11　小学语文一至五年级教材中王维诗作一览表

序号	篇名		教材位置
1	《九月九日忆山东兄弟》	二年级下册	第3课《古诗三首》(《元日》《清明》《九月九日忆山东兄弟》)
2	《鹿柴》	四年级上册	语文园地一"日积月累"
3	《山居秋暝》	五年级上册	第21课《古诗词三首》(《山居秋暝》《枫桥夜泊》《长相思》)
4	《鸟鸣涧》	五年级下册	语文园地二"日积月累"

生:《九月九日忆山东兄弟》是早期作品,写他外出求学、想念家乡的兄弟。

生:我猜《鹿柴》《鸟鸣涧》是他晚年的作品。

师:为什么呢?

生:都有"空"字。

师:《九月九日忆山东兄弟》是王维17岁时写的诗,那时候他年少气盛,春风得意,在长安城思念自己的朋友、亲人。《鹿柴》《鸟鸣涧》都有"空山",那终南山真的是一座空山吗?

生:不是。王维远离世俗,隐居山里,寄情于大自然,心境空了。

师:空的不是山,而是王维的心。佛教中有个词,也和"空"有关——(生接"四大皆空")。我们知道李白的别号是"诗仙",杜甫的别号是"诗圣",王维的别号是——(有学生接"诗佛")。王维的母亲是虔诚的佛教徒,懂诗书,会画画,而王维本身又以"诗、书、画、乐俱佳"著称,中年以后,便参禅悟理,史称"诗佛"。

课例:《古诗词三首·山居秋暝》教学实录与评析(陈晓艳、陆平)

2. 请结合本章所学内容,参考表5-10"'语言文字积累与梳理'学习任务群教学案例评价标准",以小学语文教材中的学习资源为基础,整合多种资源,任选一学段,设计一份能够体现课程标准教学要求的"语言文字积累与梳理"学习任务群的教案。

📚 文献摘要

[1]　王宁.汉字教学的原理与各类教学方法的科学运用:上、下[J].课程·教材·教法,2002(10-11):1-5,23-27.

摘要:该文认为汉字教学普遍存在的问题有:盲目提前识字年龄,对小学初始的识字教学产生干扰;单纯追求速度与数量,使汉字教学的很多重要功能与应有的质量无法保证;一些具体教学方法以"流派"形式推出,各自强调某一特色,使一些地区和学校教学方法单一,教学程序固化。在汉字教学中,汉字学理论和教学理论的指导作用发挥不足。鉴于此,教师必须从理论上明确以下问题:汉字对于汉语来说是第二性,识字教学必然滞后于汉语母语的习得;汉字构形是形义体系,而汉语是音义体系,两者的差异给小学识字教学带来了困难;汉字教学的方法和速度要随阶段不同有所变化;明确几种主要识字教学方法的学理依据及其阶段适应性,方法选择应多元化;方法可以选择,学理不能违背。

［2］申宣成."语言文字积累与梳理"学习任务群的价值、内容与实施[J].语文建设,2022(11):4-9.

摘要:该文认为"语言文字积累与梳理"学习任务群具有传承和发展中华文化、强调语言运用和语文积累的课程价值;其课程内容围绕识字写字、积累梳理、中华文化体认等主题,具有清晰的进阶性;其实施主要融于其他学习任务群之中,具体可以区分为小型、中型和大型学习任务三种实施类型。

第六章
"实用性阅读与交流"学习任务群
课程标准解读与教材分析

■ **章前引言**

　　"实用性阅读与交流"学习任务群作为语文教学的重要内容,是语文学科性质特征的集中体现。在进一步深化语文课程改革,强调全面提升学生核心素养的当下,加强对"实用性阅读与交流"学习任务群的理解与教学,有助于提高教师教学效率,改变学生学习方式。接下来,我们将从课程标准解读、教材分析、教学案例分析与情境实践练习等方面,帮助学习者有效认识、理解并实施"实用性阅读与交流"学习任务群。

■ 学习目标

1. 认识"实用性阅读与交流"学习任务群的定位和功能。

2. 了解"实用性阅读与交流"各个学段的学习内容。

3. 掌握"实用性阅读与交流"学习任务群的教学要求。

4. 能够选取小学语文教材中的相关内容资源设计"实用性阅读与交流"学习任务。

5. 能够分析"实用性阅读与交流"教学案例的任务设置、活动设计与评价方案的合理性。

6. 能够利用小学语文教材,设计"实用性阅读与交流"的教学方案。

■ 学习指要

1. 比较阅读:与基础型学习任务群和拓展型学习任务群章节比较阅读,理解"实用性阅读与交流"学习任务群的功能价值;与"文学阅读与创意表达"与"思辨性阅读与表达"学习任务群章节比较阅读,体悟"实用性阅读与交流"学习任务群的内容特征与目标要求。

2. 理解评价:尝试通过学习本章内容,对具体的"实用性阅读与交流"学习任务群教学案例进行分析与评价,以反思和促进自己对于该学习任务群理论与实践层面的理解。

3. 实践操作:基于本章的教学建议与教学案例,立足小学语文教材内容资源,尝试设计"实用性阅读与交流"学习任务群教学方案,将理论学习与实践操作相结合。

第一节　"实用性阅读与交流"学习任务群的课程标准解读

所谓"实用性",一方面指该学习任务群学习的目的是满足日常生活、客观信息交流传递的实用需要;另一方面指该学习任务群中阅读与交流的文体对象通常具有实用性特征,包括日常应用文、说明性文字、新闻作品等。本节主要介绍《语文课程标准(2022年版)》关于"实用性阅读与交流"学习任务群的功能定位、学习内容与教学要求。

一、"实用性阅读与交流"学习任务群的功能定位

作为发展型学习任务群之一,"实用性阅读与交流"上承基础型学习任务群,下启拓展型学习任务群,为整本书阅读、跨学科学习创造条件。与"文学阅读与创意表达"强调以感悟、体验为主的审美活动和"思辨性阅读与表达"强调以思辨、批判为主的理性活动不同,"实用性阅读与交流"是对语文学习与现实生活关联的自觉回应,延续了语文学科的实用性传统,统整了基本的语文活动与现实需要,是对现实语文课程内容失衡的补充。

(一)"实用性阅读与交流"是语文学科"实用性"传统的延续

语文教学的功能与价值丰富多元,但始终紧扣"向生活回归,学以致用,知行合一"的实用性特征。1912年,蔡元培在提出五育并举时,就注重实利主义教育,试图将普通学术寓于树艺、烹饪、缝纫及金、木、土工之中。《小学校教则及课程表》(1912年)即规定初等小学与高等小学授以学生"日用文章"。《新学制课程标准纲要小学国语课程纲要》(1923年)在教学目的、教学程序、教学方法与毕业要求四个方面都强调了注重实用性的特征。《小学课程标准国语》(1932年)规定了文本的内容,包括公民、自然、历史、党义、卫生、地理等。《小学国语科课程标准》(1941年)将文本的内容分为六个方面:关于个人生活、关于学校生活、关于家庭生活、关于乡土生活、关于民族国家、关于世界人类。2000年的《九年义务教育全日制小学语文教学大纲(试用修订版)》开篇明义指出"语文是最重要的交际工具,是人类文化的重要组成部分",凸显了语文课程的实用性特征。这一思想也为《义务教育语文课程标准(2022年版)》所继承与发展:"语言文字是人类社会最重要的交际工具和信息载体,是人类文化的重要组成部分。"语文课程强调阅读与交流的"实用性",因为语言文字的运用,渗透在生活、工作和学习的方方面面。"实用

性阅读与交流"学习任务群有利于让语文学习"满足家庭生活、学校生活、社会生活沟通交流需要";让语文向生活回归,学以致用,知行合一;在世界科技进步日新月异,网络媒体与人工智能迅速普及的当下,帮助学生为未来学习、适应社会打下基础。

(二)"实用性阅读与交流"是对"语文实践活动"与"现实生活需要"的统整

21世纪语文课程改革以来,"语文与生活结合"的理念便在义务教育语文课程标准中有所体现,但《全日制义务教育语文课程标准(实验版)》《义务教育语文课程标准(2011年版)》主要将这一理念分别渗透在阅读、写话写作、口语交际、综合性学习等内容领域中。随着《义务教育语文课程标准(2022年版)》的颁布施行,"实用性阅读与交流"学习任务群实现了对"现实生活需要"与"语文实践活动"的统整,将识字、写字、阅读、写作、口语交际、搜集处理信息等融为一体。一方面,这是学习任务群的特征体现,"群"不是简单的相加关系,而是"综合"的整体,围绕一个具体的"实用性"学习任务,需要听、说、读、写诸多能力的相互协同,学生各种能力也在协同中获得发展。另一方面,这也是学习任务群的现实需求,在日常生活的真实世界中,人与人之间要实现良性的交际互动,往往需要"识字、写字、阅读、写作、口语交际、搜集处理信息等"多项能力与活动方式的有效配合。"实用性阅读与交流"学习任务群有利于综合提升学生听、说、读、写的能力,并与其他学习任务群关联协调,以此为促进学生核心素养全面发展服务。

(三)"实用性阅读与交流"是对现实语文课程的平衡补充

多年来,学界对语文课程的讨论常有"不实用"的诟病,例如,以文学性内容居多,强调对语言的品味、对形象的观照和对情感的体验,侧重对语言文字的审美化理解和表现,对于选入的实用性内容,如非连续性文本、科普作品、说明性文章、日常应用文等,也习惯以文学性思维进行阅读和交流,从文化素养、信息意识和信息技能等角度加工教学内容的意识不充分,难以凸显其实用性价值[1];在课程实施上,忽略"实用性阅读与交流"的特征与需求,将其混同于文学文本的教学,导致课程实施过程与学生的现实生活脱节,影响语言文字参与生活、服务社会的学习目的。[2]"实用性阅读与交流"学习任务群有利于弥补以往语文课程中以文学性思维为主导、忽略表达与交流的问题,改善语文课程的结构性失衡问题。

---

[1] 褚树荣.经世致用:"实用性阅读与交流"任务群解读[J].语文学习,2018(9):26-29.
[2] 梁昌辉.切于实用,有益于生活:"实用性阅读与交流"任务群教学解读[J].语文建设,2022(10):26-31.

链接标准

　　本学习任务群旨在引导学生在语文实践活动中,通过倾听、阅读、观察、获取、整合有价值的信息,根据具体交际情境和交流对象,清楚得体表达,有效传递信息,满足家庭生活、学校生活、社会生活交流沟通需要。

——《义务教育语文课程标准(2022 年版)》

二、"实用性阅读与交流"学习任务群的学习内容

　　《语文课程标准(2022 年版)》分学段架构了"实用性阅读与交流"学习任务群的学习内容。我们以课程标准中涉及的识字与写字、阅读与鉴赏、表达与交流、梳理与探究四类语文实践活动为分类依据,对"实用性阅读与交流"学习任务群的分学段学习内容进行整理(表 6-1)。

表 6-1 "实用性阅读与交流"学习任务群的学习内容

语文实践活动	第一学段	第二学段	第三学段
识字与写字	认识个人生活、学校生活图文相关的汉字	—	—
阅读与鉴赏	阅读个人生活、家庭生活的短文; 阅读有关学校生活的短文; 学习认识革命遗址、博物馆、公园、剧场、车站、书店、超市、银行等社会场所中,有关标牌、图示、说明书等; 阅读有关中华优秀传统文化的短文	阅读家庭生活、学校生活、社会生活的短文; 阅读说明、叙写大自然的短文,欣赏大自然的奇妙与美好	阅读记人叙事的文本; 走进大自然,走进科学世界,走进社会,阅读参观访问日记,观察报告,科技说明文,科学家小传等
表达与交流	运用文明礼貌用语与家庭成员、亲朋好友交流沟通; 学习与同学、老师文明沟通;分享学校的见闻与感受; 了解公共生活规则,学会有礼貌地交流; 将优秀传统文化的故事讲给他人听	用口头和书面的方式,客观地表述生活中的见闻片段; 写留言条、请假条、短消息、简单书信等日常应用文,注意称谓和基本格式,文明礼貌地进行交流; 讲述有关老一辈无产阶级革命家的事迹和故事	通过口头表达、书面叙写,与他人交流身边令人感动的人和事; 能写日记,关注家庭、学校社会生活中的新鲜事; 通过口头表述和多种形式的书面表达,分享观察自然的所见所闻,所思所感; 用多种媒介方式记录、展示、讲述革命英雄的故事

续表

语文实践活动	第一学段	第二学段	第三学段
梳理与探究	—	学习用日记、观察手记等展示自己观察自然、探索科学的收获	学习用记笔记、列大纲、写脚本、画思维导图等整理和呈现信息的方法探索自然、科学世界

从学习内容涉及的主题来看,"实用性阅读与交流"学习任务群涉及的主题范围逐级扩展。总体来说,该学习任务群所涉及的主题内容包括个人生活、家庭生活、学校生活与社会生活。第一学段,学习内容的主题范围主要是个人生活、家庭生活和学校生活,侧重个人生活与学校生活。第二学段涉及家庭生活、学校生活、社会生活,并初步走向大自然,侧重学校生活与社会生活。第三学段则包括所有情境范围,以日常生活为基础,引导学生"走进大自然、走进科学世界、走进社会"。

从学段特征来看,从低学段到高学段,"实用性阅读与交流"活动类型的认知层次逐渐递增。例如,第一学段活动类型涉及识字与写字、阅读与鉴赏、表达与交流;第二、第三学段活动类型则包括阅读与鉴赏、表达与交流、梳理与探究。从学习内容涉及的活动类型来看,该学习任务群同时涉及识字与写字、阅读与鉴赏、表达与交流、梳理与探究四类语文实践活动,以阅读与鉴赏、表达与交流为最主要的活动。从活动类型的指向来看,"实用性阅读与交流"学习任务群语文实践活动指向获取信息与传递信息。其中,阅读与鉴赏活动主要指向获取信息,如通过阅读各种类型的短文了解家庭、社会与自然,阅读科普文章以了解科学常识,阅读说明书以指导正确使用等;具体途径包括倾听、阅读与观察。而表达与交流主要指向传递信息,引导学生增强语言文字的实用意识,强化表达与交流的读者意识、情境意识、问题意识、语体意识,学会根据不同语境适当调整表达方式和表述策略,如学会与亲朋好友、同学、教师等不同的交流对象进行清楚得体的有效交流,能够进行留言条、请假条等实用文类写作等;具体途径包括倾听、口语表达、书面表达等。

从学习内容涉及的文本类型来看,"实用性阅读与交流"学习任务群中的文本类型以实用性与工具性为主要特征,类型多样,主要可以概括为以下四类:第一类是叙事性文本,包括有关个人生活、家庭生活、学校生活的短文,叙写大自然的短文,科学家小传,有关中华优秀传统文化的短文等;第二类是说明性文本,主要是与大自然有关的说明短文、科技说明文等;第三类是应用性文本,包括留言条、请假条、短消息、简单书信、日记、观察手记、笔记、大纲、思维导图等;第四类是非连续性文本,包括社会公共场所中涉及的标牌、图示、说明书等。值得一提的是,除了传统的纸质文本,课程标准还提出了"多种媒介方式"。从单一的纸质文本到纸质文本与多种媒介方式兼备,符合现实生活中阅读的发展实际,是课程标准在文本概念和设置上的进步。

三、"实用性阅读与交流"学习任务群的教学要求

《语文课程标准(2022年版)》对"实用性阅读与交流"学习任务群做出了具体的教学提示:教学提示(1)针对该学习任务群的教学内容,强调教师要设置真实的学习情境,以此适应当代社会生活的需要;教学提示(2)针对该学习任务群的教学策略,强调教师要结构化组织学习活动,具体化学习方法,提供可操作性的学习资源;教学提示(3)针对该学习任务群的教学评价,建议教师使用表现性评价与过程性评价,以评促学,提高学生实用性阅读与交流的能力。

(一) 以日常生活为中心,设置真实情境

教学提示(1)指出:应紧扣"实用性"特点,结合日常生活的真实情境进行教学。所谓真实,一是现实的真实,即真实的生活情境;二是可能的真实,指在生活中可能发生的事,或是可能遇到的问题。例如,针对小学语文教材四年级下册口语交际"自我介绍",教师可以设置这样一些情境:(1)学校开展"诗词小达人"比赛,赛前需要进行3分钟自我介绍;(2)妈妈的好友第一次到你家做客,妈妈让你作自我介绍;(3)暑假,爸爸、妈妈带你去旅游,在大巴车上,导游请你介绍一下自己。这些都是真实的日常生活情境,学生在真实的生活情境中可以真正领悟"对象和目的不同,介绍的内容有所不同"的学习目标,从而培养生活需要的实用的语文能力。真实情境有助于将学习任务与学生的生活实际紧密结合在一起,激发学生的学习兴趣,唤醒学生内心的真情实感,形成独特的想法和见解,从而提升语用能力。

链接标准

应紧扣"实用性"特点,结合日常生活的真实情境进行教学。第一、第二学段可以围绕"我爱我家""我爱上学""文明的公共生活"等主题设计学习任务,引导学生学习日常生活语言,学会文明交往,学习表达生活;第三、第四学段可以围绕"拥抱大千世界""创造美好生活""科学家的故事""数字时代的生活""家乡文化探究"等主题,开展阅读与探究活动,引导学生关注社会,表达和交流自己在生活中的发现和感受。

——《义务教育语文课程标准(2022年版)》

(二) 以学习活动为枢纽,提供学习资源

教师在设置真实情境后,便需要组织丰富和有效的语文实践活动。教学提示(2)明确指出了学习活动的类型与组织建议。从丰富性上来看,学习活动的类型应包

括朗读、复述、游戏、表演、讲故事、情景对话、现场报道等,贴近学生的喜好。从有效性上来看,学习活动的形式要体现"实用性阅读与交流"学习任务群整合信息、传递信息、满足交际的目标要求。在多种学习活动的组织中,教师要特别注重活动与活动之间的逻辑性,形成链状推进的、具有逻辑结构的链式活动任务,推动学生像登山一样不断接受新挑战,经历充分的探究过程,以获得充分的学习体验。具体来说,教师可以通过明确学习内容中蕴含着的大概念,把握好各学习任务间的内在关系,设计清晰的学习进阶路径来实现。

　　学习活动需要丰富的学习资源支持。"实用性阅读与交流"学习任务群的学习活动指向现实问题的解决,因而教师更要向学生提供丰富的学习资源,帮助学生解决具体的问题。首先,教师要关注"实用性阅读与交流"的时代性与实用性,建构文本资源、自然与社会生活资源的"超文本"。《语文课程标准(2022年版)》在教学提示(2)指出:加强对跨媒介阅读与交流的指导,充分利用数字资源和信息化平台,引导学生提高语言理解与运用能力,逐步增强语言表达的准确性、规范性。例如,教师可以借助现代信息技术,把该学习任务群的学习和跨学科学习有机结合在一起,引领学生自主利用网络上的学习资源搜集与整合信息。其次,"实用性阅读与交流"学习任务群活动性的特点需要学生根据学习需要,自主调整学习进程,以完成学习任务。因此,教师需要为学生提供学习工具,以帮助其呈现思维过程,展示学习结果,提高学习的自我效能感。如《语文课程标准(2022年版)》在第三学段提出"学习记笔记、列大纲、写脚本、画思维导图等整理和呈现信息的方法",这就需要在学习活动的设计中加入思维支架,开发相应的技术工具,帮助学生更好地进行实用性阅读和交流。最后,在具体的实用性听说读写活动中,学生要根据不同的学习目的、不同的文本类型及不同的活动类型,选择与使用最适合的学习方法,以提高学习活动的效率与效果。因此,教师需要为学生提供具体的策略教学,如总结、概括、假设等阅读策略或积累、做笔记、列提纲等写作策略,以帮助学生解决学习中的问题。

链接标准

　　学习活动可以采用朗读、复述、游戏、表演、讲故事、情景对话、现场报道等学生喜闻乐见的形式,将识字、写字、阅读、写作、口语交际、搜集处理信息等融为一体;应加强对跨媒介阅读与交流的指导,充分利用数字资源和信息化平台,引导学生提高语言理解与运用能力,逐步增强语言表达的准确性、规范性。

　　　　　　　　　　　　　　——《义务教育语文课程标准(2022年版)》

(三) 以质量标准为依据,评价学习表现

"实用性阅读与交流"学习任务群的评价关注学生在真实情境中解决问题的能力,及其进行实用性阅读和交流的能力。具体来说,《语文课程标准(2022年版)》在学业质量部分对学生在"实用性阅读与交流"学习任务群的学业成就具体表现上,作了如下描述(表6-2):

表 6-2 "实用性阅读与交流"学业质量标准描述

学段	学业质量标准描述
第一学段	留心公共场所等真实社会场景中的文字,尝试认识标牌、图示、简单的说明性文字中的常用汉字; 与人讨论交流,注意倾听,主动用礼貌用语回应;乐于表达自己的想法,遵守规则,主动合作,积极参与讨论,把自己的想法说清楚; 愿意向他人讲述读过的故事,乐于向他人展示自己的作品
第二学段	乐于在班级活动中交流展示,能根据需要用普通话交谈,认真倾听,把握对话的主要内容并简要转述; 能尝试根据语文学习经验和生活经验解决日常生活中的问题; 能阅读常见的图文结合材料,注意图文关联,初步把握材料的主要内容; 能选择自己感兴趣的角度主动搜集信息,用流程图和文字记录学习活动的主要过程,并向他人展示学习成果; 能用日记等方式记录个人的见闻、感受和想法;能用便条、书信等与他人交流
第三学段	能根据对象和场合,作简单的发言; 能概况说明性文字的主要内容或简单的非连续文本的关键信息,初步判断内容或信息的合理性; 能用准确的语言清楚地介绍、说明事物或程序,运用文本主要信息解决现实生活中的简单问题; 能用多种媒介方式表达交流; 能积极参与活动的策划与组织工作,围绕学习活动搜集材料; 能围绕学习活动展开调查,从多方面获取活动各阶段的材料; 能概括说明性文字的主要内容或简单的非连续性文本的关键信息,初步判断内容或信息的合理性;能用准确的语言清楚地介绍、说明事物或程序,运用文本主要信息解决现实生活中的简单问题; 能用多种方式记录、分享自己独特的阅读、参观、访问的经历、见闻和心得体会

《语文课程标准(2022年版)》指出,语文课程评价包括过程性评价和终结性评价两类。其中,过程性评价包括课堂教学评价、作业评价和阶段性评价三类;而终结性评价则包括学业水平考试和过程性评价的综合结果。对于"实用性阅读与交流"学习任务群而言,无论是过程性评价还是终结性评价,均应依据上述学业质量要求进行拟定与设计。

其中,对于课堂教学评价和阶段性评价,基于评价指标的表现性评价可以为

"实用性阅读与交流"学习任务群的评价提供参考借鉴。表现性评价是教师根据评价目标为学生提供情境性的表现任务,通过分析学生完成任务时的表现,有针对性地调整教学计划以促进学生学习与发展的系列活动。以小学语文教材六年级上册"聊聊书法"的实用性交流(口语交际)为例,对于"天下第一行书"这一任务,教师可以结合具体的任务与相关的学业质量标准(该任务涉及内容与表达两个方面:一是"能根据对象和场合,作简单的发言";二是"能用准确的语言清楚地介绍、说明事物"),对学习目标进行分解,形成水平标准(表6-3):

表6-3　"天下第一行书"任务评价表

教学目标:了解《兰亭集序》的创作过程,能说清《兰亭集序》为何被称为"天下第一行书"			
学业质量标准	水平三	水平二	水平一
内容标准	□ 能分条目、多角度说清《兰亭集序》的精妙之处,并结合图片就一两个方面展开重点讲述	□ 能分条目、多角度说清《兰亭集序》的精妙之处	□ 能说出一两点《兰亭集序》的精妙之处
表达标准　清楚性	□ 分点说明;叙事有序;突出重点	□ 分点说明;叙事有序	□ 过于简单或条理不清、复杂啰唆
生动性	□ 不照搬资料;结合图物;自信自然	□ 不照搬资料;自信自然	□ 照搬资料;单一刻板
互动性	□ 有提问;有回答;有补充	□ 能用聊天语气介绍	□ 没有交流

具体来说,在开展"聊聊书法"教学前,教师通过制订评价标准,可以明确教学目的,制订清晰的教学计划。同时,教师应为学生讲解评价框架中各水平表现的具体内涵,引导学生理解自己"应该学习的内容"以及"应该达到的程度",充分发挥表现性评价的导向价值。在"实用性阅读与交流"学习任务群的课堂教学过程中运用此标准,教师可以更好地理解学生在发言和倾听发言时的规则意识和交际修养,借助评价引导学生反思学习过程,提升其能力表现。同时,在"聊聊书法"教学的总结阶段,教师通过对照学生最终表现与评价指标,可以客观地描述学生的能力水平与素养现状,反思自身的教学行为,明确下一步教学改进与提升的方向,助力学生后续的学习与发展。

针对"实用性阅读与交流"学习任务群的作业评价与学业水平考试,基于学业质量标准的"情境化测评"理念可以为教师提供借鉴。情境化命题强调将知识还原到真实的运用情境中,建构一个以知识为基础,包含知识所发生的情境以及如何使用知识解决问题的系统。教师在进行"实用性阅读与交流"情境化命题时,需要注意以下三点:第一,保证测试材料的丰富性。传统的实用文考查大多以"说明性文章"和"议论性文章"阅读测试为主。在此基础上,教师还应该增加非连续性文本考查、多重文本考查等形式,将丰富多样的实用文语料融入读写测评。同时,语料的话题最好围绕社会重要时事,贴近学生生活,营造新鲜、生动的考查情境。第二,实用性阅读的评价需要兼顾学生的高阶思维能力,除了考查说明文、议论文阅读所关注的信息提取、分析、运用等能力外,教师还需要关注学生在应用交际、解释推断、策略应用、发散创新、批判赏析等方面的能力,重视提升学生的高阶思维水平。第三,读写结合,进一步关注实用性交流的评价。教师可以结合综合性学习考查和阅读考查,增加片段式的"小作文"题型,比如辩论、演讲、开场白等,评价学生的实用性交流能力。

链接标准

  评价应注重学生在真实生活情境中语言运用的实际表现,围绕个人生活、学校生活、社会生活中阅读与交流的实际任务,评价学生实用性阅读与交流的能力。在评价中,应引导学生注意实用性阅读与表达的目的、对象、情境,以及交流效果,注意内容明确、条理清晰、语言简洁明了,注意应用文的基本格式和行文规范。

——《义务教育语文课程标准(2022 年版)》

四、"实用性阅读与交流"学习任务群的关键问题

基于上述对课程标准的分析,"实用性阅读与交流"学习任务群理念下的实用性文本阅读教学需注意以下几个关键问题。

(一)正确理解具有实用功能的文本资源

说明文、议论文、记叙文一直是语文教育领域划分文体的标准。《全日制义务教育语文课程标准(实验稿)》(2001 年)首次在阅读中提出"说明性文章"这一概念,并要求用书信便条进行书面交际,学生需要学写应用文。《义务教育语文课程标准(2011年版)》注重阅读说明性文章,要求"抓住要点,了解文章的基本说明方法";同时也关注到了"非连续性文本"的重要性,要求学生"能从图文等组合材料中找出有价值的信息"。因此,教师在对以往语文课程的理解层面,多将实用性文本等同于说明性文章,而在具体课程实施中,则多用说明对象、说明方法、说明顺序的说明性文章概念体系去囊括实用性文本。事实上,"实用性文本"的外延大于"实用文""说明性文章""非连续性文本",它是以能够提供有实际使用价值的信息为目的的文本,主要包括:有关个人生活、家庭生活、学校生活、社会生活的短文,日常生活中常见的标

牌、图示、说明书等,说明、叙写大自然的短文,参观访问记、考察报告、科技说明文、科学家小传等,有关中华优秀传统文化的短文等。实用性文本的语言具有科学性、说明性、介绍性、叙事性等特点,呈现很强的工具性,其目的是为学生将来能运用语言敏捷高效地处理学习生活和工作中的实际问题,或为在一些较为正式的社交场合与社会交往中能顺畅地使用语言知识做准备。因此,即便在学习任务群的教学中偶尔出现具有文学性特征与思辨性特征的文本,只要其阅读取向还是实用性的,是以获取其中有实际使用价值的信息为目的的,这些文本都可以当作"实用性阅读与交流"学习任务群的文本资源。

(二) 为文本学习设置具体的交际场域

从文本属性来看,实用性文本由于其内容可以反映一定的社会现象与规律,所以它本身就具有一定的实用性。然而,当实用性文本被赋予教学意义后,教师除了关注文本的原有特点,更应该把握文本教学对学生了解社会发展、形成未来职业生活需要的关键能力的重要作用,而非仅仅停留在赏析语言、逻辑、修辞等内容层面上。发挥文本教学这一重要作用的路径之一,即为学生提供具体的交际场域,帮助学生建构起个人的语言系统。根据语言学家弗斯所提出的建立言语情境的三要素(与参与者相关的事件、参与者的特征、可能产生的影响为理据)[①],教师可以通过围绕学生自身学情特征、具体教学内容与任务群目标三个方向为学生学习实用性文本设置具体的交际场域。例如,在学习说明我国宝贵历史文化遗产的《赵州桥》一文时,教师带领学生实地调查当地有特色的桥梁建筑,以小组为单位形成调查报告,并与专业人士进行交流,丰富学生对中国桥梁建筑的认识。学生扮演桥梁建筑设计师的角色,尝试在现代的桥梁设计中融入传统元素并阐释其中的原理。在该篇文本的学习中,教师通过带领学生走出课堂实地调查桥梁建筑,将学生的认知扩展出了文本范围,把学生引入新的主题探索中,将新知识与学生原有的认知相联结。同时,教师设计的"请桥梁建筑设计师讲解桥梁设计原理"的交际场域,帮助学生在理解桥梁建筑内容的基础上,解决具体的交际问题,帮助学生实现了从文本学习到实际的语言运用的转换。

(三) 以阅读理解为基础,落脚实用性表达

《语文课程标准(2022年版)》用"实用性阅读与交流"等学习任务群整合了过去语文课程标准中提及的"识字与写字""阅读与鉴赏""表达与交流"等语文实践活动,强调多种阅读活动的融合性与整体性。这样调整的原因有二:其一是

---

① FIRTH J R. Papers in linguistics: 1934—1951 [M]. Oxford: Oxford university press, 1957: 182.

回应"学习任务群"这一内容组织形式发展学生核心素养的要求。所谓学习任务群,并不是单一学习任务的简单相加,而是围绕具体的情境进行多个学习任务的融合,因而需要学生听、说、读、写各方面能力的协同作用,也只有如此,才能真正地发展学生的核心素养。其二是回归现实生活,紧扣该学习任务群"实用性"特征的必要表现。在日常生活中,人与人之间的交际互动、真实问题的解决需要听、说、读、写等多种语文能力和活动方式的配合。因此,融合多项阅读活动的学习任务群,更有利于学生掌握与当代生活息息相关的实用性文本,以满足学生的现实需要。

根据课程标准对"实用性阅读与交流"学习任务群目标的具体表述,学生需要"通过倾听、阅读、观察,获取、整合有价值的信息",最终"根据具体交际情境和交流对象,清楚得体表达,有效传递信息"。这说明"实用性阅读与交流"学习任务群需要以阅读理解为基础,落脚实用性表达。在阅读理解方面,学生要明确实用性文本写作的目的(借助相关背景,还原交际语境,辨析文本写作目的)、核心的内容(明确文本重点传达了哪些信息、知识或呈现了怎样的核心观点)以及写作的方式(文本是如何根据写作的目的和对象,选取恰当的语气、语调,斟酌措辞和表达策略;如何安排文章的结构,以便条理清晰并能突出重点)。在表达与交流方面,学生要将阅读理解的信息输出与外化。教师应在日常中引导学生借鉴课文的语用实践,以文学文,提升实用性文本写作能力;借助文本情境,从中寻觅社会性表达与交流的策略、方法,提升语言表达能力;通过学习任务群,强化表达与交流的读者意识、情境意识、问题意识、语体意识,学会根据不同语境适当调整表达方式和表述策略,以此"满足家庭生活、学校生活、社会生活沟通交流需要"。

第二节 "实用性阅读与交流"学习任务群的教材分析

本节以小学语文教材为分析对象,立足《语文课程标准(2022年版)》,对其中"实用性阅读与交流"学习任务群的相关内容资源与编排方式进行分析。

一、内容资源

根据《语文课程标准(2022年版)》中关于"实用性阅读与交流"学习任务群的目标要求与学习内容要求(具体内容详见表6-1),我们分学段总结了小学语文教材中"实用性阅读与交流"学习任务群的相关内容资源(表6-4、表6-5、表6-6)。

学 习 活 动

请你尝试按照表6-4、表6-5、表6-6的格式总结小学语文教材三年级下册中的"实用性阅读与交流"学习任务群的相关内容资源,并以小组为单位分享你的总结过程与教学感悟。(提示:教学感悟可以从该册内容资源特征,以及与其他册教材的衔接等层面展开。)

表6-4 第一学段"实用性阅读与交流"小学语文教材内容资源梳理

册次	口语交际	语文园地	课文	识字	课后练习
一年级上册	我说你做;我们做朋友;用多大的声音	语文园地四(展示台——认识同学的名字);语文园地六(展示台——认识公共场所的标牌);语文园地八(字词句运用——给家人或朋友写祝福的话)			
一年级下册	听故事,讲故事;请你帮个忙;打电话;一起做游戏	语文园地六(展示台——认识包装上的说明)			《动物王国开大会》课后练习
二年级上册	有趣的动物;做手工;商量;看图讲故事	语文园地三(写话——分享最喜欢的玩具);语文园地四(识字加油站——认识车票;写话——学写留言条)	《我是什么》《植物妈妈有办法》《黄山奇石》《日月潭》《葡萄沟》		《寒号鸟》课后练习;《玲玲的画》课后练习
二年级下册	注意说话的语气;长大后做什么;图书馆借阅公约;推荐一部动画片	语文园地一(识字加油站——阅读导图;快乐读书吧——分享儿童故事);语文园地二(写话——介绍分享自己的好朋友)	《雷雨》《要是你在野外迷了路》《太空生活趣事多》	《传统节日》《贝的故事》	《寓言二则》课后选做练习;《要是你在野外迷了路》课后选做练习;《小毛虫》课后练习

表 6-5 第二学段"实用类阅读与交流"小学语文教材内容资源梳理

册次	口语交际	习作	语文园地	课文	课后练习	综合性学习
三年级上册	我的暑假生活；名字里的故事；身边的小事；请教	猜猜他是谁；写日记；我们眼中的缤纷世界；这儿真美	语文园地一(词句段运用——组织兴趣小组)	《大青树下的小学》《富饶的西沙群岛》《海滨小城》《美丽的小兴安岭》《大自然的语言》《读不完的大书》《手术台就是阵地》《一个粗瓷大碗》	《大青树下的小学》课后练习；《铺满金色巴掌的水泥道》小练笔；《金色的草地》课后练习；《富饶的西沙群岛》课后练习；《美丽的小兴安岭》课后选做练习；《大自然的语言》小练笔；《读不完的大书》课后练习	
三年级下册	春游去哪玩；劝告；趣味故事会	我的植物朋友；看图画，写一写；我做了一项小实验；国宝大熊猫	语文园地一(词句段运用——读一读，写一写小动物的外形特点)；语文园地二(词句段运用——学习读通知，写通知)；语文园地三(识字加油站——学习认识生活中的标牌；词句段运用——学习运用流程图整理与表达信息)；语文园地七(词句段运用——学习寻物启事的格式，并仿写)	《昆虫备忘录》《纸的发明》《赵州桥》《一幅名扬中外的画》《花钟》《蜜蜂》《海底世界》	《纸的发明》课后练习；《赵州桥》课后练习；《蜜蜂》课后练习	中国传统节日
四年级上册	安慰	写观察日记；写信		《夜间飞行的密码》《呼风唤雨的世纪》《爬山虎的脚》《蟋蟀的住宅》	《爬山虎的脚》资料袋	
四年级下册	转述；说新闻；自我介绍	我的乐园；我的奇思妙想；游____；我的"自画像"	语文园地二(交流平台——与同学交流解决问题、搜集信息的方式方法)	《琥珀》《飞向蓝天的恐龙》《纳米技术就在我们身边》《千年梦圆在今朝》《记金华的双龙洞》	《飞向蓝天的恐龙》课后练习；《纳米技术就在我们身边》课后选做练习；《记金华的双龙洞》课后练习	

表 6-6   第三学段"实用类阅读与交流"小学语文教材内容资源梳理

册次	口语交际	习作	语文园地	课文	课后练习	综合性学习
五年级上册		"漫画"老师; 二十年后的家乡; 介绍一种事物; 我想对您说(书信)	语文园地七(词句段运用——为元旦联欢会制作海报)	《什么比猎豹的速度更快》 《冀中的地道战》 《圆明园的毁灭》 《太阳》 《松鼠》	《少年中国说》(节选)课后练习	
五年级下册	走进他们的童年岁月; 怎么表演课本剧; 我是小小解说员; 我们都来讲笑话	中国的世界文化遗产		《威尼斯的小艇》 《牧场之国》 《金字塔——不可思议的金字塔》	《草原》课后练习	
六年级上册		多彩的活动; 我的拿手好戏	语文园地一(词句段运用——借助拼音认识地名与路牌); 语文园地六(词句段运用——学会运用公交站牌选择路线); 语文园地七(交流平台——学习记笔记等整理与呈现信息的方法;词句段运用——改写说明书)	《竹节人》 《宇宙生命之谜》 《故宫博物院》 《只有一个地球》 《京剧趣谈》		
六年级下册	即兴发言	家乡的风俗		《北京的春节》 《藏戏》		奋斗的历程; 难忘的小学生活

小学语文教材中的"实用性阅读与交流"学习任务群内容资源分布较广,囊括了口语交际、语文园地、课文、课后练习、习作以及综合性学习等多个板块。总体来看,第一,口语交际、语文园地、课后练习板块的"实用性"特点最为突出,各个学段均有出现。对于口语交际而言,一至六年级小学语文教材共安排了 47 次口语交际教学,其中有 30 次口语交际教学属于"实用性阅读与交流"学习任务群,内容涵盖学校、家庭、社会生活的各个方面。对于语文园地与课后练习板块,由于这

两个板块本身具有较强的实践性与实用性特征,因而几乎每一学段这两个板块均有涉及该学习任务群的内容,内容包括阅读社会生活中的标牌、图示与说明书等,进行家庭、学校生活中的祝福语写作、海报制作等。第二,习作单元是小学中、高学段"实用性阅读与交流"学习任务群的主要内容来源。从三年级开始,几乎每一个习作单元中均有实用性写作的内容,且范围较广,包括写日记、记录实验、写书信等。值得一提的是,除一些明显的应用性写作、实用性写作外,一些习作单元要求的写作内容介于实用性与文学性之间。例如,小学语文教材三年级上册第五单元要求学生对"我们眼中的缤纷世界"进行写作,其主题属于日常生活范围,语文要素是"体会作者是怎样留心观察周围事物的""仔细观察,把观察所得写下来"。尽管学生的写作手法会涉及具有文学性特征的叙述性描写,但因其主题与目的属于课程标准提出的"实用性阅读与写作"的具体内容,因而仍归属于该学习任务群。第三,实用性文本大多依据"人文主题"与"语文要素"散布于二至六年级小学语文教材的课文板块之中。例如,小学语文教材五年级上册第二单元安排了4篇课文:《搭石》是散文,《将相和》是根据《史记》改写的历史故事,《什么比猎豹的速度更快》《冀中的地道战》属于说明文,这4篇文本是用来学习"提高阅读速度的方法"的。其中,后两篇文本可以归入"实用性阅读与交流"。除此之外,认识图文中的相关汉字以及说明性、描述性文本写作和口语交际是穿插安排在识字、课后练习与综合性学习中的。

从三个学段内容资源的纵向比较来看,小学语文教材中的"实用性阅读与交流"学习任务群内容资源呈现逐级扩展的特点。从主题范围来看,第一学段主要聚焦个人生活和家庭生活;第二学段主要聚焦学校生活与自然生活;第三学段则主要聚焦社会生活。主题范围经学生自身—家庭—自然—社会逐级扩展。如一、二年级教材中的语文园地与该学习任务群相关的内容大致是"我爱我家——我与家人的交流""我爱上学——我与同学们的交往"主题;三、四年级教材中的语文园地与该学习任务群相关的内容大致是"我爱上学——我在学校参与的各类活动""我与自然、社会——了解大自然,积极参与公共生活"主题;而五、六年级教材中的语文园地与该学习任务群相关的内容大致是"我与自然、社会——了解大自然,积极参与社会生活"主题。从内容板块来看,第一学段共涉及口语交际等五个板块,而第二、第三学段则增加到六个板块,几乎涉及语文教材中的所有板块,同样呈现出逐级扩展的特点。

二、编排方式

除了解教材的具体内容,教师还需要对教材内容的编排进行分析,以便进一步了解教材的编写理念,从而达到更好地立足教材与使用教材的要求。通过表6-4、表6-5、表6-6可知,"实用性阅读与交流"学习任务群在小学语文教材中所涉及的板块主要包括：课文、课后练习、习作、口语交际、语文园地与综合性学习。教师可以根据"实用性阅读与交流"学习任务群的主要内容，将这些板块归纳为针对实用性阅读的阅读系统、针对实用性表达的表达与交流系统，以及帮助学生学习该学习任务群的助学系统三大组织结构。小学语文教材"实用性阅读与交流"学习任务群三大组织结构的编排方式主要呈现出以下几个特点。

（一）"情境主题内容"与"实用性文本阅读能力"双线组合的阅读系统

针对"实用性阅读与交流"学习任务群的阅读系统，小学语文教材呈现出"家庭、学校、社会情境主题"与"实用性文本阅读能力"双线组合的编排特征。这一延续小学语文教材"人文主题"与"语文要素"双线组元的编排理念[①]，通过人文主题（如至爱亲情、学习生活等）和语文要素（如基本的语文知识、必需的语文能力等）两条线索交织组合，以保证立德树人根本任务的落实和核心素养的达成。

具体分析六个年级小学语文教材中的实用性文本可知，一、二年级学生阅读的实用类文本在内容主题上多与生活有关；在阅读目标上，要求学生能够提取短文本中的主要信息。例如，小学语文教材二年级下册的说明文《要是你在野外迷了路》，要求学生阅读后提取文中所提到的"几种类型的天然指南针"，即关注的是学生在阅读短文本后，提取主要信息的能力。三、四年级学生阅读的实用类文本在内容上多与自然有关；在阅读目标上，主要要求学生能够提取较长文本中的主要信息，且能够感知其语言特征、表达方式。例如，小学语文教材四年级下册的说明文《飞向蓝天的恐龙》，要求学生阅读后能够梳理恐龙演化成鸟类的过程，并且找出文中表达准确的语句。与一、二年级的文本相比，三、四年级的实用性文本明显更长，除了要求学生提取信息，还要求学生理解实用性文本的表达特征，如语言的准确性等。五、六年级的实用性文本在内容层面则相较中、低年级更为多样，除了生活、自然等主题，还包括科技、社会等内容；在阅读目标上，除了要求学生能够提取信息、感知语文特征，还增加了阅读元认知能力的培养，要求学生反思自己阅读实用性文本的策略与方法。例如，小学语文教材六年级上册的说明文《宇宙生命之谜》，要求学生反思自己阅读的过程。

教师可以以情境主题组织学习内容，这种做法有利于贴近学生生活，让学生在学习语文的过程中主动参与社会实践，增强公民意识和责任感，对社会、对他人富有爱心；让学生亲近、关爱自然，懂得与自然和谐相处；促进学生自我和解，肯定自我价值，发展兴趣与专长。同时，情境主题与实用性文本阅读能力结合，弥补了课程内容呈现跳跃的问题，可以使学生减少语文学习的盲目性，切实掌握实用性文本阅读

---

① 王本华. 从八大关键词看"部编本"语文教材的编写理念[J]. 课程教学研究, 2017(5):31-35.

的学习策略、学习方法,从而循序渐进地培养必备的实用性文本阅读能力与素养。

(二) 以口语交际与写作为核心,构建相对开放的表达与交流系统

针对"实用性阅读与交流"学习任务群的表达与交流系统,小学语文教材呈现出以口语交际与习作板块为核心,构建相对开放的实用性表达与交流系统的特征。实用性表达与交流是运用语言文字进行表达和交流的重要方式,是个体认识世界、认识自我、创造性表述的主要过程。

以口语交际与习作板块为核心,是为了呼应小学语文教材在表达与交流教学模块"一课一得"的编写理念,将学生需要掌握的"基本的实用性表达与交流"的知识、能力、学习策略等落实到每一次的口语交际与习作板块,力求让学生"有所得"。"实用性表达与交流"的主要内容在一、二年级教材中主要分布在口语交际板块,旨在帮助学生"根据具体交际情境和交际对象,清晰得体表达,有效传递信息,满足家庭生活、学校生活、社会生活交流沟通需要",例如"请他人帮忙"等。在三、四年级教材中则主要出现在口语交际与习作板块,针对的是现实生活中的具体需求,旨在帮助学生完成"基本的实用性表达与交流"。五、六年级则更加强调文体写作,如"怎么写书信""说明事物要抓住特征"等。口语交际与习作板块针对的是"基本的实用性表达与交流能力",而非笼统的、大而无当的内容。比如小学语文教材三年级下册第二单元要求学生"把图画的内容写清楚",旨在培养学生观察事物、传递信息的能力,可讲的东西很多,教材并没有面面俱到、全面论述,而是选择两个最主要的方面进行策略指导:一是观察主要人物与动作;二是写出自己看到的与想到的。这两个要求并不高,是学生够得着的,学生按照教材的要求去做,至少能做到"一课一得"。

而构建相对开放的实用性表达与交流系统,是指小学语文教材关于实用性表达与交流的内容并不局限于口语交际和写作板块,其他板块也涉及若干实用性交流与表达小专题。例如,针对实用性书面表达能力的培养,一、二年级并没有单独的写作单元,而是在语文园地中要求学生尝试写话,分享自己的见闻和感受,重点培养学生的写作兴趣和良好的写作习惯。三年级开始出现具体的习作单元。而在中、高年级的小学语文教材中,除了由口语交际和习作板块所构成的核心内容,语文园地中的"词句段运用"等栏目,也为学生提供了实用性表达与交流的机会。这种编排方式弥补了过去教材中封闭的表达与交流系统的不足,反映出小学语文教材为构建开放的实用性表达与交流系统所做出的努力。

(三) 聚焦现实问题,多层次辅助"实用性阅读与交流"学习任务群的助学系统

助学系统是通过提供学习方法、练习等帮助学生学习的教材内容资源的集合,

既包括单元提示、插图、注释等,也包括课后练习等,是除了阅读与交流系统的其他板块。小学语文教材中大量有关"实用性阅读与交流"学习任务群的内容出现在语文园地、课后练习、综合性学习等助学系统中,这部分编排具有聚焦现实问题,多层次辅助"实用性阅读与交流"学习任务群的编排特征。

"实用性阅读与交流"学习任务群的助学系统所涉及的相关内容与主要目标符合该学习任务群的基本要求,为学生提供了除阅读、表达与交流外更多样的语文实践活动机会。小学语文教材中"实用性阅读与交流"学习任务群的助学系统主要承担多层次辅助的作用。一方面,针对课程标准提到的该学习任务群的一些简单的、零散的学习内容,助学系统通过单一小任务的设计,帮助学生完成相应内容的学习。例如,小学语文教材将课程标准要求学生学习认识有关标牌、图示、说明书等公共生活规则的内容插入各年级的语文园地中。另一方面,针对该学习任务群的一些复杂的学习内容,小学语文教材会有意识地通过助学系统帮助学生复习或练习相关知识,与阅读系统、表达与交流系统相关联,帮助学生提升运用语言的能力。例如,小学语文教材将课程标准要求学生学习整理和呈现信息的方法等内容插入旁批或阅读提示中,以此提醒学生在完成阅读系统的相关学习任务时,要注意到课文所用的一些方法;同时,教材还将这些方法以学习任务的形式呈现在语文园地或综合性学习中,要求学生自主完成任务,促进其核心素养的形成。

除此之外,助学系统的任务设计多会为学生设置一个现实的情境,聚焦一个现实的问题,助力学生完成学习。以小学语文教材六年级上册第六单元的语文园地中"词句段运用"栏目为例,这一栏目要求学生学会运用公交站牌选择路线,属于"实用性阅读与交流"学习任务群的助学板块。这一学习任务的目的是让学生通过观察获取有价值的信息,以满足其社会生活的需要。针对上述目的,教材设计了"小林同学家住温泉镇,希望早上9点以前赶到在宋家洼的外婆家,好跟舅舅一起去爬山"的现实情境,通过聚焦根据公交牌选择乘车方案的现实问题,帮助学生完成该学习任务群的学习。

三、实施建议

根据《语文课程标准(2022年版)》中关于该学习任务群的教学实施建议,教师在利用小学语文教材进行"实用性阅读与交流"学习任务群的教学时,需体现"聚焦现实生活需求,关注语言运用"的学习任务群特点,整体规划学习内容。

第一,综合考虑教材内容、学生学情以及"实用性阅读与交流"学习任务群的"实用性"以及"关注现实需要"的功能与定位,整体拟定实施计划。教师首先需要厘清某一学习任务群的功能与定位、学习内容以及教学提示,明确该学习任务群在教材中的位置及自身特征。在此基础上,教师有必要根据学习任务群自身逻辑,结合教材编排,整体拟定实施计划。这里说的整体拟定学习任务群实施计划,可以从两个角度理解:其一,直接利用某册教材的内容资源,整体设计"实用性阅读与交流"学习任务群。例如,针对《语文课程标准(2022年版)》所建议的"实用性阅读与交流"学习任务群在低学段可以关注家庭生活沟通需要的定位,教师可以整合小学语文教材一年级上册的内容资源(口语交际:用多大的声音;书面表达:为家人写祝福语),设计"与家人的交流"主题活动,提供相应的学习资源,整合听、说、读、写等语文实践活动,完成该学习任务群在这一学段满足家庭生活沟通交流的需求。其二,根据"实用性阅读与交流"学习任务群对"获取信息""传递信息""解决现实问题"的跨学段连续性要求,结合多册小学语文教材内容,整体拟定学习任务群教学方案。例如,针对《语文课程标准(2022年版)》要求的在"实用性阅读与交流"学习任务群中,学生能够根据具体交际情境和交流对象,清楚得体表达,有效传递信息的学习目标,教师可以选择口语交际这一板块,整合小学语文教材一年级上册中的"用多大声音""请你帮个忙"、二年级下册中的"商量""注意说话的语气"等内容,整体设计交际情境,为学生提供学习资源、明确交流对象,帮助学生达成学习任务群的学习目标。

第二,基于"实用性阅读与交流"学习任务群"向生活回归,学以致用,知行合一"的实用性功能与价值,教师可以注意到不同地区学校和学生的差异,将小学语文教材的使用与地方、校园资源结合,合理安排学习内容,组织学习活动。满足学生家庭、学校与社会生活交流沟通的需要是"实用性阅读与交流"学习任务群的最终目的。校园是学生学习、生活的主要场所,合理地利用当地以及校园的资源,结合小学语文教材的相关内容,有利于更好地帮助学生走近生活。例如,在学生完成教材要求的元旦联欢海报后,教师可以在校园里开辟"展示角",帮助学生分享与交流作品。在教材中学习认识车牌后,教师可以实地考察当地的车牌,根据车牌信息完成去某地的路线计划,引导学生将教材中的内容与现实生活关联起来,在解决问题的过程中积累"实用性阅读与交流"经验,发展未来生活所需的基本技能。

第三,因为"实用性阅读与交流"学习任务群以解决现实需要为旨归,因此在利用小学语文教材进行教学时,教师应该拒绝单一的以讲授为主的教学方式,避免死记硬背、机械训练,而应通过多样化的任务设计与活动形式,增强学生学习的趣味性。小学语文教材设计了讨论会,以及办手抄报、编习作集等多种多样的活动供学生学习,针对这部分内容,教师应该充分利用教材中已经设计好的活动,帮助学生体会语文学习的乐趣。针对小学语文教材没有提供活动的课文、习作等板块,教师可以针对具体内容,采用专题教学、探究性教学等多种教学模式,让学生在丰富多彩的语文实践活动中获得发展。

第三节　"实用性阅读与交流"学习任务群的教学案例分析

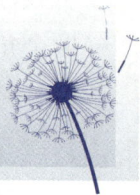

在对"实用性阅读与交流"学习任务群进行理论理解的基础上,我们将通过学习优秀教学案例,尝试将理论与实践相结合,用于指导"实用性阅读与交流"学习任务群的教学实践,提高教师的教学实践能力。本节将从描述和分析两方面呈现"实用性阅读与交流"学习任务群的教学实践案例。

一、"实用性阅读与交流"学习任务群的教学案例描述

教学案例"拥抱大千世界"的设置背景:《语文课程标准(2022年版)》针对"实用性阅读与交流"学习任务群第三学段提出"走进大自然,走进科学世界,走进社会,阅读参观访问记、考察报告、科技说明文、科学家小传等文本;学习记笔记、列大纲、写脚本、画思维导图等整理和呈现信息的方法;学习通过口头表述和多种形式的书面表达,分享观察自然、探索科学世界的所见所闻、所思所感"等内容要求,以及"能积极参与活动的策划与组织工作,围绕学习活动搜集材料""能围绕学习活动展开调查,从多方面获取活动各阶段的材料""能运用文本主要信息解决现实生活中的简单问题"等学业质量标准要求。教师确定以"拥抱大千世界"为学习主题,力求衔接课堂学习与现实生活,促进学生的社会性发展,拓展学生的认知领域,引领他们关注世界各地的地域风情、遗产风物,帮助他们在表达与交流中建构对多元社会的认知。

从"拥抱大千世界"所包含的学习任务群内容来看,该案例直接选择以小学语文教材五年级下册第七单元(课文《威尼斯的小艇》《牧场之国》《金字塔》、口语交际"我是小小讲解员"、习作"中国的世界文化遗产")为主要内容,设置开展"大千世界"主题图片展的具体情境及现实问题,组织"为文配图""为图撰文""主题图片展"系列任务,让学生在情境中获取信息、了解世界。

具体来说,"拥抱大千世界"学习任务群共包括"为文配图""为图撰文""主题图片展"三个子任务。其中,"为文配图"这一任务重点关注教材中《威尼斯的小艇》《牧场之国》《金字塔》三篇课文的阅读,学生通过为文配图活动,学会用图示的方式呈现课文内容和基本结构;借助图片,拓展搜集资料的角度,整理相关资料,编列提纲,选择自己喜欢的表达方式解说课文呈现的异国风物。"为图撰文"这一任务将视角转向我国,组织学生搜集反映我国地域风情、遗产风物的图片;组

内交流、分享所搜集的图片,选出自己最喜欢的图片;围绕选定图片,从历史背景、基本现状、主要特点等方面搜集资料;组内确定介绍角度和内容,据此分类整理资料;将整理好的资料用自己喜欢的方式写下来,努力表现出自己内心的向往。最后,设置开办"大千世界"主题图片展,以"为文配图"和"为图撰文"为基础的总结性任务,学生要集体商议,讨论办展览需要做哪些方面的准备;要分组学写活动策划案,集体评选出班级策划初稿并修改完善;然后分组准备,邀请相关专业人员进行指导;在举办展览时,可以邀请家长或其他班级同学参加;当活动结束时,教师组织学生围绕活动过程等进行回顾,撰写活动总结。最终,三个子任务的层层递进帮助学生建立图文关联,实现图文转换,在未来的学习中能够用"图说_____"的方式记录所见所闻,真正"拥抱大千世界"。

二、"实用性阅读与交流"学习任务群的教学案例分析

根据学习任务群的内涵,我们可以从以下 7 个方面分析"实用性阅读与交流"学习任务群的教学案例(表 6-7)。

表 6-7 "实用性阅读与交流"学习任务群教学案例分析与评价表

学习任务群 7 大要素	分析标准
学习内容	是否具备课程标准提及的"实用性阅读与交流"学习任务群需要掌握的语文要素?涉及哪些要素?它们之间的关系如何?
学习情境	是否科学合理地立足教材,紧扣该学习任务群的实用性特点,结合日常生活的真实情境进行教学?满足了学生当下或者未来哪一类的生活需求?
学习任务	具体设计了哪些学习任务(趣味性)?学习任务之间的关系如何(进阶性/逻辑性)?学习任务与学习内容、学习情境的关系如何(逻辑性)?
学习活动	具体设计了哪些学习活动?这些学习活动是如何落实"实用性阅读与交流"学习任务群的学习内容的?能否达到目的?
学习方法	是否为学生提供了可供操作的支架与学习方法?
学习资源	是否为学生提供了充足的、丰富的学习资源,以及寻找学习资源的方式方法?
学习评价	从评价类型的多样性、评价方式的有效性、评价指标的合理性和科学性几个角度进行分析

从学习内容来看,"拥抱大千世界"学习任务群具备清晰的"实用性阅读与交流"学习任务群所提及和要求的语文要素。教师针对"拥抱大千世界"学习任务群,

围绕"图说 _____"进行一体化设计,组织"为文配图""为图撰文""主题图片展"系列任务,让学生借助多种形式的言语实践活动,感受说明性文字、描写性文字的特点,理解语言表达的准确性、规范性。具体来说,"为文配图"任务涉及的语文要素有:描写(动态描写、静态描写)、说明(说明顺序、说明方法)、散文与非连续性文本特征。"为图撰文"任务涉及的语文要素有:描写(动态描写、静态描写;整体描写、局部特写)、说明(说明顺序、说明方法)、散文与非连续性文本特征。"主题图片展"任务涉及的语文要素有:策划书、工作日志。《语文课程标准(2022年版)》要求教师准确理解每个学习任务群的学习内容。"拥抱大千世界"学习任务群具备课程标准提及的"实用性阅读与交流"学习任务群需要掌握的语文要素。除此之外,这些清晰的"语文要素"内容渗透在围绕任务开展的语文实践活动中,并反过来支持更高品质的语文实践活动。教师力图将知识渗透到生活化的情境任务中,让学生经历问题解决的探究过程,然后将个体经验上升到知识的规律层面,最终将知识内化并运用出来。

从学习情境来看,"拥抱大千世界"学习任务群遵循了学科逻辑与生活逻辑,创设了真实的情境任务。"拥抱大千世界"学习任务群是对教材的二次开发,联系教材中所涉及的语文学习内容,设置让学生办展览的真实情境任务,将课堂所学转化为生活情境中的语言实践,让学生在具体情境中解决相对复杂的问题,发展学生根据具体目的和对象借助交流解决问题的能力,帮助他们在表达与交流中建构对多元社会的认知。

从学习任务来看,"拥抱大千世界"学习任务群创设的三个子任务具有链条性的特征。具体来说,"为文配图""为图撰文""主题图片展"三个子任务既相互关联,又层层递进。对于"主题图片展"而言,任务"为文配图"是基础,通过学习阅读三篇实用性文本习得不同类型的说明与描写方式,让学生扎实有效地精读深思。任务"为图配文"向前推进了一步,学生从课文学习走向更广阔的资源平台。该任务一方面为"主题图片展"打下基础,另一方面又与"为文配图"密切关联,学生需要调动既有的表达经验,迁移运用课文中学到的表达方法,实现新旧经验的整合。"主题图片展"任务,即学生作品的"发布"仪式,让学生分享自己在探索"大千世界"时的所见所闻、所思所感,帮助学生建立图文关联,实现图文转换,在未来的学习中能够用"图说 _____"的方式记录所见所闻,"拥抱大千世界"。

从学习活动来看,在"拥抱大千世界"学习任务群中,具体任务下的多个活动之间是完整的,是为该任务服务的。以"为文配图"任务为例,这一任务中设置了三项活动:读一读,阅读《威尼斯的小艇》《牧场之国》《金字塔》;配一配,我来做个插画师;说一说,我是小小讲解员。从阅读《威尼斯的小艇》《牧场之国》《金字塔》三篇课文到选择与课文内容最切近的图片为课文配图,最后选择自己喜欢的表达方式解说课文呈现的异国风物,这里面体现了读写结合的完整语文学习过程。

从学习方法来看,"拥抱大千世界"学习任务群为学生提供了可供操作的学习策略与方法指导。具体来看,"为文配图""为图撰文""主题图片展"三个子任务均有明确的学习策略,以帮助学生完成该任务所涉及的一些学习活动。以"为文配图"任务为例,该任务提供了比较阅读策略、图像化策略、表达内化策略。学生不仅可以通过这三种策略完成该学习任务下设计的读一读、配一配、说一说三个活动,还可以从具体策略中理解活动背后所需要掌握的知识,提升元认知能力。

从学习资源来看,"拥抱大千世界"学习任务群为学生提供多样的、支架式的学习资源。"拥抱大千世界"学习任务群为学生提供的学习资源包括网络图片、相关书籍与相关网站。除此之外,在具体的学习活动中,"拥抱大千世界"学习任务群为学生提供了具体的成果示例(如"为文配图"任务中的配图示例)、小贴士等,及时为学生提供必要的资源支持,帮助学生克服学习任务群学习中可能遇到的困难。值得一提的是,"拥抱大千世界"学习任务群所提供的学习资源大多是策略性、支架式的内容,而非陈述性、知识性的内容。以"为文配图"任务中的"配一配,我来做个插画师"为例,该活动除为学生提供网络资源外,还为学生提供了配图示例,作为补充的学习资源,帮助学生完成活动。学生通过配图示例,可以明确自己的学习方向,以此克服活动中遇到的困难。

从学习评价来看,"拥抱大千世界"学习任务群以"实用性阅读与交流"学习任务群学业质量标准为依据,明确了学习要求,但在评价的科学性上还有待提高。"拥抱大千世界"学习任务群给每一个任务提出了明确的学习要求,这些要求以"实用性阅读与交流"学习任务群学业质量标准为依据,符合课程标准的要求。在具体的教学设计中,该学习任务群也有关注学生表现的评价意识。例如,在"主题图片展"任务中的撰写策划书活动中,该任务给出了策划书需要关注的评价方向与指标,如策划目标的明确性、合理性;策划书时间与地点的可行性;策划流程的清晰性、逻辑性等。然而,除了评价方向与指标,学生还需要指标的具体表现参考,以此引导学生完成活动。但"拥抱大千世界"学习任务群并未将学习要求或评价方向进一步细分,为学生提供具体的水平标准,供学生参考。教师可以在未来进一步提高评价的科学性。

課例:第一学段"文明的公共生活"(蒋帅、吴欣歆)

課例:第二学段"链接古今"(钱栋彬、戴年明、王菁)

案 例

第三学段"拥抱大千世界"教学案例呈现

学习目标

1. 借助比较阅读等方式,体会课文所介绍异国风情的特点,用自己的话分析不同表达方式的妙处。

2. 借助感受图片、文字的不同表达效果,认识不同媒介的作用;初步掌握查找资料、运用资料的基本方法,利用图书馆、网络等渠道获取资料;尝试运用多种方式整理信息,用自己喜欢的方式,结合资料表达与交流。

3. 合作策划简单的主题图片展览活动,讨论和分析策划的主题,学会撰写简单的活动计划和活动总结。

4. 能够意识到自己对世界的感受和认识发生了变化,能够说出自己的变化。

学习要求

"拥抱大千世界"学习任务群的学习要求如表6-8所示。

表6-8 "拥抱大千世界"学习任务群的学习要求

学习任务	学习要求
(一) 为文配图	1. 阅读《威尼斯的小艇》《牧场之国》《金字塔》,体会静态描写和动态描写、说明方法的表达效果,感受威尼斯的小艇、荷兰、金字塔的特点。 2. 根据课文的内容和结构给课文配图,梳理文本内容和结构。 3. 结合课文内容进一步搜集资料,借助图片向不同群体介绍威尼斯小艇、荷兰牧场和金字塔,内化语言和表达方式
(二) 为图撰文	1. 利用网络、书籍等搜集反映我国地域风情、遗产风物的图片,并在交流过程中,挑选出自己最喜欢的一张图片。 2. 围绕所选择的图片,围绕历史背景、基本现状等搜集资料,并分类整理。 3. 能够围绕自己最喜欢的图片,结合资料,采用自己喜欢的表达方式撰写文字
(三) 主题图片展	1. 围绕主题图片展的准备工作展开讨论,以小组为单位完成策划书。 2. 根据分工做好积极准备。 3. 在展览情境中能够根据对象,内容明确、条理清晰、语言简洁明了地进行介绍。 4. 学写简单的活动总结

学习准备

1. 学习经验:学生的旅行经历以及平时的阅读积累。

2. 学习资源:网络图片;相关书籍;相关网站。

3. 学习工具:电脑或手机。

基于"拥抱大千世界"的学习主题,根据学生真实的学习生活场景,整合社会生活和学科认知情境,设置"大千世界"主题图片展的学习情境。

学习过程

任务一:为图配文

▶ 学习活动一:阅读《威尼斯的小艇》《牧场之国》《金字塔》

1.《威尼斯的小艇》

(1) 结构梳理:课文围绕小艇写了哪几方面的内容?

(2) 用"＿＿＿"画出文中静态描写的句子,用"～～～～"画出文中动态描写的句子。思考:这样描写有什么好处?

(3) 威尼斯的小艇有什么特点? 找出表现其特点的语句,朗读并体会表达效果。

(4) 阅读"阅读链接",思考三位作家描写威尼斯的表达方法有哪些相似之处。

2.《牧场之国》

(1) 作者写了荷兰哪几方面的内容?

(2) 用"＿＿＿"画出文中静态描写的句子,用"～～～～"画出文中动态描写的句子。思考:这样描写有什么好处?

(3) 作者为什么反复强调"这就是真正的荷兰"?

3.《金字塔》

比较阅读,完成表6-9。

表6-9 《金字塔》比较阅读表

题目	形式	描写了金字塔哪些方面内容	表达方法	表达方法的特点
《金字塔夕照》	散文			
《不可思议的金字塔》	非连续性文本			

4. 整体比照

《威尼斯的小艇》《牧场之国》《金字塔》三篇文章在描写时分别用了哪些表达方式? 选出你喜欢的表达方式并说明理由。

▶ 学习活动二:配一配,我来做个插画师

自主选择《威尼斯的小艇》《牧场之国》《金字塔》中的任意一篇文章,尝试根据文章内容和结构,在网络搜集图片,为文配图。

▶ 学习活动三:说一说,我是小小讲解员

从《威尼斯的小艇》《牧场之国》《金字塔》中选择自己最喜欢的文段,根据自己所整理的图片提纲,可以拓展搜集相关资料,也可以只结合课文内容,以小组为单位,练习讲解。

☆ 小贴士:

讲解时,条理要清晰,语气、语速要适当,可以用动作、表情辅助讲解。可以根据听众的反应调整讲解的内容,如发现听众对某个部分不太感兴趣时,可以适当删减内容。

【学习策略】

1. 比较阅读策略:请学生选出自己喜欢的表达方式,并在体验不同表达方式的基础上,分析各自的表达效果。采用比较阅读策略,有助于学生习得不同的表达方式,了解事物的特点。

2. 图像化策略:"用图片表示课文内容和结构"既可以让学生学会制作思维导图,又可以让学生感受到图片与文字在传递信息上的不同特点,赋予学习过程趣味性。

3. 表达内化策略:为了让学生学会有效传递信息,清楚得体地表达,教学活动中设计了"递向表达"活动,让学生根据图片提纲,小组内进行讲解,主要目的是内化课文语言与表达方式,为下面的活动做好铺垫。

任务二:为图撰文

▶ 学习活动一:搜一搜,我们走过的地方

1. 分享旅行足迹。

2. 整理分享的内容,以小组为单位,分工分类搜集相关图片。

3. 自主搜集图片,并打印下来。

▶ 学习活动二:选一选,我最喜欢的图片

1. 小组内交流所打印的图片。

2. 挑选出自己最喜欢的图片。

▶ 学习活动三:查一查,与图片相关的资料

1. 明确搜集资料的步骤:先确定自己搜集资料的途径,如到图书馆借阅书籍、上专题网站浏览;再根据所选景物介绍时所需要涉及的内容,广泛搜集资料,并把查到的资料及来源记录下来。

2. 学生自主进行搜集资料。

☆ 小贴士:

不同景物所需介绍的内容是不一样的。以文化遗产为例,文物类的文化遗产,一般需从制作工艺、外形特点、文化价值等方面进行介绍;建筑类的文化遗产,一般需从历史背景、外观、结构、现状等方面进行介绍;遗迹类的文化遗产,一般需从地理位置、考古历程、传说故事等方面进行介绍。

▶ 学习活动四：理一理，分类筛选资料

在整理资料时，可以先根据自己要介绍的内容将资料分类，从众多的资料中挑选出合适的内容，剔除不相关或者重复的内容，缩减过长、过细的材料，如果觉得某个方面的资料不够完善或过于简单，需要继续搜集、补充资料。

▶ 学习活动五：写一写，我心目中的向往

1. 根据所介绍景物的特点筛选材料，思考介绍的主要内容，并拟定提纲。

2. 根据所介绍景物的特点选用合适的表达方法。可以像《威尼斯的小艇》《牧场之国》那样，用文学性描述的方式来介绍，采用动静结合的写法；也可以像《金字塔》那样，运用图片、表格辅助表达（辅助性图片、表格等，应呈现于习作中的合适位置，让读者一目了然，而且要适量，避免喧宾夺主）。

3. 在组织语言时，要注意材料内容的处理方式。一种方式是转述整理后的资料，应删繁就简，适当概括材料内容，突出主要信息；另一种方式是直接引用资料片段，应照原样记录，不能改动。如果是引用文字段落，可以用引号标明，与自己写的话加以区别，并在引用的内容前加上"《×××》中提到"等提示语。图片、表格等引用，则要在其下方注明。

4. 学生自主练习。

学习策略

1. 情境驱动策略：无论"搜集、选择图片"，还是"搜集、整理资料"，以及"写一写，我心目中的向往"等，都是在具体的任务情境中展开的。这样创设的情境真实可感，让学生在真实情境的驱动下，逐步完成本任务的各项活动。

2. 言语实践策略：本任务涉及多种形式的表达与交流活动。"写一写，我心目中的向往"，学生首先应根据表达的需要对所搜集的各类资料进行整理，其次应将《威尼斯的小艇》等课文的表达方式迁移运用到习作中。

任务三："大千世界"主题图片展

▶ 学习活动一：集体商议：办展我们需要做哪些准备？

1. 经验分享：邀请具有办展经验的老师或家长介绍举办一次展览的过程。

2. 集体讨论：举办"大千世界"主题图片展的准备工作及预想达到的效果。可以从场地准备、内容安排、活动安排、邀请参会人员等方面展开交流，用思维导图的形式记录讨论过程与结果。

▶ 学习活动二：学写活动策划书

1. 分小组，初步讨论展览的构想，形成小组策划书。

在讨论过程中要重点回答以下问题：

(1) 地点放在哪里？

(2) 怎么布置场馆？

(3) 怎么根据"为图撰文"选择展览内容?

(4) 邀请哪些对象参加?

(5) 怎样分工完成各项准备工作?

2. 全班交流小组策划书,选出最优策划方案,作为班级策划书的初稿。各小组展示策划书,在交流中师生可以提出问题,进一步明确策划书的写作要求,可以重点关注以下内容:

(1) 策划书的格式是否正确?

(2) 活动的目的是否明确、合理?

(3) 活动时间与地点是否具有可行性?

(4) 活动分工是否合适? 人选是否合适? 是否需要补充一些岗位?

(5) 活动流程是否清晰? 顺序是否合适? 是否需要增加、减少或改变一些环节?

3. 全班修改完善,形成班级策划书。综合各小组策划书的优点,对班级策划书初稿进行修改和完善,形成班级策划书。对照策划书,确定各自的职责。

▶ 学习活动三:分组准备,个别指导

学生根据策划书进行准备。教师或家长随时了解准备进度,进行个别指导。策划书中不够合理的内容可以进一步调整、完善。

▶ 学习活动四:举办展览

展览当天,学生根据策划书有序完成展览的各项流程。

▶ 学习活动五:学写活动总结

1. 教师引导学生回顾整个"大千世界"主题图片展的过程,注意从活动流程、个人履职与收获、其他还需进一步完善的地方等方面进行总结。

2. 学生完成活动总结。

学习策略

1. 活动调适策略:在任务中,交际情境和交流对象在不断地发生着变化,讨论策划书时,交流的对象是班级同学;举办展览时,交流的对象是前来参观的老师和同伴……学生需要不断地调整方式,以适应不同的情境需求,清楚得体表达,有效传递信息。

2. 反省提升策略:活动结束后,教师组织学生围绕活动流程等进行总结,这样做有利于学生建构举办展览的有效经验。教师适当安排反思性学习活动,帮助学生发展元认知知识,从被要求反思走向主动反思提升。

(设计:瞿卫华、钱冬梅、秦小燕)

情境实践练习

1. 二维码中链接的是小学语文教材五年级上册《介绍一种事物》的教学片段，阅读并分析该教学片段当中涉及的教学活动、教学策略及其反映的教学目的，同时试评价该教学片段的教学成效。

2. 请根据本章所学的内容，参考"实用性阅读与交流"学习任务群教学案例分析与评价标准（表6-7），以小学语文教材提供的内容资源为基础，任选一学段，设计一份满足课程标准要求的"实用性阅读与交流"学习任务群的教案。

《介绍一种事物》教学片段

文献摘要

[1] 管贤强,魏星. 实用旨归、做事路径、语用意蕴:"实用性阅读与交流"任务群的内涵解读[J]. 语文建设,2022(20):4-9.

摘要:该文通过梳理"实用性阅读与交流"学习任务群的发展历程，对该学习任务群的目标定位与具体目标要素进行了分析，从内容选择、活动组织要求、评价设计策略三个方面，为该学习任务群的教学提供了学术支持与操作建议，有助于教师在厘清"实用性阅读与交流"学习任务群学理的基础上进行教学实践。

[2] 王崧舟,梅晨霞. 应生活之需　切生活之用:《义务教育语文课程标准(2022年版)》"实用性阅读与交流"解读[J]. 语文教学通讯,2022(24):9-16.

摘要:该文认为"实用性阅读与交流"学习任务群直面当前语文课程严重脱离学生生活实际这一突出问题，主动回应生活对语文课程提出的客观要求，弥补核心素养在社会参与上的短板。文中还对特级教师的课例《给地球新生儿的一封信》进行了分析，有助于读者进一步把握与该学习任务群相关的教学策略。

第七章
"文学阅读与创意表达"学习任务群
课程标准解读与教材分析

■ 章前引言

    "文学阅读与创意表达"对接"审美创造"核心素养,蕴含着发现美、感受美、欣赏美、创造美等一系列内容。如果说"实用性阅读与交流"重在强调阅读与交流的实用性,旨在满足学生的日常生活需要,"思辨性阅读与表达"关注阅读与表达的思辨性,目的在于培养学生的逻辑思维和辩证思维,让学生获得深邃的理性力量,那么,"文学阅读与创意表达"则重在升华人生的境界"审美",点燃生命的内核"情感"。"文学阅读与创意表达"在发展审美素养、积淀文化底蕴、重构精神世界等方面有着无可替代的独特功能。因此,《义务教育语文课程标准(2022年版)》设置了"文学阅读与创意表达"学习任务群,力求改变学生的文学学习方式,充分发挥文学学习的育人功能。

■ 学习目标

1. 认识"文学阅读与创意表达"学习任务群的定位和功能。

2. 了解"文学阅读与创意表达"各个学段的学习内容。

3. 掌握"文学阅读与创意表达"学习任务群的教学要求。

4. 能够选取小学语文教材中的相关内容资源设计"文学阅读与创意表达"学习任务。

5. 能分析"文学阅读与创意表达"教学案例的任务设置、活动设计与评价方案的合理性。

6. 能利用小学语文教材,设计"文学阅读与创意表达"的教学方案。

■ 学习指要

1. 比较阅读:与基础型学习任务群和拓展型学习任务群章节比较阅读,理解"文学阅读与创意表达"学习任务群的功能价值;与"实用性阅读与交流"与"思辨性阅读与表达"学习任务群章节比较阅读,体悟"文学阅读与创意表达"学习任务群的内容特征与目标要求。

2. 理解评价:基于对本章内容的学习,尝试对具体的"文学阅读与创意表达"学习任务群教学案例进行分析与评价,以反思和促进自己对于该学习任务群理论与实践层面的理解。

3. 实践操作:基于本章的教学建议与教学案例,立足小学语文教材内容资源,尝试设计"文学阅读与创意表达"学习任务群教学方案,将理论学习与实践操作相结合。

第一节 "文学阅读与创意表达"学习任务群的课程标准解读

　　形式论学派雅各布森认为,文学性是文学的性质和文学的趣味,它存在于文学语言的联系和构造之中。文学语言的联系和构造也形成着文学的特有形式。因此,"文学阅读与创意表达"立足文学性,关注语言文字作品的形式,帮助学生从中感受形象、体会情感、玩味意蕴、体察效果,获得审美体验,进而有意识地尝试进行审美创造。本节主要介绍《语文课程标准(2022年版)》关于"文学阅读与创意表达"学习任务群的功能定位、学习内容与教学要求。

一、"文学阅读与创意表达"学习任务群的功能定位

　　在《语文课程标准(2022年版)》中,"文学阅读与创意表达"学习任务群有着清晰的功能定位。

> **链接标准**
>
> 　　本学习任务群旨在引导学生在语文实践活动中,通过整体感知、联想想象,感受文学语言和形象的独特魅力,获得个性化的审美体验;了解文学作品的基本特点,欣赏和评价语言文字作品,提高审美品位;观察、感受自然与社会,表达自己独特的体验与思考,尝试创作文学作品。
>
> 　　　　　　　　　　　　　　　　——《义务教育语文课程标准(2022年版)》

　　接下来,我们将从历史嬗变、核心素养发展的独特价值、学习任务群的特色三个方面,来分析该学习任务群的功能定位。

(一)"文学阅读与创意表达"回归审美育人的价值定位

　　在中国"文以载道"的文化传统中,文学教育通常偏离其"审美"的价值定位。中华民国初年《小学校教则及课程表》(1912年)中的"国文要旨"指出,"儿童学习普通语言文字,养成发表思想之能力,兼以启发其智德"。这一时期,从时代社会的需要角度来看,国文的育人目标关注发表思想的能力和对智德的启发。

　　文学正式成为小学语文课程内容的重要组成部分,这与五四运动时期的美感教育有关。五四运动时期,新文化、新文学得以提倡,文学审美的价值定位受到重视,王国维、蔡元培、李石岑积极提倡美感教育。1923年,《新学制课程标准纲要

小学国语课程纲要》提出课程目的是:"练习运用通常的语言文字,引起读书趣味,养成发表能力,并涵养性情,启发想像力及思想力。"由于国文课程开始关注文学审美教育,"趣味""性情""想象力"等话语开始进入课程目标的表述之中。1929年,文学审美教育在课程标准的目标中单列,"欣赏相当的儿童文学,以扩充想像,启发思想,涵养感情,并增长阅读儿童图书的兴趣""运用平易的口语和语体文,以传达思想,表现感情,而使别人了解"①。这一阶段的课程目标不仅开始注重文学阅读能力的培养,还注意到了文学表达能力的培养。

新中国成立后,文学教育要为社会主义建设服务,要为革命事业服务。1963年,《全日制小学语文教学大纲(草案)》在"语文的重要性和语文教学的目的"中提出:"这些文章要包括各种题材,体裁,风格,要用生动活泼、新鲜有力的语言文字,反映阶级斗争,生产斗争和科学实验,表达进步的思想和健康的感情。有计划地讲读这些文章,就可以使学生不断提高觉悟,增长知识,在多读多练中真正掌握语言文字这个工具,并且运用这个工具更好地为革命事业服务。只有这样,语文教学的目的才能达到。"从中我们可以看到,掌握语言文字工具,为革命事业服务是时代的要求,是有利于建设社会主义的重要能力。随着社会的发展与观念的革新,1992年《九年义务教育全日制小学语文教学大纲(试用)》在前言中提出,要"促进学生德、智、体诸方面生动活泼地主动地发展,培育有理想、有道德、有文化、有纪律的社会主义公民;对于提高民族素质,都有着重要意义"。至此,我国小学语文教育的目的既涵盖民族素质,也关注个体素质。

迈入21世纪后,随着"核心素养"概念的提出,文学教育重新回归育人的功能,更加关注其审美的价值意涵。基于未来新人生存、生活、工作中对关键能力和必备品格的需要,语文学科专家进一步思考语文学科的本质特征、基本知识和基本技能及其学科所特有的思维方式,将核心素养凝练为"文化自信、语言运用、思维能力、审美创造"。随着"审美创造"的提出,文学教育重新回归审美的价值定位。

(二)"文学阅读与创意表达"主要指向核心素养中的"审美创造"

从学生的核心素养发展来看,"文学阅读与创意表达"具有其独特的育人价值。该学习任务群有三个核心关键词:审美、文学阅读、创意表达,"审美"是该学习任务群的独特之处,特别注重审美体验、审美品位、审美表达,主要指向具有核心素养内涵的审美创造。仔细考察"审美创造"的内涵,其主要包含审美经验、审美能力、审美意识和审美观念共四个方面。审美经验,便是要学生通过感受、理解、欣赏、评价语言文字及作品来获得较为丰富的美感;审美能力需要学生具有初步感受美、发

---

① 课程教材研究所.20世纪中国中小学课程标准·教学大纲汇编:语文卷[M].北京:人民教育出版社,1999:16.

现美和运用语言文字表现美、创造美的能力;审美意识与审美观念重在启迪心智、温润心灵,涵养高雅情趣。

在《语文课程标准(2022年版)》中,总目标第5条、第6条、第8条、第9条是"审美创造"核心素养的具体化:第5条"学会运用多种阅读方法,具有独立阅读能力","初步鉴赏文学作品";第6条"积极观察、感知生活,发展联想和想象,激发创造潜能,丰富语言经验,培养语言直觉,提高语言表现力和创造力,提高形象思维能力";第8条"感受语言文字的美,感悟作品的思想内涵和艺术价值,能结合自己的经验,理解、欣赏和初步评价语言文字作品,丰富自己的情感体验和精神世界";第9条"能借助不同媒介表达自己的见闻和感受,学习发现美、表现美和创造美,形成健康的审美情趣"。上述4条课程总目标分别从方法、能力、情感和价值观四个方面指向审美能力的培养。

"文学阅读与创意表达"学习任务群在学段目标的设定上注重循序渐进、螺旋发展。我们可以从文学阅读与创意表达两个方面来考察"审美创造"在学段目标上的层次感。在文学阅读方面,第一学段重在培养文学阅读的兴趣:在朗读和想象中,大体感受作品的情境、节奏和韵味,初步体验文学阅读的乐趣。第二学段重在获得文学阅读的方法:引导学生在整体感知全文基础上,对重要段落和语句的理解,具体感受作品的形象和语言。第三学段重在丰盈文学阅读的情感:引导学生品味文学作品中的形象、语言的基础上,复述印象深刻的故事情节,积累多样的情感体验。从第一学段的感受情境、体验乐趣到第二学段的感受形象、感受语言,再到第三学段的体验情感,体现着文学阅读感受与品味的逐层递进的层次感。在创意表达方面,第一学段侧重培养表达与交流的兴趣和自信心;第二学段提出尝试用文学语言表达,发展自己的想象力;第三学段提出抒发自己的情感,学习联想与想象,尝试富有创意地表达,学习运用细节描写等文学表现手法。从第一学段的培养兴趣到第二学段的尝试文学语言表达,再到第三学段尝试富有创意地表达,体现着文学表达的递进性,三个学段都鼓励学生在口头交流和书面创作中,运用多样的形式呈现作品,发挥个体的创造性,引导学生成长为有创意的表达者。

(三)"文学阅读与创意表达"着力培养学生的审美能力和审美情趣

作为发展型学习任务群之一,"文学阅读与创意表达"也为"语言文字积累与梳理"和"跨学科学习"学习任务群提供了重要的语言文字实践场域。同时,它上承"语言文字积累与梳理"这一基础型学习任务群,与"实用性阅读与交流""思辨性阅读与表达"同为发展型学习任务群,下启"整本书阅读""跨学科学习"两个拓展型学习任务群,形成了"实用性""审美性""思辨性""整本书"的阅读序列。在价值定位的表述中,"文学阅读与创意表达"是从感知、鉴赏、表达三个完整的文学学习过程,围绕审美体验、审美品位、审美表达三个方面来整体设计的,其目标直指课程总目标中关键能力和必备品格结合的审美能力的培养。

1. 整体感知,获得审美体验

文学的审美体验离不开个体对语言文字的感知过程,学习者进入真实的文本语境,通过听觉、视觉等多种方式感知文字符号,调动已有的知识和经验,整体感知文本,达到对文本初步的感知,形成表层体验,并获得对所读内容的整体感受。整体感受就是要感受语言文字的美,感悟作品的思想内涵和艺术价值。整体感受是积极的感受,需要结合自己的经验,理解、欣赏和初步评价语言文字作品,丰富自己的情感体验和精神世界。整体感受需要教师借助语文实践活动,带领学生进行积极地感受和体验。整体感受的落脚点是形成学生个性化的审美体验。

2. 评价鉴赏,提高审美品位

学习文学不仅是整体感知、审美体验,还是个体对文本的知觉过程、理解过程。文学的知觉过程离不开欣赏评价,评价鉴赏则需要建立在整体感知的基础上,对文学阅读和审美体验进行深度加工。评价鉴赏离不开文学知识的参与,学生需要了解文学作品的基本特点。评价鉴赏既是要对语言文字作品的思想内容、表现形式、写作风格等展开心智活动,又是要将阅读主体已有的知识储备和生活经验与阅读对象进行对话,对文学作品的内容和形式形成个性化的见解。从文学接受理论的视角来看,读者的文学文本阅读本就是"建构性"的,读者从自身对文学文本的"期待视野"出发,对文本的"空白点"进行补充,对文本进行个性化诠释,对文本的"召唤结构"进行对话回应,实现基于文本的读者建构。

3. 表达创作,实现审美创造

文学的学习起点在于整体感知、获得审美体验,加工过程离不开审美鉴赏、提高审美品位,最终目的是要进行表达创作、实现审美创造。文学的表达和创作离不开观察和感受,学生需要观察感受自然与社会,表达自己独特的体验与思考,尝试创作文学作品。文学的表达和创作离不开鉴赏和评价,学生在进行审美创作时需要得到内容(写什么)、形式(怎么写)、动机(为什么写)等诸多方面的支撑,这些需求可以在鉴赏文学作品的过程中得到满足。就鉴赏为创作提供内容来看,文学作品可以为创作提供无数写作乃至交流的素材,学生可以针对这些素材展开创作。文学的表达和创作还离不开对媒介的使用,学生需要借助不同媒介表达自己的见闻和感受,学习发现美、表现美和创造美,形成健康的审美情趣。总而言之,文学的表达和创作不仅体现在学生能运用语言文字展现自己的审美体验,表达自己的情感、态度和观念,表现和创造自己心中的美好形象;还体现在学生能够讲究语言文字表达的效果及美感,具有一定的创新意识。

"整体感知,获得审美体验""评价鉴赏,提高审美品位""表达创作,实现审美创造"三者是一个整体,在学习文学的过程中,学生通过整体感知、评价鉴赏、表达创作等活动构建审美意识、审美体验、审美情趣、鉴赏品位与审美创造,并在此过程中逐步掌握感知美、鉴赏美、发现美、表现美、创造美的方法。审美创造核心素养包含着有序发展的心智层级:感知—体验—鉴赏—评价—表现—创造……这基本覆盖了文学教育从低级到高级、由简单到繁复的发展过程,其最终目标在于表现美、创造美。

二、"文学阅读与创意表达"学习任务群的学习内容

《语文课程标准(2022年版)》以分学段的形式呈现了"文学阅读与创意表达"学习任务群的学习内容,力求实现实践逻辑、学科逻辑的统一。

链接标准

第一学段(1—2年级)

(1) 阅读并学习讲述革命领袖、革命英雄、爱国志士的童年故事,表达敬仰之情和向他们学习的愿望。

(2) 诵读表现自然之美的短小诗文,感受大自然的美景与变化。

(3) 学习儿歌、童话,阅读图画书,体会童真童趣,感受多姿多彩的生活,初步体验文学阅读的乐趣。

第二学段(3—4年级)

(1) 阅读并讲述革命故事、爱国故事、历史人物故事,感受幸福生活来之不易,表达自己对美好生活的向往,以及对革命英雄、仁人志士的崇敬之情。

(2) 阅读描绘大自然、表现人类美好情感的诗歌、散文等文学作品,结合自己的生活体验,尝试用文学语言表达自己热爱自然、珍爱生命的情感。

(3) 阅读富有想象力和表现力的儿童文学作品,欣赏富有童趣的语言与形象,感受纯真美好的童心,学习用口头或者图文结合的方式创编儿童诗和有趣的故事,发展想象力。

第三学段(5—6年级)

(1) 阅读、欣赏革命领袖、革命先烈创作的文学作品,以及表现他们事迹的诗歌、小说、影视作品等,感受革命领袖、革命先烈伟大的精神世界和人格力量,认识生命的价值;运用讲述、评析等方式,交流自己的情感体验。

(2) 阅读表现人与自然的诗歌、散文等优秀文学作品,感受大自然的奇妙,体会人与自然和谐相处的意义;用口头或者书面的方式表达对自然的观察与体验,抒发自己的情感。

（3）阅读表现人与社会的优秀文学作品，走进广阔的文学艺术世界，学习品味作品语言、欣赏艺术形象，复述印象深刻的故事情节，积累多样的情感体验，学习联想与想象，尝试富有创意地表达。

（4）阅读反映少年成长的故事、小说、传记等，交流自己获得的启示；学习运用细节描写等文学表现手法，描述自己成长中的故事。

——《义务教育语文课程标准（2022 年版）》

学习内容的实践逻辑体现在该学习任务群涉及多样的文学阅读、创意表达等语文实践活动，学习内容的学科逻辑体现在该学习任务群丰富了文学的文本类型。

（一）语文实践活动

学习主题为学生提供丰富的阅读与交流、观察与体验、想象与表达的空间，主题的学习也有效地统领了文学阅读与创意表达等语文实践活动。

围绕第一学段"春夏秋冬""多彩世界""童心天真""英雄的童年"等学习主题，学生需要诵读表现自然之美的短小诗文，感受大自然的美景与变化；学习儿歌、童话，阅读图画书，体会童真童趣，感受多姿多彩的生活，初步体验文学阅读的乐趣；阅读并学习讲述英雄的童年故事，表达敬仰之情和向他们学习的愿望。

围绕第二学段"饮水思源""珍爱自然""童年趣事"等学习主题，学生需要阅读并讲述革命故事等，感受幸福生活来之不易，表达自己对美好生活的向往，以及对革命英雄、仁人志士的崇敬之情；阅读描绘大自然、表现人类美好情感的诗歌、散文等文学作品，结合自己的生活体验，尝试用文学语言表达自己热爱自然、珍爱生命的情感；阅读富有想象力和表现力的儿童文学作品，欣赏富有童趣的语言与形象，感受纯真美好的童心，学习用口头或者图文结合的方式创编儿童诗和有趣的故事，发展自己的想象力。

围绕第三学段"英雄赞歌""壮丽山河""爱与责任""成长的脚印"等学习主题，学生需要阅读、欣赏革命领袖、革命先烈创作的文学作品，以及描述他们英雄事迹的诗歌、小说、影视作品等，感受革命领袖、革命先烈伟大的精神世界和人格力量，认识生命的价值；运用讲述、评析等方式，交流自己的情感体验。阅读表现人与自然的诗歌、散文等优秀文学作品，感受大自然的奇妙，体会人与自然和谐相处的意义；用口头或者书面的方式表达对自然的观察与体验，抒发自己的情感。学生还需要阅读题材丰富的中外经典文学作品，走进广阔的文学艺术世界，学习品味作品语言、欣赏艺术形象，复述印象深刻的故事情节，积累多样的情感体验，学习联想与想象，尝试富有创意地表达。阅读少年成长的故事、小说、传记等，交流自己获得的启示；学习运用细节描写等文学表现手法，描述自己成长中的故事。

不难看出,"文学阅读与创意表达"学习任务群中的学习活动主要是文学阅读和创意表达。学生在积累文学经验和进行文学体验的过程中,可以体会到尝试文学创作的乐趣,初步建构创意表达的认知图式。

(二) 文本类型

"文学阅读与创意表达"的学习内容主要包括四类文本:一是革命文化类文学性作品,包括革命领袖、革命英雄、仁人志士、历史人物、革命先烈的故事及其创作的文学作品,以及描述他们英雄事迹的诗歌、小说、影视作品等,旨在继承追求真理、艰苦奋斗、爱国情怀、无私奉献、顽强斗争和英勇无畏等革命传统。二是表现自然之美和描绘多姿多彩生活类文学性作品,包括诗歌、散文等文学作品,旨在进行热爱自然、珍爱生命、与自然和谐相处的生命教育。三是儿童少年文学作品,包括儿歌、童话、成长故事、小说、传记等,旨在感受纯真美好的童心、获得成长启示,为学习运用细节描写等文学表现手法描述自己成长中的故事做铺垫。四是中外经典文学作品,旨在引导学生走进广阔的文学艺术世界,学习品味作品语言、欣赏艺术形象,复述印象深刻的故事情节,积累多样情感体验,为学习联想和想象,尝试富有创意的表达奠定基础。

第一学段的学习内容丰富多样,贴近低年级学生的认知水平。革命领袖、革命英雄、爱国志士的童年故事,易于学生表达敬仰之情和向榜样学习的愿望;表现自然之美的短小诗文,易于激发学生对大自然美景的感受力与好奇心;儿歌、童谣及图画书,易于学生体会童真童趣。

第二学段的学习内容篇幅变长,有助于提升学生的认知水平,革命文化作品能够让学生感受幸福生活来之不易,表达自己对美好生活的向往,以及对革命英雄、仁人志士的崇敬之情。描绘自然与表现人类情感的文学作品可以让学生结合自己的生活体验,尝试用文学语言表达自己热爱自然、珍爱生命的情感。富有想象力和表现力的儿童文学作品可以让学生欣赏富有童趣的语言与形象,感受纯真美好的童心,学习口头或者用图文结合的方式创编儿童诗和有趣的故事,发展自身的想象力。

第三学段的学习内容更注重表达,关注学生个体文学经验的生成。革命领袖、革命先烈创作的文学作品,以及描述他们英雄事迹的诗歌、小说、影视作品等,既可以让学生感受革命领袖、革命先烈伟大的精神世界和人格力量,认识生命的价值;也可以让学生可以运用讲述、评析等方式,交流自己的情感体验。表现人与自然的诗歌、散文等优秀文学作品,既可以让学生感受到大自然的奇妙,体会着人与自然和谐相处的意义,又可以让学生可以使用口头或者书面的方式表达对自然的观察与体验,抒发自己的情感。题材丰富的中外经典文学作品,可以让学生走进广阔的文学艺术世界,学习品味作品语言、欣赏艺术形象,复述印象深刻的故事情节,积累多样的情感体验,学习联想与想象,尝试富有创意地表达。少年成长的故事、小说、传记等,让学生可以相互交流自己获得的启示,学习运用细节描写等文学表现手法,描述自己成长中的故事。

三、"文学阅读与创意表达"学习任务群的教学要求

《语文课程标准(2022年版)》对"文学阅读与创意表达"学习任务群做出了具体的教学提示:第一,根据该学习任务群各个学段的学习要求,设置多样的学习主题,创设丰富的文学阅读与创意表达的学习情境;第二,组织开展学习活动,提供丰富的学习支架;第三,学习评价一方面要聚焦学段的要求,另一方面要基于学生文学学习的过程,开展过程性评价。

(一) 学习主题引领,创设丰富的学习情境

教师对"文学阅读与创意表达"学习任务群的教学应基于学习主题,设计利于文学学习的学习情境,开展语文学习活动。在主题情境中,教师可以开展文学阅读和创意表达活动,引导学生感受文学之美、表达自己的独特感受,促进学生的精神成长。根据学生审美水平发展的年龄特点,"文学阅读与创意表达"学习任务群在不同学段设置了多样的学习主题。

链接标准

可以根据学段学习要求,围绕多样的学习主题创设阅读情境。比如,第一学段"春夏秋冬""多彩世界""童心天真""英雄的童年",第二学段"饮水思源""珍爱自然""童年趣事",第三学段"英雄赞歌""壮丽山河""爱与责任""成长的脚印",第四学段"光辉历程""精忠报国""社会万花筒""人与自然和谐共生",等等。在主题情境中,开展文学阅读和创意表达活动,引导学生感受文学之美、表达自己的独特感受,促进学生的精神成长。

——《义务教育语文课程标准(2022年版)》

第一学段包括"春夏秋冬""多彩世界""童心天真""英雄的童年"等学习主题,着重体现学习主题的真实性、感受性;第二学段包括"饮水思源""珍爱自然""童年趣事"等学习主题,着重体现学习主题的体验性、创造性;第三学段包括"英雄赞歌""壮丽山河""爱与责任""成长的脚印"等学习主题,着重体现学习主题的自主性和探究性。三个学段的学习任务在学习主题上具有关联性,呈现螺旋式上升的设计。例如,对于"英雄的童年""饮水思源""英雄赞歌"等学习主题,教师可以从"表达敬仰之情和学习愿望到表达崇敬之情",到感受"伟大精神世界和人格力量",循序

渐进地引领学生的精神成长和生命价值观;对于"多彩世界""珍爱自然""壮丽山河"等学习主题,教师可以引导学生从感受大自然的美景与变化,到尝试用文学语言表达自己热爱自然,从珍爱生命的情感,到感受大自然的奇妙、体会人与自然和谐相处的意义、表达自己的观察与体验,不断加深学习的深刻程度。

(二) 整合语文实践活动,提供学习资源的支持

在围绕学习主题开展语文学习、创设学习情境后,教师接下来就需要确定具有内在逻辑关联的语文实践活动。围绕学习主题开展语文学习,需要整合各项语言实践活动。从整体来看,要注重听说读写的整合、眼耳鼻舌身等活动的整合、感性活动和理性活动的整合;从读的层面来看,要注重诵读、细读、赏读的整合,要注重复述、评述等的结合;从表达的层面来看,要注重口头表达与书面创作的整合。我们以《守株待兔》的教学案例来说明,教师设计了"街头巷尾说宋人"这一学习情境,在这一整体情境下,教师围绕着"说",设计了三个彼此关联的子情境。情境一:当日傍晚,宋人得兔归家,街头巷尾,向左邻右舍"夸耀"。情境一就是向人夸耀地说,实际的学习活动便是"复述",学生需要用白话文来讲故事。想要完成这一学习活动,学生就需要回到文言文的文本中,将文与言相互结合,文言文要读得正确、读得通顺,在此基础上正确理解文本的意思。情境二:次日清晨,宋人空手出门,街头巷尾,左邻右舍"刨根问底"。情境二是刨根问底地说,通过宋人和左邻右舍的对话扮演,还原宋人守株待兔时的所思所想。情境三:多日后的傍晚,宋人空手归家,街头巷尾,邻居"议论纷纷"。情境三是议论纷纷地说,这里的学习活动是"评述",在之前的描述中评价宋人的所作所为,评价寓言的特点,旨在学生由故事及寓意,揭示宋人行为可笑的根源,试图让学生从这一篇作品逐渐了解这一类作品。不难看出,复述与评述、阅读与表达,教师围绕着学习主题整合了丰富的语文实践活动。

除了创设学习情境,教师还需要提供丰富的学习资源以支持学生的发展。学习资源有多种定义,其中美国教育传播与技术协会在1994年对学习资源的定义为大家所公认,即:学生在学习过程中,用到的为学生学习提供支持的资源,包括教学材料、支持系统、学习环境。按照学习资源的承载介质,小学语文学习资源可以分为文本类资源、图像类资源、视频类资源、多媒体资源、环境类资源。文本类资源主要包括故事类文本、诗歌类文本、童话类文本、散文类文本、小说类文本、传记类文本、经典类作品、评论类文本等;图像类资源主要包括图画书等;视频类资源包括影视作品等;多媒体资源主要体现在数字化时代下精彩的文学世界等;环境类资源包括遗址、纪念馆等。例如,在主题为"秋天的诗"的语文学习中,教师立足于文本类资源,包括小学语文教材一年级上册第四单元《秋天》《小小的船》《江南》《四季》等课文,还有与之相关的《太阳的金手指》《豆叶上,一只蝈蝈在叫》《云》《古井》

等儿童诗;还根据单元整体教学的需要,灵活融入多种学习资源,包括视频类资源《森林王国》(纪录片),以及图像类资源《叶子先生》(图画书)。

(三) 呼应学业质量标准,开展过程性评价

"文学阅读与创意表达"学习任务群的学习评价遵循学生文学阅读和学习的规律,关注小学低段、中段和高段的学段差异。三个学段之间呈现出学习的梯度,展示了学生文学阅读关键能力的发展进阶。第一学段关注阅读兴趣,通过朗读和想象等,侧重考察学生对作品情境、节奏和韵味的大体感受;第二学段在阅读全文基础上,侧重考察学生对重要段落和语句的理解,以及对作品的语言和形象的具体感受;第三学段,侧重考察学生对语言、形象、情感、主题的领悟程度和体验,评价学生文学作品的欣赏水平,关注研讨、交流以及创意表达能力。该学习任务群的评价部分也呼应着学业质量标准中各个学段"文学阅读与创意表达"的学习表现(表 7-1)。

表 7-1　"文学阅读与创意表达"学业质量标准描述

学段	学业质量标准描述
第一学段	文学阅读重在感受、积累、提取显性信息、进行简单推测等方面,阅读文本为"图画书、儿歌、童话、寓言等",学生应"在阅读过程中能根据提示提取文本的显性信息,通过关键词句说出事物的特点,作简单推测;能借助关键词句复述自己读过的故事或其他内容,尝试对阅读内容提出问题;愿意向他人讲述读过的故事,乐于向他人展示自己的作品;喜欢积累优美的词句,并尝试在口头和书面表达中运用"。 　　创意表达多通过朗读、展示等方式表现,学生应"愿意为他人朗读自己喜欢的语段;朗读时能使用普通话,注意发音;注意用语气、语调和节奏表现对文本的理解和感受;愿意和同学交流朗读体验,能简单评价他人的朗读。喜欢读古诗,能熟读成诵;喜欢阅读故事,并与他人讨论。喜欢在学校、社区组织的朗诵会、故事会、课本剧表演等活动中展示。参加文学体验活动,能表达自己的体验、感受和发现,愿意用文字、图画等方式记录见闻、想法"
第二学段	文学阅读开始关注理解和评价,理解多为提取主要信息、完整复述读过的故事,评价多从某个角度分析和评价人物,阅读文本为"童话、寓言、神话等",学生应"在阅读过程中能提取主要信息,借助阅读经验和生活经验预测情节发展;能结合关键词句解释作品中人物的行为,从某个角度分析和评价人物;能发现作品中的优美词语、精彩句段,并根据需要进行摘录;能借助上下文语境,说出关键语句、标点符号、图表在表达中的作用;能复述读过的故事,概括文本内容,根据自己的阅读理解提出问题并与他人交流;乐于和他人分享阅读所得,关注有新鲜感的词句,并有意识地在口头和书面表达中运用"。 　　创意表达多为诵读、转述、记录、续讲、续写等,学生应"乐于参与读书交流活动,能诵读学过的优秀诗文,尝试用不同的语气、语调表达自己的理解与感受。主动阅读成语故事、寓言故事、神话故事、革命英雄故事等叙事性作品,能向他人讲述主要内容;能用自己喜欢的形式记录阅读感受与生活体验。参加文学体验活动,能记录活动过程,表达自己的感受;能按照童话、寓言等文体样式,运用联想、想象续讲或续写故事"

续表

学段	学业质量标准描述
第三学段	文学阅读更加侧重基于文类的阅读、关注鉴赏评价,阅读文本为"散文、小说、诗歌等文学作品",学生应"独立阅读散文、小说、诗歌等文学作品,在阅读过程中能获取主要内容,用朗读、复述等自己擅长的方式呈现对作品内容的理解;能用文字、结构图等方式梳理作品的行文思路;能品味作品中重要的语句和富有表现力的语言,注意词语的感情色彩,通过圈点、批注等多种方法记录自己的阅读感受和体验,并主动与他人分享;能通过诵读、改写、表演等方式,表达自己对感人情境和形象的理解与审美体验;能借助与文本相关的材料,结合作品关键语句评价文本中的主要事件和人物,提出自己的观点或看法;能发现不同类型文本的结构方式和语言特点,感受作品内容、表现形式上的不同,积极向他人推荐,并有条理地说明推荐的理由。在文学体验活动中涵养健康向上的审美情趣"。 　　创意表达更加关注研讨、交流以及创意表达能力,学生"能主动阅读体现社会主义先进文化、革命文化、中华优秀传统文化的作品,在阅读、参观、访问过程中,能结合具体内容或时代背景丰富对作品内涵的理解;能用多种方式记录、分享阅读、参观、访问的经历、见闻和心得体会。参加文学体验活动,能够围绕发现的问题,搜集资料、整理相关的观点与看法,结合学习积累和经验,形成自己的理解和认识","在活动中积累素材,写简单的记实作文,内容具体、感情真实;写想象作文,想象丰富、生动有趣"

　　"文学阅读与创意表达"的教学要求与学业质量标准保持高度一致,二者之间紧密呼应,保证了学生文学阅读关键能力培养有抓手、评价有依据。在此基础上,该学习任务群的评价实施要围绕学生阅读文学作品的过程性表现进行,注重实施过程性评价。过程性评价更加关注学生日常的学习,对其日常的学习状况进行评价,目的在于了解学生的学习表现,通过评价来诊断、反馈、纠正和督促学生的学习。教师开展"文学阅读与创意表达"学习任务群的过程性评价主要包括:

　　第一,在学习活动中融入学习评价,共同指向学习经验的主体建构、核心素养的培养发展。想要落实核心素养导向的学习目标,教师就需要开展有助于学生体验、探究的情境任务和学习活动。为了在学习活动中引领学生进行学习经验建构,教师需要在学生的活动进程中随时评估,及时了解学生的认识和理解、困惑和疑虑,并且根据评估所得的信息对学习活动的过程进行调整。可以说,学习活动与学习评估唇齿相依,学习评价贯穿整个课堂,成为课程教学实践的重要组成部分。因此,教师教案、学生学案中的任务既是教学任务和学习任务,又是教师了解学生学习情况的评价任务。以"'囧事'也欢乐"为例,教师围绕学习任务一"趣味'囧事'伴童年",设置了"'囧'字大揭秘""坐上心情'过山车'""'囧事'连环画"等三项活动任务。表现性评价任务与各个活动相一致:在"'囧'字大揭秘"活动中,学生能够"阅读《牛和鹅》《一只窝囊的大老虎》《陀螺》,能读准字音,读通句子";在"坐上心情'过山车'"活动中,学生能够"借助思维导图,梳理故事情节、人物心情,完整、有条理地复述故事内容""能结合课文相关语句,通过人物的动作、语言、神态体会故事中人物的心情";在"'囧事'连环画"活动中,学生能够"用批注的方法阅读,梳理、总结批注的方法和意义"。

第二,制定较为科学的学习评价量表,保证过程性评价的有效开展。在过程性评价中,要对学生的学习表现进行评价,最重要的是制定学习评价量表。有了评价量表,教师在任务的实施和活动的开展中,便可以基于评价量表等表现性评价工具,全面关注活动中学生的学习表现,关注学生在真实性的学习情境中任务解决的过程。这些学习评价量表,不仅能够推进任务的达成和活动的开展,还能帮助做好学生学习的实时监控,帮助学生开展自我评价,促进学生进行自主反思。在"'囧事'也欢乐"的教学案例中,教师设计了大量的评价量表,有批注要求星级表、习作评价表等。以"安慰"这一单元口语交际活动的评价量表为例(表 7-2):

表 7-2　单元口语交际活动"安慰"的评价量表

标准	星级	条件
方式恰当	☆☆☆	★:安慰方式基本恰当 ★★:安慰方式较为恰当 ★★★:安慰方式既恰当又有效
表达清晰	☆☆☆	★:语言基本通顺,不影响意思表达 ★★:语言较为通顺、连贯,意思表达基本准确 ★★★:语言通顺、句义连贯,意思表达准确
能体会对方的心情	☆☆☆	★:能基本体会对方的心情 ★★:能较好体会对方的心情 ★★★:能深入体会对方的心情
能借助语气、手势等表达	☆☆☆	★:语气较为诚恳,能加入一定手势 ★★:语气较为诚恳,手势较为恰当 ★★★:语气诚恳,表情自然,手势恰当

基于表 7-2,教师在设计评价量表时需要注意以下几点:第一,评价量表要与表现性任务相互匹配。表 7-2 对应的学习任务为:在《一只窝囊的大老虎》课文中,作者对他窝囊的演出耿耿于怀,作为好朋友的你进行开导,并评价"谁的开导安慰最动听、最有效"。第二,评价量表应有评价的标准。"方式恰当"和"表达清晰"针对的是开导、安慰的有效性,"能体会对方的心情""能借助语气、手势等表达"针对的是开导、安慰的"动听性"。第三,评价量表应确定等级水平。在表 7-2 中,教师使用了三星的等级水平来进行标记。在"方式恰当"这一评价维度中,★表示安慰的方式基本恰当,★★表示安慰方式较为恰当,★★★表示安慰方式既恰当又有效。

> **链接标准**
>
> 　　评价应围绕学生阅读文学作品的过程性表现进行。第一学段关注阅读兴趣，通过朗读和想象等，侧重考察学生对作品情境、节奏和韵味的大体感受；第二学段在阅读全文基础上，侧重考察学生对重要段落和语句的理解，以及对作品的语言和形象的具体感受；第三、第四学段，侧重考察学生对语言、形象、情感、主题的领悟程度和体验，评价学生文学作品的欣赏水平，关注研讨、交流以及创意表达能力。
>
> 　　　　　　　　　　　　　　　　——《义务教育语文课程标准(2022年版)》

四、"文学阅读与创意表达"学习任务群的关键问题

　　基于对课程标准的分析，教师在"文学阅读与创意表达"学习任务群的教学实践中需要关注以下几个问题。

(一) 基于学习主题，学习多样的文学样式

　　纵观新中国成立后的小学语文课程，文学的文本类型不断丰富多样，教学要求也逐渐提高。1963年《全日制小学语文教学大纲(草案)》指出，"课文应该是文质兼美的范文"，"要包括文学作品……表达方式应该多样……"，对选文的文学性提出了要求。1992年《九年义务教育全日制小学语文教学大纲(试用)》指出，教学中要关注含义较深刻的词语和句子，处理好课文整体和部分的关系，并规定五年制的五年级和六年制的六年级"对含义较深的词句或结构比较复杂的句子，能联系上下文理解含义或体会感情色彩，注意欣赏文章中的优美语句"。随着《义务教育语文课程标准(2011年版)》颁布施行，文学性文本概念的提出，文学的文本类型不断细化、多元化、丰富化，各个学段学生阅读的文学文本类型也呈现出不同的面貌。小学低年级学生诵读儿歌、儿童诗和浅近的古诗，中、高年级学生阅读叙事性作品和优秀诗文。

　　《义务教育语文课程标准(2022年版)》指出，"文学阅读与创意表达"和其他学习任务群一样，以中华优秀传统文化、革命文化、社会主义先进文化为核心学习主题，同时涉及外国优秀文化、日常语文生活等主题内容，基于这些学习主题，每个学段规定了文学性文本的样式、阅读范畴，文本类型呈现出多样的文学面貌。就阅读范畴来看，文学性文本包括革命文化类文学性作品、表现自然之美和描绘多姿多彩生活类文学性作品、儿童少年文学作品及中外经典文学作品。就文学样式来看，文学性文本包括故事、诗歌、小说、儿歌、童话、散文、小说、传记等；就媒介载体来看，文学性文本包括纸质文本、媒体文本；就文本篇幅来看，文学性文本既包括单篇文章，又包括图画书、整本书等。

(二) 阐释美、表现美、创造美,凸显审美创造旨趣

"文学阅读与创意表达"侧重体现审美创造核心素养的内在旨趣。《语文课程标准(2022 年版)》在"文学阅读"的基础上,特别突出了"创意表达"。创意表达突出表现在阐释内容、呈现形式、思维表达三个方面。

阐释内容有创意,就是要在阅读过程中融入个体的生活体验和阅读感受,侧重引导学生表达自己的独特观点,分享自己最喜欢的内容。《语文课程标准(2022 年版)》在第一学段侧重引导学生初步体验文学阅读的乐趣,考虑到学生的现实学习情况,在创意表达方面并未作出明确要求。在第二学段要求学生结合自己的生活体验,尝试用文学语言表达自己热爱自然、珍爱生命的情感;学习用口头或者图文结合的方式创编儿童诗和有趣的故事。在第三学段要求学生运用讲述、评析等方式,交流自己的情感体验;用口头或者书面的方式表达对自然的观察与体验,抒发自己的情感;学习联想与想象,尝试有创意地表达;学习运用细节描写等文学表现手法,描述自己成长中的故事。三个学段出现最多的关键词是"自己",这体现了对学生作为文学阅读与表达主体的尊重,以及对文学阅读和表达规律的遵循。

呈现形式有创意,就是借助形式的创造来传递内容表达的创意。《语文课程标准(2022 年版)》在第二、第三学段就表达的呈现形式提出了明确的要求。第二学段要求学生尝试用文学语言表达情感;学习用口头或者图文结合的方式创编儿童诗和有趣的故事。第三学段要求学生运用讲述、评析等方式,交流自己的情感体验;用口头或者书面的方式表达对自然的观察与体验;复述印象深刻的故事情节,尝试富有创意的表达;学习运用细节描写等文学表现手法,描述自己成长中的故事。无论是口头、图文结合,还是复述、讲述、评析等方式,课程标准都在强调借助多种表现形式来进行有创意的表达。

思维表达有创意,就是要落实内容阐释有创意、呈现形式有创意。《语文课程标准(2022 年版)》反复强调借助多种方式表达学生自己的感受和体验,实际上就是为了通过文学阅读与创意表达活动,培养学生综合运用多样的、适宜的内容和形式,表达自己富有创见的阅读感受和生活感悟,形成富有个人印记的读写成果。在创意表达的过程中,学生要综合运用自己积累的文学知识、文本阅读经验、典型表现手法,以及优质的语言材料等,呈现和分享学习成果,体现创造性思维。因此,教师想要全面准确把握该学习任务群的创造旨趣,就需要准确把握该任务群在内容、形式和思维方面三位一体的特点。

(三) 整合文学学习方法和学习策略,培养问题解决能力

"文学阅读与创意表达"的教学应以学习主题为引领,以学习任务为导向,学习活动贯穿始终,运用多样的读写活动,兼顾口语、书面语表达,倡导图文并茂呈现

学业成果,实现读写思维和关键能力的深度融合。围绕学习任务的推进,教师需要实现学习内容、学习情境、学习方法和学习资源等要素的整合。文学学习方法和学习策略在《语文课程标准(2022 年版)》中的课程目标和学业质量标准部分有比较系统的呈现。学习任务的顺利开展,离不开学习方法和学习策略的支持。这里的学习方法和学习策略,是指教师为了帮助学生更好地学习而开发的一些学习措施和学习手段,只要有利于提高学生学习质量和效率的"程序、规则、方法、技巧及调控方式",都属于方法和策略范畴。

就学习方法和学习策略而言,教师不仅要关注一般性的方法和策略,还需要重点关注针对文学学习的特殊性的方法和策略。例如,有些教师注意到了一般方法和策略,如元认知策略、认知策略、动机策略和社会策略,却忽视了特殊方法和策略的开发,比如文学阅读策略、创意表达策略;重视了认知性策略,如复述策略、深加工策略、组织策略等,却忽视了实践性策略,如媒介使用策略、媒介视读策略、媒介作品创作策略等。对于"文学阅读与创意表达"学习任务群,教师既要关注文学阅读策略、创意表达策略,也要关注一些任务完成过程中的实践性策略。以文学阅读为例,一方面,我们除了关注默读、略读、精读、速读、浏览等一般的阅读方法和策略,还需要关注文学阅读独特的方法策略指导,如朗读、诵读、涵泳、品味、鉴赏等,更需要关注到传统"圈点批注"的学习策略,圈点重在感受,批注是在感受基础上的理解、体会,圈点批注就使文学性阅读形成从感受到理解的一个完整过程。边读边记、边读边思,圈点批注还是动作和理解相互结合的学习方式。另一方面,我们还需要向国外的文学教育寻求智慧。例如,加拿大教育家吉尔就探索了文学作品的阅读方法和学习策略,她提出了联结、提问、图像化、推测力、转化等学习策略,我们可以适当借鉴学习。

当然,学习方法和学习策略在教学中也需要体现出其灵活性的特点。在具体的文学性听、说、读、写活动中,教师要根据不同的学习目的、不同的文本类型及不同的活动类型,选择使用最适合的学习方法和学习策略,以提高学生学习活动的效率与效果。

第二节　"文学阅读与创意表达"学习任务群的教材分析

本节以小学语文教材为分析对象,立足课程标准,对"文学阅读与创意表达"学习任务群的内容资源与编排方式进行分析。

一、内容资源

根据课程标准中关于"文学阅读与创意表达"学习任务群的目标要求与学习

内容,我们分学段总结了现行小学语文教材中关于"文学阅读与创意表达"学习任务群的相关内容(表7-3、表7-4、表7-5)。

学 习 活 动

请你尝试按照表7-3、表7-4、表7-5的格式总结小学语文三年级下册中的"文学阅读与创意表达"学习任务群的相关内容资源,并以小组为单位分享你的总结过程与教学感悟。(提示:教学感悟可以从该册内容资源特征特点,以及与其他册教材的衔接等层面展开。)

表7-3 第一学段"文学阅读与创意表达"小学语文教材内容资源梳理

册次	口语交际	语文园地	课文	识字	课后练习
一年级上册	小兔运南瓜	语文园地一(日积月累、和大人一起读);语文园地二(和大人一起读);语文园地四(字词句运用、和大人一起读);语文园地五(日积月累、和大人一起读);语文园地六(日积月累、和大人一起读);语文园地七(字词句运用、和大人一起读);语文园地八(日积月累、和大人一起读)	《秋天》《小小的船》《江南》《四季》《影子》《比尾巴》《青蛙写诗》《雨点儿》《明天要远足》《项链》《雪地里的小画家》《乌鸦喝水》《小蜗牛》	《画》《大小多少》《小书包》《日月明》《升国旗》	《小小的船》课后练习;《四季》课后练习;《青蛙写诗》课后练习;《雨点儿》课后练习;《项链》课后练习;《雪地里的小画家》课后练习;《乌鸦喝水》课后练习
一年级下册	听故事,讲故事	语文园地一(字词句运用、和大人一起读);快乐读书吧;语文园地二(和大人一起读);语文园地三(日积月累);语文园地四(日积月累);语文园地五(和大人一起读);语文园地六(字词句运用、和大人一起读);语文园地七(字词句运用、和大人一起读);语文园地八(日积月累、和大人一起读)	《吃水不忘挖井人》《我多想去看看》《四个太阳》《小公鸡和小鸭子》《树和喜鹊》《静夜思》《古诗二首》《荷叶圆圆》《要下雨了》《动物王国开大会》《小猴子下山》《棉花姑娘》《咕咚》《小壁虎借尾巴》	《春夏秋冬》《小青蛙》《动物儿歌》《人之初》	《我多想去看看》课后练习;《四个太阳》课后练习;《小公鸡和小鸭子》课后练习;《树和喜鹊》课后练习;《荷叶圆圆》课后练习;《要下雨了》课后练习;《动物王国开大会》课后练习;《小猴子下山》课后练习;《棉花姑娘》课后练习;《咕咚》课后练习;《小壁虎借尾巴》课后选做练习

续表

册次	口语交际	语文园地	课文	识字	课后练习
二年级上册	看图讲故事	快乐读书吧; 语文园地二(我爱阅读); 语文园地三(写话、我爱阅读); 语文园地六(我爱阅读); 语文园地七(写话)	《八角楼上》 《朱德的扁担》 《难忘的泼水节》 《刘胡兰》 《狐假虎威》 《纸船和风筝》 《风娃娃》		《小蝌蚪找妈妈》课后练习; 《植物妈妈有办法》课后练习; 《曹冲称象》课后练习; 《玲玲的画》课后练习; 《妈妈睡了》课后练习 《古诗二首》课后练习; 《八角楼上》课后练习; 《朱德的扁担》课后练习; 《难忘的泼水节》课后练习; 《刘胡兰》课后练习; 《古诗二首》课后练习; 《风娃娃》课后练习
二年级下册	推荐一部动画片	语文园地一(我爱阅读); 快乐读书吧; 语文园地二(写话、我爱阅读); 语文园地四(写话); 语文园地六(写话)	《古诗二首》 《找春天》 《开满鲜花的小路》 《邓小平爷爷植树》 《雷锋叔叔,你在哪里》 《千人糕》 《一匹出色的马》 《彩色的梦》 《枫树上的喜鹊》 《沙滩上的童话》 《我是一只小虫子》 《古诗二首》 《雷雨》 《要是你在野外迷了路》 《大象的耳朵》 《蜘蛛开店》 《青蛙卖泥塘》 《小毛虫》		《古诗二首》课后练习; 《找春天》课后练习、课后选做练习; 《开满鲜花的小路》课后练习; 《邓小平爷爷植树》课后练习; 《千人糕》课后练习; 《彩色的梦》课后练习; 《枫树上的喜鹊》课后练习; 《寓言二则》课后练习; 《画杨桃》课后练习; 《小马过河》课后练习; 《古诗二首》课后练习; 《雷雨》课后练习; 《要是你在野外迷了路》课后练习; 《太空生活趣事多》课后练习; 《大象的耳朵》课后练习; 《蜘蛛开店》课后练习; 《青蛙卖泥塘》课后练习; 《小毛虫》课后练习; 《祖先的摇篮》课后练习; 《羿射九日》课后练习

表 7-4 第二学段"文学阅读与创意表达"小学语文教材资源梳理

册次	口语交际	习作	语文园地	课文	课后练习	综合性学习
三年级上册	我的暑假生活;名字里的故事	猜猜他是谁;写日记;我来编童话;续写故事;我们眼中的缤纷世界;这儿真美;那次玩得真高兴	语文园地一(词句段运用);语文园地二(词句段运用);语文园地三(交流平台、日积月累、快乐读书吧);语文园地五(交流平台);语文园地六(交流平台、日积月累);语文园地七(加点词意思、日积月累);语文园地八(词句段运用、日积月累)	《大青树下的小学》《花的学校》《古诗三首》《铺满金色巴掌的水泥道》《秋天的雨》《听听,秋雨的声音》《卖火柴的小女孩》《那一定会很好》《在牛肚子里旅行》《一块奶酪》《总也倒不下的老屋》《胡萝卜先生的长胡子》《小狗学叫》《搭船的鸟》《金色的草地》《古诗三首》《海滨小城》《美丽的小兴安岭》《大自然的语言》《读不完的大书》《父亲、树林和鸟》《灰雀》《手术台就是阵地》《一个粗瓷大碗》	《大青树下的小学》课后练习;《花的学校》课后小练笔;《铺满金色巴掌的水泥道》小练笔;《秋天的雨》小练笔;《在牛肚子里旅行》课后练习;《总也倒不下的老屋》课后练习;《胡萝卜先生的长胡子》课后练习;《小狗学叫》课后探究;《搭船的鸟》课后练习;《金色的草地》课后练习;《古诗三首》课后练习;《富饶的西沙群岛》课后练习;《海滨小城》课后练习;《美丽的小兴安岭》课后选做练习;《大自然的语言》小练笔;《读不完的大书》课后练习;《手术台就是阵地》课后练习	
三年级下册	春游去哪玩;劝告;趣味故事会	我的植物朋友;看图画,写一写;我做了一项小实验;奇妙的想象;身边那些有特点的人;这样想象真有趣	语文园地一(词句段运用、日积月累);语文园地二(交流平台、词句段运用、快乐读书吧);语文园地三(词句段运用);语文园地五(初试身手);语文园地六(词句段运用);语文园地七(交流平台、词句段运用);语文园地八(交流平台、词句段运用、日积月累)	《古诗三首》《燕子》《荷花》《昆虫备忘录》《守株待兔》《陶罐和铁罐》《鹿角和鹿腿》《池子与河流》《古诗三首》《一幅名扬中外的画》《小虾》《宇宙的另一边》《我变成了一棵树》《童年的水墨画》《剃头大师》《肥皂泡》《我不能失信》《慢性子裁缝和急性子顾客》《方帽子店》《漏》《枣核》	《古诗三首》课后练习;《荷花》小练笔;《守株待兔》阅读链接;《陶罐和铁罐》课后练习;《鹿角和鹿腿》课后练习;《赵州桥》课后练习;《花钟》课后练习;《宇宙的另一边》课后练习;《我变成了一棵树》课后练习;《剃头大师》课后练习;《肥皂泡》课后练习;《我们奇妙的世界》小练笔;《慢性子裁缝和急性子顾客》课后选做练习;《漏》课后练习	中华传统节日

续表

册次	口语交际	习作	语文园地	课文	课后练习	综合性学习
四年级上册	我们与环境;讲历史人物故事	推荐一个好地方; 小小"动物园"; 我和____过一天; 生活万花筒; 记一次游戏; 我的心儿怦怦跳	语文园地一(交流平台); 语文园地二(词句段运用); 语文园地四(词句段运用); 语文园地六(交流平台、词句段运用); 语文园地七(交流平台); 语文园地八(交流平台、词句段运用)	《观潮》 《走月亮》 《现代诗二首》 《繁星》 《一个豆荚里的五粒豆》 《蝴蝶的家》 《古诗三首》 《盘古开天地》 《精卫填海》 《普罗米修斯》 《女娲补天》 《麻雀》 《爬天都峰》 《牛和鹅》 《一只窝囊的大老虎》 《陀螺》 《古诗三首》 《为中华之崛起而读书》 《梅兰芳蓄须》 《延安,我把你追寻》 《王戎不取道旁李》 《西门豹治邺》 《故事二则》	《观潮》课后练习; 《走月亮》课后练习、小练笔; 《古诗三首》课后练习; 《盘古开天辟地》课后练习; 《精卫填海》课后练习; 《普罗米修斯》课后练习; 《麻雀》课后练习; 《爬天都峰》课后练习; 《牛和鹅》课后练习; 《一只窝囊的大老虎》课后练习、课后选做练习; 《陀螺》课后练习; 《古诗三首》课后练习; 《为中华之崛起而读书》课后练习、小练笔; 《王戎不取道旁李》课后练习; 《西门豹治邺》课后练习、课后选做练习	
四年级下册	朋友相处的秘诀	我的动物朋友; 我学会了____; 故事新编	语文园地一(交流平台、词句段运用); 语文园地三(交流平台、词句段运用); 语文园地四(词句段运用); 语文园地六(词句段运用); 语文园地七(交流平台); 语文园地八(交流平台、词句段运用)	《古诗词三首》 《乡下人家》 《天窗》 《三月桃花水》 《短诗三首》 《绿》 《白桦树》 《在天晴了的时候》 《猫》 《母鸡》 《白鹅》 《海上日出》 《文言文二则》 《小英雄雨来(节选)》 《我们家的男子汉》 《芦花鞋》 《古诗三首》 《"诺曼底号"遇难记》 《黄继光》 《挑山工》 《宝葫芦的秘密(节选)》 《巨人的花园》 《海的女儿》	《古诗词三首》课后练习; 《乡下人家》课后练习、课后选做练习; 《天窗》课后练习; 《短诗三首》课后练习; 《绿》课后练习; 《白桦》课后选做练习; 《猫》课后练习; 《母鸡》课后练习; 《白鹅》课后练习; 《海上日出》课后练习、课后选做练习; 《小英雄雨来(节选)》课后练习; 《古诗三首》课后练习; 《"诺曼底号"遇难记》课后练习; 《宝葫芦的秘密(节选)》课后练习; 《巨人的花园》课后练习	轻叩诗歌大门

表 7-5　第三学段"文学阅读与创意表达"小学语文教材资源梳理

册次	口语交际	习作	语文园地	课文	课后练习	综合性学习
五年级上册	讲民间故事；父母之爱；我最喜欢的人物形象	我的心爱之物；缩写故事；_____即景；推荐一本书	语文园地一（交流平台、词句段运用）；语文园地二（词句段运用）；语文园地三（交流平台、词句段运用）；语文园地四（交流平台）；语文园地六（交流平台、词句段运用）；语文园地七（词句段运用）；语文园地八（词句段运用）	《白鹭》《落花生》《桂花雨》《珍珠鸟》《搭石》《将相和》《猎人海力布》《牛郎织女（一）》《牛郎织女（二）》《古诗三首》《小岛》《慈母情深》《父爱之舟》"精彩极了"和"糟糕透了"》《古诗词三首》《四季之美》《鸟的天堂》《月迹》《古人谈读书》《忆读书》《我的"长生果"》	《白鹭》课后练习；《落花生》课后练习；《桂花鱼》课后练习；《搭石》课后练习；《将相和》课后练习；《猎人海力布》课后练习；《牛郎织女》课后练习、课后选做练习；《古诗三首》课后练习；《慈母情深》课后练习、小练笔；《父爱之舟》课后练习；《古诗词三首》课后练习；《四季之美》课后练习、课后选做练习；《鸟的天堂》课后练习；《古人谈读书》课后练习；《忆读书》课后练习	
五年级下册	走进他们的童年岁月	那一刻，我长大了；写读后感；他_____了；形形色色的人；神奇的探险之旅；中国的世界文化遗产；漫画的启示	语文园地一（交流平台、词句段运用、日积月累）；语文园地二（词句段运用、日积月累）；语文园地四（词句段运用、日积月累）；语文园地六（词句段运用）；语文园地七（词句段运用、日积月累）；语文园地八（词句段运用）	《古诗三首》《祖父的园子》《月是故乡明》《梅花魂》《草船借箭》《景阳冈》《猴王出世》《红楼春趣》《古诗三首》《青山处处埋忠骨》《军神》《清贫》《人物描写一组》《刷子李》《自相矛盾》《田忌赛马》《跳水》《威尼斯的小艇》《牧场之国》《金字塔》《杨氏之子》《手指》《童年的发现》	《古诗三首》课后练习、课后选做练习；《祖父的园子》课后练习；《草船借箭》课后练习；《景阳冈》课后练习、学习资料袋；《红楼春趣》课后练习；《青山处处埋忠骨》课后练习；《军神》课后练习；《人物描写一组》课后练习；《刷子李》课后练习；《自相矛盾》课后练习；《田忌赛马》课后练习；《跳水》课后练习；《威尼斯的小艇》课后练习；《牧场之国》课后练习；《杨氏之子》课后练习；《手指》课后练习、小练笔	

册次	口语交际	习作	语文园地	课文	课后练习	综合性学习
六年级上册		变形记；多彩的活动；____让生活更美好；笔尖流出的故事；围绕中心意思写；学写倡议书；我的拿手好戏；有你，真好	语文园地一（词句段运用、日积月累）；语文园地二（交流平台、词句段运用）；语文园地三（词句段运用、日积月累）；语文园地四（词句段运用、日积月累）；语文园地八（词句段运用）	《草原》《丁香结》《古诗词三首》《花之歌》《七律·长征》《狼牙山五壮士》《开国大典》《灯光》《我的战友邱少云》《桥》《穷人》《金色的鱼钩》《夏天里的成长》《盼》《古诗三首》《青山不老》《三黑和土地》《文言文二则》《月光曲》《少年闰土》《好的故事》《我的伯父鲁迅先生》《有的人——纪念鲁迅有感》	《草原》课后练习；《丁香结》课后练习；《古诗词三首》课后练习；《花之歌》课后练习；《七律·长征》课后练习、阅读链接；《狼牙山五壮士》课后练习；《开国大典》课后练习；《桥》课后练习；《穷人》课后练习、小练笔；《盼》课后练习；《古诗三首》课后练习；《三黑与土地》课后练习；《文言文二则》课后练习；《月光曲》课后选做练习；《少年闰土》课后练习、小练笔；《好的故事》课后练习	
六年级下册	即兴发言；同读一本书	家乡的习俗；写作品梗概；让真情自然流露；插上科学的翅膀飞	语文园地一（日积月累）；语文园地二（交流平台、词句段运用）；语文园地四（交流平台、词句段运用）	《北京的春节》《腊八粥》《古诗三首》《藏戏》《鲁滨逊漂流记（节选）》《骑鹅旅行记（节选）》《汤姆·索亚历险记（节选）》《匆匆》《那个星期天》《古诗三首》《十六年前的回忆》《为人民服务》《董存瑞舍身炸暗堡》《文言文二则》《表里的生物》《他们那时候多有趣啊》	《北京的春节》课后练习；《腊八粥》课后练习、小练笔；《古诗三首》课后练习；《鲁滨逊漂流记（节选）》课后练习；《匆匆》课后练习；《那个星期天》课后练习；《古诗三首》课后练习；《十六年前的回忆》课后练习；《为人民服务》课后练习；《表里的生物》课后练习、课后选做练习	奋斗的历程；难忘小学生活

　　在小学语文教材中,"文学阅读与创意表达"学习任务群的内容资源分布广泛,涉及识字写字、阅读、课文、课后练习、语文园地、习作、口语交际、综合性学习、口语交际等多个板块。横向比较三个学段的内容资源,主要有以下几个特点:

　　一是课文、课后练习聚焦"文学阅读"。阅读板块的课文覆盖了自然之美、四季之美、多彩生活、儿童少年、家人伙伴、传统节日、乡土文化、革命文化等主题,也覆盖了神话故事、经典童话、民间故事、小说、古典名著、外国名著等文体类别,这些课文为学生的文学性阅读与文学性表达提供了优质的学习资源。课后练习围绕"理解与交流""积累与运用"展开,"理解与交流"旨在培养学生对课文的整体感知和领悟把握,学生进行朗读默读、理解课文内容、体会表达特点,"积累与运用"就是要积累词句段落篇章、背诵摘抄、仿写有特色的句式和段落、进行小练笔。

　　二是口语交际、习作板块关注创意表达,文学的创意表达贯穿各个学段。就口语交际而言,"文学性表达"主要体现在口头讲故事、创编儿童诗等,如三年级下册安排了"趣味故事会",四年级上册安排了"讲历史人物故事"。就习作板块来看,教材或者在阅读单元中安排了习作训练,如三年级上册第三单元的人文主题为"童话世界",语文要素要求学生"感受童话中生动有趣的形象","试着自己编故事、写童话"。该单元的习作板块为"我来编童话",要求"发挥想象写童话"。写作部分明确地提出了写作任务"我们也来编童话故事吧"。为了完成写作任务,习作板块的设计注重协作过程的指导,为学生的构思、预写、修改、评价等提供支持。除此之外,教材还安排了习作单元。例如,三年级下册第五单元设置了主题为"想象"的习作单元,该单元围绕"想象"编排了《宇宙的另一边》《我变成了一棵树》两篇精读课文和两篇习作例文。

　　三是语文园地板块重在总结和揭示文学阅读和文学表达的规律。对于语文园地而言,这一板块融汇了学习交流、知识运用、阅读积累等多种语文学习活动,学生在"交流平台"中交流总结学会阅读的方法,如仿写、复述、批注等,形成自己的经验积累;在"词句段运用"的生活情境中运用语言,提升表达能力,落实单元语文要素;在"日积月累"中积累古代诗文,成为主动的阅读者。

　　四是综合性学习板块旨在化解文学资源与生活经验脱节的问题。从三年级下册开始,小学语文教材中开始出现综合性学习板块,几乎每一次综合性学习中均涉及文学阅读与创意表达。综合性学习是文学学习的实践拓展活动,如四年级下册的综合性学习"轻叩诗歌大门",编者首先在这一单元安排了收集诗歌、创作诗歌的课后练习,在此基础上,设置"合作编小诗集""举办诗歌朗诵会"两个综合性学习活动,融汇了体验和感悟、理解与鉴赏、表现与创新的文学学习活动,学生在诗歌阅读中认识多彩世界,在观察生活中寻找写作素材,在编排诗集中搭建知识框架,在吟诵涵泳中体悟诗情。

纵向比较三个学段的内容资源可以发现,小学语文教材的"文学阅读与创意表达"内容资源呈现不断丰富的特点。从文本类型来看,小学语文教材中各个学段选编的文学文本类型从简单走向多样。第一学段的文学文本以儿歌、童谣、童话、浅近的古诗为主,让学生初步体验文学阅读的乐趣,符合低年级学生的认知水平;第二学段增加了童话、寓言、神话等叙述性作品,欣赏富有想象力、表现力的文学作品,丰富学生的情感体验;到了第三学段,诗歌、章回小说、文言文等文学作品的篇目进一步增多,阅读理解的难度也进一步加深。从能力要求来看"文学阅读与创意表达"呈现出清晰的学段特征。以描写人物为例,小学语文教材在三个学段共设置了八个习作题目,分别为:《猜猜他是谁》(三年级上册第一单元)、《身边那些有特点的人》(三年级下册第六单元)、《小小动物园》(四年级上册第二单元)、《我的"自画像"》(四年级下册第七单元)、《漫画"老师"》(五年级上册第二单元)、《他____了》(五年级下册第四单元)、《形形色色的人》(五年级下册第五单元)、《有你,真好》(六年级上册第八单元),纵观不同学段的习作题目,我们可以发现:习作写作对象的范围从写身边的人到写形形色色的人,从单写人物的特点到多种方法写人物的特点,从具体事例写人物特点到运用人物描写方法写人物特点,呈现出能力要求不断加深的特点。

二、编排方式

在了解教材内容资源的基础上,教师还需要对教材的编排方式展开分析,进而透视编者编写教材的理念。由表7-3、表7-4、表7-5可知,"文学阅读与创意表达"在小学语文教材中涉及的版块主要包括:课文、习作、口语交际、语文园地与综合性学习。基于上述板块,根据"文学阅读与创意表达"学习任务群的主要内容,我们可以将这些板块归纳为文学阅读系统、创意表达系统、读写助学系统。小学语文教材"文学阅读与创意表达"三大组织结构的编排方式主要呈现出以下几个特点。

(一)"文学体验主题情境"与"文学阅读能力"双线组合的文学阅读系统

在"文学阅读与创意表达"的文学阅读系统中,小学语文教材呈现出"文学体验主题情境"与"文学阅读能力"的双线组合的编排特点。这个文学阅读系统的特点与小学语文教材"人文主题"与"语文要素"双线组合的编排理念相对应。

文学体验主题情境,让学生参与儿童日常生活和当代文化生活,也带领着学生走进社会主义先进文化、革命文化、中华优秀传统文化、世界文明。小学语文教材设置了"自然""夏天""儿童生活""伙伴""家人""家乡"等表现自然之美和描绘多彩私生活的人文主题,也设置了"祖国山河""家国情怀""家国之殇""民风民俗"等表现与国家和人民同呼吸、共命运的人文主题。学生在基于学习主题的文学学习以及文学作品的阅读中获得丰富的情感体验,受到了文化的浸润。

文学阅读能力,就是要在整体感知、联想想象中感知文学形象和语言的独特魅力,并在了解文学作品基本特点的基础上欣赏和评价语言文字作品的能力。小学语文教材在语文要素中覆盖了文学阅读方法、阅读策略、文学想象、基本的文学文体等。以培养阅读的想象力为例,二年级上册第七单元学习主题为想象,语文要素要求学生"展开想象,获得初步的情感体验"。学习课文《夜宿山寺》《敕勒歌》后,教师可以要求学生读诗句、想画面,再用自己的话说一说。学习《雾在哪里》时,教师可以要求学生基于课文的学习,在了解了雾"是个淘气的孩子"后,谈谈自己眼中雾的形象。三、四年级学生阅读的文学作品,内容大多关注儿童成长、学校生活、家国情怀、神话故事、传统故事和中外经典故事等。在文学阅读目标上,要求学生"能复述叙事性作品的大意,初步感受作品中生动的形象和优美的语言,关心作品中人物的命运和喜怒哀乐,与他人交流自己的阅读感受""诵读优秀诗文,注意在诵读过程中体验情感,展开想象,领悟诗文大意""积累课文中的优美词语、精彩句段,以及在课外阅读和生活中获得的语言材料。背诵优秀诗文 50 篇(段)"。[1] 四年级上册第一单元学习主题为"自然之美",教师可以要求学生"边读边想象画面,感受自然之美",学习课文《走月亮》,要求学生在阅读阿妈牵着"我"走过"月光闪闪的溪岸""细细的溪水,流着山草和野花的香味,流着月光。……"这些部分时,谈谈"你的头脑中浮现了怎样的画面",还可以请学生和同伴交流"课文中还有哪些画面给你留下了深刻的印象"。六年级上册第七单元学习主题为"艺术之美",语文要素要求学生"借助语言文字展开想象,体会艺术之美"。学习课文《月光曲》后,教师可以要求学生反复朗读第 9 自然段,想象描绘的画面,感受阅读的美妙,再背诵下来。纵观三个学段文学作品培养阅读想象力,文学想象的质量由低到高,从合理到准确最后到具体生动;文学想象的情感体验不断深入,从开始的有情感体验到之后需要产生符合主旨的情感体验;文学想象的语言表达要求也从准确提高到生动。

(二) 以口语交际与作文学习为核心,构建相对开放的创意表达系统

"文学阅读与创意表达"的创意表达系统,在小学语文教材中则是以阅读单元中的口语交际与习作训练及其习作单元为核心组成的。创意表达系统重在观察、感受自然与社会,表达自己独特的体验与思考,尝试创作文学作品。

1~2 年级。"创意表达"的主要内容在教材中主要分布在阅读单元中口语交际和写话板块。在口语交际板块,学生要"能够听故事、看音像作品,能复述大意

---

[1] 中华人民共和国教育部. 义务教育语文课程标准:2022 年版 [M]. 北京:北京师范大学出版社, 2022:10.

和自己感兴趣的情节","能较完整地讲述小故事,能简要讲述自己感兴趣的见闻"。例如,二年级下册第七单元的人文主题为"改变",语文要素要求"借助提示讲故事"。《大象的耳朵》关注的是讲故事的语气,《蜘蛛开店》《小毛虫》要求根据示意图讲故事,《青蛙卖泥塘》则要求边讲故事边表演。在写话板块,学生要"对写话有兴趣,留心周围事物,写自己想说的话,写想象中的事物"。例如,二年级下册第四单元人文主题为"童心",语文要素要求"运用学到的词语,把想象的内容写下来"。由于该单元的写话练习为看图写话,所以教师可以要求学生在看图后进行想象:"小虫子、蚂蚁和蝴蝶用鸡蛋壳做了哪些事情? 它们有什么有趣的经历? 把它们这一天的经历写下来吧!"在小学1~2年级,"创意表达"主要体现在创造性地讲述故事和看图写话方面。

3~4年级。"创意表达"的主要内容在教材中主要分布在阅读单元中的口语交际和习作板块。口语交际要求学生"能清楚明白地讲述见闻,说出自己的感受和想法""讲述故事力求具体生动"。例如,三年级下册第八单元的人文主题为"有趣的故事",语文要素要求"了解故事的主要内容,复述故事","根据提示,展开想象,尝试编童话故事"。在口语交际板块,学生要组织一次"趣味故事会",要求学生用合适的方法,把故事讲得更吸引人,讲故事的时候自然、大方。习作板块提示学生"这样想象真有趣",导引部分激发学生的想象力,"如果母鸡能在天空飞翔,如果蚂蚁的个头比树还大,如果老鹰变得胆小如鼠,如果蜗牛健步如飞,如果……",问题部分引导学生习作,"一旦动物失去了原来的主要特征,或是变得与原来完全相反,它们的生活会有什么变化? 又会发生哪些奇异的事情呢? ",任务部分要求学生"选一种动物作为主角,大胆想象,编一个童话故事。"在习作板块,学生要"观察周围世界,能不拘形式地写下自己的见闻、感受和想象,注意把自己觉得新奇有趣或印象最深、最受感动的内容写清楚","尝试在习作中运用自己平时积累的语言材料,特别是有新鲜感的词句"。例如,三年级下册第五单元人文主题为"大胆想象",语文要素要求"走进想象的世界,感受想象的神奇","发挥想象写故事,创造自己的想象世界"。这一单元选编《宇宙的另一边》《我变成了一棵树》等课文,教师可以设置交流平台,让学生初试身手;书中也给出习作例文,教师可以在此基础上让学生开始进行习作。在小学3~4年级,学生开始复述故事、展开想象、创编故事,"创意表达"主要体现在故事复述和创造性地写作练习上。

5~6年级。"创意表达"的主要内容在教材中也主要分布在阅读单元中的口语交际与习作板块,主要聚焦于不同文学类型的学习。口语交际要求学生"乐于参与讨论,敢于发表自己的意见","能抓住要点,并能简要转述"。例如,五年级下册第二单元人文主题为"古典名著之旅",语文要素要求"初步学习阅读古典名著的方法",口语交际为"怎么表演课本剧",旨在通过从小说到课本剧的转述来深化学生的文学理解和文学创造。又如,五年级下册第二单元的习作主题为"写读后感",要求学生"能写简单的记实作文和想象作文,内容具体,感情真实。能根据内容表达的需要,分段表述。学写读书笔记,学写常见应用文"。再如,五年级下册第五单元人文主题为"描写人物的方法",语文要素要求"学习描写人物的基本方法"。教师可以引导学生通过精读课文《人物描写一组》《刷子李》学习人物描写方法,通过交流平台明确方法,通过初试身手练习方法,最后通过习作实践使用方法。在小学5~6年级,学生开始评述作品、进行表演、尝试写作,"创意表达"主要体现在对作品的评述和创意写作等方面。

(三) 构建"文学阅读与创意表达"的读写助学系统,激发审美创造的潜能

读写助学系统包括各单元的提示、插图、注释、课后练习等部分。教材中的这一读写助学系统,一方面要发挥其促学功能,帮助学生自主学习,引导学生学会学习,促进学生进行创造学习,真正引领学习方式的转变;另一方面也要服务文学阅读与创意表达等文学活动的开展。无论是文学精读、文学略读、整本书阅读,还是习作,教科书的读写助读系统都对其进行了创造性地编制。

对于精读文学作品,读写助学系统中的课后练习,一般从朗读理解、积累运用、拓展实践等维度进行设计,着眼于提高阅读理解能力,促进语言积累和运用,培养语文实践能力。教材在部分课文后安排了以下栏目:"阅读链接",提供与课文内容相关或语言形式相似的短小篇章或片段,由课文自然延伸,引导学生拓展阅读、对比阅读,扩大阅读视野;"资料袋",提供补充材料等方面的阅读资料;"小练笔",提供练笔机会,引导学生由读学写;"选做",设计更为丰富的语文实践活动,为学有余力的学生提供更广阔的发展空间。可以看出,文学作品精读部分的课后练习已经摆脱了既往巩固训练的功能而转变为能力提升、整合拓展的功能。

对于略读文学作品,略读课文和精读课文的教学要求有所不同,呈现方式也有所不同,略读课文不安排写字,不设课后题,而是在文前安排"学习提示",提出要求学生思考的问题,或提出相关的学习建议。以五年级下册第二单元《猴王出世》为例,"学习提示"部分呈现了该篇课文的学习重点是"初步学习阅读古典名著的方法",那么教师可以引导学生遇到较难理解的语句时大致猜测意思后就继续往下读。由于略读课文承担着迁移运用的功能,略读课文与精读课文共同指向"大致了解文学作品的内容"的教学目标,所以学生在略读《猴王出世》时,也可以使用在精读课文《草船借箭》《景阳冈》等作品中学习到的名著阅读方法。

对于整本书阅读,教材中的"快乐读书吧"就是要带动学生开展课外整本书阅读。例如,五年级下册第二单元"走近中国古典名著",该单元的"快乐读书吧"就是要为学生推荐古典名著,带领学生"读古典名著,品百味人生"。"快乐读书吧"

设计"你读过吗""相信你可以读更多"两个栏目,聚焦书目推荐。为了更好地帮助学生开展课外阅读,"快乐读书吧"对学生进行了必要的阅读方法提示:"古代长篇小说多是章回体。这些作品里,一回或若干回组成一个相对完整的小故事,连起来就串成了一个长篇故事。""我很喜欢读回目,只要看一下某一回的标题,就可以猜出它主要讲了什么故事。"学生有了阅读方法的指引,通过阅读回目的方式来开展古典名著的阅读,就可以降低阅读古典名著的难度,在一个个精彩的故事中体验到更多的阅读乐趣。书目的选择给予学生多样的形式和更多的空间,阅读方法的提供给予学生阅读的支持和帮促,课外整本书阅读已经成为语文课程的重要组成部分。

对于习作,读写助学系统一方面加强了习作指导,另一方面降低了习作难度。为了解决学生不知道"写什么""怎么写"的问题,教材中的读写助学系统对学生的文学创作过程进行了有针对性地指导。例如,五年级下册第六单元习作"神奇的探险之旅",通过一连串问题,先引导学生从提供的内容中选定一同前去探险的伙伴,组成探险小队;再让学生选定探险的目的地、携带的装备和可能遇到的险情;在此基础上让学生发挥想象,围绕探险的目的,创编一个探险故事,并把遇到的困境和求生的方法写具体,体会想象的乐趣;还让写完后仍有兴趣的学生续编探险故事。小学语文教科书采用多种形式指导学生完成习作,这些指导性的内容不只适用于完成某次习作,其中也蕴含着完成某类习作的方法路径。

丰富开放的读写助学系统,让学生与文本、学生与生活、学生与自己进行着对话。核心素养审美创造是在阅读语言文字作品、观察感知生活、自然和社会的过程中形成的,是整体感知、联想想象、欣赏评价等诸多语文实践活动协调融通的综合效应。文学阅读是学生从作品中了解作者思想、了解作品中描写的人情世态的活动,也是学生在自己的生活体验、文化积累的基础上,运用想象、联想而使作品内涵在头脑中具体化和再创造过程。作品中的"空白结构"召唤着学生与文本达成对话,与作者、世界建立起"话语伙伴关系",作品的意义是学生在与文本的对话中生成的,学生不仅是文学接受的主体,而且是与作者生活于同一世界的主体,两者进行着潜在的精神沟通。同理,学生在进行创意表达时,与具有审美价值或经过提炼的生活——学生用心感受过、体味过、思索过的生活——进行对话,并与之产生了情感交流,是经过学生"感觉的折光、情感的涂染、心灵的灌注",甚至是"理性的过滤"了的生活,成为学生直觉化、情绪化、心灵化的内在的心理现实。

三、实施建议

根据《语文课程标准(2022年版)》中关于"文学阅读与创意表达"学习任务群的教学实施建议,教师在利用小学语文教材进行"文学阅读与创意表达"学习任务群的教学时,需体现该学习任务群"培养学生文学鉴赏与创造能力,丰富学生的情感体验,激发学生的想象力和创造力"的特点,整体规划学习内容。

第一,综合考虑教材内容、学生学情,以及"文学阅读与创意表达"学习任务群的审美体验、审美品位、审美表达的功能与定位,整体拟定实施计划。教师可以根据学习任务群的价值定位、学习内容和教学提示,有效合理地用教材来开展学习任务群教学。例如,基于六年级下册第一单元"百里不同风,千里不同俗"主题,单元可以确定"多姿多彩的民俗"这一学习主题。学习主题的确定是课程标准要求、教材编排、学生学习等多方面因素作用的结果。从课程标准要求来看,该学习主题有着课程标准的依据,课程标准在"文学阅读与创意表达"学习任务群第三学段学习内容部分明确要求"阅读表现人与社会的优秀文学作品",在文学阅读中"走进广阔的文学艺术世界,学习品味作品的语言、欣赏艺术形象""积累多样的情感体验",在创意表达上要"学习联想与想象""尝试富有创意地表达"等。从教材编排来看,这一学习主题有着教材资源的支撑,教师采用调适的方法,基于六年级下册第一单元建构了学习单元,除了《北京的春节》(老舍)、《腊八粥》(沈从文)、《古诗三首》、《藏戏》(马晨明)等课文,还融入了《故乡的元宵》(汪曾祺)、《腊八粥》(冰心)、《粥》(梁实秋)、《过去的年》(莫言)等文本资源及当地的春节民俗等生活资源。从学生学习来看,"多姿多彩的名俗"贴近学生真实的日常生活,且能激活学生在生活中积累的民俗经验,有利于拉进学生与民俗文化、与文学作品的距离,激发学生语文学习的兴趣。在此基础上,学生与文本中的多姿多彩的民俗相遇,从读懂到读通,从读通到创造,领略多姿多彩的民俗,体会文本蕴含的丰富情感,洞悉和理解八方民俗所承载的文化精神,进而认同民俗文化中蕴含的精神内涵,提升自身创意表达能力。

第二,基于"文学阅读与创意表达"转变学习方式、注重地域差异的特点,教师可以围绕着学习主题开展语文学习,将小学语文教材的使用与地域资源有效结合,引导学生感受文字之美,表达自己的独特感受,促进学生的精神成长。仍以"多姿多彩的民俗"教学为例,围绕着"多姿多彩的民俗"这一学习主题,教师设置了三项具有逻辑关联的学习任务,分别为"春节的民俗日历""古今民族小贴士""不同地域的民俗"。在"春节的民俗日历"中,学生在集中学习《北京的春节》的同时相互介绍自己家乡的春节习俗。在《北京的春节》的学习中,学生要会写"蒜、醋"等15个字,以及"热情、自傲"等20个词语,要能够梳理《北京的春节》一文,制作"北京春节日历"。于是,教师在此基础上,鼓励学生联系生活实际,制作"家乡春节日历",在对比中感受春节习俗的丰富多彩。最后,学生练习使用按时间顺序记叙和详略得当的表达方法,借助"家乡春节日历"介绍自己家乡的春节习俗。在"古今民俗小贴士"中,学生集中学习《腊八粥》《寒食》《迢迢牵牛星》《十五夜望月》《藏戏》等课文,在学习的过程中,首先学生要会写"腊、粥"等19个字,以及"腊八粥""感觉"等18个词语。具体来说,《腊八粥》的学习可以使学生整体感知,分

清《腊八粥》详写与略写内容,并体会详略安排的效果。学生通过人物的动作、语言和心理活动的描写,感受八儿"馋"的形象。学习《古诗三首》,可以使学生想象古诗中描绘的画面,体会诗人表达的情感;了解诗句中传统的节日习俗或传说,感受传统文化的寓意。学习《藏戏》,可以使学生说出藏戏的特色,尝试通过多种方式介绍地方的特色戏曲,并且能够还原作者写作心理,感受民俗文化所承载的精神内涵。在"不同地域的民俗"中,教师要求学生纵观整个单元,感受多样的民俗文化。在此基础上,学生学习编词条的方法,为不同地域民俗写词条。最后,开展"不同地域民俗发布会"体现了多姿多彩的民俗背后蕴含的中华情。

"文学阅读与创意表达"学习任务群的教学实现了围绕"学习主题""情境任务"下基于语言运用的真实情境和真实的语文实践活动,不仅实现了情境、内容、方法、资源的整合,还统整了小学语文教材中阅读、习作、口语交际、识字写字、综合性学习等板块,能够引导学生在运用语言的过程中提升语文素养。

第三节 "文学阅读与创意表达"学习任务群的教学案例分析

教师在开展"文学阅读与创意表达"教学实践时,要理解该学习任务群的价值定位、学习内容和教学提示,也要对现行小学语文教材开展教材分析,还需要学习借鉴优秀教学案例,真正提高自身的教学实践能力。本节从描述和分析两方面呈现"文学阅读与创意表达"学习任务群的教学实践案例。

一、"文学阅读与创意表达"学习任务群的教学案例描述

"'囧事'也欢乐"教学案例是基于课程标准中"文学阅读与创意表达"学习任务群第二学段的学习内容而设计的。在第二学段,学生需要在阅读中感受大自然和人类美好情感的内容要求,"阅读描绘大自然、表现人类美好情感的诗歌、散文等文学作品,结合自己的生活体验,尝试用文学语言表达自己热爱自然、珍爱生命的情感"。这一学习内容旨在感受文字之美、表达独特感受、促进精神成长。教师应通过朗读、默读、复述、评述等方式,引导和帮助学生感受文学作品语言、形象、情感等方面的独特魅力和思想内涵,提升审美能力和审美品位。

"'囧事'也欢乐"的学习单元基本遵循了教材的自然单元,包括:三篇文本《牛和鹅》(任大霖)、《一只窝囊的大老虎》(叶至善)、《陀螺》(高洪波),口语交际"安慰",习作《记一次游戏》等。教师精选核心教学内容,力图让学生感悟童年难忘的"囧事"与"情思"。

具体来说,"'囧事'也欢乐"教学案例设计了三项学习任务:趣味"囧事"伴童年、以"囧"会友最交心、"囧事"不囧促成长。"趣味'囧事'伴童年"立足重建"囧"事图景。该学习任务可以带领学生走进作品中的"囧人囧事",进入作品主人公的内心,体会被鹅追的惊慌与狼狈、演老虎的窘囊与疑惑、玩陀螺的苦闷与欢乐。学生在整体感知、联想想象中获得"囧事"情景的重现,进而不断领略文学形象和文学语言的独特魅力。"以'囧'会友最交心"学习任务重在实现作品与学生经验的"重叠"。学生的阅读既要深入文本,又要跳出文本,寻找作品与生活的诸多重叠部分,如场景的重叠、情感的重叠、关系的重叠。因为有了重叠和关联,学生的阅读便有了代入感,进而获得个性化的审美体验;因为有了重叠和关联,唤醒学生独特的生活体验,在创意表达中留存美好的童心、童趣。"'囧事'不囧促成长"学习任务重在重建学生的阅读经验和内心秩序。作者的经历触动和启发了学生,学生经历了重建内心秩序、实现精神成长和思维发展的过程:读《牛和鹅》重建了对待弱者的姿态,读《一只窝囊的大老虎》重建了遭遇尴尬的心态,读《陀螺》重建了对待事物的认知。伴随着思维的发展和价值的重建,学生可以尝试进行更加深入的文学阅读和创意表达。

二、"文学阅读与创意表达"学习任务群的教学案例分析

根据学习任务群的内涵,我们可以从以下 7 个方面分析"文学阅读与创意表达"的教学案例,分析与评价标准如表 7-6 所示。

表 7-6 "文学阅读与创意表达"学习任务群教学案例分析与评价表

学习任务群 7 大要素	分析标准
学习内容	是否具备课程标准中提及的"文学阅读与创意表达"学习任务群需要掌握的语文要素?涉及哪些要素?它们之间的关系如何?
学习情境	是否科学合理地立足于教材,紧扣该任务群的实用性特点,结合真实且有意义的学习情境进行教学?
学习任务	具体设计了哪些学习任务(趣味性)?学习任务之间的关系如何(进阶性/逻辑性)?学习任务与学习内容、学习情境的关系如何(逻辑性)?
学习活动	具体设计了哪些学习活动?这些学习活动是如何落实"文学阅读与创意表达"学习任务群的学习内容的?能否达到目的?
学习方法	是否为学生提供了可供操作的支架与学习方法?
学习资源	是否为学生提供了充足的、丰富的学习资源,以及寻找学习资源的方式方法?
学习评价	从评价类型的多样性、评价方式的有效性、评价指标的合理性和科学性几个角度进行分析

从学习内容来看,教学案例"'囧事'也欢乐"涵盖了"文学阅读与创意表达"学习任务群所提出的要求。教师围绕"'囧事'也欢乐"的学习主题,形成了"趣味'囧事'伴童年""以'囧'会友最交心""'囧事'不囧促成长"等结构化的任务链条,学生在学习任务、语文实践活动的推进过程中多层次地品味成长故事。具体来说,在学习任务"趣味'囧事'伴童年"中,学生阅读《牛和鹅》《一只窝囊的大老虎》《陀螺》,他们需要借助思维导图,梳理故事情节、人物心情,完整、有条理地复述故事内容,还需要结合课文相关语句,通过人物的动作、语言、神态体会故事中人物的心情,最后用批注的方法阅读,梳理、总结批注的方法和意义。在学习任务"以'囧'会友最交心"中,学生主动回忆,搜集素材,大方交流自己遇到的囧事。在此基础上,他们需要按顺序把童年囧事写清楚,写出想法和感受,接着他们认真阅读同伴的习作,从"写得好""有疑问""有启发"等方面互作批注,并且比较阅读单元课文与同伴习作,联系自己的生活体验,发现不同囧事之间的异同。在学习任务"'囧事'不囧促成长"中,学生需要根据课文学习和自身经历,发现囧事带来的成长,并在习作中表达自己的思考。在此基础上,学生能够善意地看待被安慰者一时难以面对的囧事,设身处地地想他的心情,选择合适的方式进行安慰。最后可以尝试创意表达,小组合作完成"囧事"成长册的制作。

从学习情境来看,学习情境就是要给学生提供一个完整的、真实的背景,以此作为支撑物启动教学,让学生产生学习的需要。在该教学案例中,教师给予学生一定的角色定位,增强学生任务实施过程中的真实感和代入感,让学生在真实而富有意义的学习情境中学语文、用语文,解决"真问题",进行"真解决"。面对"重现"囧人囧事,学习任务一设置了"趣味'囧事'伴童年"的情境任务,学生们以"好朋友"的身份,走进作家们的儿时生活,去瞧瞧他们的"囧样儿"。面对"重叠"时学生与文本、学生与作者的多重对话,学习任务二设置了"以'囧'会友最交心"的情境任务,学生需要变身"小作家",找找自己身上的趣味"囧事",用文字的形式与大家分享。面对"重建"时心灵的洗礼、精神的发育、学习的迁移,学习任务三设置了"'囧事'不囧促成长"的情境任务,学生需要以"过来人"的身份,去反思"囧事"带给自己的成长,去安慰那些在"囧事"中心情低落的伙伴。

从学习任务来看,在学习主题"'囧事'也欢乐"的引领下,按照"重现""重叠""重建"的文学学习进阶,教师设计了"趣味'囧事'伴童年""以'囧'会友最交心""'囧事'不囧促成长"等结构化的任务链条。学习任务的设计遵循着"重现""重叠""重建"的文学阅读能力的进阶思路,学习任务一"趣味'囧事'伴童年"的落脚点在"重现",重在"学习理解"及其"图像表征",让学生文学作品的语言阅读中重现"囧"人"囧"事;学习任务二"以'囧'会友最交心"聚焦"重叠",重在"联结"与"对话",让学生与文本产生持续的对话,建立起了自我与他者、读者与文本之间的多重联结与对话;学习任务三"'囧事'不囧促成长"重在"重建",所谓"重建",便是要让价值观念得以重新建构,最终完成语文学习的迁移和运用。三个学习任务围绕"'囧事'也欢乐"这个学习主题前后连贯、逐层开展,从三个不同的层次去品味成长故事——情景重现读懂,生活重叠读通,内心重构读透;同一任务中的多项学习活动相互关联、层层递进,从作品到主题,从课内到课外,使得审美与表达的相互融通,带领学生开启一段美妙的文学阅读之旅。

　　从学习活动来看,教学案例遵循着做事的逻辑,围绕情境任务的开展,教师设计了具有结构联系的语文学习活动链。伴随着教学的推进,学生在一项项语文实践活动中完成一个个语文学习任务,最终达成学习目标。学习任务一"趣味'囧事'伴童年"由三项活动组成,分别为"'囧'字大揭秘""坐上心情'过山车'""囧事'连环画"。教师引导学生先聚焦"囧"字的本义与网络流行的语义,引出与"囧事"相关的单元课文,扫清字词障碍,顺畅阅读,初步感知;再借助思维导图梳理情节、感悟心情,画出心情"过山车",对文章内容进行复述;最后以《牛和鹅》为例,学习批注之法,通过朗读、品读、评述等方式,品读三篇课文作者的"囧事""囧态",并把故事内容设计成连环画,并用文字进行描述。学习任务二"以'囧'会友最交心"由"'囧事'大搜索""那一刻,真'囧'""你囧我也囧"三部分组成。教师引导学生先在记忆中搜索自己的"囧事",寻找囧事的痕迹,如图片、实物、对见证人的采访等,配上解说文字;再全班分享生活囧事,放大精彩,写清过程,完成习作;最后交换习作,以文会友,从"写得好""有疑问""有启发"等方面互做批注,并比较自己的囧事与他人的囧事、课文中的囧事有何异同。学习任务三"'囧事'不囧促成长"由"去'囧事'里淘金""'囧事'树洞""制造'囧事'成长册"三部分组成。教师引导学生先关注课文内容,品悟作者的成长;关注学生的囧事,从正反两个方面进行思考,重点交流通过这件事带来的自身成长。再让学生匿名写出自己不愿提及、一时难以面对的囧事,投入"囧事"树洞,由其他同学随机抽取,进行安慰、排解,进而点明"囧的本义",明确聊囧事的意义。最后,将囧事的痕迹、习作等归类,合订为"囧事"成长册。

　　从学习方法来看,"'囧事'也欢乐"这一教学案例为学生提供了有助于任务达成和活动开展的学习策略和学习方法。以学习任务一"趣味'囧事'伴童年"提供的学习策略为例,为了让学生文学作品的语言阅读中重现"囧"人"囧"事,教师提供了整体感知策略、批注阅读策略。就整体感知策略而言,整体感知是指对文本从头至尾进行整体阅读与梳理的策略,作为品读感悟的初始步骤、基础环节,强调感知的完整性与综合性,即尽可能全面地获取文本的原始信息,以及由原始信息带来的第一感觉。"心情过山车"这一思维导图的引入,紧扣文本特点,将故事情节与人物心情相勾连,为学生提供了整体感知的学习支架;教师以《牛和鹅》为例教方法,用另两篇课文做迁移,由扶到放,举一反三,为学生减缓了整体感知的学习坡度。就批注阅读策略而言,批注是一种阅读的策略,也是文学鉴赏的重要方式,可以有效呈现动态的思维过程,促进能动阅读、深度阅读的真实发生。读书作批注是该单元的语文要素,需要教师在学习指导中加以落实:既用好教材范例,结合内容归纳批注角度;又分层提出要求,运用"批注要求星级表"逐步训练批注能力。最后引领学生以批注为基础内化文本,通过文字"连环画"的形式对作品进行情景再现。

从学习资源来看,围绕着主题任务的学习,"'囧事'也欢乐"教学案例中的教师提供了丰富的、支架式的教学资源。这些教学资源可以是教材中的选文,即四年级上册第六单元的课文《牛和鹅》《一只窝囊的大老虎》《陀螺》,口语交际"安慰",习作《记一次游戏》。该单元内容聚焦童年趣事,不仅有童年的欢乐,更有经历挫折带来的成长,让人回味,引人深思。在此基础上,从任务的开展和学习的需要,教师还适当融入了多样的学习资源,如自主开发的微课类资源《学做批注》,文本类资源《捅马蜂窝》(冯骥才);并提供了许多学习的工具,如通过网络搜索帮助学生查询"囧"字的意思,通过情节图、归纳图、对比图帮助学生开展任务、完成活动,学习任务单主要用于课外搜索、自主探究、小组合作等。

从学习评价来看,教学案例"'囧事'也欢乐"为每一个学习任务均设置了明确的学习要求。同时,案例也关注到了评价工具的有效性和评价方式的多样性。有效的评价工具设计会针对不同任务目标,设定不一样的评价方式。例如,在学习任务一"趣味'囧事'伴童年"的情境中,教师首先要引导学生完成语文基础阅读工作,进行他人"囧事"情节的梳理,了解作品中的人物心情。在读《牛和鹅》时,教师设计了形象有趣的"心情过山车"思维导图评价工具,指导学生填写情节与情感,将作者的叙事过程与情感变化可视化,继而让学生迁移运用至《一只窝囊的大老虎》《陀螺》中,让学生形成读"这一篇"到"这一类"文本的梳理策略。在学习批注策略时,教师则采用括号图思维导图评价工具,指导学生自主观看微课,从角度、方式、作用三个方面逐一梳理批注方法,再辅以"批注要求星级表",使学生清清楚楚地明白做什么、做到什么程度。这些工具都指向了学生独立学习状态下的表现性评价,使学生在任务实践中获得自主学习的信心与快乐。

课例:第一学段"秋天的诗"(杨玉林、钱栋彬、王爱华)

课例:第三学段"多样的民俗,共同的情感"(徐迎梅、蔡巧燕、王爱华)

案例

第二学段 "'囧事'也欢乐" 教学案例呈现

学习目标

1. 能在自主的学习情境中,通过整体感知、联想想象,感受成长故事和文学语言的独特魅力,获得个性化的审美体验。

2. 能在具体的任务情境中,借助思维导图、关键词句等,进行批注式阅读和言语实践,逐步提高阅读理解、语言运用的能力。

3. 能在真实的生活情境中,按顺序把童年囧事介绍清楚,写出想法和启示,发挥自己的创造性,表达自己独特的体验与思考。

4. 能在成长故事的阅读中,结合自己的阅读与生活体验,交流自己获得的精神成长;并设身处地地想到他人的心情,选择合适的方式进行安慰。

学习要求

从学习结果的角度评价学习目标的达成状况,需要对三个学习任务的完成过程及最终结果,提出具体的、可观测、可评价的学习要求(表7-7)。

表7-7 "'囧事'也欢乐"学习任务群的学习要求

学习任务	学习要求
趣味"囧事" 伴童年	1. 阅读《牛和鹅》《一只窝囊的大老虎》《陀螺》,能读准字音,读通句子。 2. 能借助思维导图,梳理故事情节、人物心情,完整、有条理地复述故事内容。 3. 能结合课文相关语句,通过人物的动作、语言、神态体会故事中人物的心情。 4. 能用批注的方法阅读,梳理、总结批注的方法和意义
以"囧"会友 最交心	1. 能主动回忆、搜集素材,大方交流自己遇到的囧事。 2. 能按顺序把童年囧事写清楚,写出想法和感受。 3. 能认真阅读同伴的习作,从"写得好""有疑问""有启发"等方面互做批注。 4. 能比较阅读单元课文与同伴习作,联系自己的生活体验,发现不同囧事之间的异同
"囧事"不囧 促成长	1. 能根据课文学习和自身经历,发现囧事带来的成长,并在习作中表达自己的思考。 2. 能善意地看待被安慰者一时难以面对的囧事,设身处地地想他的心情,选择合适的方式进行安慰。 3. 能尝试创意表达,小组合作完成"囧事"成长册的制作

学习准备

1. 资源准备

(1) 微课:《学做批注》(以《牛和鹅》的教材内容为例,自主开发)。

(2)《捅马蜂窝》(冯骥才)。

2. 工具准备

(1) 网络搜索关键词:"囧"字的意思。

(2) 思维导图:情节图、归纳图、对比图。

(3) 任务单:用于课外搜索、自主探究、小组合作。

学习过程

学习任务一:趣味"囧事"伴童年

学习情境

　　童年像一个五彩缤纷的盒子,装满了泪水与欢笑,装满了故事与成长。读别人的童年趣事,品味其中的酸甜苦辣,让我们会心一笑、心有所动。请你以一个"好朋友"的身份,和同学一起走进作家们的儿时生活,去瞧瞧他们的"囧样儿"。

▶ 学习活动一:"囧"字大揭秘

1. 聚焦"囧"字

(1) 猜一猜:看看字形(图 7-1),猜猜"囧"字是什么意思?

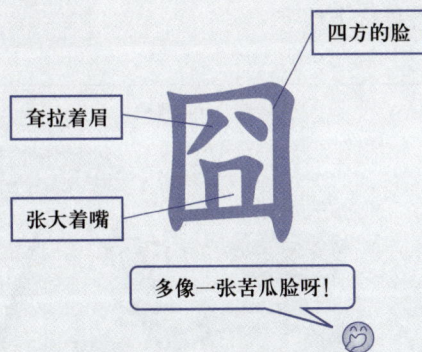

图 7-1　"囧"字形象示意图

(2) 读一读:读读资料,了解"囧"字的本来含义(图 7-2)。

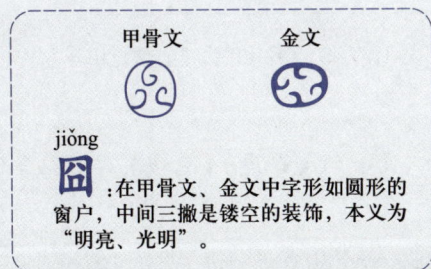

图 7-2　"囧"字本义解释图

　　(3) 聊一聊:"囧"的本义是光明,在今天却常常被用来形容人的郁闷、尴尬、窘迫、惊讶、无奈等情绪。那么,你有过很"囧"的时候吗?

2. 走进"囧"事

(1) 初读感知:让我们走进作家们儿时的"囧事"吧。读一读《牛和鹅》《一只窝囊的大老虎》《陀螺》三篇课文,注意读准字音,读通句子。想一想作者身上发生了哪些故事。

(2) 归类理解:朗读文中的生字新词,尝试通过做动作、联系上下文、联系生活、结合插图等方法进行理解。

摸胳膊 握拳头 扳牛角 捶牛背 掐脖子 摔酒瓶

豁虎跳 霉糊糊 砸锅

冰糸儿 角锥   顶不济

(3) 自主识记:先个人自学,识记单元生字;再小组互学,听默课文词语,组内轮转批阅。

▶ 学习活动二:坐上心情"过山车"

1. 共学得法

(1) 读《牛和鹅》,想想故事是怎样发展的,作者的心情发生了哪些变化。

(2) 梳理故事情节,探秘人物心情,一起完成"心情过山车"(图 7-3)。

(3) 借助思维导图,讲讲这个故事。

图 7-3 《牛和鹅》"心情过山车"

2. 自学迁移

(1) 先自主阅读《一只窝囊的大老虎》《陀螺》,再小组合作,绘制课文作者的"心情过山车"。

(2) 借助思维导图,任选一个故事讲一讲。

▶ 学习活动三:"囧事"连环画

1. 争当"朗读者"

大声朗读你认为最能展现作者"囧样儿"的段落,说说你为什么喜欢这段描写。

2. 学做"评论家"

(1) 观看微课《学做批注》,了解批注的角度、方式和作用,逐一进行梳理(图 7-4)。

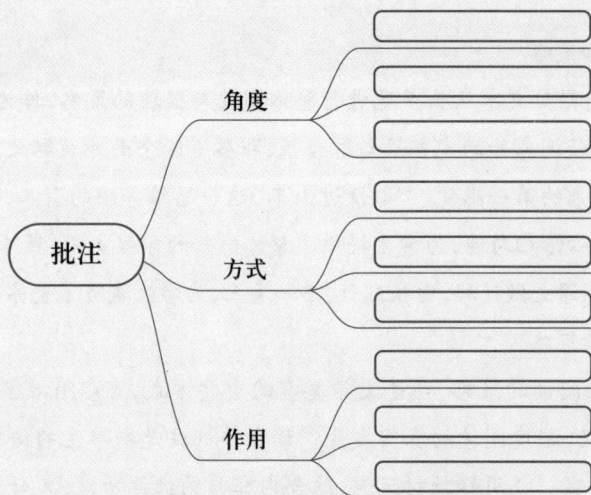

图 7-4　批注知识结构图

(2) 找出文中描写作者"囧样儿"的语句,从动作、语言、神态等方面入手体会心情,做做批注(表 7-8)。

表 7-8　批注要求星级表

星级	具体要求
★	从文中找出关键词句
★★	从文中找出关键词句,通过作者对动作、语言、神态的描写,归纳出"我"当时的心情
★★★	从文中找出关键词句,通过作者对动作、语言、神态的描写,归纳出"我"当时的心情,并联系上下文、联系生活说出"我"心情变化的原因

(3) 交流批注,评述课文,丰富对文章的理解。

3. 成为"插画师"

(1) 小组合作,选择一篇课文,结合梳理与批注,把故事内容设计成连环画,给每幅画面取个题目,用文字将画面简要描绘出来。(可以参考图 7-5 的形式,也可以自主设计。)

图 7-5　"囧事"连环画

(2) 进行全班展示,相互评价。

(3) 感兴趣的话,课后可以发挥你的绘画才能,添上图画。

学习策略

1. 整体感知策略

整体感知是指对文本从头至尾进行整体阅读与梳理的策略,作为品读感悟的初始步骤、基础环节,强调感知的完整性与综合性,即尽可能全面地获取文本的原始信息,以及由原始信息带来的第一感觉。"心情过山车"这一思维导图的引入,紧扣文本特点,将故事情节与人物心情相勾连,为学生提供了整体感知的学习支架;教师以《牛和鹅》为例教方法,用另两篇课文做迁移,由扶到放,举一反三,为学生减缓了整体感知的学习坡度。

2. 批注阅读策略

批注是一种阅读的策略,也是文学鉴赏的重要方式,可以有效呈现动态的思维过程,促进能动阅读、深度阅读的真实发生。读书作批注是本单元的语文要素,需要在学习指导中加以落实。既用好教材范例,结合内容归纳批注角度;又分层提出要求,运用"批注要求星级表"逐步训练批注能力。最后引领学生以批注为基础内化文本,通过文字"连环画"的形式对作品进行情景再现。

学习任务二:以"囧"会友最交心

学习情境

从作家的童年囧事中,每个人都能读到自己的影子。把童年时光中遭遇的趣事、傻事、乐事拿出来,和伙伴们说一说、笑一笑,既放松了心情,又加深了友情。请你变身"小作家",找找自己身上的趣味囧事,用文字的形式与大家分享。

▶ 学习活动一:"囧事"大搜索

1. 记忆唤醒:在记忆中搜索自己的"囧事",和同学们简单交流。

2. 过程回放:梳理"囧事"的经过,回味当时的想法,绘制"心情过山车"。

3. 痕迹拼贴:囧事的痕迹散落在生活的各处,让我们一起去寻找囧事痕迹,如图片、实物、见证人采访等,写一写文字介绍,完成"囧事拼图"任务单(图7-6)。

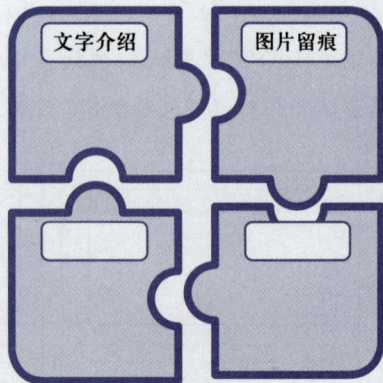

图7-6　"囧事拼图"任务单

▶ 学习活动二:那一刻,真"囧"

1. "囧事"分享会

(1) 展示"囧事"留痕,进行全班分享。

(2) 相互评价,并根据同学们的意见,将"囧事"记录表(表 7-9)填写完整。

表 7-9　"囧事"记录表

"囧事"名称	
"心情过山车"	
"囧事拼图"	
最受瞩目的场景或细节	
趣味指数	☆ ☆ ☆ ☆ ☆

2. 快乐习作营

(1) 结合"囧事"记录表,以"那一刻,真'囧'"为话题,完成习作任务单(图 7-7)。

注意要按顺序把"囧事"写清楚,还可以写一写自己的心情。

"囧事"我分享

姓名＿＿＿＿＿学号＿＿＿＿＿

批注栏

图 7-7　习作任务单

(2) 写完后自己读一读,用修改符号改正其中的错别字和不通顺的句子。结合习作评价表(表 7-10),给自己评星。

表 7-10 习作评价表

标准	星级
文句通顺	☆ ☆ ☆
内容清楚	☆ ☆ ☆
写出心情	☆ ☆ ☆
写出趣味	☆ ☆ ☆

▶ 学习活动三:你囧我也囧

1. 互作批注,习作共赏

和同学交换习作,认真阅读,从"写得好""有疑问""有启发"等方面作批注,以文会友,增进情感,共同提升。

2. 交流批注,二次修改

相互交流各自作的批注。了解别人对自己文章的想法,接受那些有道理、有价值的建议,对习作进行再修改。

3. 结合批注,分析比较

补充阅读冯骥才的《捅马蜂窝》。比较自己写的"囧事"与同学、作家写的有哪些相似和不同,填一填"囧事"对比图(图 7-8)。可以从故事内容、人物形象、表达特色等方面展开思考。

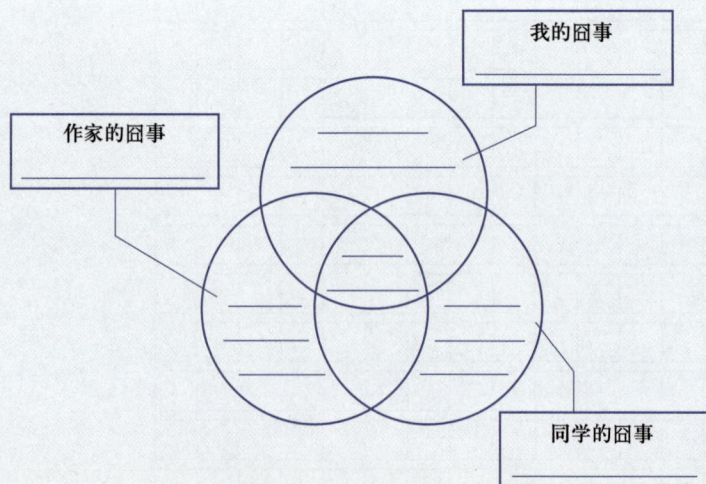

图 7-8 "囧事"对比图

学习策略

1. 创意表达策略

从形式看,创意表达是指表达有新意、有个性、不落俗套;从内容看,创意表达是指能表达出自己独特的体验与思考。分享"囧事"的言语实践,旨在帮助学生发挥创造性,提升表达力。创设"囧事"分享会这一真实的生活情境,可以激活创意表达;使用"囧事拼图"、"囧事"记录表等多样的思维支架,可以助力创意表达;给予自主评星、互作批注等多元的评价形式,可以优化创意表达。

2. 比较阅读策略

比较阅读需要较高水平的思维能力与阅读能力,它是促进领悟和思考的重要方法。比较阅读策略打破了"这一篇"的局限,提升了思维品质,拓宽了学习视野,由此及彼,整体观照,比较发现,加深对作品的认识和理解,建立起同类文本阅读之间的关联。比较作家、同学与自己写"囧事"的文章,重在研究其选材、立意、表达方式等方面的异同,与文本进行深度对话。在欣赏和评价经典语言文字作品的同时,反思自己习作中的亮点和不足,提高审美品位。

学习任务三:"囧事"不囧促成长

学习情境

经一事,长一智。作家写下的是囧事,但表达的是美好、是成长。大家经历过的囧事,往往会让我们获得有益的启示和生活的道理。请你以一个"过来人"的身份,去反思囧事给你带来的成长,去安慰那些在囧事中心情低落的伙伴吧。

▶ 学习活动一:去"囧事"里淘金

1. 品读感悟话成长

(1) 课文中的"囧事"都给作者带来了成长。请浏览课文,去找找文中的关键语句,作批注。

(2) 全班交流,共同填写"囧事"成长一览表(表 7–11)。

表 7–11　课文中的"囧事"成长一览表

课文	关键语句	读出的成长
《牛和鹅》		
《一只窝囊的大老虎》		
《陀螺》		

2. 自我反思悟成长

(1) 从正、反两个方面去反思自己身上的囧事,与同学交流经历了这件事带来的成长。小组合作填写"囧事"账单(图7-9)。

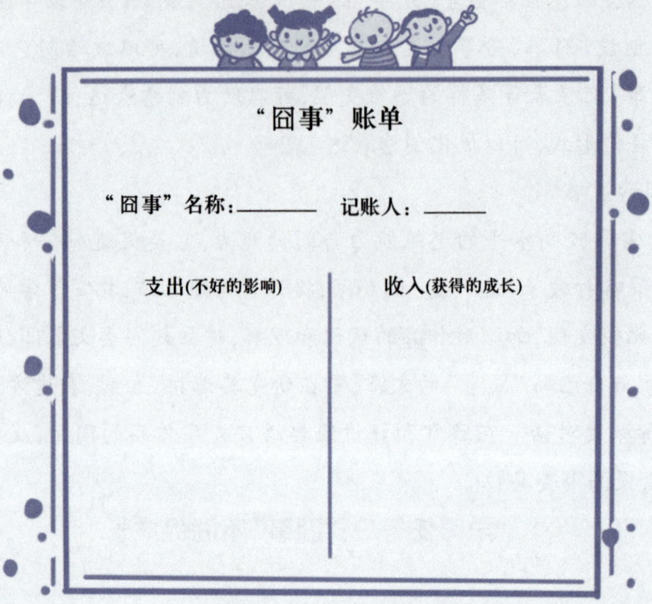

图7-9 "囧事"账单

(2) 将你从自己的囧事中获得的成长感悟写进习作中。

▶ 学习活动二:"囧事"树洞

1. 我和作者面对面

(1)《一只窝囊的大老虎》中,作者对他的窝囊演出耿耿于怀,难以理解。你认为他的演出窝囊吗?

(2) 如果作者现在就站在你面前,作为好朋友,你会怎么开导他?

(3) 谁的安慰最动听、最有效? 讨论形成安慰评价表(表7-12)。

表7-12 安慰评价表

标准	方式恰当	表达清晰	能体会对方的心情	能借助语气、手势等表达
星级	☆ ☆ ☆	☆ ☆ ☆	☆ ☆ ☆	☆ ☆ ☆

2. 我与同学心连心

(1) 有的"囧事"，大家愿意拿来分享；而有的"囧事"，大家可能一时难以面对，现在还不愿提及。今天，给大家带来一个秘密通道——"囧事"树洞。你可以匿名写出自己的囧事，由其他同学随机抽取，让他们来为你排忧解难（图7-10）。

做你的树洞，倾听你的声音

图 7-10 "囧事"树洞情境图

(2) 结合刚才的讨论，看看这幅漫画（图7-11），说说你对"囧事"的新理解。

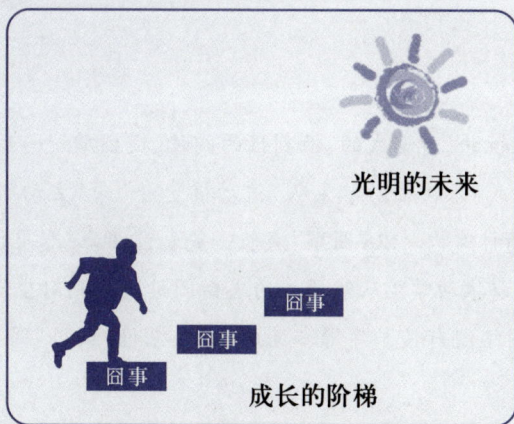

光明的未来

囧事

囧事

囧事

成长的阶梯

图 7-11 漫画《"囧事"的意义》

(3) 从表面来看，"囧事"让人窘迫；但从长远来看，"囧事"带来光明。它会让懂得反思、内心乐观的人获得精神上的成长，成为更好的自己。

▶ 学习活动三：制作"囧事"成长册

1. 小组分工合作：整理单元学习成果，撰写前言，设计内页，制作"囧事"成长册。可以单人单册，也可以与同学合订成册；可以参考老师提供的样式（图7-12），也可以自行设计。

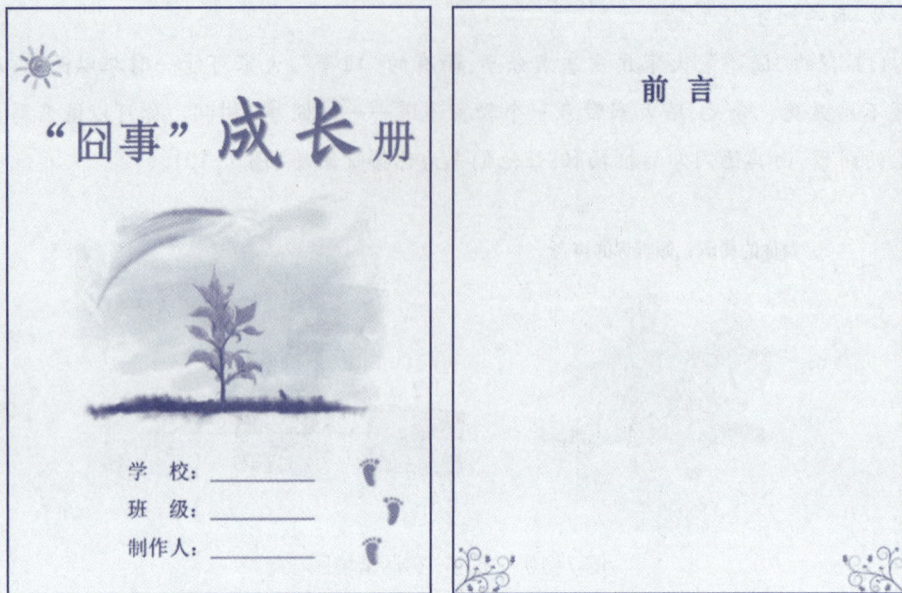

图7-12 《"囧事"成长册》参考图

2. 全班展示交流。

学习策略

1. 思辨阅读策略

思辨性阅读,是理性的、对话式的、批判性的阅读,提倡质疑与反思。"思辨"既是学习内容,也是学习方式,意在帮助学生从"被动接受者"向"主动研究者"转型,完成语言建构、文化建构、精神建构。以"囧事"成长一览表、"囧事"账单作为抓手,在反思、分享、交流、碰撞中,可以推动学生从对课文的思辨阅读进阶到对生活的思辨阅读。最终,通过对"囧"字的网络流行义与字源本义的追问、探讨,点明"囧事"对人精神成长的重要意义。

2. 总结梳理策略

总结梳理是学习必经的阶段,强调运用结构化思维,将零散的学习成果串成链、织成网,主动建构学科的知识与能力体系。"囧事"成长册的制作,意在"用以致学""实践育人",通过"做事"发展学生的核心素养。这一活动,既是对过程性学习成果的再梳理,又是对整体性学习收获的再总结,对整个单元的学习起到了画龙点睛的作用。让学生在操作中、创造中、复盘中、合作中总结学习方法、深化学习经验,用物化的成果充分展示学习收获、留存学习痕迹。

(设计:冯践知、汪东玮、陈晓霞)

情境实践练习

1. 二维码中链接的是小学语文教材四年级下册《芦花鞋》的观课记录,请你尝试分析该观课记录中涉及的教学活动、教学策略及其反映的教学目的,同时试评价该教学片段的教学成效。

2. 请你根据本章所学的内容,参考"文学阅读与创意表达"学习任务群教学案例分析与评价标准(表7-6),以小学语文教材提供的学习资源为基础,任选一学段,设计一份满足课程标准教学要求的"文学阅读与创意表达"学习任务群的教案。

《芦花鞋》观课记录

文献摘要

[1] 王爱华."文学阅读与创意表达"学习任务群的内涵、意义与实施建议[J].语文建设,2022(24):18-22.

摘要:该文梳理了"文学阅读与创意表达"学习任务群的内涵,探寻着"文学阅读与创意表达"学习任务群在课程目标、课程内容、课程实施的三重转变,在此基础上,对该学习任务群各学段教学的开展进行了课标的解读。该文认为教师在教学该学习任务群时,应根据学段内容安排和学生年龄特征,创设阅读情境,强调整体感知,设计学习任务,调动审美需要,丰富审美经验,提高表达能力。

[2] 陈飞,冯践知. 主题任务单元教学,指向主题任务的积极语文实践:四年级上册第六单元教学实践与思考[J].语文建设,2023(4):14-17.

摘要:该文介绍了基于四年级上册第六单元开展的学习任务群教学案例。四年级上册第六单元的人文主题为"童年生活",语文要素为"学习用批注的方法阅读""通过人物的动作、语言、神态体会人物的心情",不仅编选了《牛和鹅》《一只窝囊的大老虎》《陀螺》三篇课文,还设置了口语交际"安慰"和习作《记一次游戏》等。该案例基于教材,开展了主题任务单元教学的实践,指向学生积极的语文实践活动,让学生在实践活动中获得语言、知识、技能、思想情感等多方面、多层次的发展,具有很高的参考价值。

第八章

"思辨性阅读与表达"学习任务群课程标准解读与教材分析

■ 章前引言

　　"思辨性阅读与表达"学习任务群集中体现了对核心素养中"思维能力"培养的落实，具体指向理性思维和理性精神指引下的语文实践活动，对促进学生思维能力的发展和思维品质的提升具有重要意义。本章将从课程标准解读、教材分析、教学案例分析等方面介绍"思辨性阅读与表达"学习任务群。

■ 学习目标

1. 认识"思辨性阅读与表达"学习任务群的功能定位。

2. 了解"思辨性阅读与表达"学习各个学段的学习内容。

3. 掌握"思辨性阅读与表达"学习任务群的教学要求。

4. 能够选取小学语文教材的相关内容设计"思辨性阅读与表达"学习任务。

5. 能分析"思辨性阅读与表达"教学案例的任务设置、活动设计与评价方案的合理性。

6. 能利用小学语文教材,设计"思辨性阅读与表达"的教学方案。

■ 学习指要

1. 比较阅读:与基础型学习任务群和拓展型学习任务群章节比较阅读,理解"思辨性阅读与表达"学习任务群的功能价值;与"实用性阅读与交流""文学阅读与创意表达"学习任务群章节比较阅读,体悟"思辨性阅读与表达"学习任务群的内容特征与目标要求。

2. 理解评价:以本章内容学习为基础,对"思辨性阅读与表达"学习任务群的教学案例进行分析与评价,以反思和促进自己对该学习任务群理论与实践的理解。

3. 实践操作:基于本章的教学建议与教学案例,利用小学语文教材内容资源,设计"思辨性阅读与表达"学习任务群教学方案,将理论学习与实践操作相结合。

第一节 "思辨性阅读与表达"学习任务群的课程标准解读

"思辨性阅读与表达"强调以抽象逻辑思维为基础的理性思维,它要求学生有理有据、且负责任地开展阅读与表达等语文实践活动。该学习任务群贯穿各个学段,根植于学生的语文生活,涵盖实用性作品、文学性作品、思辨性作品以及自然生活的现象与事例等。本节以《语文课程标准(2022 年版)》关于"思辨性阅读与表达"学习任务群的描述,深入解读该学习任务群的功能定位、学习内容与教学要求。

一、"思辨性阅读与表达"学习任务群的功能定位

区别于"实用性阅读与交流"与"文学阅读与创意表达"学习任务群,"思辨性阅读与表达"学习任务群直接着眼于学生思维能力的培养,并且明确地将培养的核心落在理性思维和理性精神上。"思辨性阅读与表达"学习任务群是对思维能力培养目标的明确,以相对独立的课程内容组织和呈现方式,彰显了理性思维作为语文学科思维的独特价值;是对语文学习探究性的凸显,将理性思维和理性精神贯穿于阅读与表达的始终,展现了以学生为主体开展语文课程学习的应然路径;是对语文现实生活情境的回应,把理性思维和理性精神作为培养的目标,体现了学生面对社会开展语文实践的必然需要。

(一)"思辨性阅读与表达"学习任务群是对思维能力培养目标的回应

语文思维能力是学生在运用国家通用语言文字,参与语文实践活动,解决语言文字运用问题的过程中展现出来的。在现代语文教育发展史上,虽然人们对思维能力的培养早已达成共识,但对思维能力的认识却长期处于笼统甚至不完整的状态中。《全日制义务教育语文课程标准(实验稿)》(2001 年)和《义务教育语文课程标准(2011 年版)》虽然在"课程目标与内容"中均提出:"在发展语言能力的同时,发展思维能力",但对"思维能力"的内涵和外延并未做出更多的阐释。

在关于阅读的教学建议中,上述两版课程标准均提出:"逐步培养学生探究性阅读和创造性阅读的能力,提倡多角度的、有创意的阅读,利用阅读期待、阅读反思和批判等环节,拓展思维空间,提高阅读质量。"我们可以发现,两版课程标准仅提出了可能的"拓展思维空间"的阅读方式和环节,但对"思维"本身却仍缺乏解释。由于对"思维能力"的笼统认识,加之语文课程重视文学教育的传统,语文课程在

实施中更多地关注了以直觉形象为基础的感性思维,而忽视了以抽象逻辑为基础的理性思维。《义务教育语文课程标准(2022年版)》开创性地提供了关于"思维能力"相对清晰的阐释,即"思维能力是指学生在语文学习过程中的联想想象、分析比较、归纳判断等认知表现,主要包括直觉思维、形象思维、逻辑思维、辩证思维和创造思维"。进一步地,《语文课程标准(2022年版)》依托学习任务群,专门提出"思辨性阅读与表达"来对接"理性思维",这便使得"理性思维"作为思维能力的培养目标之一而得到回应。

(二)"思辨性阅读与表达"学习任务群是对语文学习探究特性的凸显

《全日制义务教育语文课程标准(实验稿)》《义务教育语文课程标准(2011年版)》《义务教育语文课程标准(2022年版)》均在"课程理念"中强调自主、合作、探究的学习方式。其中,探究学习要求学生对语文学习所涉及的内容或问题,充满好奇心、求知欲,崇尚真知,勤于思考,乐于实践,敢于探索。在发展型学习任务群中,"实用性阅读与交流"与"文学阅读与创意表达"学习任务群所限定的是学生语文实践活动的内容领域,"思辨性阅读与表达"学习任务群限定的是语文实践活动的思维方式。学生的阅读与表达需要彰显"思辨性"所蕴含的理性思维和理性精神,即保持好奇心和求知欲,勤学好问,通过比较、推断、质疑、讨论等方式,梳理观点、事实与材料及其关系;辨析态度与立场,辨别是非、善恶、美丑,负责任、有中心、有条理、重证据地表达。可见,"探究"作为一种语文学习方式,与"思辨性"作为一种语文实践活动的思维方式,虽然两者并不指涉同一层面,但其所反映出的实践特性是一致的。因此,从语文学习方式的层面来看,"思辨性阅读与表达"学习任务群作为独立的课程内容组织与呈现方式,明示了一条探究性阅读与表达的教和学的路径。因此,这是对语文学习探究特性的充分凸显。

(三)"思辨性阅读与表达"学习任务群是对语文学习现实情境的回应

语文的外延即生活的外延。《语文课程标准(2022年版)》同样指出:"语言文字的运用,包括生活、工作和学习中的听说读写活动以及文学活动,存在于人类社会的各个领域。"语文学习实际是基于社会生活中的现实情境而展开的。随着现代信息技术的飞速发展,学生语文学习所面临的是现实生活中充斥着的海量信息。在阅读与表达的过程中,学生需要审慎地对待不同来源的信息,并能够对信息做出甄别、筛选、梳理和归纳。从方法与能力上来看,该学习任务群正是强调了科学的思维方法,区分观点与事实,辨析态度与立场,辨别是非、善恶、美丑的思辨性阅读能力,以及负责任、有中心、有条理地思辨性表达能力;从态度和习惯上来看,该学习任务群正是强调了有好奇心、求知欲,崇尚真知,实事求是,不人云亦云的严谨态度,以及勤学好问,勤于观察,敢于质疑,善于反思的良好习惯。可见,"思辨性阅读与表达"学习任务群充分回应了学生面对社会生活情境的现实需要。

链接标准

本学习任务群旨在引导学生在语文实践活动中,通过阅读、比较、推断、质疑、讨论等方式,梳理观点、事实与材料及其关系;辨析态度与立场,辨别是非、善恶、美丑,保持好奇心和求知欲,养成勤学好问的习惯;负责任、有中心、有条理、重证据地表达,培养理性思维和理性精神。

——《义务教育语文课程标准(2022 年版)》

二、"思辨性阅读与表达"学习任务群的学习内容

《语文课程标准(2022 年版)》分学段设计了"思辨性阅读与表达"学习任务群的学习内容。学习内容可以分别纳入阅读与鉴赏、表达与交流、梳理与探究三类语文实践活动中。依据该分类,我们对"思辨性阅读与表达"学习任务群的学习内容分学段进行了整理(表 8-1)。

表 8-1 "思辨性阅读与表达"学习任务群的学习内容

语文实践活动	第一学段	第二学段	第三学段
阅读与鉴赏	阅读关于鸟兽虫鱼、花草树木、家用电器等日常事物的趣味短文	阅读有关科学(包括日月星辰、风雨雷电、山川草木等)的短文;阅读解决生活问题的故事(尤其是中华智慧故事)	阅读关于中华传统美德、社会公德等方面的短论、简评;阅读有关科学发现、技术发明的故事,学习科学家的创造精神,体会猜想、验证、推理等思维方法;阅读哲人故事、寓言故事、成语故事等,感受其中的智慧,学习其中的思维方法
表达与交流	说出自己关于鸟兽虫鱼、花草树木、家用电器等日常事物奇妙之处的想法;大胆提出生活和学习中遇到的问题;乐于分享自己解决生活和学习中遇到的问题的办法,说出一两个理由	依据科学短文的事实和细节,运用口头和图文结合的方式,表达自己的观点和思考;结合自己在生活中遇到的问题学习思考的方法,尝试运用列提纲、画思维导图等方式,表达故事中的道理	结合校园或社会生活中的实际事例,学习有理有据地口头或书面表达自己的观点;用画思维导图等方式辅助,简洁清楚地表述科学家发现、发明的过程

续表

语文实践活动	第一学段	第二学段	第三学段
梳理与探究	发现、思考身边的鸟兽虫鱼、花草树木、家用电器等日常事物的奇妙之处; 通过阅读、观察、请教、讨论等方式,积极思考、探究生活和学习中遇到的问题	在日常学习和生活中,主动记录、整理、交流自己发现的问题和思考,学习辨析、质疑、提问等方法	在日常生活和学习中,发现并思考成语、对联、谚语、绕口令等多种语言现象的特点,体会不同的表达效果

从学习内容涉及的主题来看,"思辨性阅读与表达"学习任务群涉及的主题随学段的提高经历了由窄变宽、由近及远、由具体到抽象的变化。该学习任务群所要学习的主题大致可以分为个体与生活、个体与社会、个体与自然。第一学段不仅涉及"鸟兽虫鱼、花草树木"等自然事物,而且还涉及"家用电器"等生活事物。虽然前者属于自然事物,但《语文课程标准(2022年版)》中专门提及上述事物均为学生身边的日常事物。对于学生而言,第一学段的学习主题主要为个体与生活。第二学段涉及与日月星辰、风雨雷电、山川草木等相关的科学现象,以及与解决生活问题相关的生活智慧,所以该学段的学习主题应为个体与自然、个体与生活。就前者而言,相较于第一学段,可见其虽然仍为具体的自然现象,但与学生生活有了相当的距离;就后者而言,对于个体与生活的认识不再停留在生活本身,而是抽象到生活问题解决所蕴含的智慧层面。第三学段涉及的"中华传统美德""社会公德"属于《语文课程标准(2022年版)》在"主题与载体形式"中专门突出的"中华优秀传统文化""社会主义先进文化"的范畴,涉及的"科学发现、技术发明""哲人故事、寓言故事、成语故事"指向自然与生活。该学段的学习主题涵盖了个体与生活、个体与社会、个体与自然。由此可见,从第一学段到第三学段,学生开展思辨性阅读与表达的主题范围不断扩展,并且所涉及的具体内容呈现出由近及远、由具体到抽象的变化。

从学习内容涉及的活动类型来看,"思辨性阅读与表达"学习任务群的学习内容主要涉及阅读与鉴赏、表达与交流、梳理与探究这三类语文实践活动。并且,在相同学习内容上,三类语文实践活动密切关联。如果把"思辨性阅读与表达"学习任务群看作一个学习连续体,那么,阅读与鉴赏、表达与交流便明确了学生语文学习的过程和结果,梳理与探究则明确了学生语文学习的目标和方式。例如,第一学段在阅读关于鸟兽虫鱼、花草树木、家用电器等日常事物的趣味短文的基础上,需要说出自己关于上述日常事物奇妙之处的想法。第二学段阅读解决生活问题的故事,尤其是中华智慧故事,结合自己在生活中遇到的问题学习思考的方法,尝试运用列提纲、画思维导图等方式,表达故事中的道理。第三学段阅读有关科学发现、技术发明的故事,用画思维导图等方式辅助,清楚简洁地表述科学家发现、发明的过程,学习科学家的创造精神,体会猜想、验证、推理等思维方法。可见,各学段学习内容均是以阅读与生活、社会、自然相关的文本为基础,借助思考、列提纲、画思维导图等梳理方式,最终形成关于奇妙生活、智慧人生、科学探索等内容的个性化表达。

从学习内容涉及的文本类型来看,"思辨性阅读与表达"学习任务群所涉及的文本类型主要包括三类:第一,科普类文章,包括介绍日常事物(鸟兽虫鱼、花草树木、家用电器)、科学现象(日月星辰、风雨雷电、山川草木)、科技成果(科学发现、技术发明)的文章,侧重现象、事实和细节;第二,说理类故事,包括中华智慧故事、哲人故事、寓言故事、成语故事等,侧重故事蕴含的道理或思维方法;第三,评论类短文,包括中华传统美德、社会公德等方面的短论、简评,侧重文中表达的观点和结合实际事例的价值判断。

三、"思辨性阅读与表达"学习任务群的教学要求

《语文课程标准(2022年版)》对"思辨性阅读与表达"学习任务群提出四点教学提示:第一条针对学习内容,强调主题和情境的思维发展特性;第二条和第三条针对学习方式,强调发挥多种学习活动和信息技术引导学生自主发现和探究的功能;第四条针对学习评价,强调收集学习表现和学习成果,重点评价思考过程和思维方法。

(一)着眼学生思维发展特点,创设适宜学习主题和情境

《语文课程标准(2022年版)》在教学提示(1)中指出:应根据学生思维发展的特点,在不同学段创设适宜的学习主题和学习情境。

> **链接标准**
>
> 应根据学生思维发展的特点,在不同学段创设适宜的学习主题和学习情境。比如,第一学段"生活真奇妙""我的小问号",第二学段"大自然的奥秘""生活中的智慧""我的奇思妙想",第三学段"社会公德大家谈""奇妙的祖国语言""科学之光""东方智慧",……将文本阅读和自主探究结合起来,为学生提供广阔的思考、表达和交流空间。
>
> ——《义务教育语文课程标准(2022年版)》

随着学段的升高,学生的思维大致经历从具体到抽象,从感性到理性的发展过程。依据这一学生思维发展特点,教师可以从两个层面考虑学习主题的适宜性:第一,

与学生现实生活的距离;第二,学习内容的抽象程度。比如,第一学段的"生活真奇妙""我的小问号"均是围绕学生自身生活的学习主题,其涉及的学习内容必然源于学生生活经验,具有形象具体的特性。第二学段的"大自然的奥秘""生活中的智慧""我的奇思妙想",学习主题开始扩展到学生所处的自然环境、社会生活,其所涉及的学习内容已不再停留于学生的具体生活经验,而是外界现象或事实基础上的自然规律、生活逻辑。第三学段的"社会公德大家谈""奇妙的祖国语言""科学之光""东方智慧"等学习主题则进一步扩展到社会生活、国家通用语言、科学技术等领域,其所对应的学习内容则是直接指向抽象的"社会公德""语言规律""科学思想"。对于学习情境的创设,教师在明确不同学段学习主题的基础上,需要将文本阅读和自主探究结合起来,为学生提供广阔的思考、表达和交流空间。例如,针对第二学段"大自然的奥秘"学习主题,教师可以提供介绍大自然有趣现象的视频和文章,创设能够激发学生兴趣的阅读情境;针对第三学段"奇妙的祖国语言",教师可以提供丰富的成语、对联、谚语、绕口令等语言材料,从而创设梳理语言材料、发现语言规律的探究情境。

(二) 依托学习活动和信息技术,引导自主发现和探究

在学习主题和情境得到明确后,合理的教学方式将成为该学习任务群能否落实的关键。《语文课程标准(2022 年版)》在教学提示(2)、(3)中明确了学习活动的类型和活动的开展路径。其中,学习活动的类型包括阅读、讨论、探究、演讲和写作,这些学习活动均是语文课堂教学中最为基本和常见的学习活动,在学生语文学习的过程和结果中发挥着不同的功能。具体而言,阅读作为获取学习信息的活动,能够贯穿学生"思辨性阅读与表达"过程的始终;讨论和探究作为达成学习目标、完成学习任务的活动,能够衔接学生"思辨性阅读与表达"过程的各种关键环节;演讲和写作作为呈现过程性、结果性学习成果的活动,能够切实反馈学生"思辨性阅读与表达"学习目标的落实情况。

教学提示不仅分学段阐释了学习活动的开展路径,而且专门阐释了基于现代信息技术的学习活动开展路径,其一致目标是引导学生掌握发现、思考、探究问题的思路和方法。首先,三个学段的路径设计体现出了认知的层次性。第一学段重在培养和保护学生的好奇心、求知欲和自信心、表达欲,开展路径为引导学生观察相似事物的异同,并充分自由地表达自己的问题。该学段的课程目标在"梳理与探究"中同样提出:"对周围事物有好奇心,能就感兴趣的内容提出问题,结合其他学科的学习和生活经验交流讨论,尝试提出自己的看法。"第二学段重在培养学生准确地阅读理解、个性但有根据的交流表达,开展路径为通过具体例子引导学生区别事实和观点,引导学生从文本中寻找证据来支持自己对文本的看法。例如,概括大意能依据关键词语和句子获得,获取观点要有细节和事实来支持,提取主旨要有确凿的依据,推测和猜想要有依据和推理过程。[1] 第三学段重在培养学生有关联性的、有条理的、有评价意识的阅读与表达,引导学生分析证据和观点的联系,辨别总分、并列、因果等逻辑关系,从而明确自己表达的条理逻辑,尝试对文本进行评价。可见,与第二学段更强调关键词句、具体细节、总体大意等的准确理解不同,第三学段更强调把握文本各个内容要素的内在逻辑,其理性思维和理性精神的特征更加凸显。

最后,《语文课程标准(2022年版)》在教学提示(3)中提出借助现代信息技术来组织学生的学习。具体而言,现代信息技术将为学生提供海量的学习资源。从积极的方面来看,这极大地丰富了学生阅读的范围和表达的素材,有利于拓宽学生的视野和思路。从消极的方面来看,学习资源质量的良莠不齐将给学生的搜集、甄别和筛选带来巨大挑战。因此,在该学习任务群的教学中,教师一方面要鼓励学生积极地面对并利用现代信息技术所带来的丰富学习资源,另一方面要为学生搜集和选择信息、关注信息可靠性和权威性、区分资料的来源和出处提供必要的策略与指导。例如,检索关键词的选取策略、判断信息可靠性和权威性的策略等。

链接标准

应设计阅读、讨论、探究、演讲、写作等多种学习活动,引导学生学习发现、思考、探究问题的思路和方法。应注意不同学段的特点,避免操之过急、求之过深。第一学段,重在保护学生的好奇心、自信心,引导学生多观察相似事物的异同点,多问为什么;鼓励学生自由表达、充分表达,以表扬为主。第二学段,可通过具体例子引导学生知道事实与观点的不同。引导学生发表对文本的看法,尝试表达自己的观点,从文本中寻找证据支持自己的观点。第三学段,应引导学生分析证据和观点之间的联系,辨别总分、并列、因果等关系,有条理地表达自己的观点。鼓励学生对文本进行评价。

应鼓励学生借助现代信息技术,自主搜集和利用学习资料,拓展思路,支持自己的思考和论说。应引导学生学习搜集和选择信息的基本方法,关注信息的可靠性和权威性。能区分原始资料与间接资料,学会注明所援引资料的出处。

——《义务教育语文课程标准(2022年版)》

(三) 收集过程表现和学习成果,评价思考过程和思维方法

教学提示特别强调收集学生学习过程中的现场表现和学习成果,特别关注对

---

[1] 魏小娜,陈永杰.小学语文"思辨性阅读"教学探析[J].语文建设,2022(8):16-19.

学生思考过程和思维方法的评价。对于各学段学生"思辨性阅读与表达"的评价,从评价对象来看,需要涉及学生表现、学习成果和学业水平。

首先,表现性评价是教师根据评价目标设计情境性表现任务,如交流、研讨、分享、演讲等,通过分析学生的现场表现,对学生的学习作出价值判断的评价行为。因此,学生表现性评价实际上是嵌入教学进程,用以有针对性地判断学情、调整教学,从而促进学生学习与发展的教学行为。例如,在小学语文教材三年级下册《守株待兔》的教学①中,教师通过设计"街头巷尾说宋人"这一表现性任务,来观察与评价学生是否懂得故事中蕴含的道理。在围绕任务引发的现场对话中,教师要将"有观点""有依据""有条理"等要求有机渗透在评价中,通过有意识地追问"还有不同的看法吗",鼓励学生表达独立的思考成果,不人云亦云;通过提示"请用文中有关词句支持你的观点""你能举例证明自己的观点吗"等,引导学生做到有理有据地表达,发展实事求是、崇尚真知的理性精神;通过"怎样表达得更清楚呢""能加上关联词来表达吗"等教学评价语言,培养学生思维的逻辑性。

其次,学习成果评价就是借助对学生的书面作业、思维导图、调查报告、演讲稿等成果进行分析,以对学生学习作出价值判断的评价行为。例如,教师计划评价学生是否能有理有据的表达观点。通过分析学生撰写的调查报告或演讲稿,教师可能会发现部分学生观点和论据关联性不强,部分学生能选用合适的论据支撑观点,部分同学不仅能选用合适的论据,还能多角度选择论据。

最后,学业水平评价通常依托纸笔测试,命题应该重视还原现实生活中问题解决的过程,从而通过试题反映学生的思考过程和思维方法。

链接标准

　　评价要关注学生在问题研究过程中的交流、研讨、分享、演讲等现场表现,以及活动过程中产生的文字、表格、统计图、思维导图等学习成果,要特别关注学生思考的过程和思维的方法。

——《义务教育语文课程标准(2022 年版)》

四、"思辨性阅读与表达"学习任务群的关键问题

基于对《语文课程标准(2022 年版)》的分析,教师在"思辨性阅读与表达"学习任务群的教学过程中需要关注以下三个关键问题。

---

① 闵慧."思辨性阅读与表达"学习任务群的评价设计要略[J].江苏教育,2022(57):18-21.

（一）明确理性思维和理性精神的内涵

"实用性阅读与交流""文学阅读与创意表达"主要是以语文实践活动所涉及的满足日常生活需要、满足审美鉴赏需要的内容领域而确定的学习任务群。但与之不同的是，"思辨性阅读与表达"学习任务群主要关注的是语文实践活动过程和结果的思辨特性。因此，学生在该学习任务群的学习中需要充分运用理性思维，并在运用的过程中不断培养理性思维和理性精神。所谓"理性思维"，是区别于直觉思维、形象思维等感性思维的思维方式，它注重思维方式的逻辑性、有序性、客观性，主要采取分析比较、归纳判断等认知方式来推动辩证地思考，以及有理有据、负责任地表达自己的观点。"理性精神"则反映了学生语文学习过程中事物认知的习惯和态度，从习惯上表现为勤于思考、乐于提问、敢于探究，从态度上表现为好奇地汲取知识、审慎地看待结论、负责地表达观点等。

"思辨性阅读与表达"学习任务群着重培养的是学生阅读与表达过程中的理性思维和理性精神。在阅读过程中，学生通过猜想、验证、推断、质疑及批判等方式，区分观点与事实，以正确的价值坐标，辨析立场与态度，明辨是非、善恶、美丑，提高阅读思辨力；在观察中发现事物的异同，在反思中深刻自己的认知，有证据、有逻辑、有条理、负责任地表达自己的观点和见解，提升思辨性表达能力。[①]

（二）重视思辨性学习主题和情境的创设

思辨性学习主题和情境应当突出问题意识、探究意识和审辨意识。教师设计的学习主题和情境应当能够引起学生的认知冲突，从而能够引发学生提问和质疑，进而考虑采取合理的方式和路径，深入细致地寻求解决问题的方案，或梳理归纳提炼观点或结论。因其所具有的问题意识、探究性和审辨性，教师在开展"思辨性阅读与表达"教学时，可以在理解性阅读与表达的基础上，集中开展分析性、评价性和创造性等高阶语文阅读与交流认知活动。

具体创设路径可以从学习问题、学习活动、学习资源三方面入手。对于学习问题，教师可以寻找阅读与交流的矛盾点，从而设计辩论式的问题；可以寻找阅读与交流的悬念之处，从而设计推断性问题；也可寻找阅读与交流中存疑的地方，设计评价反思类问题。对于学习活动，教师应设置明确的活动要求，引导学生运用比较、分析、概括、推理、实证等思维方法，辩证地、审慎地思考问题，不作直觉的、感性的判断。对于学习资源，在充分利用小学语文教材文本资源的基础上，教师应引导学生自主搜集和利用网络资源、社会生活资源，借助资源本身的理性特质以及利用学习资源解决问题过程中的理性思维要求，来加强学习主题和情境的思辨性。

① 薛法根.理性思维：做负责任的表达者："思辨性阅读与表达"任务群的内涵解读[J].语文建设,2022(8):4-9.

（三）关注思考过程和思维方法的明晰

在思辨性阅读与表达的过程中,学生的思考过程和思维方法是对其思辨性阅读与表达水平最直接的反映。但个体的思考过程和思维方法往往具有内隐性,借助口头或书面的语言表达,学生能够呈现经历一定思考过程,利用一定思维方法后的结果。在一定程度上,这些结果能够间接反映学生的思考过程和思维方法。但为了进一步明晰学生的思考过程和思维方法,教师需要进一步引导学生回顾自己的思考过程和思维方法。

从实际教学来看,教师需要借助语文实践活动,通过现场表现(如交流、研讨、分享、演讲等)、学习成果(如研讨、分享、演讲等)和反思回顾(如撰写反思、绘制思维导图等)等方式,让学生内隐的思考过程和思维方法可视化,从而能够对其进行有针对地分析、诊断和反馈。例如,阅读活动要"边读边思",特别要利用思维导图帮助学生梳理思考内容,辨别"现象与真相、故事与道理、事实与细节及观点与证据";讨论活动要"边听边议",用工作记录单把组员的意见充分汇总,帮助学生梳理细节,注重学习"倾听与思考、提问与自述、总结与追问及认同与调整";演讲活动要"边讲边看",借助演讲活动表现,注重"观点阐述与事例引用"的匹配度、逻辑性与说服力;写作活动要"边想边写",借助写作成果,注重判断"真切地看、辩证地思、有理据地写、负责任地发表"等要素。

第二节　"思辨性阅读与表达"学习任务群的教材分析

本节以小学语文教材为分析对象,基于课程标准,对其中"思辨性阅读与表达"学习任务群的相关内容资源与编排方式进行分析。

一、内容资源

根据课程标准中关于"思辨性阅读与表达"学习任务群的功能定位、学习内容(表8-1)和教学要求,我们分学段总结了现行小学语文教材中与"思辨性阅读与表达"学习任务群相关的内容(表8-2、表8-3、表8-4)。

> **学 习 活 动**
>
> 请你尝试按照表8-2、表8-3、表8-4的格式总结小学语文教材三年级下册的"思辨性阅读与表达"学习任务群的相关内容资源,并以小组为单位分享你总结的过程与感悟。(温馨提示:感悟可以从该册内容资源的特征,以及与其他册教科书的衔接等层面展开。)

表 8-2 第一学段"思辨性阅读与表达"小学语文教材内容资源梳理

册次	识字	课文	口语交际	语文园地
一年级上册	《天地人》 《金木水火土》 《口耳目》 《日月水火》 《对韵歌》 《画》 《大小多少》 《日月明》	《秋天》 《江南》 《四季》 《影子》 《比尾巴》 《青蛙写诗》 《雨点儿》 《大还是小》 《雪地里的小画家》 《乌鸦喝水》 《小蜗牛》	小兔运南瓜	语文园地一(和大人一起读); 语文园地三(字词句运用、和大人一起读); 语文园地四(和大人一起读); 语文园地六(日积月累); 语文园地六(和大人一起读); 语文园地七(日积月累、和大人一起读); 语文园地八(日积月累)
一年级下册	《春夏秋冬》 《小青蛙》 《猜字谜》 《动物儿歌》 《古对今》 《人之初》	《四个太阳》 《小公鸡和小鸭子》 《怎么都快乐》 《彩虹》 《要下雨了》 《文具的家》 《一分钟》 《动物王国开大会》 《小猴子下山》 《棉花姑娘》 《咕咚》 《小壁虎借尾巴》		语文园地一(祖国多么广大); 语文园地一(和大人一起读); 语文园地三(和大人一起读); 语文园地五(和大人一起读)
二年级上册		《我是什么》 《植物妈妈有办法》 《曹冲称象》 《玲玲的画》 《黄山奇石》 《坐井观天》 《寒号鸟》 《我要的是葫芦》 《雾在哪里》 《风娃娃》	有趣的动物 商量	语文园地一(我爱阅读); 语文园地三(写话); 语文园地四(我爱阅读); 语文园地五(我爱阅读)
二年级下册	《"贝"的故事》	《找春天》 《千人糕》 《我是一只小虫子》 《寓言二则》 《画杨桃》 《小马过河》 《要是你在野外迷了路》 《太空生活趣事多》 《大象的耳朵》 《蜘蛛开店》 《青蛙卖泥塘》 《小毛虫》 《当世界年纪还小的时候》		语文园地三(我爱阅读); 语文园地五(我爱阅读); 语文园地六(写话); 语文园地六(我爱阅读); 语文园地七(我爱阅读)

表 8-3 第二学段"思辨性阅读与表达"小学语文教材内容资源梳理

册次	课文	课后练习	口语交际	习作	语文园地	快乐读书吧
三年级上册	《不懂就要问》《那一定会很好》《一块奶酪》《金色的草地》《司马光》	交流平台、初试身手		我来编童话；我有一个想法		
三年级下册	《昆虫备忘录》《守株待兔》《陶罐和铁罐》《鹿角和鹿腿》《池子与河流》《赵州桥》《一幅名扬中外的画》《花钟》《蜜蜂》《我们奇妙的世界》《海底世界》《火烧云》《慢性子裁缝和急性子顾客》《方帽子店》《漏》《枣核》	《守株待兔》阅读链接；《陶罐和铁罐》阅读链接；《蜜蜂》课后练习	该不该实行班干部轮流制	我的植物朋友；我做了一项小实验；国宝大熊猫	语文园地三（交流平台）；语文园地四（交流平台、词句段运用）；语文园地六（交流平台）	小故事大道理
四年级上册	《一个豆荚里的五粒豆》《夜间飞行的秘密》《呼风唤雨的世纪》《蝴蝶的家》《爬山虎的脚》《蟋蟀的住宅》《王戎不取道旁李》《西门豹治邺》《故事二则》	《一个豆荚里的五粒豆》课后练习；《夜间飞行的秘密》课后练习；《呼风唤雨的世纪》课后练习；《王戎不取道旁李》课后练习	我们与环境；讲历史人物故事	推荐一个好地方；写观察日记	语文园地二（交流平台）；语文园地三（交流平台）	
四年级下册	《琥珀》《飞向蓝天的恐龙》《纳米技术就在我们身边》《文言文二则》	《琥珀》课后练习、阅读链接；《飞向蓝天的恐龙》课后练习、资料袋；《纳米技术就在我们身边》课后练习		故事新编	语文园地二（交流平台）	十万个为什么

表 8-4　第三学段"思辨性阅读与表达"小学语文教材内容资源梳理

册次	课文	课后练习	口语交际	习作	快乐读书吧	综合性学习
五年级上册	《将相和》 《什么比猎豹的速度更快》 《"精彩极了"和"糟糕透了"》 《古人谈读书》					
五年级下册	《自相矛盾》 《田忌赛马》 《跳水》	《自相矛盾》课后练习； 《田忌赛马》课后练习、课后选做练习； 《跳水》课后练习	我是小小讲解员	中国的世界文化遗产	语文园地六（交流平台）	遨游汉字王国
六年级上册	《宇宙生命之谜》	《宇宙生命之谜》课后练习	意见不同怎么办			
六年级下册	《文言文二则》 《真理诞生于一百个问号之后》 《表里的生物》	《文言文二则》课后练习； 《真理诞生于一百个问号之后》课后练习； 《表里的生物》课后练习	辩论	插上科学的翅膀飞		

　　在一至六年级的小学语文教材中，"思辨性阅读与表达"学习任务群的内容资源分布非常广泛，主要集中在课文、语文园地、课后练习、识字和习作等板块。总体来看，这些板块构成了四类内容资源。

　　第一类是由识字板块构成的思辨性语言积累内容资源。该类内容资源仅出现在第一学段中，分布在一年级上、下两册中。这些内容资源首先是服务于基础型学习任务群"语言文字积累与梳理"的学习的，即"认识有关人的身体与行为、天地四方、自然万物等方面的常用字；认识家庭生活、学校生活、社会生活中的常用字"。教材"随文识字"的设计方式，使得阅读与表达的语文实践活动得以贯穿学生识字学习的过程。这些内容资源均传递了某种对人和事物之间、事物和事物之间关系的认识。例如，一年级上册第五课的《对韵歌》："云对雨，雪对风。花对树，鸟对虫。山清对水秀，柳绿对桃红"，其中便蕴含了对云和雨的先后关系、雪和风的伴随关系、花和树的同类关系、鸟和虫的捕食关系、山清水秀和桃红柳绿的短语搭配关系的认识。再如，一年级下册第八课《人之初》则蕴含的是对"性、习、教"等概念关系的认识。这些对事物关系的认识，恰恰能构成学生对客观世界理性认识的基础。因此，对于这些内容资源的学习，能使学生在语言积累的过程中培养自身的思维能力和品质。

　　第二类是由课文、语文园地、课后练习构成的思辨性选文阅读内容资源。这是"思辨新阅读与表达"学习任务群内容资源的主要来源:课文、语文园地和课后练习以不同的组织方式构成内容资源,分别为单一板块(单篇课文/单个语文园地)构成的内容资源、多篇课文构成的专题内容资源、课文加课后练习(或加语文园地/快乐读书吧)构成的进阶式内容资源。第一,单一板块构成的内容资源主要集中在第一学段,通过富有趣味的关于生活、社会、自然的短文,培养学生的理性意识,初步感知逻辑思维和辩证思维。例如,一年级上册第六课课文《比尾巴》的阅读内容是不同动物尾巴长短、弯扁的比较,第十课课文《大还是小》的阅读内容是"我"对自己穿衣服、系鞋带、按门铃、喊妈妈时的相对大小的认识。阅读该类课文将帮助学生初步感知比较思维和相对特性,有利于理性意识的培养。再如,二年级上册语文园地一"我爱阅读"部分提供了《企鹅寄冰》这一趣味短文,内容是南极的企鹅给非洲的狮子寄冰,但冰到非洲后化成了水,狮子把企鹅的箱子退回,企鹅又收到了自己寄的冰。这篇短文便能够帮助学生认识"低温水结冰,高温水融化"的自然现象,并初步感知"事物会随环境而变化"的自然规律。第二,多篇课文构成的专题内容资源,实际上就是以教材中的单元为单位的资源,在第二学段和第三学段均有出现。教师可以通过富有趣味的中华智慧故事、寓言故事等,让学生集中感受其中的智慧,学习其中的思维方法。例如,三年级下册第二单元收录了《守株待兔》《陶罐和铁罐》《鹿角和鹿腿》《池子与河流》四篇寓言:《守株待兔》蕴含了"必须区分偶然和必然,不可盲目拿偶然当必然"的哲理;《陶罐和铁罐》则揭示了"事物的特性、价值与所处环境密切关联"的规律;《鹿角和鹿腿》则表达了"事物各有所长、各尽其责"的道理;《池子与河流》则说明了"人尽其才、物尽其用的必要性"。再如,五年级下册第六单元专门关注思维能力,单元导语为"思维的火花跨越时空,照亮昨天、今天和明天",单元学习目标是"了解人物的思维过程,加深对课文内容的理解""根据情境编故事,把事情发展变化的过程写具体"。第三,课文加课后练习(或加语文园地)构成的进阶式内容资源,该类也可以是多篇课文及其课后练习构成的专题内容资源,但其突出特征是不同板块环环相扣所构成的进阶式内容资源。通过课后练习或语文园地的指示,学生能够明确阅读课文所应指向的思维能力和思维品质,使阅读实践从直觉走向自觉。例如,四年级下册第二单元选编了《琥珀》《飞向蓝天的恐龙》《纳米技术就在我们身边》三篇科普类文章。《琥珀》是一篇解释琥珀形成过程的文章,课后练习第一题为"默读课文,提出不懂的问题,并试着解决。如,课文为什么说'从那块琥珀,我们可以推测发生在几万年前的故事的详细情形'?"该问题正是起到引导学生积极思考、主动提问的作用。课后练习第三题:"'推测'是什么意思? 联系琥珀形成的过程,说说下面推测的依据是什么。"

该题则进一步引导学生要具备证据意识,客观、全面、冷静的寻找支持推测的证据。可见,从课文到课后练习第一题,再到课后练习第三题,三个板块之间已经构成了"思辨性阅读与表达"层层递进的关系。再进一步关注到该单元语文园地的交流平台,其所讨论的话题是"遇到不懂的问题,应该怎么解决呢?"其中提及,"查资料可以帮助我们理解不懂的问题",则更进一步"鼓励学生借助现代信息技术,自主搜集和利用学习资料,拓展思路",解决问题。

第三类是由口语交际、习作构成的思辨性表达与交流内容资源,主要分布在第二学段和第三学段中。在口语交际方面,这部分内容资源能够满足学生"乐于分享自己解决问题的方法""负责任、有中心、有条理、重证据地表达"等思辨性表达学习要求。例如,第一学段的"小兔运南瓜"体现了学生问题解决的能力,并要求学生分享自己解决问题的思路;第二学段的"该不该实行班干部轮流制""我们与环境""讲历史人物故事"和第三学段的"我是小小讲解员",均能够用于培养学生负责任、有中心、有条理地进行表达;第三学段的"意见不同怎么办""辩论"则可以进一步用于引导学生客观、全面、冷静地思考问题,听出别人讲话中的矛盾或漏洞,抓住漏洞进行反驳,重证据地表达自己的观点。上述思辨性表达学习要求,同样适用于习作板块。这些内容资源——《我来编童话》《我有一个想法》《我的植物朋友》《我做了一项小实验》《国宝大熊猫》《推荐一个好地方》《写观察日记》《故事新编》《中国的世界文化遗产》《插上科学的翅膀飞》——要求学生表达要观点鲜明、证据充分、合乎逻辑。

第四类是由综合性学习构成的思辨性梳理探究内容资源。该类内容资源仅出现在第三学段五年级下册的第三单元综合性学习"遨游汉字王国"中。该综合性学习要求学生完成一系列语文实践活动:第一,"汉字真有趣"。搜集字谜,开展猜字谜活动;搜集体现汉字特点的古诗、歇后语、对联、故事等资料,办一个趣味汉字交流会。第二,"我爱你,汉字"。搜集更多资料,围绕汉字历史、汉字书法或其他感兴趣的与汉字相关的内容,开展简单的研究;调查同学的作业本、招牌、书籍报刊等,围绕生活中用字不规范的情况,开展简单的研究。在这一学习过程中,"鼓励学生借助现代信息技术,自主搜集和利用学习资源、拓展思路,支持自己的思考和论说""引导学生学习搜集和选择信息的基本方法,关注信息的可靠性和权威性""能区分原始资料与间接资料,学会注明所援引资料的出处"等教学提示便能够被落实。

二、编排方式

在明确了"思辨性阅读与表达"学习任务群的内容资源的基础上,教师需要进一步明确这些内容资源在各个层面上的编排方式。下面,我们从内容主题、实践活动、思维能力三个层面归纳小学语文教材内容资源的编排方式。

（一）围绕思辨性核心主题的递进式内容体系

　　纵观一至六年级小学语文教材"思辨性阅读与表达"的内容资源，其所涉及的主题可以归纳为个体与生活、个体与社会、个体与自然这三个核心主题。由此可发现，第一学段、第二学段和第三学段内容资源的主题均覆盖了上述三个类别。并且，同一板块内的内容资源能够整合为一个思辨性核心主题内容群。例如，第一学段一年级上册识字板块的文本，便可归纳为个体与生活（《口耳目》《大小多少》《日月明》）、个体与自然（《天地人》《金木水火土》《日月水火》《对韵歌》《画》）两个核心主题，引导学生感知人与生活事物、自然事物的关系。具体分析学段之间的差异可见，围绕"思辨性"这一核心主题，教材中的内容资源从板块上来看存在逐步综合化、从结构上来看存在逐层复杂化的特征。

　　首先，随着学段的升高，板块之间的关系经历从单一板块到板块组合的变化。例如，第一学段一年级下册的识字、课文、语文园地三个板块的内容资源，虽然同属于个体与生活、个体与社会、个体与自然这三个核心主题，但其内容资源本身在板块之间并没有明确的关联。而到了第二学段和第三学段，板块之间相互组合构成了内容上的递进关系。例如，第二学段三年级下册第四单元选编了《花钟》《蜜蜂》两篇课文。《花钟》介绍了不同植物开花时间不同的现象和影响因素，《蜜蜂》讲述了一个验证蜜蜂有辨认方向的能力的实验，两者均关于科学观察与实验。同时，《蜜蜂》对应的课后练习要求学生"默读课文，把下面的图表（实验目的—实验过程—实验结论）补充完整"，该单元的习作《我做了一项小实验》则要求学生借助图表整理小实验的主要信息。上述这些内容资源，便构成了引导学生关注科学观察、实验思维方法和过程的内容体系。其次，内容结构随学段升高逐层复杂化，即内容资源所蕴含的思维要素渐趋复杂。例如，第一学段一年级上册所设计的内容资源，能够引导学生感知主客体之间相对较为确定的关系；第二学段三年级下册的内容资源能够引导学生关注事物形式、性质等的多面性；第三学段五年级下册的内容资源能够引导学生关注事物关系的相对性和复杂性。

（二）立足思辨性语文实践的综合性活动体系

　　小学语文教材从第一学段到第三学段共包括识字、课文、口语交际、语文园地、课后练习、习作、"快乐读书吧"和综合性学习八种板块。依据语文实践活动的类型，我们可以对每一个板块可能涉及的语文实践活动进行分析：识字板块除了涉及识字与写字外，还涉及阅读与鉴赏，课文主要涉及阅读与鉴赏，口语交际主要涉及表达与交流，语文园地涉及阅读与鉴赏、表达与交流，课后练习涉及阅读与鉴赏、梳理与探究,习作主要涉及表达与交流,"快乐读书吧"主要涉及阅读与鉴赏,综合性学习则同时涉及阅读与鉴赏、表达与交流、梳理与探究。

从单一板块来看,识字、语文园地、课后练习和综合性学习这四个板块,其内部各自构成了单一的综合性、思辨性语文实践活动体系。第一,识字板块是以"随文识字"的方式来设计的,学生在阅读反映事物关系的短文内容中完成识字学习目标。第二,语文园地的综合化活动设计主要体现在第二学段和第三学段。在语文园地的"交流平台"部分,其所展开交流的话题来源于本单元相关课文的内容、主题或思维方法,同时还可能进一步引发新的阅读与鉴赏活动。第三,课后练习除了会设计针对课文的梳理与探究活动,还会设计阅读链接,进一步引出阅读与鉴赏活动。第四,综合性学习在真正意义上实现了阅读与鉴赏、表达与交流、梳理与探究三类语文实践活动的综合,学生在探究性任务的指引下,不仅要通过阅读丰富拓展自己对相应任务的理解,而且要通过表达与交流把自己的学习成果具体化。

从板块之间的组织来看,课文与口语交际、语文园地、课后练习、习作、"快乐读书吧"能够构成综合性、思辨性语文实践活动体系。例如,第二学段四年级上册第八单元选编了《王戎不取道旁李》《西门豹治邺》《故事二则》三篇展现中华历史人物智慧的故事。课后练习针对《王戎不取道旁李》设计了具有思辨性的问题,口语交际部分则又设计了"讲历史人物故事"的表达与交流实践活动。就此便可看出,课文、课后练习和口语交际构成了一个完整的阅读与表达的实践活动体系,有利于学生在语文实践活动过程中开展丰富的语言文字运用,感受蕴含故事之中的智慧,并学习其中的思维方法。

(三) 基于思辨性思维特质的过程化能力体系

对于思维能力而言,不同学段具有不同的侧重点。纵观一至六年级小学语文教材内容资源的编排可以发现,第一学段侧重保护学生的好奇心、自信心、问题意识和表达欲,引导学生通过文本感知个体与事物、事物与事物的联系,以及相似事物的异同等。例如,一年级上册语文园地一中"和大人一起读"选编了《小白兔和小灰兔》这篇非常富有趣味性的短文。类似这样故事性强、文字和情节简单且富有趣味的短文,对保护学生的好奇心、自信心和表达欲具有重要作用。而短文的具体内容主要是小白兔利用种子种出了属于自己的庄稼,但小灰兔仅仅盯着眼前的,最终"坐吃山空"。这其中除了让学生直接认识到"自己动手丰衣足食"的道理,还能让学生感知到个人努力与收获之间的密切关联。第一学段内容资源的学习目标在显性层面主要指向语言积累和语言运用,但在隐性层面一直贯穿着理性思维和理性精神的影响。

第二学段侧重培养学生的实证意识、审慎态度,引导学生通过文本了解事物性质和功能的多面性、问题解决的灵活性,以及发表观点寻求证据的重要性。例如,四年级下册第二单元编选了《琥珀》《飞向蓝天的恐龙》《纳米技术就在我们身边》三篇科普文章。三篇课文的课后练习分别设计了"'推测'是什么意思? 联系琥珀形成过程,说说下面推测的依据是什么"(《琥珀》)"课文中的不少语句表达很准确,如'科学家们希望能够全面揭示这一历史进程'。找出这样的语句读一读,说说自己的体会"(《飞向蓝天的恐龙》)"'纳米技术就在我们身边''纳米技术可以让人们更加健康',选择其中一句话,结合课文内容和查找的资料,说说你的理解"(《纳米技术就在我们身边》)。语文园地进一步设计了"遇到不懂的问题,应该怎样解决呢","快乐读书吧"设计了"十万个为什么"的阅读拓展。可见,第二学段已经开始引导学生有意识地把理性思维和理性精神,用语言文字运用的方式进行外化。

第三学段侧重培养学生的逻辑思维和辩证思维,引导学生分析证据和观点之间的联系,辨别总分、并列、因果等关系,有条理地表达观点、评价文本。例如,五年级下册第六单元选编了《自相矛盾》《田忌赛马》《跳水》三篇课文。该单元的单元导语和学习目标分别为"思维的火花跨越时空,照亮昨天、今天和明天""了解人物的思维过程,加深对课文内容的理解"。可见,到了第三学段,对于学生理性思维和理性精神的培养,已不仅仅停留在语言实践层面。教材的内容资源已开始要求学生能够提炼思维过程和思维方法,以使其能够迁移和运用到更广泛的语言文字运用中。

三、实施建议

根据课程标准教学建议、"思辨性阅读与表达"学习任务群的教学提示,结合小学语文教材内容资源和编排方式特点,本学习任务群的教学需要充分考虑以下三个方面的建议:

第一,根据学生思维发展的特点,在不同学段整合合适的内容资源,从而创设适宜的学习主题和学习情境。例如,第一学段的"生活真奇妙""我的小问号",第二学段的"大自然的奥秘""生活中的智慧""我的奇思妙想",第三学段的"社会公德大家谈""奇妙的祖国语言""科学之光""东方智慧"。参考上述提示我们可以发现,现行小学语文教材中的内容资源存在三种形态。一是,与适宜的学习主题和情境直接对应的板块。例如,小学语文教材五年级下册第三单元的综合性学习"遨游汉字王国",便可以直接应用于教学提示的第三学段"奇妙的祖国语言"主题的教学。二是,由单一板块组合的学习主题和情境。例如,小学语文教材三年级下册第七单元选编了《我们奇妙的世界》《海底世界》《火烧云》三篇课文,这便可以组成教学提示第二学段"大自然的奥秘"这一学习主题和情境。三是,由不同板块整合的学习主题和情境。例如,小学语文教材一年级上册选编了《乌鸦喝水》《小蜗牛》两篇反映问题意识、问题解决能力的课文。同时,口语交际设计了一个"小兔运南瓜"的情境,要求学生交流"小兔可以用哪些方法把南瓜运回家? 你喜欢哪种方法? 为什么? "因此,上述两个板块的内容便可以整合成"我的小问号"这一学习主题和情境。

第二,体现读写结合,设计语言文字综合运用的思辨性学习活动。根据课程标准要求,教师应设计阅读、讨论、探究、演讲、写作等多种学习活动,引导学生发现、思考、探究问题的思路和方法。从编排方式来看,小学语文教材中各板块的内容资源可以纳入不同的语文实践活动中。例如,识字板块可以综合开展识字与写字、阅读与鉴赏实践活动,语文园地可以综合开展阅读与鉴赏、表达与交流实践活动,课后练习可以综合开展阅读与鉴赏、梳理与探究实践活动,综合性学习则可以综合开展阅读与鉴赏、表达与交流、梳理与探究实践活动。不过,小学语文教材中内容资源的主要来源还是课文。因此,教师需要充分利用由课文所带动的阅读与鉴赏实践活动,结合口语交际、语文园地、课后练习、习作、"快乐读书吧"等板块带动的表达与交流、梳理与探究实践活动,从而推动学生读写结合的语言文字综合运用的学习过程。例如,教师可以借助课文《王戎不取道旁李》(第二学段四年级上册第八单元)和课后练习,引导学生结合自己在生活中遇到的问题学习思考的方法,表达中华历史人物智慧故事中的道理。在此基础上,口语交际部分要求学生开展"讲历史人物故事"的表达与交流实践活动,便可以进一步丰富其语言文字运用的实践过程,感受蕴含故事之中的智慧,并学习其中的思维方法。

第三,突出思维要素,明确教材内容资源实施的思辨性教学目标。根据课程标准要求,教师要特别关注学生思考的过程和思维的方法。因学段差异和语文教材内容资源性质的差异,教材中的内容资源分别侧重思维能力不同要素的培养。总体而言,第一学段的内容资源主要采取动物拟人化的方式来表达,具有很强的生动性和趣味性,其理性思维的要素是内隐其中的。因此,教师对学生的教学目标可以侧重好奇心、自信心、问题意识和表达欲的保护和培养。第二学段的内容资源则开始涉及客观的自然现象、现实生活问题、历史文化故事,借此引导学生了解事物规律的复杂性、问题解决的灵活性,以及发表观点寻求证据的重要性。因此,教师对学生的教学目标可以侧重实证意识和技能、审慎态度的培养。第三学段的内容资源涉及科学发现、技术发明、哲理故事等,内容和话题都具有了一定抽象性,借此引导学生了解证据和观点之间的联系,辨别总分、并列、因果等关系,有条理地表达观点评价文本。因此,教师对学生的教学目标就应当侧重逻辑思维和辩证思维的培养。

第三节　"思辨性阅读与表达"学习任务群的教学案例分析

本节选取了一个典型的"思辨性阅读与表达"学习任务群的教学案例,基于前文对该学习任务群的理解,对教学案例进行细致描述和分析,以期将理论与实践紧密结合,提升"思辨性阅读与表达"学习任务群的可操作性。

一、"思辨性阅读与表达"学习任务群教学案例描述

"用事实说话"教学案例是基于课程标准第三学段"阅读关于中华传统美德、社会公德等方面的短文、简评,结合校园或社会生活中的实际事例,学习有理有据地口头或书面表达自己的观点"这一学习内容而设计的。该学习任务群的设计旨在培养学生的责任意识和理性精神。该教学案例以小学语文教材六年级下册第五单元"用具体事例说明观点"主题单元为蓝本,具体选用了《学弈》《两小儿辩日》《真理诞生于一百个问号之后》三篇说理文,并且把同册第四单元中的《为人民服务》调整到了这次教学中。此外,该教学案例还利用了《哪吒闹海》、自编图画书《玩具风波》等学习资源。

具体来说,该教学案例包括"受情感左右的言论""倾听理性的声音""有说服力的演讲"三个学习任务。其中,"受情感左右的言论"引导学生先后阅读《哪吒闹海》《玩具风波》,从而了解不同角色对同一事件,会存在不同的态度、看法和情绪,以此使学生理解上述差异是受情感左右的。"倾听理性的声音"引导学生阅读《学弈》《两小儿辩日》,从而知道不同观点需有不同事实;阅读《真理诞生于一百个问号之后》,知道不同事实可以说明同一个观点;阅读《为人民服务》,知道一个观点可以从不同角度论证。"有说服力的演讲"则引导学生以旁观者的角色,明断《玩具风波》中每个人观点里合理的或不合理的地方;再以"老娘舅"的角色,通过摆事实、讲道理的方式进行调解;最后以演讲者的身份,选择合适的事例,将自己对这家人的忠告以演讲的方式讲给别人听。

二、"思辨性阅读与表达"学习任务群教学案例分析

根据学习任务群的内涵,我们可以从学习内容、学习情境、学习任务、学习活动、学习方法、学习资源和学习评价七个方面(表 8-5)分析"思辨性阅读与表达"学习任务群的教学实例。

表 8-5 "思辨性阅读与表达"学习任务群教学案例分析与评价表

学习任务群 7 大要素	分析标准
学习内容	是否具备课程标准中提及的"思辨性阅读与表达"学习任务群需要掌握的语文要素？涉及哪些要素？它们之间的关系如何？
学习情境	是否合理科学地立足于教材，紧扣该学习任务群的实用性特点，结合日常生活的真实情境进行教学？满足了学生当下或者未来哪一类的生活需求？
学习任务	具体设计了哪些学习任务（趣味性）？学习任务之间的关系如何（进阶性，逻辑性）？学习任务与学习内容、学习情境的关系如何（逻辑性）？
学习活动	具体设计了哪些学习活动？这些学习活动是如何落实"思辨性阅读与表达"学习任务群的学习内容的？能否达到目的？
学习方法	是否为学生提供了可供操作的支架与学习方法？
学习资源	是否为学生提供了充足的、丰富的学习资源，以及寻找学习资源的方式方法？
学习评价	评价类型的多样性？评价方式的有效性？评价指标的合理性和科学性？

从学习内容来看，"用事实说话"教学案例具备清晰的"思辨性阅读与表达"学习任务群所提及和要求的语文要素。该教学案例围绕"用事实说观点"进行一体化设计，组织"受情感左右的言论""倾听理性的声音""有说服力的演讲"系列任务，通过引导学生阅读和分析不同特征的文本，以事实为依据，明辨不同立场、不同情感与不同言论；区分言论与事实，明辨观点与事实的关系。最终，在前两个任务的基础上，采取理性负责的态度解决真实生活问题。具体来说，"受情感左右的言论"学习任务涉的语文要素有：神话故事阅读、自编图画书阅读。"倾听理性的声音"学习任务涉及的语文要素有：文言文和说理文阅读、观点和事例关系、"三段论"推理思维、论证过程、归因思维。"有说服力的演讲"学习任务涉及的语文要素有："三步"开导的句式；演讲稿。

从学习情境来看，"用事实说话"教学案例把学科认知和学科实践紧密结合了起来。首先，通过"受情感左右的言论""倾听理性的声音"两个学习任务，创设了依据事实评判他人观点，并有理有据地表达自己观点的情境。其次，把在前两个学习任务中所了解到的观点与情感的关系，多种理性观念的表达方式，运用于现实生活的问题解决中。由此，该教学案例前后连贯构成了密切关联的学科认知情境和社会生活情境，以帮助学生从"认知"到"实践"，全方位把握"用事实说话"的题中应有之意。

从学习任务来看，"用事实说话"教学案例创设了三个不同面向但具有层递性的学习任务。具体来说，在"受情感左右的言论""倾听理性的声音""有说服力的演讲"三个学习任务中,前两个构成了该教学案例学习的基础,第三个直接指向现实生活中的问题解决情境。通过阅读和分析《哪吒闹海》《玩具风波》,学生得以体会观点往往受情感左右,因此需要审慎地看待不同人的观点;通过阅读《学弈》《两小儿辩日》等文本,学生则能够把握理性地表情达意所需依靠的思维过程。在前两个学习任务的基础上,"有说服力的演讲"则提供了运用所学解决问题的机会,学生需要明断《玩具风波》,并有理有据地对他人进行开导,最终以演讲的形式表达自己的观点。

从学习活动来看,在"用事实说话"教学案例中,每个学习任务均包含二到三个学习活动。"受情感左右的言论"由"一个故事,三种说法""清官难断家务事"组成。两者均让学生认识到,不同的人基于不同的立场或情感,对同一事件会产生完全不同的看法。"倾听理性的声音"由"不同观点,不同依据""不同事实,一个观点""一个观点,不同角度"组成。三者让学生经历了一次"思维的进阶",在三个活动的学习中,依次掌握类比、例证和论证三种不同水平的思维方式。"有说服力的演讲"由"清官'能断'家务事""有话好好说""八分钟演讲"组成,通过劝说、提忠告、做演讲,培养学生的思维品质和理性精神。

从学习方法来看,"用事实说话"教学案例在学习过程中内化了可操作性较强的学习策略。具体而言,"受情感左右的言论"中设计了换位体验策略、问题聚焦策略,"倾听理性的声音"中设计了思维图解策略、阶梯学习策略、迁移运用策略,"有说服力的演讲"中设计了问题解决策略、角色代入策略、以评促学策略。上述策略不仅使学生内隐的认知和学习过程得以外化,并且能够使学生基于各个环节的学习成果展开更加深入地思考。

从学习资源来看,"用事实说话"教学案例引入了丰富的学习资源,并且学习资源在整个教学案例的学习过程中扮演了不同的角色。学习资源包括《封神演义》第十二回《陈塘关哪吒出世》、《哪吒闹海》、《演讲的艺术》、网络资源《两小儿辩日》中的科学知识、天文学家戴文赛教授的论文《太阳与观测者距离在一日内的变化》等。例如,《陈塘关哪吒出世》《哪吒闹海》是学习任务一中"学习活动一"所要阅读的文本,起到引入学习情境的作用;《演讲的艺术》则是学习任务三中"学习活动三:八分钟演讲"的学习资源,它则起到辅助和支架的作用,以帮助学生规范地撰写演讲稿。

从学习评价来看,"用事实说话"教学案例用三种形式承载了学生学习过程和结果的评价。第一,该教学案例设计了内容丰富、形式多样的表格,通过完成相应的表格,教师能够掌握学生各个环节学习的情况。第二,该教学案例设计了多种样式的思维导图,以此把学习过程中的思维路径外显,便于教师对学生的思维过程展开评价。第三,该教学案例对表现性评价设计了详细的评价表,引导学生以评促

课例:第一学段
"世界真奇妙"
(周丽、沈玉芬、
薛法根)

课例:第二学段
"小故事、大道
理"(顾丹凤、沈
玉芬、薛法根)

学。例如,在"八分钟演讲"环节,演讲评价表对于促进学生优化语言实践过程具有非常积极的作用。

案 例

第三学段"用事实说话"教学案例呈现

学习目标

1. 能以实事求是的态度对待他人的观点和言论,形成"用事实来说话"的生活准则,养成负责任地表达的生活习惯。

2. 能在生活情境中,依据事实作出分析与判断,增强辨别是非的能力,提升基于证据与推理的逻辑思维能力水平。

3. 能在阅读中运用概括观点、画结构图、推理判断等方法,区分观点和事实,找出两者的内在联系,提升阅读思辨能力。

4. 能在问题情境中,通过摆事实、讲道理进行负责任的劝解和有说服力的演讲,提高有理有据的理性表达能力。

学习要求

"用事实说话"学习任务群的学习要求如表 8-6 所示。

表 8-6　"用事实说话"学习任务群的学习要求

学习任务	学习要求
受情感左右的言论	1. 比较阅读三个版本的《哪吒闹海》,罗列不同人物的观点。 2. 基于不同人物的立场,分析不同观点的是非对错。 3. 判断生活情境中各方言论是基于事实还是情感。 4. 对文学作品中的观点,能分清是基于事实还是个人情感
倾听理性的声音	1. 阅读选文,利用表格、思维导图等方式提炼观点和事实。 2. 运用分析、推理的方法,说明事实与观点的联系。 3. 借助文本结构图,讲清楚观点与论述角度的逻辑关系。 4. 借助关联词,分析把握严密论述的过程。 5. 运用批判性思维,质疑作者的观点,并用事实论述自己的看法。 6. 迁移论述的基本方法,能围绕"有志者事竟成"或"玩也能玩出名堂"等观点列举适合的事实
有说服力的演讲	1. 对言论进行理性分析,判断是非对错。 2. 从事件、现象中,作出自己的思考,并能基于正确的价值观念,形成正确的观点。 3. 围绕观点,选用事实,列演讲提纲。 4. 根据不同的对象,选择合适的演讲观点,作八分钟演讲。 5. 根据演讲的表现,从说服力、感染力进行自我评价或对他人演讲作出评价。 6. 能用"用事实说话"的方法,成功劝说别人

学习准备

1. 学习资源

《封神演义》第十二回《陈塘关哪吒出世》;《哪吒闹海》;《演讲的艺术》;网络资源《两小儿辩日》中的科学知识;天文学家戴文赛教授的论文《太阳与观测者距离在一日内的变化》。

2. 学习工具

(1) 网络搜索。关键词:太阳远近的秘密、张思德。

(2) 思维图式:提纲图、思维导图。

(3) 学习单:收集表、分类表、演讲评分表。

学习过程

学习任务一:受情感左右的言论

学习情境

我们都看过哪吒闹海的故事,其实在《封神演义》中,哪吒在父亲李靖面前的说法,龙王敖广在李靖面前的说法,哪吒在师傅太乙真人面前的说法,都各不相同。一件事怎么会有三种不同的说法呢? 再看漫画《玩具风波》,一家人各有各的说法,谁都觉得自己没说错。如果你是一个明白人,该怎么对待这些不同的说法呢?

▶ 学习活动一:一个故事,三种说法

1. 读一读,说一说。阅读课文《哪吒闹海》,简要说说故事的起因、经过、结果,认清一个事实:哪吒打死了夜叉和三太子。

2. 找一找,比一比。阅读《封神演义》第十二回《陈塘关哪吒出世》,画出龙王敖广向哪吒之父李靖兴师问罪时的说法、哪吒向父亲解释时的说法、哪吒向师父求救时的说法,填在表格内(表8-7)。

表8-7 《陈塘关哪吒出世》中人物的不同说法

材料	人物	对谁说	说法
材料一	龙王敖广	李靖	
材料二	哪吒	父亲(李靖)	
材料三	哪吒	师父(太乙真人)	

3. 议一议。小组讨论:同一件事,为什么会有三种不同的说法?

4. 交流总结。敖广的目的是"问罪",说的都是哪吒的"罪责";哪吒对父亲的目的是"解释",说的是夜叉和三太子的"罪过";哪吒对师父的目的是"求救",说的是自己的"过失"。不同的人,基于不同的目的,就有不同的说法,他们都没有完全按照事实真相来说,只选择了有利于自己的那一部分事实。可见,三种说法都不能完全相信,要以完整的事实真相为依据。

▶ 学习活动二:清官难断家务事

1. 读一读,演一演。阅读漫画《玩具风波》(图8-1),说说在豆豆家发生的事情;小组合作,分角色将故事表演出来。

图8-1　漫画《玩具风波》

玩 具 风 波

有一天,豆豆的表弟来做客,他很喜欢豆豆的玩具——变形金刚。妈妈见了就自作主张:"你要喜欢,这玩具就送给你了。"豆豆一听就不愿意了,立马把玩具从表弟手里夺了回来。表弟被一吓,哇哇地哭了起来。妈妈见状,不由分说指责起豆豆,豆豆也委屈地哭了。两个小孩的哭声引来了爷爷奶奶和爸爸,掀起了一场不大不小的玩具风波。

2. 想一想,写一写。读读爷爷、奶奶、爸爸、妈妈、豆豆说的话,想想他们各自的观点,填写在表8-8里。

表8-8 《玩具风波》中人物的不同说法

人物	说的话	对谁说	他(她)的观点
豆豆	这是我的玩具,你凭什么给别人	妈妈	我的玩具我做主
妈妈			
爸爸			
爷爷			
奶奶			

3. 议一议。有人说"清官难断家务事"。假如你是一个"清官",面对一家人都说自己的话没说错,都是为了对方好的情景,你会怎么看?

4. 交流总结:从豆豆的角度看,"我的玩具我做主";从爸爸妈妈的角度看,"你的玩具要分享""待人要有礼貌";从爷爷奶奶的角度看,"孩子的权利要尊重""对待孩子要宽容"。每个人都从"亲情"出发,说的都是带着"情感色彩"的话。在情感的世界里,很难分清谁对谁错。

学习策略

1. 换位体验策略

只有站在不同的立场,才能自觉运用辩证思维。在情景表演中,学生扮演不同的角色,体验不同角色的想法,实现了换位思考,对不同观点有了更加真切的体验。比如,学生在豆豆、爸爸、妈妈、爷爷、奶奶等不同的角色里,站在不同的立场,用不同的亲情关系去思考,就会发现每个人的观点都出于情感,而不是出于事实。这样的换位体验,可以帮助学生理解"受情感左右的言论"是怎么产生的、该怎么去看待,从而学会辩证地思考。

2. 问题聚焦策略

思辨性阅读的关键在于分析问题,聚焦学生深感兴趣且有思维空间的重要问题,才能有效提高学生的思维能力。《哪吒闹海》中同一故事的三种不同说法,将学生的思维聚焦在探究出现"不同说法"的原因上,突出了"目的"与"观点"的关系;《玩具风波》中同一个事件不同的观点,将学生的注意力集中在"不同观点"产生的根源上,突出了"情感"与"观点"的关系。于是,更深层次的问题就自然暴露出来了,那就是:出自哪里的"观点"才是正确的? 思辨性阅读的目标从"情感左右的言论"转向"用事实说话"。

学习任务二:倾听理性的声音

学习情境

在《玩具风波》中,家庭成员都是带着情绪来说话的,谁也说服不了谁。那么,什么样的话、怎样说话才能让人口服心服呢? 我们不妨读读古人讲道理的故事,看看科普作家和毛主席是怎么给人演讲的,他们的声音之所以能够被所有人认同和实践,是因为他们自有说话的诀窍和奥秘。让我们一起做一回"语言侦探"吧!

▶ 学习活动一:一个故事,三种说法

1. 借助注音,熟读《学弈》《两小儿辩日》,做到正确、流利。

2. 借助注释,读懂《学弈》中两人的不同学习表现以及《两小儿辩日》中两个小孩子的对话,然后完整、有序地把故事讲给同学听。

3. 借助表8-9,将《学弈》中两人的不同学习表现及不同学习结果进行对比,思考故事中的道理;然后议一议,为什么要用两个人的学习表现来说一个道理呢?从而知道要从正、反两个角度来印证道理。

表8-9 《学弈》人物学习表现与学习结果对照表

课文	人物	学习表现	学习结果
学弈	一人		
	另一人		
道理			

4. 两小儿的推理:借助表格,厘清两小儿的观点及依据(表8-10);然后运用"三段论"(大前提、小前提、结论)来复盘两小儿的推理过程。

表8-10 《两小儿辩日》人物观点推理表

人物	生活经验(大前提)	生活现象(小前提)	观点(结论)
一儿	远小近大	日出大、日中小	日出近、日中远
一儿	远凉近热	日出凉、日中热	日出远、日中近

5. "现代孔子"的决断:阅读关于太阳远近的补充资料,抓住两小儿的"错觉",否定"小前提",进而否定"结论";出示补充资料天文学家戴文赛的论文《太阳与观测者距离在一日内的变化》,用科学的事实来评价两小儿观点的对错。

6. 讨论总结:《学弈》用一正一反两个例子来说明一个观点(道理)——只有专心致志才能学有所成,心不在焉只能一事无成;《两小儿辩日》中两个小儿的观点遵循了逻辑思维中的三段论,是一种理性的声音,其问题是由于时代的局限,他们的观点不是基于科学事实,而是基于各自的经验错觉,因此都是站不住脚的。

▶ 学习活动二:不同事实,一个观点

1. 熟读课文《真理诞生于一百个问号之后》,想一想:作者用了那几个事例来证明"真理诞生于一百个问号之后"这个观点(图8-2)?

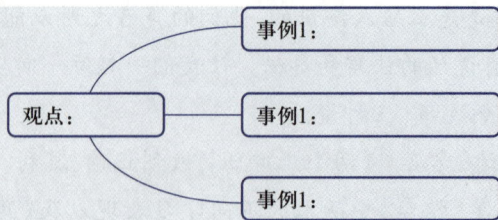

图 8-2 《真理诞生于一百个问号之后》观点、事例关系图

2. 借助表格细读三个事例的起因、经过及结果(表 8-11),议一议:为何事例中的"经过"写得很简单,而"起因"与"结果"却写得很具体?理解"问号"与"真理"之间的因果关系。

表 8-11 《真理诞生于一百个问号之后》事例叙述结构表

事例	起因 (发现问题)	经过 (反复实验)	结果 (发现真理)
紫罗兰的变色			
世界地图的凹凸			
睡眠中眼珠的转动			

3. 阅读爱迪生、李时珍等人的故事,按照详写"起因与结果"、略写"经过"的方法,改编其中一个故事,替换课文中的一个事例。

4. 围绕"有志者事竟成"或"玩也要玩出名堂"等观点,选择恰当的事例来证明它们,可以是一正一反两个事例,也可以是不同角度的三个事例。

▶ 学习活动三:一个观点,不同角度

1. 熟读课文《为人民服务》,画出毛主席演讲中的主题思想(核心观点:完全、彻底地为人民服务)。

2. 默读课文,议一议:围绕核心观点,毛主席讲了哪几个方面?举了哪几个事例?在此基础上,梳理出课文的结构图(图 8-3)。

3. 像毛主席那样思考问题:借助思维图式,梳理三个方面的论证思路。议一议:毛主席是怎么说得人心服口服的?

(1) 如何看待生死:阅读课文第二自然段,借助"三段论"推理思维图(图 8-4),把握毛主席的推理过程。

(2) 如何看待批判:阅读课文第三自然段,抓住文中的关联词,把握句与句之间的联系,以思维图的形式梳理出段落结构,了解毛主席的论证过程(图 8-5)。

(3) 如何看待团结:阅读第四、第五自然段,以思维图的形式梳理围绕观点所讲的三层意思(图 8-6)。议一议这三层意思与观点有什么关系?并理解其间的因果关系。

图 8-3 《为人民服务》结构图

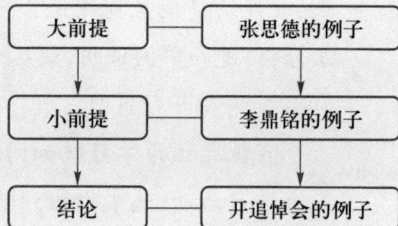

图 8-4 "三段论"推理思维图

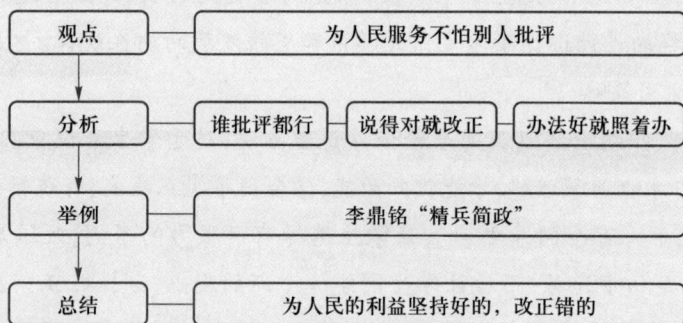

图 8-5 论证过程思维图

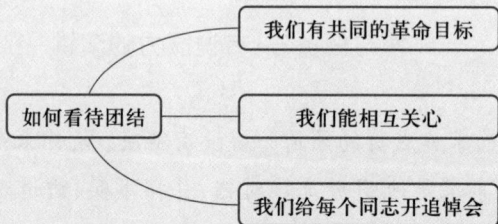

图 8-6 归因思维图

4. 练一练,讲一讲。补充阅读《为人民服务》的背景资料,理解毛主席在张思德同志的追悼会上不做这个演讲的意义;借助思维图把握文章内容,在班级里举行《为人民服务》的演讲比赛。做到熟记演讲稿的内容,演讲时语句连贯;要有气势,可以适当加上一些肢体语言;神态要自然、从容,眼睛要看着观众,语气要有感染力。

学习策略

1. 思维图解策略

通过图表,将思维的过程直观形象得呈现出来,这样的学习策略有助于学生理解与把握作者的论证过程。比如,《为人民服务》观点鲜明,运用了逻辑严密的论证法,如果不做形象的思维图解,就很难理解透彻。借助"三段论"推理思维图来推理"张思德的死比泰山还重要"这个观点的论证过程,就能理解依据大前提和小前提作出逻辑推断的方法;借助段落结构图,让句与句之间的逻辑关系逐层表露出来,就能清楚地呈现围绕"如何看待批评"这个问题的论证过程:从提出观点到逐层分析,进而举例证明,最后总结强调观点。

2. 阶梯学习策略

有挑战性的学习就如同登山,一步一个台阶,会让学生有一种学习的爬升感。三个学习活动,选文由短到长、内容由易而难,从简单的"一个观点,一个事实",到"多个事实,一个观点",再到相对复杂的"一个观点,多个角度",一个活动就是一个台阶,由浅入深,体现了阶梯式学习。每个活动的展开,同样设计了若干个阶梯,从"读"起步,厘清文中的观点、事例,在探究两者之间的联系,最后进行替换和言说等练习,这样的设计遵循了学生语文学习和思维发展的内在规律。

3. 迁移运用策略

类比论证、归纳论证以及因果论证等说理方法,对于学生来说重在迁移运用,只有在运用中才能加深理解,才能化知为能,学会用事实正确地、有逻辑地说话。学习《真理诞生于一百个问号之后》,让学生选择有说服力的事例,改编后替换课文中的事例,这是初步迁移;而后让学生围绕一个新的观点,选择一正一反两个事例或者三个不同角度的事例来论证,这是迁移论证法来说理的实践运用。只有在这样的迁移基础上,学生才能将例证法运用到日常生活中,形成用事实说话的能力与习惯。

学习任务三:有说服力的演讲

学习情境

在《玩具风波》中,家庭成员的矛盾一直没有解决。请你来做一个现代"清官",做一回"老娘舅",实事求是地明辨是非对错,并摆事实、讲道理,对每个成员进行开导劝解,让他们口服心服,化解这场风波。同时,从这场风波出发,对更多的家庭提出一些忠告,以八分钟演讲的方式传播你的观点和思想。

▶ 学习活动一:清官"能断"家务事

1. 重读漫画《玩具风波》,梳理事情的前因后果,澄清事实真相;妈妈拿了豆豆的玩具送给小客人玩,豆豆一把抢了回来。

2. 做一回"清官",议一议:从"情"与"理"两个角度,分析每个人的观点是否合情?是否合理?将分析结果填写在表 8-12 中。

表 8-12 《玩具风波》人物观点评价表

人物	言论(观点)	于"情"而言	于"理"而言
豆豆			
妈妈			
……			

3. 交流总结:各人的观点,都从自己的角度出发,有的合情不合理,有的合理不合情。评判观点的对错,必须以"事实"为基础,以"美德"为标准,有理有据地分析。

▶ 学习活动二:有话好好说

1. 提出你的"忠告"。每个同学选择故事中的一名家庭成员作为开导对象,针对其言论观点中的不合情、不合理之处,用"事实"来说理,用"美德"来启发,旗帜鲜明地提出你的"忠告"。

2. 做一回"老娘舅"。小组合作,轮流做"老娘舅",每个"老娘舅"选择一个对象,针对其观点中的不合情理之处,尝试"三步"开导法(图 8-7)。被开导的对象可以进行反驳,其他同学可以进行补充开导。

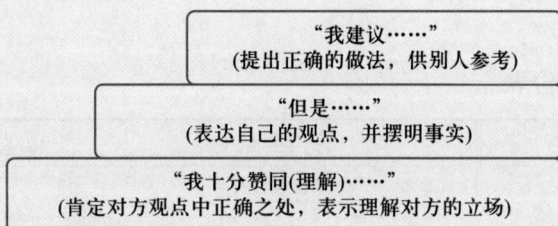

"我建议……"
(提出正确的做法,供别人参考)

"但是……"
(表达自己的观点,并摆明事实)

"我十分赞同(理解)……"
(肯定对方观点中正确之处,表示理解对方的立场)

图 8-7 "三步"开导示意图

3. 评选最佳"老娘舅"。各组推荐一个"老娘舅",教师扮演家庭中的角色,师生现场模拟"老娘舅"调解家庭风波,比一比哪个"老娘舅"的说服力最强。注意:一要以事实为依据,二要以理服人,三要以情动人。评出最佳"老娘舅",并让他(她)介绍经验。

▶ 学习活动三:八分钟演讲

1. 议一议观点。结合"老娘舅"开导的"金句",议一议:哪些观点对其他人也有教育意义? 提炼出具有感染力的观点。比如,针对"豆豆"这个不懂事的孩子,可以提出"要乐于与人分享"的观点,能起到很好的引导作用;针对"父母"的简单粗暴态度,可以提出"要尊重孩子的权利"的观点,能对父母起到教育作用。

2. 选一选事例。选择其中的一个观点,从读过的故事中或者身边的事例中,选取恰当的事例加以证明。可以是正面的例子,也可以是反面的例子,还可以是《玩具风波》中的事例。将事例填写在表 8-13 中并与人交流。

表 8-13 《玩具风波》观点、事例对照表

演讲对象	观点	事例
孩子	乐于与人分享	
父母	尊重孩子	
祖父母	……	
其他家庭成员	……	

3. 拟一个演讲提纲。参照《真理诞生于一百个问号之后》或《为人民服务》的结构方式,拟一个演讲提纲,并练习作八分钟演讲。

4. 定一份评价标准。从吸引力、感染力、说服力三个角度,全班共同制定演讲的评判标准(表 8-14)。

表 8-14 演讲评价表

演讲要求	评价要点	星级评价
吸引力	观点是否正确	☆☆☆
	观点是否鲜明	☆☆☆
	观点是否独到	☆☆☆
感染力	事实是否真实	☆☆☆
	事实是否贴切	☆☆☆
	事实是否新鲜	☆☆☆
说服力	行文是否结构严谨	☆☆☆
	行文是否构思巧妙	☆☆☆
	行文是否语言简练	☆☆☆

注:★★★表示"很好",★★表示"较好",★表示"一般"。

5. 举办一场演讲比赛。邀请家长参加,按照不同的观点分会场举办八分钟演讲比赛,请同学和家长根据演讲评价标准,评出"小小演讲家"。

学习策略

1. 问题解决策略

能力是在解决问题中锻炼出来的。《玩具风波》中家庭成员之间的矛盾,是真实的生活问题,学生可能都会遇到。在提出问题的基础上,需要"用事实说话"来解决问题,在模拟的生活化场景中,根据不同的对象,针对不同的观点,实事求是地作出分析和评判,用语言来化解家庭矛盾,提高思辨性表达能力。

2. 角色代入策略

在真实的交际情境中,每个人都有特定的身份或角色,也有特定的责任与任务。摆事实讲道理,需要对象,更需要进入情境角色,只有这样,才能有的放矢,入情入理。我们先让学生做现代"清官",用事实来分析、评判是非对错;再让学生做"老娘舅"模拟生活化场景,帮助其在演讲这个综合性的活动中将所学的知识与技能转化为思辨性表达能力。

3. 以评促学策略

评价标准就是学习目标,有目标就会有努力的方向,从而让学生对照标准,做自我评价及自我调整,实现反思性学习。演讲是一项具有挑战性的活动,特别是在真实的场景中演讲真实的观点,对学生的思维能力、表达能力,以及心理素质是很好的考验。通过集体讨论来制定一个演讲的评价标准,旨在在讨论过程中增强学生对演讲目标的认识与认同,以此增加其训练的自觉性。现场演讲中,同学及家长的真实评价,对学生既是一种鞭策,可以增强学生的责任感与荣誉感,培养学生积极向上的学习态度。

👥 情境实践练习

1. 二维码中链接的是小学语文教材三年级上册《卖火柴的小女孩》的教学片段,请你尝试分析该片段阅读理解的情境是如何创设的,同时尝试从思辨性阅读与表达的角度,评价该片段的学习过程和学习评价。

2. 请你根据本章所学的内容,以小学语文教材提供的内容资源为基础,任选一学段,设计一份满足课程标准要求的"思辨性阅读与表达"学习任务群的教案。

《卖火柴的小女孩》教学片段

📚 文献摘要

[1] 薛法根. 理性思维:做负责任的表达者:"思辨性阅读与表达"任务群的内涵解读[J]. 语文建设,2022(8):4-9.

摘要:该文依据语文课程内容的结构化理念,从发展脉络、目标定位、内容选择、活动组织、评价设计等五个方面对"思辨性阅读与表达"学习任务群的结构内涵进行整体解读,为语文课程建设提供实践导向与学术支持。

[2] 魏小娜,陈永杰. 小学语文"思辨性阅读"教学探析[J]. 语文建设,2022(8):16-19.

摘要:该文认为小学语文"思辨性阅读"是一种与感悟体验式阅读相区别的阅读类型,强调阅读的态度、方法、思维的"思辨"性,旨在发展学生的理性精神和理性思维。文章立足《义务教育语文课程标准(2022年版)》,从"发展理性精神和态度""获取'思辨'性认知技能"两个维度,阐释了小学语文"思辨性阅读"的课程目标,指出"思辨性阅读"的文本类型。作者认为,"思辨性阅读"教学设计,要重视"忠实地读懂",强化"有支持的阅读",引导"质疑、追问地阅读",关注"求证、评价地阅读"。

第九章
"整本书阅读"学习任务群课程标准解读与教材分析

■ 章前引言

　　《义务教育语文课程标准(2022年版)》强调了培养学生读书兴趣,提高学生读书品位的重要性,提倡减少做题,注重广泛阅读书籍,特别是精读整本书。尽管一些一线教师已经开始实践并推广整本书阅读,但这对于语文课程改革来说仍是一项新的挑战。整本书阅读是语文课程改革的必经之路,在当今碎片化阅读的大环境下,推广整本书阅读有助于提高学生的整体认知能力,有助于促进教师教学观念的转型和教学改革的深化。本章将通过课程标准解读、教材分析、教学案例分析与情境实践练习等方面来帮助学习者更好地理解和实施"整本书阅读"学习任务群。

■ 学习目标

1. 认识"整本书阅读"学习任务群的功能定位。

2. 了解"整本书阅读"各个学段的学习内容。

3. 掌握"整本书阅读"学习任务群的教学要求。

4. 能够选取小学语文教材的相关内容,设计"整本书阅读"的学习任务。

5. 能分析"整本书阅读"教学案例的任务设置、活动设计与评价方案。

6. 能利用小学语文教材,设计"整本书阅读"的教学方案。

■ 学习指要

1. 比较阅读:与基础型学习任务群和发展型学习任务群章节比较阅读,理解"整本书阅读"的功能定位;与"跨学科学习"学习任务群章节比较阅读,掌握"整本书阅读"的内容特征与目标要求。

2. 理解评价:基于本章内容,分析与评价"整本书阅读"教学案例,反思和促进自己对于该学习任务群理论与实践层面的理解。

3. 实践操作:基于本章的教学建议与教学案例,立足小学语文教材内容资源,尝试设计"整本书阅读"学习任务群教学方案,将理论学习与实践操作相结合。

第一节　"整本书阅读"学习任务群的课程标准解读

"整本书"主要与单篇文章、教材自然单元相区分，"整本书阅读"学习任务群是以整本书为学习资源，以积累阅读经验、养成良好阅读习惯、提高整体认知能力、丰富精神世界为学习目标，以语文实践活动为学习方式的课程内容。本节主要介绍《义务教育语文课程标准(2022年版)》中涉及的"整本书阅读"学习任务群的功能定位、学习内容与教学要求。

一、"整本书阅读"学习任务群的功能定位

作为拓展型学习任务群，"整本书阅读"的主要目的是引导学生扩展其阅读视野、拓展语文学习内容，并提供更广阔的学习空间。与"跨学科学习"学习任务群不同，后者更加侧重基于现实话题的跨学科探究式学习。相比之下，"整本书阅读"学习任务群以整本书作为学习资源，旨在帮助学生培养阅读技能、养成良好的阅读习惯、提高整体认知能力、丰富精神世界。这一课程目标主要通过语文实践活动来实现。

（一）"整本书阅读"是语文课程的正式内容

21世纪语文课程改革以来，"语文与生活相结合"的理念便在义务教育语文课程标准中有所体现。《全日制义务教育语文课程标准(实验版)》(2001年)、《义务教育语文课程标准(2011年版)》将这一理念分别渗透在阅读、写话习作、口语交际、综合性学习等内容领域中。《义务教育语文课程标准(2022年版)》的颁布与施行，明确了"整本书阅读"的追求方向。具体而言，"整本书阅读"学习任务群能够让学生多读书，增加阅读数量，读有品位的书，拓展阅读领域，具有自主选择的能力，能够选择合宜的阅读内容；鼓励学校应营造良好的阅读氛围，能够提供平台激发和维护学生的阅读兴趣，通过创设良好的情境助力学生开展阅读活动。

2001年颁布的《全日制义务教育语文课程标准(实验稿)》正式使用了"整本书"的概念，在教学建议中提出："培养学生广泛的阅读兴趣，扩大阅读面，增加阅读量，提倡少做题，多读书，好读书，读好书，读整本的书。鼓励学生自主选择阅读材料。"《义务教育语文课程标准(2011年版)》沿用了《全日制义务教育语文课程标准(实验稿)》的表述，提高了对整本书阅读的重视程度："要重视培养学生广泛的阅读兴趣，扩大阅读面，增加阅读量，提高阅读品位。提倡少做题，多读书，好读书，读好书，读整本的书。"在自主选择读物之外，《义务教育语文课程标准(2011年版)》还"关注学生通过

多种媒介的阅读,鼓励学生自主选择优秀的阅读材料。加强对课外阅读的指导,开展各种课外阅读活动,创造展示与交流的机会,营造人人爱读书的良好氛围"。相比 2001 年颁布的课程标准,《语文课程标准(2011 年版)》增加了多种媒介阅读和对阅读品位的要求,体现出与时俱进的特点。《义务教育语文课程标准(2022 年版)》将"整本书阅读"列为拓展型学习任务群,"旨在引导学生在语文实践活动中,根据阅读目的和兴趣选择合适的图书,制订阅读计划,综合运用多种方法阅读整本书;借助多种方式分享阅读心得,交流研讨阅读中的问题,积累整本书阅读经验,养成良好的阅读习惯,提高整体认知能力,丰富精神世界"。至此,"整本书阅读"成为义务教育阶段语文课程的正式内容。

《语文课程标准(2022 年版)》从以下几个方面对"整本书阅读"提出了新的要求:其一,对学生的阅读自主性提出了更高的要求,学生不仅需要自主选择阅读材料,还需要根据自己的实际情况和阅读兴趣确定阅读目的,自行选择适切的书目与适宜的版本,判断图书对自身的价值,然后决定是否开始阅读。其二,更加强调对学生的方法指导,不但要求学生在阅读之前要制订阅读计划,还要求学生在阅读过程中综合运用多种方法,借助多种方式分享阅读心得,交流研讨感兴趣的问题,这些方式方法可以促进加大学生整本书阅读的深度。其三,进一步关注学生阅读经验和良好阅读习惯的养成,目标在于培养学生终身阅读、终身学习的理念和习惯。其四,指出整本书阅读的最终目的不在于应付考试,而在于提高学生的整体认知能力,丰富学生的精神世界,这一点也是在既往的课程标准中所没有体现的。

(二)"整本书阅读"是对不同领域的能力要求的合理统整

《语文课程标准(2011 年版)》涉及识字与写字、阅读、习作、口语交际、综合性学习五个内容领域,"课程设计思路"部分着重强调语言的综合运用和实际情境:"语文课程应注重引导学生多读书、多积累,重视语言文字运用的实践,在实践中领悟文化内涵和语文应用规律。"在《语文课程标准(2022 年版)》中,"整本书阅读"对不同领域的能力要求进行了合理的统整。在"整本书阅读"中引导学生统整不同领域能力很考验教师的综合能力,其中"统"指要有明确的任务设计主线,为实现长程目标进行资源、能力、策略的统筹安排;"整"指对丰富广泛的资源进行整理、整合,使之为实现长程目标服务。例如,设计孙悟空内心独白这一任务,是文本精读、情节精读与情节补写的结合,涉及精读能力中的情节梳理、人物性格分析等,涉及习作能力中的依据不同习作目的和对象,提取信息、搜集素材、构思立意、创意表达、联想想象、变换文体及表达方式等。[①]

---

① 吴欣歆,张悦.对"整本书阅读"目标定位的再思考[J].语文建设,2020(7):35—39.

(三)"整本书阅读"是锻炼言语实践能力的重要载体

"整本书阅读"能帮助学生开展复杂的言语实践活动,使学生的言语实践能力得到锻炼。"整本书"包括各种文学作品、学术著作和非小说类书籍等,提供了大量的语言材料。通过阅读整本书,学生接触到不同风格、题材和领域的文字,可以增加词汇量、提高语言表达能力。"整本书阅读"要求学生进行深入的阅读理解和分析。学生需要理解复杂的句子表达,掌握上下文的逻辑关系,并能够准确把握故事情节、人物性格、主题等要素。这种阅读过程促使学生运用语言分析能力和批判思维,提高语言理解和表达的能力。

以《鲁滨逊漂流记》整本书阅读为例。在阅读《鲁滨逊漂流记》时,教师要求学生进行深入的阅读理解和分析,学生需要把握作品的表层逻辑和深层内涵,以更好地理解主人公的冒险故事。此外,学生还需要准确把握故事情节、人物性格、主题等要素,这促使学生运用语言分析能力和批判思维,可以提高他们的语言理解和表达能力。"整本书阅读"通常伴随着课堂讨论、读后感写作等活动。学生在分享他们对作品中事件和角色的看法,在撰写读后感或书评中,培养口头表达能力,锻炼书面表达技巧,提高言语实践能力。

(四)"整本书阅读"是提升学生整体能力的重要渠道

"整本书阅读"可以提高学生的整体认知能力。认知框架是一个心理学概念,可以理解为根据经验建立的要素与要素之间相对固定的关联模式,是处理信息、感知世界的视角与心理结构。"整本书阅读"的对象是一个整体,解读过程和结果均要体现整体性特征,即立足具体的问题情境辨析信息间的关系,生成代表典型情境的信息结构。课程标准要求的整体认知能力关注范围大,强调人、事、物的相互作用和影响,旨在提高学生思维的开放性。从认知框架的整体性特征来看,"整本书阅读"首先要根据问题情境区分整本书的中心内容和边缘内容,辨析解读过程涉及的必要部分和可选择部分,感知、识别、定位整本书中的信息,利用认知框架完成过滤,将出现在不同部分的信息组合成一个整体,透过信息的整体性实现解释与评价的整体性。

认知框架在经验中生成,也在经验中得到优化、完善。教师要在"整本书阅读"中反思认知框架的合理性,通过调整认知框架发展自己的整体认知能力,进而引导学生的解读实践。教师还要借助认知框架,培养学生整体规划的学习习惯,提高学生的整体认知能力,在通读的基础上确定解释文本的规定性方向,沿着规定性方向建立整体性的认知框架,在多轮次的阅读互动中获得深刻的阅读体验和多元的阅读发现,依托关联理论确定教学指导的方向,以高水平阅读取得高水平成效。[①]

二、"整本书阅读"学习任务群的学习内容

《语文课程标准(2022年版)》分学段架构了"整本书阅读"学习任务群的课程内容。我们以其中涉及的阅读与鉴赏、表达与交流、梳理与探究三类语文实践活动为分类依据,对"整本书阅读"学习任务群各学段学习内容进行整理(表9-1)。

表9-1　"整本书阅读"学习任务群的学习内容

语文实践活动	第一学段	第二学段	第三学段
阅读与鉴赏	阅读富有童趣的图画书等浅易的读物,体会读书的快乐; 阅读、朗诵优秀的儿歌集,感受儿歌的韵味和童趣; 阅读自己喜欢的童话书,想象故事中的画面	阅读表现英雄模范事迹的图书,如《小英雄雨来》《雷锋的故事》等; 阅读儿童文学名著,如《稻草人》《爱的教育》等,感受作品传达的真善美; 阅读中国古今寓言、中国神话传说等,学习其中蕴含的中华智慧	阅读反映革命传统的作品,如《可爱的中国》《小兵张嘎》《闪闪的红星》等; 阅读文学、科普、科幻等方面的优秀作品,如《寄小读者》《十万个为什么》《海底两万里》等
表达与交流	学习讲述自己喜欢的童话书中的故事	讲述英雄模范的动人故事; 用自己喜欢的方式讲述儿童文学名著的故事大意; 口头或书面分享自己在阅读中国古今寓言、中国神话传说过程中获得的启示	阅读反映革命传统的作品过程,讲述自己感受到的家国情怀和爱国精神; 针对文学、科普、科幻等方面的优秀作品中感兴趣的话题展开交流; 采用口头或书面方式,与同学分享自己整本书阅读的经历、体会和阅读方法
梳理与探究	—	—	学习梳理文学、科普、科幻等方面的优秀作品的基本内容; 梳理、反思小学阶段的阅读生活

从学习内容涉及的主题来看,"整本书阅读"学习任务群涉及的主题随着学段的升高,经历了由关注儿童兴趣到引导学生深入思考、由关注学生个人体验到引导学生进行社会关怀、由关注简单情节到关注复杂议题的变化。在第一学段,学生阅读富有童趣的图画书和儿歌集,体会读书的快乐和儿歌的韵味。到了第三学段,

---

① 吴欣歆.语文课程视域下的整本书解读[J].中学语文教学,2023(1):9-12.

学生开始接触更加深入和复杂的主题,如反映革命传统的作品和文学、科普、科幻等方面的优秀作品。学生逐渐从简单的儿童趣味阅读转变为对文学作品和革命故事的深入思考和评析。在第一学段,学生主要通过阅读自己喜欢的图画书来体验故事,培养想象力和口头表达能力。在第三学段,学生开始通过阅读反映革命传统的作品,初步感受家国情怀和爱国精神。学生逐渐从个人体验扩展到对社会和国家的关怀,通过阅读整本书理解和评析作品的社会价值和意义。学生最初接触的书籍通常具有简单的情节和明确的结局,有助于他们理解基本的叙事结构。随着学段的升高,他们开始接触更加复杂的书籍,这些书籍探讨了更深层次的议题,学生需要通过阅读理解并分析这些复杂的议题,培养自身的批判性思维和逻辑推理能力。

从学习内容涉及的活动类型来看,"整本书阅读"学习任务群的学习内容基本均涉及阅读与鉴赏、表达与交流、梳理与探究这三类语文实践活动,并且在相同学习内容上,三类语文实践活动密切关联。

首先,阅读与鉴赏是"整本书阅读"学习任务群的核心活动。学生通过阅读整本书,深入理解其中的情节、人物、主题等要素,培养阅读理解能力。同时,学生还要进行文学鉴赏,评价书中的文学价值、艺术表现等,提升审美能力。

其次,梳理与探究是"整本书阅读"学习任务群的深入活动。学生既要梳理整本书的结构、情节发展,厘清其中的因果关系、逻辑关系等;也要进行深入探究,针对书中的问题、主题展开研究,进行进一步阅读和资料搜集,培养独立思考和问题解决能力。

最后,表达与交流是"整本书阅读"学习任务群的输出活动。学生通过口头或书面方式,表达自己对书中情节、人物和主题的理解、感受和思考。学生通过书评、读后感的撰写,通过参与小组讨论、班级分享等形式的交流,提高自己的表达能力和沟通能力。

需要注意的是,在相同的学习内容上,这三类语文实践活动呈现高度的相关性。阅读与鉴赏为表达与交流提供了素材和内容,学生通过阅读理解和鉴赏评价,得到了梳理与探究的材料和主题。梳理与探究反过来促进了阅读与鉴赏的深入,学生通过深入探究和梳理,对书中的内容和主题有了更深层次的理解。表达与交流则是对以上两个活动的总结,通过与他人进行交流和讨论,学生得到了新的思考和观点,进而进行学习成果的总结与输出。

从学习内容涉及的文本类型来看,"整本书阅读"学习任务群所涉及的文本类型主要包括图画书和儿歌集、儿童文学作品、中国古今寓言和神话传说、文学作品、科普作品、科幻作品、革命文学作品等,通过阅读这些不同类型的文本,学生可以接触到多样化的内容和文学形式,丰富自己的阅读经验,开阔自己的阅读视野。

图画书通常以丰富的插图和简单的文字为主,适合第一学段的学生。阅读图画书不仅有助于培养学生的阅读兴趣,还有助于发展他们早期的阅读技能。图画书的可视元素能够激发想象力,让学生沉浸在故事情节中。儿歌集包含各种童谣和儿歌,通过朗诵和演唱,学生可以感受节奏和韵律,发展语言表达能力。这些作品通常带有童趣,能够激发学生的学习兴趣。

儿童文学作品包括经典的儿童小说和故事书。它们不仅提供了引人入胜的故事情节,还传达了真、善、美的价值观。通过阅读这些作品,学生可以提升自身的阅读理解能力,感受情感和情节的深度。中国古今寓言和神话传说代表了中华文化的深厚传统。通过这些故事,学生可以了解中国的文化、价值观念和智慧。这些故事常常富有寓意,有助于培养学生的思考能力和文化认同感。

文学作品包括各种文学体裁,如小说、诗歌、戏剧等。学生通过阅读文学作品可以提升文学鉴赏能力,感受作者的情感表达艺术,同时也能拓展词汇和语言表达能力。科普作品提供科学知识,帮助学生了解自然界和科技的奥秘。科幻作品则鼓励学生思考未来和科学的可能性,激发科学兴趣。革命文学作品记录了历史时期的革命斗争和英雄事迹。通过阅读这些作品,学生可以感受到爱国情怀和社会责任感,了解国家的历史和发展。

通过接触不同类型的文本,学生不仅扩展了知识面,还培养了广泛的阅读兴趣和文学鉴赏能力。"整本书阅读"的多元文本类型有助于培养学生的综合素养,使他们更全面地理解和应用所学知识。

三、"整本书阅读"学习任务群的教学要求

《语文课程标准(2022年版)》对"整本书阅读"学习任务群作出了具体的教学提示。教学提示(1)针对该学习任务群的教学时间,强调教师要确保学生有时间阅读整本书。教学提示(2)针对该学习任务群的教学策略,强调应以学生自主阅读为主。教学提示(3)针对该学习任务群的教学资源,鼓励多渠道、跨媒介进行整本书阅读。教学提示(4)针对该学习任务群的教学评价,强调关注整本书阅读全过程的评价。

(一) 制订自读指导方案,确保阅读时间

《语文课程标准(2022年版)》在教学提示(1)中指出:"应统筹安排课内与课外、个人与集体的阅读活动,宜集中使用每学期整本书阅读课时,兼顾教师指导和学生自主阅读,保证学生在课堂上有时间阅读整本书。"虽然《语文课程标准(2022年版)》明确要求要在课堂上留有整本书阅读的时间,但实际上学生整本书阅读的主要时间还是在课外。为了保证学生能够在规定的时间内阅读完整本书,并得到相应的阅读收获,教师应制订整本书自读指导方案,帮助学生合理规划阅读

时间。

首先,教师和学生可以一起设定明确的阅读目标,包括截止日期和每天的阅读量。这可以使学生有一个清晰的时间框架,并保持进度。其次,阅读任务可以分解成小的部分,例如,每天阅读一定数量的章节或页数。这种分解有助于学生更容易管理阅读任务,不会感到压力过大。学生还可以创建自己的阅读时间表,将每日的学习和娱乐时间合理分配,确保每天都有专门的时间用于阅读。学生应关注整本书阅读的环境,减少干扰,如选择一个安静的地方;同时关注灵活性,学会根据突发情况调整整本书阅读的进展。

最后,学生应定期监控自己的阅读进展,并进行自我反馈。合理规划整本书的阅读时间需要计划、组织和自律。教师在这一过程中应发挥关键作用,提供指导、监督和鼓励,以确保学生有效地完成阅读任务,从中获得最大的收益。同时,教师应根据不同学生的需求和水平,个性化地调整时间规划。

链接标准

应统筹安排课内与课外、个人与集体的阅读活动,宜集中使用每学期整本书阅读课时,兼顾教师指导和学生自主阅读,保证学生在课堂上有时间阅读整本书。

——《义务教育语文课程标准(2022年版)》

(二) 以学生自主阅读活动为主,提供学习资源

在制订好整本书自主阅读指导方案后,如何落实方案是关键。《语文课程标准(2022年版)》在"整本书阅读"学习任务群的教学提示(2)中明确指出了关于教学策略和教学资源的建议。在教学组织方面,整本书应以学生自主阅读活动为主。理想的阅读状态是不被打扰的自主阅读,学生不需要读一会儿就停下来回答教师提出的问题或完成教师布置的任务,而是在阅读结束后带着收获与教师、同学分享,带着问题与教师、同学讨论。学生自主阅读的前提是教师引导学生掌握一定的整本书阅读方法与策略,具体包括以下四个步骤:首先要在课堂上,教师教给学生不同的阅读策略和阅读方法,以此作为"工具",支持学生后续的整本书阅读活动。其次,教师要引导学生借助引言、目录等,对这本书进行"预读",这样一来可以了解这本书的基本信息,知道这是怎样的一本书;二来还可以对这本书的价值及自己是否开始阅读、是否有能力读完作出判断。再次,教师要引导学生用略读或浏览的方式通读完这本书,教师可以灵活运用策略,引导学生反复深入阅读同一本书,从中不断发现新的内容,激发新的阅读动力。值得强调的是,每次通读阶段应该是不

被打扰的,评估和交流活动必须在学生完成整本书阅读后进行。[①] 最后,教师还要设计、组织多样的语文实践活动,以此培养学生的整本书阅读综合素质。多样既指向整本书的类型,又指向学生的个性特点。不同结构类型、主题方向、创作特点的整本书需要设计不同类型的语文实践活动。学生的知识背景、阅读经验各不相同。组织语文实践活动的目的在于促进学生的阅读经验交流,帮助学生在对照中反思,在反思中优化,逐步建构科学的阅读策略,形成个性化的阅读方法。

语文实践活动需要丰富的学习资源支持。在开展语文实践活动时,教师可以通过推荐和利用适宜的学习资源,为学生提供更广阔的阅读选择,帮助学生获得更深入的学习体验。丰富的书目和参考资料可以帮助学生深入了解和探索不同领域的知识,开阔阅读视野。同时,教师可以借助相关音频、视频作品和现代信息技术的支持,为学生呈现更生动、多样的阅读材料,激发他们对故事情节、人物形象等的想象力和理解力。

现代信息技术可以为学生提供丰富的学习工具和多样的平台。学生可以利用电子设备、在线阅读平台或阅读应用程序来记录阅读进度、做笔记、标注重要内容等。这样的学习工具可以帮助学生更好地进行整本书阅读的自我监控。此外,通过在线平台或社交媒体,学生可以与同伴、教师或其他读者进行阅读心得交流和分享,共同探讨书中的主题、观点和意义。这样的交流和互动有助于学生之间的合作学习和批判性思维的培养。

链接标准

整本书阅读教学,应以学生自主阅读活动为主。引导学生了解阅读的多种策略,运用浏览、略读、精读等不同阅读方法;通读整本书,了解主要内容,关注整体与局部、局部与局部之间的关系;重视序言、目录等在整本书阅读中的作用。设计、组织多样的语文实践活动,如师生共读、同伴共读,朗诵会、故事会、戏剧节,建立读书共同体,交流读书心得,分享阅读经验。

根据开展读书活动的实际需要,合理推荐和利用适宜的学习资源,如拓展阅读的书目、参考资料,以及相关音频、视频作品等,激发学生的阅读兴趣,丰富阅读体验,拓宽阅读视野。借助信息技术为学生拓展学习空间,提供习作、展示、研讨和交流的平台。

——《义务教育语文课程标准(2022年版)》

[①] 吴欣歆. 培养真正的阅读者:以《小王子》为例谈整本书阅读指导[J]. 中学语文教学,2017 (10):20-23.

(三) 依托过程性评价工具，引导学生反思学习历程

"整本书阅读"学习任务群的评价，强调关注整本书阅读全过程的评价，以及对学生从阅读方法、阅读习惯等方面进行自我反思、自我改进的引导。课程标准中的"学业质量标准"是以核心素养为主要维度，结合课程内容，对学生语文学业成就具体表现特征的整体刻画。具体来说，《语文课程标准(2022 年版)》在学业质量部分，对学生"整本书阅读"的学业成就具体表现，作了如下描述(表 9-2)：

表 9-2　"整本书阅读"学业质量标准描述

学段	学业质量标准描述
第一学段	喜欢阅读图画书、儿歌、童话、寓言等，在阅读过程中能根据提示提取文本的显性信息，通过关键词句说出事物的特点，作简单推测； 能借助关键词句复述自己读过的故事或其他内容，尝试对阅读内容提出问题； 愿意向他人讲述读过的故事，乐于向他人展示自己的作品； 喜欢阅读故事，并与他人讨论
第二学段	喜爱阅读童话、寓言、神话等，在阅读过程中能提取主要信息，借助阅读经验和生活经验预测情节发展； 能复述读过的故事，概括文本内容，根据自己的阅读理解提出问题并与他人交流； 乐于和他人分享阅读所得，关注有新鲜感的词句，并有意识地在口头和书面表达中运用； 主动阅读成语故事、寓言故事、神话故事、革命英雄故事等叙事性作品，能向他人讲述主要内容； 能按照童话、寓言等文体样式，运用联想、想象续讲或续写故事
第三学段	独立阅读散文、小说、诗歌等文学作品，在阅读过程中能获取主要内容，用朗读、复述等自己擅长的方式呈现对作品内容的理解； 能用文字、结构图等方式梳理作品的行文思路； 能品味作品中重要的语句和富有表现力的语言，注意词语的感情色彩，通过圈点、批注等多种方法记录自己的阅读感受和体验，并主动与他人分享； 能通过诵读、改写、表演等方式，表达自己对感人情境和形象的理解与审美体验； 能借助与文本相关的材料，结合作品关键语句评价文本中的主要事件和人物，提出自己的观点或看法； 能发现不同类型文本的结构方式和语言特点，感受作品内容、表现形式上的不同，积极向他人推荐，并有条理地说明推荐理由； 能与他人分享阅读作品获得的有益启示，有意识地运用积累的语言进行口头或书面表达； 能主动阅读体现社会主义先进文化、革命文化、中华优秀传统文化的作品，在阅读、参观、访问过程中，结合具体内容或时代背景丰富对作品内涵的理解； 能用多种方式记录、分享阅读、参观、访问的经历、见闻和心得体会

《语文课程标准(2022 年版)》指出，语文课程评价包括过程性评价和终结性评价两类。"整本书阅读"的评价更为关注过程性评价，设计评价方案需要实现两次

转化：一是将教学提示中的要求转化为若干观察要点；二是针对具体的观察点设计过程性评价工具。第一步转化要求观察要点应涵盖整本书阅读过程中关键的技能、行为和认知方面，如阅读速度、主题理解、人物分析等。教师根据转化后的观察要点，设计观察记录表或评价表，用于记录学生在每个观察要点上的表现。每个观察要点应该在表格中有相应的条目，以便教师记录观察结果。第二步转化要为每个观察要点设置具体的评价指标或标准，以明确学生在该方面的达成程度。这些指标包括不同的层次，如基本掌握、进阶水平等，以便更准确地评估学生的表现。

教师可以结合学生的自评和同伴评价，多角度、综合地获取评价数据。这可以通过学生自我评价表、同伴评价表或小组讨论等方式实现。这样的多元数据有助于更全面地了解学生的表现和认知水平。在整本书阅读过程中，教师通过观察学生的行为和使用评价工具记录数据，既可以是课堂内的实时观察，也可以包括学生提交的书面作业和项目。基于观察和评价数据，教师向学生提供有针对性的反馈和指导，具体包括个别反馈、评价报告或课堂讨论。教师应根据学生的表现，提供建议和支持，以帮助他们养成良好的阅读能力和习惯。通过定期的反馈和评价，学生将更清楚地把握自己的发展情况，并受到激发，积极参与整本书阅读过程。

通过以上转化过程，教师可以更系统地评估学生在整本书阅读中的进展，为他们提供有效的指导和支持，同时激发学生对阅读的兴趣和主动性，全面培养他们的阅读能力和习惯。

> **链接标准**
>
> 注意考察阅读整本书的全过程，以学生的阅读态度、阅读方法和读书笔记等为依据进行评价。教师可以围绕读书的主要环节编制评价量表，制作阅读反思单，引导学生从阅读方法、阅读习惯等方面进行自我反思、自我改进。
>
> ——《义务教育语文课程标准(2022年版)》

四、"整本书阅读"学习任务群的关键问题

基于对《语文课程标准(2022年版)》的分析，教师在开展"整本书阅读"学习任务群的教学时需要关注以下几个关键问题。

(一)正确理解"整本书阅读"学习任务群的目标定位

"整本书阅读"学习任务群的目标定位应放宽时长、扩大范围、拓展维度，循序渐进、螺旋上升，实现学生的长程发展。《语文课程标准(2022年版)》指出，该学习任务群要"借助多种方式分享阅读心得，交流研讨阅读中的问题，积累整本书阅读

经验,养成良好阅读习惯,提高整体认知能力,丰富精神世界"。可见,"整本书阅读"学习任务群的目标在于引导学生进行大量的整本书阅读,养成良好的阅读习惯,进而提高学生整体认知和系统思考的能力,在阅读过程中实现精神的丰富与思想的成长,成为真正的阅读者,在未来社会能够依靠阅读实现自主学习和终身发展,而不仅仅着眼于眼前的具体学段或学业水平测试。

想要实现"整本书阅读"学习任务群的目标,就需要关注学生学习认知水平的发展,科学推进学生认知能力的有序提升。具体而言,"整本书阅读"需要经历事实性阅读、解释性阅读、建构性阅读和发展性阅读四个阶段。事实性阅读要求学生了解整本书的主体内容、人物关系及主题思想等基本要素,明白"是什么",处于认识发展的基础阶段。解释性阅读要求学生在阅读过程中能够发现作者设计情节的目的和塑造人物的初衷,明白"为什么"。建构性阅读要求学生能够通过阅读策略的学习、建构和生成,超越对作品本身描述性内容的认知,进入深层次的思维探究层面,主动发问,主动探究,不断将阅读策略内化、迁移。发展性阅读则需要学生从作品中抽离出来,在阅读感悟和体验中审视自我,从而由感性认知走向理性思辨。教师需要准确判断学生的阅读起点,通过多种形式的学习任务引领学生实现阅读进阶,实现认知能力的有序提升。[①]

(二) 重视"整本书阅读"学习任务群的策略指导

"整本书阅读"学习任务群还应特别注重对学生阅读策略的指导。以国际上普遍讨论的阅读策略为参照,结合汉语阅读的特点,统整我国传统的读书方法,我们大致可以梳理出内容重构、捕捉闪回、对照阅读、跨界阅读、经典重读五种"整本书阅读"的基本策略。[②]

"内容重构"指的是读者在通读全书后回顾梳理,摘取某个人物或者事件的关键信息,将相关信息组织在一起,以相对完整地呈现人物形象,勾勒事件发展的脉络,全面了解环境描写的特点。教师可以设计"人物小传""大事记""场景拼图"等语文实践活动。

"捕捉闪回"指的是教师引导学生关注长篇作品中的这样一个现场,即作者通常会设置一个重复出现的场景、人物、画面,或者动作、语言,甚至"道具",帮助读者借助重复形成勾连,强化印象,领受作者的思想情感。读者通过捕捉闪回可以更好地理解作者的创作意图,作品深度交流,与作者深度对话。教师可以设计"借助……作者想要告诉我们……"或者"重复的意义"等阅读讨论活动。

---

① 吴欣歆,张悦. 对"整本书阅读"目标定位的再思考[J]. 语文建设,2020(7):35-39.
② 吴欣歆. 培养真正的阅读者:整本书阅读之理论基础[M]. 上海:上海教育出版社,2019:
55-97.

"对照阅读"指的是读者在阅读中自觉地将具有一定关联的人物、事物对比参照,区分细微差别,探究差别产生的本质原因,在阅读过程中前后勾连,在人物和事物的不同侧面、不同发展阶段之间建立起联系,生成更为丰富、完整、深刻的认识。教师可以借助学习工具呈现对照信息,如双气泡图(一种可视化工具,能帮助学生打开思路并对两种事物进行对比)、韦恩图(利用封闭的曲线来表示集合的一种方法)等,帮助学生依托直观的图式产生阅读发现。

"跨界阅读"指的是跨越不同艺术门类边界的阅读,是突破学科边界、突破纸质媒介进行的综合阅读。这种阅读策略能够帮助学生体会不同的艺术形式在表现人物、设置情节方面的特点,品评人物,加深对原著的理解,客观地、多角度地评价分析原著。"跨界阅读"为"整本书阅读"和"跨学科学习"两个学习任务群在学习内容和学习方法上的整合提供了策略支持。

"经典重读"指的是引导学生养成重读经典著作的习惯,让学生在阅读过程中找到能够陪伴自己终生的书,常读常新,在不同年龄获得不同的滋养。以《论语》经典重读为例,教师在第一学段可以采取"听读"的方式,每天播放《论语》朗读音频,让学生完整地听一遍,以使学生了解《论语》在我国思想文化中的重要地位;在第二学段可以采取跟读的方式,请学生听读之后,每天播放一则《论语》,在这两年时间里重复跟读,以使学生感受《论语》的内容和语言;在第三学段可以采用朗读的方式,引导学生自读,标注拼音,制作自己的注音版《论语》,争取达到朗读的语音标准,以确保学生能够借助拼音正确朗读《论语》。在不同阶段阅读《论语》,学生都能有所收获,都能从中得到滋养。

阅读需要策略,策略需要在阅读过程中建构。教师自己首先必须是成熟的阅读者,能够熟练运用阅读策略,用自己的阅读经验引领学生的阅读实践。个体的阅读实践通常需要经历四个认知过程:整合,运用个体的原有知识来理解阅读内容的意义;组织,识别阅读内容中的要点及其相互关系;精加工,在阅读时作出必要的推理;监控,评价自己的理解状况并调整自己的阅读策略。[①] 在学生没有进入理想的阅读状态之前,教师需要帮助他们完成阅读任务,解决阅读问题,阅读策略在此过程中能够起到有力的支撑作用;同时还要帮助学生建构策略,具体可以设计班级阅读活动,在活动过程中引导学生使用阅读策略,由此建构起学生的"整本书阅读"策略。

(三) 以过程性评价作为评价要点

与终结性评价相比,"整本书阅读"学习任务群更重视过程性评价。依据《语

---

① MAYER R E. Learning and instruction [M]. 2nd ed. New Jersey: Merrill Prentice Hall, 2008.

文课程标准(2022 年版)》"整本书阅读"学习任务群的评价建议,结合第一至第三学段"整本书阅读"学习任务群的学习内容,在开展小学语文"整本书阅读"过程性评价时,教师应关注统筹安排评价内容、调动多元评价主体、科学设计评价工具、综合运用评价结果四个方面。

"整本书阅读"学习任务群的评价内容涉及两个方面:一是整本书阅读的全过程;二是各个学段的水平进阶。全过程包括选书、预读、通读和研读四个环节,每个环节均有其观察重点。选书环节关注学生是否能够根据自己的学业发展与精神成长需求选择书籍及优质版本,形成选书的基本标准。预读环节关注学生是否能够通过翻阅书籍内容、查找评论等方式确定自己是否有能力和意愿阅读选定书籍,明确阅读价值。通读环节关注学生是否能够制订阅读规划、使用监控策略,高质量完成书籍的整体阅读,了解主要内容与主题思想,撰写内容梗概。研读环节关注学生是否能够利用多种方式解决通读过程中产生的问题,在此过程中形成深入思考,从多个角度建立联结,形成个性化的认识与思考。此外,评价内容还要从学生整本书阅读能力的进阶过程出发,在各个学段有针对性地选择评价重点,以实现评价的发展功能。

以指导学生阅读《长袜子皮皮》为例,教师可以设计故事结构图,呈现概括叙事性章节主要内容的最基本的几个要素,要求学生串联这些要素,形成对章节主要内容的把握;设计情节发展图,帮助学生在厘清每一章节主要内容的基础上,汇总章节内容;设计故事板,引导学生顺着情节记录——开始是什么样的,下一步发生什么,再发生什么……引领学生关注事件的细节;设计情节推进图,引导学生发现故事情节间的关联,使学生不仅关注问题的产生、发展与结束,还关注矛盾的上升及上升的程度。比如皮皮和海盗之间的矛盾,是一步步升级的状态,高潮部分是皮皮把海盗扔下水,高潮过后,矛盾下降,大家恢复到原来的生活。教师还可以为学生提供"六面体讨论"的思维工具,针对一个主题从描述、联系、分析、应用、争论(反驳)、比较六个方面展开讨论。以皮皮"自由"这个形象特点为例[1]:

(1) 学生可以联系自己的生活实际来理解皮皮的自由。

(2) 学生可以罗列表现皮皮自由的事例,通过事例中的细节进行说明。

(3) 学生可以将皮皮与书中的其他人物,比如阿妮卡进行比较,感受皮皮的自由。

(4) 从相反的角度,即用争论与反驳的方式去把握主题,更是一种高级的思维方式。皮皮的生活中存不存在不自由? 或者你认为皮皮的自由是不是完全可取? 这都值得结合真实生活辩证看待。

---

[1] 吴欣歆,孙凤霞.小学整本书阅读教学指导[M].北京:教育科学出版社,2020:135.

(5) 应用，可以是从联系这个角度出发更进一步的思考。学生可以想一想：我们从皮皮身上可以学到些什么？又怎么把学到的应用到自己生活当中去？

(6) 学生可以想象：作者为什么要创作这样一个与生活中的"规矩"不相融的自由形象？从习作的角度分析形象的塑造原因。

过程性评价应发挥评价主体的积极作用。"整本书阅读"学习任务群的评价主体可以是教师、学生、学校图书馆管理员、社区工作人员、家长等，但主要是学生、语文教师和家长。实施过程性评价应明确这三类评价主体的观察重点与互动关系。学生是"整本书阅读"学习任务群评价的重要主体，语文教师应直接参与学生整本书阅读的过程，家长应能够收集学生在课堂之外整本书阅读的行为表现与成果。在这三类评价主体中，语文教师是重要的指导者，指导的对象包括学生和家长。教师有义务给予家长关于在家里教育和帮助孩子的有益的忠告，建立多方面收集评价数据的机制，如面向家长开放的班级读书会、家庭阅读成果展示、学生阅读经验交流等，实现多元评价主体的互动、联动，共同促进学生整本书阅读能力的提高。

相较于其他学习任务群，"整本书阅读"学习任务群更重视学生的自我评价。要想让学生积极参与评价过程，教师就需要科学设计评价工具，如学习任务单。学习任务单是目前较为普遍的评价工具，一般包括学习任务（即评价任务）、水平描述和评价结果三个基本部分，不易理解的水平描述还可辅以典型样例。为了达成某本书的学习目标，教师大多需要整体设计多个学习任务：任务与目标具有一致性，任务之间的内在逻辑合理。学习任务单最初由教师提供，随着整本书阅读的推进与学生阅读能力的提高，可以由师生共同设计，以鼓励学生认识和把握学习目标与学习任务的关系，借助一组学习任务熟悉"整本书阅读"的一般程序，形成"整本书阅读"的良好习惯。

"整本书阅读"学习任务群的评价结果不仅能够让教师发现学生阅读的优势和问题，而且能够让教师发现自己教学的优势和问题。评价结果的运用应指向"整本书阅读"学习任务群的教学改进，指向语文教学质量的提升。需要说明的是，具体学习任务的评价结果应及时反馈给学生，这里的评价结果主要指学生在某种类型和内容领域学习成果的整体表现。

教师在收集学生分析人物形象的学习成果时，如果发现大多数学生滞留在某个水平层级，就既需要关注学生阅读习惯的养成、阅读策略的发展，还需要关注学生阅读目标的拟定、自己阅读指导的内容与方式。换言之，梳理学生过程性评价的结果，聚焦学生关键行为表现去追问影响因素，旨在确定核心问题、寻找解决方案，综合利用评价结果以改进学生的学与教师的教。

"整本书阅读"学习任务群的过程性评价需要系统思考、整体设计，除了上述四个方面,教师还要综合运用多种评价方法,全面收集整理学生阅读过程中的表现;拓宽评价视野,在其他学习任务群甚至其他学科的学习过程中关注学生整本书阅读能力的发展情况。①

第二节 "整本书阅读"学习任务群的教材分析

本节以小学语文教材为分析对象,立足《语文课程标准(2022年版)》,对其中"整本书阅读"学习任务群的相关内容资源与编排方式进行分析。

一、内容资源

根据《语文课程标准(2022年版)》中关于"整本书阅读"学习任务群的目标与学习内容(表9-1)要求,我们分学段总结了现行小学语文教材中关于"整本书阅读"学习任务群的相关内容资源(表9-3、表9-4、表9-5)。

学 习 活 动

请你尝试按照表9-3、表9-4、表9-5的格式总结小学语文教材三年级下册中"整本书阅读"学习任务群的相关内容资源,并以小组为单位分享你的总结过程与教学感悟。(提示:教学感悟可以从该册内容资源特征,以及与其他册教材的衔接等层面展开。)

表9-3 第一学段"整本书阅读"学习任务群小学语文教材内容资源梳理

册次	口语交际	语文园地	课文	课后练习	快乐读书吧
一年级上册					读书真快乐
一年级下册					读读童谣和儿歌
二年级上册					读读童话故事
二年级下册					读读儿童故事

---

① 吴欣歆.系统思考,整体设计:"整本书阅读"过程性评价建议[J].福建教育,2023,1417(10):26-29.

表 9–4 第二学段"整本书阅读"学习任务群小学语文教材内容资源梳理

册次	口语交际	习作	语文园地	课文	课后练习	快乐读书吧
三年级上册			第三单元（交流平台）；第四单元（交流平台）		《胡萝卜先生的长胡子》课后练习；《小狗学叫》课后练习	在那奇妙的王国里；《安徒生童话》《稻草人》《格林童话》
三年级下册			第二单元（交流平台）			小故事大道理；中国寓言、伊索寓言、克雷洛夫寓言
四年级上册	讲历史人物故事		第四单元（交流平台）		《盘古开天地》课后选做练习	很久很久以前；神话；神农尝百草；世界神话
四年级下册			第八单元（交流平台）	《海的女儿》	《宝葫芦的秘密》（节选）课后选做练习	《十万个为什么》；科普作品

表 9–5 第三学段"整本书阅读"学习任务群小学语文教材内容资源梳理

册次	口语交际	习作	语文园地	课文	课后练习	快乐读书吧
五年级上册	讲民间故事；介绍"我最喜欢的人物形象"	推荐一本书	第三单元，讲民间故事技巧；第八单元，交流整本书阅读经验	《少年中国说》（节选）		从前有座山；民间故事《田螺姑娘》；欧洲民间故事
五年级下册		写一篇文章或一本书的读后感		《草船借箭》《景阳冈》《猴王出世》《红楼春趣》	《草船借箭》课后练习	古典名著；四大名著
六年级上册						笑与泪，经历与成长《童年》、《小英雄雨来》（节选）、《爱的教育》
六年级下册	共读一本书	习作品梗概	第二单元，如何读名著里的人物；第五单元，阅读的习惯交流	《鲁滨逊漂流记》（节选）《骑鹅旅行记》（节选）《汤姆·索亚历险记》（节选）		漫游世界名著花园《鲁滨逊漂流记》、《骑鹅旅行记》（节选）、《汤姆·索亚历险记》（节选）、《爱丽丝梦游记》（节选）

　　小学语文教材中的"整本书阅读"学习任务群内容资源的分布相对集中,涉及口语交际、习作、语文园地、课文、课后练习以及"快乐读书吧"等多个板块。

　　(1)"整本书阅读"最为集中地体现在"快乐读书吧"这一板块。在小学语文教材中,一至六年级每一册都有一定的"整本书阅读"任务。其中第一学段重在培养学生的整本书阅读兴趣,引导学生在浅易的图画书,特别是在童谣和儿歌中感受童趣和韵味,在自己喜欢的儿童故事中体会读书的快乐。第二学段引导学生阅读童话故事,锻炼学生的想象力;引导学生阅读寓言和神话,关注学生从中汲取的知识和获得的启示;同时引导学生初步阅读《十万个为什么》等科普作品,培养学生的好奇心。第三学段引导学生阅读中外民间故事和经典名著,意在开阔学生的视野,丰富学生的人生体验;同时引导学生阅读《童年》《小英雄雨来》《爱的教育》等反映革命传统的作品,培育学生的家国情怀和爱国精神;并关注引导学生总结自己整本书阅读的经历、体会和方法。

　　(2)语文园地是学生整本书阅读方法的重要交流平台。第二学段引导学生通过语文园地交流阅读童话、寓言、神话故事得到的启示,初步总结整本书阅读的经验和阅读童话的注意事项;第三学段更加关注学生整本书阅读的专题研讨及阅读经验、习惯的养成,如引导学生总结讲民间故事的技巧和名著里人物的评价方法,进行整本书阅读的经验和习惯的深度交流,等等。

　　(3)课文和课后练习是整本书阅读的有机组成部分。除了"快乐读书吧",教材还在课文板块展示了《海的女儿》《少年中国说》及中外名著节选片段,以使学生感受经典之美,培养学生对整本书阅读的兴趣。课后练习板块也是整本书阅读的有机组成部分,比如编者在《宝葫芦的秘密》(节选)课后选做练习中推荐阅读《宝葫芦的秘密》这本书,在《胡萝卜先生的长胡子》课后练习中引导学生通过书的题目猜测书的内容。

　　(4)口语交际和习作板块是整本书阅读学习成果的展示平台。学生在进行整本书阅读后,主要在口语交际板块进行口头的成果展示,在习作板块进行文字形式的成果展示。例如,口语交际板块,四年级上册引导学生讲述历史人物故事,五年级上册引导学生讲述民间故事,介绍"我最喜欢的人物形象";习作板块,五年级下册要求学生写整本书阅读读后感,六年级下册要求学生写整本书梗概;等等。教材通过口头和书面的形式,引导学生梳理整本书阅读成果,总结整本书阅读经验。

　　从三个学段内容资源的纵向比较来看,小学语文教材中的"整本书阅读"学习任务群内容资源呈现逐级扩展的特点。第一学段仅"快乐读书吧"板块有所涉及,第二学段扩散到习作等其他板块,但口语交际和课文板块少有涉及,第三学段则扩散到所有板块。

二、编排方式

由表9-3、表9-4、表9-5可知,"整本书阅读"学习任务群在小学语文教材中所涉及的板块主要包括:口语交际、习作、语文园地、课文、课后练习以及"快乐读书吧"。教师可以根据"整本书阅读"学习任务群的主要内容,将这些板块归纳为针对整本书阅读的阅读系统、针对整本书阅读成果的表达系统,以及帮助学生搭建学习该学习任务群的助学系统三大组织结构。小学语文教材中"整本书阅读"三大组织结构的编排方式主要呈现出以下特点。

(一)"快乐读书吧"与课文互为补充的阅读系统

就"整本书阅读"学习任务群的阅读系统而言,小学语文教材呈现出"快乐读书吧"与课文互为补充的编排特征。"快乐读书吧"是为"整本书阅读"专门设置的学习场域。学生可以在这一板块里,学习各文本类型的作品,学习各种整本书阅读的策略和方法,从而培养整本书阅读的兴趣,养成良好的阅读习惯。第一学段的"快乐读书吧"板块和《语文课程标准(2022年版)》"整本书阅读"第一学段的学习内容十分契合,推荐学生初步接触童谣、儿歌、童话、儿童故事,引导第一学段的学生体会读书的快乐。第二、第三学段的"快乐读书吧"板块的学习内容分别与单元学习主题相匹配,彼此呼应。第二学段引导学生学习童话、寓言、神话,学习其中蕴含的智慧,分享自己阅读之后所获得的启示,并引导学生接触初级的科普作品,初步培养对科学的兴趣和好奇心。第三学段引导学生学习民间故事、古典名著、反映革命传统的作品及世界名著,以开阔学生的视野,丰富学生的人生体验,培养学生的家国情怀和爱国精神,引导学生总结整本书阅读的方法和习惯。

"快乐读书吧"与课文相辅相成,呈现出互为补充的编排特征,构建起阅读系统,这一系统有助于学生全面发展阅读能力和培养阅读兴趣。首先,课文作为教材的一部分,通常是精选的文学作品或教育性文本。它们在语言和内容上都经过精心编排,旨在满足教育教学的需要。然而,这些课文难免有时会让学生感到繁重或单一。这时,"快乐读书吧"作为补充的阅读系统发挥作用,提供了更多的选择。"快乐读书吧"通常包括儿童文学、故事、图画书等富有趣味性的内容,能够让学生在轻松愉快的阅读中培养阅读习惯,增进阅读兴趣。

其次,"整本书阅读"学习任务群旨在引导学生在语文实践活动中选择合适的图书,综合运用多种方法阅读整本书。课文提供了教学内容,帮助学生掌握语言和阅读技巧,但它们通常只是一小部分。通过与"快乐读书吧"相结合,学生有机会接触更广泛的文本类型,包括图画书、儿歌、寓言及科普读物等,这丰富了他们的阅读体验,开阔了他们的阅读视野。

最后,这种阅读系统还鼓励学生在课内和课外的时间都积极参与阅读。课文在教学中起到了基础性的作用,而"快乐读书吧"则鼓励学生在自己的兴趣引导下和时间安排下进行额外的阅读,从而形成良性的阅读习惯。"快乐读书吧"与课文的互补性阅读系统为学生提供了更全面、更愉快的阅读体验,有助于他们全面发展语文能力,培养热爱阅读的习惯,同时也满足了不同学生的阅读需求。

同时,课文板块是对"快乐读书吧"的必要补充。一方面,整本书中的经典片段得以以合适的篇幅在这里呈现,从而更为符合教材和教学实际;另一方面,这也是课程标准教材化的"重要阵地",课程标准中有关"整本书阅读"的相关精神,也得以在此"中转站"转为教学实践。教师需要改变以往的单篇教学方式,采用适配整本书阅读的新教学方法进行授课,以此在课堂上培养学生整本书阅读的意识和习惯,变革教学方式,提高教学的综合效益。此外,通过课文的引导和推荐,学生可以进一步扩大阅读面,扩大阅读视野,核心素养也得以在不断的阅读积累中得以持续提升;在课文的引导下,学生得以逐渐打破课内阅读与课外阅读的边界,不但能够在教材中体会经典作品的奥妙,也能够通过涉猎相关图书,在课内精读与课外泛读的双重驱动下,不断丰富审美体验,积累阅读方法,提升自身的阅读水平及语文综合素养。

第一学段的"快乐读书吧"关注对学生整本书阅读兴趣的培养。《语文课程标准(2022年版)》要求重在引导学生"体会读书的快乐"。例如,一年级上册"快乐读书吧"的主题为"读书真快乐",一年级下册"快乐读书吧"的主题为"读读童谣和儿歌",二年级上册"快乐读书吧"的主题为"读读童话故事",二年级下册"快乐读书吧"的主题为"读读儿童故事",这些都是为了引导学生在感受儿歌韵味和童趣,在想象童话故事画面的过程中,激发对整本书阅读的兴趣,增加对整本书阅读的情感,简单说,使学生爱上"整本书阅读"。

从第二学段开始,"快乐读书吧"引导学生学习各种文本类型的作品,依次包括童话、寓言、神话、科普作品,以及民间故事、古典名著、反映革命传统的作品及世界名著。文本的类型一方面遵循学生认知发展的特点,随着学生认知水平的提升而日趋复杂;另一方面,也随着学生社会经历的增加而逐渐增加难度。刚开始的童话、寓言、神话、科普作品都是为了培养学生的好奇心和想象力,后面的民间故事、古典名著、反映革命传统的作品及世界名著,则是为了扩大学生的眼界,引导学生通过整本书阅读不断丰富自己的人生体验。

除了培养学生整本书阅读的兴趣,引导学生学习各种文本类型的作品,"快乐读书吧"还有意渗透整本书阅读的策略与方法,让学生能够借助相应的阅读策略与方法,更科学、更有效率地进行整本书阅读。例如,二年级上册"快乐读书吧"的主题是"读读童话故事",旨在引导学生在拿到作品的时候,先看看封面、书名和作者等信息,并根据书名猜测作品的内容;二年级下册的"读读儿童故事",旨在引导学生在看书的时候,要学会看目录;三年级上册的"在那奇妙的王国里",旨在引导学生在阅读童话时,要学会发挥想象,学习把自己当成童话中的主人公等阅读童话的方法;三年级下册的"小故事大道理",旨在引导学生在读寓言时,要先读懂故事内容,再体会故事中的道理,还可以联系生活中的人和事,以此更深入地理解故事中的道理;四年级下册的"十万个为什么",旨在引导学生在阅读科普作品,遇到一些不理解的科技术语时,要运用在课上学过的方法,试着去理解,读完后还可以查一查,书中谈到的一些科学问题现在有什么新的研究成果;五年级下册的"读古典名著,品百味人生",旨在引导学生关注古代长篇小说的回目,通过标题猜测相关章节的主要内容;六年级上册的"笑与泪,经历与成长",旨在引导学生关注小说的人物关系和故事情节;六年级下册的"漫步世界名著花园",旨在鼓励学生沉下心来读并不通俗易懂的书籍,了解名著写作背景,理解名著内容和价值的重要性。正是通过这种方式,编者将整本书阅读的基本阅读策略和方法巧妙地展示在"快乐读书吧"板块中,从而使得学生不仅能从内容层面领略整本书阅读的奥妙,同时也能从方法层面确保整本书阅读的科学、高效与可持续。

(二) 以口语交际与习作为核心,构建"整本书阅读"相应的成果表达系统

小学语文教材在编排上以口语交际与习作板块为核心,构建起相对完整的"整本书阅读"成果表达系统。教材主要将学生的"整本书阅读"的成果表达放在习作和口语交际两个板块进行展示,其中习作关注的是文字方面的成果,口语交际关注的是口语方面的成果。

习作板块主要关注的是学生阅读整本书后的收获及所表现出来的综合素养,具体分散在第三学段的三个单元:五年级上册第八单元由于人文主题是关于"读书",因此习作的要求是"推荐一本书";五年级下册第二单元由于课文内容涉及四大名著,因此习作的要求是"选择读过的一篇文章或一本书,写一篇读后感";六年级下册第二单元由于课文内容涉及《鲁滨逊漂流记》《骑鹅旅行记》《汤姆·索亚历险记》等世界名著节选片段,因此习作的要求是"选择你读过的一本书写梗概"。三次有关"整本书阅读"的习作,都与课文的内容息息相关,是对前面所学"整本书阅读"的内容,以及学生在学习"整本书阅读"过程中所养成的综合素养的考查。

口语交际板块主要关注的是对课程标准相关要求的具体落实,具体表现在以下几个方面。《语文课程标准(2022 年版)》要求学生用自己喜欢的方式讲述故事大意,小学语文教材五年级上册第三单元安排了"讲民间故事",同时这也是为了考查学生学习该单元民间故事的效果,引导学生掌握讲述民间故事的要点;《语文课程标准(2022 年版)》要求学生懂得讲述人物故事,小学语文教材四年级上册第

八单元安排了"讲历史人物故事",这个内容同时也是对该单元所学人物历史故事的总结,引导学生掌握借助卡片、语气和肢体语言讲述故事的技巧;《语文课程标准(2022年版)》要求学生针对作品中感兴趣的话题展开交流,小学语文教材五年级上册引导学生从文学角度,介绍"我最喜欢的人物形象",以加深学生对文学人物形象的理解;《语文课程标准(2022年版)》要求学生运用口头方式,与同学分享自己整本书阅读的经历、体会和阅读方法,小学语文教材六年级下册第六单元安排了"共读一本书"的口语交际活动,以引导学生总结、交流整本书阅读的心得与收获。

小学语文教材相对完整的"整本书阅读"成果表达系统不局限于习作和口语交际板块,在其他板块也有若干整本书阅读成果表达的小专题。例如,语文园地中的"交流平台"就是一个供学生交流整本书阅读经验、总结整本书阅读方法、表达整本书阅读成果的平台。其中交流整本书阅读经验包括三年级上册第四单元,主要引导学生通过查看标题、关注细节猜测书的内容;五年级上册第八单元主要引导学生总结"找书读"的方法;六年级下册则引导学生总结整本书阅读的良好习惯。除了这些相对比较宽泛的经验总结,教材还引导学生关注一些更为具体的整本书阅读策略和方法,如四年级下册第八单元引导学生关注阅读童话的注意事项;五年级上册第三单元引导学生总结讲民间故事的技巧;六年级下册第二单元引导学生关注整本书阅读中的人物评价问题。在这个平台上,编者更多地引导学生展示整本书阅读的成果,特别是交流阅读后的启示。如三年级上册第三单元组织学生交流阅读童话得到的启示,三年级下册第二单元组织学生交流阅读寓言故事得到的启示,四年级上册第四单元组织学生交流阅读神话得到的启示,等等。

这种多样性的表达途径包括交流平台、经验总结、具体策略与方法的介绍等。这样的多元表达方式能够满足不同学生的学习需求和表达偏好,有助于教师更全面地评价学生的整本书阅读成果。通过交流平台,教材鼓励学生分享整本书阅读的经验和启示。这种交流不仅鼓励学生之间的互动和合作,还培养了他们的口头表达和倾听能力。同时,分享经验和启示也能够增强学生对整本书阅读的深度理解和反思。

教材还引导学生关注一些具体的整本书阅读策略和方法。这有助于学生更系统地学习和应用阅读技巧,提高他们的阅读效率和理解能力。教材不仅关注阅读技巧,还鼓励学生养成整本书阅读的良好习惯。这些习惯对于学生长期的阅读发展具有重要意义。教材引导学生在交流中分享阅读后得到的启示和进行的思考,这有助于学生将阅读经验与现实生活联系起来,理解文本中的深层次意义,培养批判性思维和反思能力。

综合以上讨论我们可以发现,小学语文教材通过习作、口语交际及语文园地中的"交流平台"等板块和栏目,构建起了相对完整的"整本书阅读"成果表达系统,学生借此输出阅读成果,总结阅读方法,交流阅读经验,促使学生整本书阅读的成果显性化、方法系统化、经验理性化,进而激励学生更为科学、更为主动地投入到整本书阅读实践中。

(三) 聚焦内容与方法层面,多层次利用"整本书阅读"的助学系统

助学系统是关于学习方法、练习等帮助学生学习的系统,既包括单元提示、插图、注释等,也包括课后练习等,是除阅读与成果表达系统之外的其他板块。小学语文教材中大量的"整本书阅读"内容出现在语文园地、课后练习等助学系统中,这部分编排具有聚焦内容与方法层面,多层次助力"整本书阅读"的编排特征。

l. 内容层面

在课后练习板块,编者意在引导学生延伸阅读想象,扩展阅读范围,丰富阅读成果表达方式。编者有意引导学生进行猜读,以锻炼学生整本书阅读的想象力。如三年级上册《胡萝卜先生的长胡子》的课后练习要求学生"读读下面这些文章或书的题目,猜猜里面可能写了些什么",其意图一方面在于引导学生学习"借标题猜读内容"的读书方法,另一方面在于逐步培养学生的阅读想象力,引导学生能够通过标题大胆猜测作品的具体内容。如同一册《小狗学叫》的课后练习,要求学生"选一本同学不熟悉的故事书,读给他们听。读的时候,在某些地方停下来,让他们猜猜后面可能会发生什么",同样是为了锻炼学生的猜读能力。

在这一板块,编者有意引导学生在学习课文的基础上以增加整本书阅读积累,增加阅读收获。如上述《小狗学叫》的课后练习,引导学生学习不熟悉的故事书,正是为了让学生阅读更多没有读过的童话故事;四年级下册《盘古开天地》的课后选做练习,要求学生"课后收集中国的神话故事读一读,然后讲给同学听",以帮助学生丰富神话故事阅读积累,积累学习神话故事的方法;四年级下册《宝葫芦的秘密》(节选)的课后选做练习推荐学生阅读《宝葫芦的秘密》这本书,是为了在学习这篇选文的基础上,引导学生保持学习兴趣和热情读完整本书,逐渐养成阅读整本书的良好习惯;如五年级下册《草船借箭》的课后练习"你还想了解《三国演义》中的哪些故事?",同样是在引导学生阅读《三国演义》中更多的故事,增加对中国古典名著内容的了解。

在这一板块,编者有意引导学生通过口语表达等方式,丰富整本书阅读的成果表达。如前面所提及《小狗学叫》的课后练习要求给同学读陌生的故事书、《盘古开天地》的课后选做练习要求给同学讲中国神话故事等,都是为了提高学生建立在整本书阅读基础上的口语表达能力,引导学生不但能够在课堂上与教师、同学进行碎片化的讨论,在课堂上和课后进行书面化的整本书阅读学习成果表达,还能够用自己喜欢的方式讲述故事的大意,分享整本书阅读学习过程中获得的启示和体会。

在语文园地中,编者主要引导学生针对该单元涉及整本书阅读的内容进行总结提炼,如引导学生在学完童话、寓言、神话后,进行及时总结交流,谈谈从故事中获得的启示,以此深化对童话、寓言、神话的理解,汲取作品蕴含的智慧。例如,三年级上册第三单元引导学生总结童话故事的特点,三年级下册第二单元引导学生总结学完寓言故事之后的印象和收获,四年级上册第四单元引导学生在学完神话故事后及时总结神话故事的特点。

2. 方法层面

在语文园地中,编者还引导学生总结整本书阅读的经验和方法,这些经验和方法既包括相对宏观的整本书阅读的经验和习惯,也包括相对微观的整本书阅读的策略和方法。例如在宏观层面,三年级上册第四单元意在引导学生掌握"猜读"的读书方法,通过边读边猜测后续内容、更关注细节及观察标题等方法大胆猜测书的内容;五年级上册第八单元引导学生交流"找书读"的经验,具体包括沿着课文找书读、根据兴趣拓展读、顺着作者找其他作品读、按种类读,以及从读一篇文章到读整本书、从读整本书到读同一类书,等等;六年级下册第五单元还特别组织整本书阅读学习经验的交流,具体包括每天有计划地读、读经典名著、边读边思考及多向别人请教等。

课后练习板块同样渗透着整本书阅读学习策略和方法,如前面所述的《胡萝卜先生的长胡子》和《小狗学叫》的课后练习,重在引导学生学习"猜读"的方法,此外,《盘古开天地》课后引导学生收集中国神话故事,《宝葫芦的秘密》(节选)课后选做练习推荐学生阅读《宝葫芦的秘密》整本书,《草船借箭》课后练习引导学生了解《三国演义》中更多的故事,都在引导学生掌握拓展整本书阅读的方法和路径。

编者借助语文园地和课后练习等助学系统,聚焦内容与方法层面,多层次地助力学生的"整本书阅读",是对"整本书阅读"学习任务群有益、必要的补充。

三、实施建议

根据《语文课程标准(2022年版)》中关于学习任务群的教学实施建议,教师在利用小学语文教材进行"整本书阅读"学习任务群教学时,需要整体制订自主阅读指导方案,设计丰富的教学活动,推荐合宜的学习资源,切实落实好过程性评价。

首先,教师要综合考虑教材内容、学生学情以及"整本书阅读"学习任务群的功能与定位,整体制订自主阅读指导方案。

尽管"整本书阅读"是语文学习的理想样态,但考虑到教材篇幅、学习时间、学生学习水平等种种现实因素,想要用现行小学语文教材在各个地区、在有限的课堂时间内全面落实"整本书阅读"几乎不可能。这就需要教师综合考虑小学语文教材与整本书阅读相关的教学内容,考虑不同地区不同学校不同层级学生的整本书阅读现有水平,结合"整本书阅读"学习任务群的功能和定位,整体制订"整本书阅读"自主阅读指导方案,以作为落实小学"整本书阅读"学习任务群的前提和保障。

这里说的整体制订"整本书阅读"自主阅读指导方案可以从两个角度理解:其一,直接利用某册教材的资源,整体制订"整本书阅读"自主阅读指导方案,例如对五年级下册第二单元(以四大名著为主要学习内容)和六年级下册第二单元(以世界名著为主要学习内容)进行单元整体设计,引导学生通过课文、课后练习、口语交际和习作的一系列学习实践,在分层教学的基础上关注个别指导,以培养学生整本书阅读的学习兴趣,确保学生实现在整本书阅读学习过程中得到言语实践能力的锻炼。其二,根据"整本书阅读"学习任务群对应学习内容和学习方法的跨学段连续性要求,结合多册小学语文教材内容,整体制订自主阅读指导方案。例如,以《鲁滨逊漂流记》为例进行"整本书阅读"自主阅读指导方案设计,教师可以规定每一学段的阅读主题、阅读方法和阅读重点。通过这样的指导方案,教师可以在不同学段的整本书阅读教学中引导学生领会蕴含于整本书阅读之中的奥妙,让他们在沉浸式整本书阅读中不断提升核心素养。

其次,教师要明确"整本书阅读"教学的重点和难点,设计丰富的教学活动,以帮助学生在获取整本书的主体内容和思想情感的基础上建构阅读策略,丰富阅读经验,提高阅读能力。

深入推进小学阶段"整本书阅读"教学的前提是明确"整本书阅读"教学的重点和难点。综观《语文课程标准(2022年版)》,可以明确小学"整本书阅读"的教学重点在于帮助学生增加阅读量,拓展阅读面,培养良好的阅读习惯,掌握有效的阅读技巧,形成高雅的阅读品位,提升阅读素养;难点在于既要关注阅读对象,又要关注阅读主体的行为调整与优化,从而依托阅读能力的稳步提升,实现《语文课程标准(2022年版)》的相关要求。设计丰富的教学活动,引领学生形成良好的阅读行为,是把握整本书阅读的重点突破难点的有效路径。

教师需要用教学活动引领学生细致深入地阅读,帮助学生多角度关注整本书的内容,从简单的文字表达与呈现方式中读出丰富的内容,使其获得更为真切的阅读体验;需要依托教学活动外化学生阅读思维过程,需要通过观察学生的活动过程与结果,"看到"学生的思想方法,确定学生思维能力发展的生长点,再借助教学活动引导学生用合理的方法思考问题;需要借助教学活动帮助学生建构阅读策略,在活动中引导学生掌握内容重构、捕捉闪回、对照阅读、跨界阅读和经典重读等阅读策略,从而使学生在阅读过程中读得更细,读得更深,读得更广,有更大的获得感;还需要收集活动成果,建立阅读档案,通过学生在整本书阅读学习过程中形成的连续作品、不同时期的阅读成果及学生作品折射的问题反思自身教学行为,为学生提供真实的帮助,帮助学生成为阅读过程中的表现者。

总之,教学活动设计既要提供活动的内容,又要提供活动的过程,还要有活动成果的表达要求,力争用完整的活动支持学生阅读能力、思维能力和表达能力的共同发展。[1]

最后根据开展读书活动的实际需要,教师可以合理推荐适宜的学习资源,借助信息技术,帮助学生拓展学习空间,为他们提供习作、展示、研讨和交流的平台。

整本书阅读学习活动不同于单篇课文的学习活动,其阅读量大、阅读活动复杂等特点,决定了需要在开展读书活动的过程中,根据学生的实际需要给学生补给合宜的学习资源,以帮助学生顺利读完整本书,并在阅读全过程得到切实的收获和体会。以《小王子》整本书阅读为例,这本书比一篇单独的课文要长,涉及的主题和情节也更加复杂。为了帮助学生顺利读完整本《小王子》,教师可以提供一些合适的学习资源。首先,教师可以准备一些与故事情节相关的图片或插图,供学生在阅读过程中参考。这些图片可以帮助学生更好地理解故事情节和角色形象,激发他们的想象。其次,教师可以为学生提供一些与故事相关的练习题或阅读理解题。这些题目可以帮助学生检查自己的阅读理解能力,并促使他们思考故事中的细节、主题和人物情感等方面。通过这些助力性的学习资源,学生在整本书阅读活动中可以得到更多的支持和引导,在阅读过程中能够更好地理解故事内容,增强阅读能力,从中获得更多的思考和体验,培养对整本书阅读的兴趣和热爱。

在小学整本书阅读教学中,教师可以借助信息技术来拓展学习空间,为学生提供习作、展示、研讨和交流的平台。同样以《小王子》整本书阅读为例,通过使用电子阅读器或电子书,学生可以在学校或家庭的电子设备上访问《小王子》这本书,无论是在课堂还是在家中都能进行阅读。这种方式提供了更广阔的学习空间,使学生能够随时随地阅读,并且可以根据个人的阅读进度进行学习。

此外,学生还可以利用电子设备上的习作工具,如电子文档或在线习作平台,进行阅读笔记的记录和整理。学生可以将自己的理解、观点和感受写下来,并与同学分享。这样的交流平台可以促进学生之间的互动和合作,让他们互相学习和借鉴。学生还可以使用多媒体工具来展示他们对《小王子》故事的理解和创作。他们可以制作演示文稿或视频,呈现自己对故事的解读、角色分析,或进行主题探讨。这样的展示活动不仅可以提高学生的表达能力,还能增强他们对故事的理解和思考。

另外,教师可以借助现代信息技术组织在线研讨会或讨论,让学生在虚拟的学习空间中展开故事讨论。学生可以在这个平台上分享自己的观点、提出问题,与同

---

[1] 吴欣歆.阅读活动:小学整本书阅读教学的基本路径[J].福建教育,2021(27):41-43.

学一起探讨故事情节、人物和主题。这样的研讨活动可以培养学生的批判思维和团队协作能力。

通过以上的信息技术工具和平台,学生能够在整本书阅读活动中拓展学习空间,得到习作、展示、研讨和交流的机会。这样的学习方式能够激发学生的学习兴趣,提高他们的学习质量,培养他们在人工智能时代中所需的技术和社交技能。

第三节　"整本书阅读"学习任务群的教学案例分析

在理解"整本书阅读"学习任务群理论的基础上,我们可以通过学习优秀教学案例,尝试将理论与实践相结合,用于指导"整本书阅读"学习任务群的教学实践,提高教学实践能力。本节从描述和分析两方面呈现"整本书阅读"学习任务群的教学实践案例。

一、"整本书阅读"学习任务群的教学案例描述

"漫步世界名著花园"学习主题的设置基于《语文课程标准(2022年版)》对"整本书阅读"学习任务群第三学段"阅读文学、科普、科幻等方面的优秀作品,如《寄小读者》《十万个为什么》《海底两万里》等,学习梳理作品的基本内容,针对作品中感兴趣的话题展开交流""学习梳理、反思小学阶段的阅读生活,运用口头或书面方式,与同学分享自己整本书阅读的经历、体会和阅读方法"等内容要求;以及"能与他人分享阅读作品获得的有益启示,有意识地运用积累的语言进行口头或书面表达""能主动阅读体现社会主义先进文化、革命文化、中华优秀传统文化的作品,在阅读、参观、访问过程中,结合具体内容或时代背景丰富对作品内涵的理解;能用多种方式记录、分享阅读、参观、访问的经历、见闻和心得体会""参加文学体验活动,能够围绕发现的问题,搜集资料、整理相关的观点与看法,结合学习积累和经验,初步形成自己的理解和认识"等学业标准要求。该教学案例通过确定以"漫步世界名著花园"为学习主题,引导学生领略世界名著的精髓,感受文学形象的多重魅力,体会历史人物的百态人生,打通课内阅读与课外阅读之间的壁垒,使学生进一步感受"整本书阅读"带来的丰厚滋养。

从"漫步世界名著花园"学习主题的内容来看,该教学案例选择以小学语文教材六年级下册第二单元(课文《鲁滨逊漂流记》(节选)、《骑鹅旅行记》(节选)、《汤

姆·索亚历险记》(节选);口语交际"同读一本书";习作"写作品梗概")为主要内容,设置开展"漫步世界名著花园"的具体情境,组织"通读世界名著""世界名著我来说""名著梗概我来写"系列学习任务,让学生在情境中获得信息、了解世界。

具体来说,"漫步世界名著花园"学习主题共包括"通读世界名著""世界名著我来说""名著梗概我来写"三个学习任务。其中,"通读世界名著"重点关注教材《鲁滨逊漂流记》(节选)、《骑鹅旅行记》(节选)、《汤姆·索亚历险记》(节选)三篇课文的阅读。"世界名著我来说"要求学生在班级读书会上,围绕同一本世界名著,分享自己的读书心得;引用原文说明观点,使观点更有说服力;分辨别人的观点是否有道理,讲的理由是否充分。"名著梗概我来写"要求学生在厘清书籍内容基本框架、基本要点的基础上,用简明的叙述性语言概括每个章节的内容,并适当补充内容,使语意清楚连贯,过渡自然,从而完成自己所读过的世界名著的梗概习作;写好以后读给同学听,看他们是否能明白书的大意,然后根据他们的反馈,对没写清楚的地方进行修改。

三个学习任务层层递进,完整呈现学生整本书阅读的学习过程。"通读世界名著"是"输入"阶段,意在引导学生了解整本书的主要内容,也引导学生体会整本书阅读的技巧、方法和策略。所选三篇课文《鲁滨逊漂流记》(节选)、《骑鹅旅行记》(节选)、《汤姆·索亚历险记》(节选)都是经典名著,有助于调动学生的学习积极性,确保学习质量。考虑到在小学阶段开展"整本书阅读"学习活动,学生在接受能力和接受心理上存在一定的困难,因此教师特别在课文前面呈现作品的梗概,以帮助学生更快地了解名著内容。

"世界名著我来说"是口头的"输出"阶段,主要引导学生就印象深刻的人物和情节交流感受,关注学生是否对名著的内容有基本的掌握,是否清楚名著的行文思路,是否能够产生并表达自己对于名著的想法,同时也培养学生倾听他人观点、理解别人想法,以及在此基础上形成新想法、新观点的能力。

"名著梗概我来写"是相对更为高级的"输出"阶段,主要引导学生对所读世界名著形成理性认识,关注学生整本书阅读良好学习习惯的养成和习作能力的提高,以此为重要评价依据,考查学生整本书阅读综合素养的发展水平。这一学习任务不但要求学生对所读世界名著有较为充分的了解和相当程度的理解,还要求学生对名著的基本框架、行文思路及基本观点有到位的把握;要求学生具有较高的语言表达水平,叙述情节要简明,提炼观点要扼要,以此锤炼学生的语言表达能力;要求学生能够根据同学的反馈进行梗概的修改和完善,以此优化学习成果,提高成果质量,并在此过程中促进自我反省,提高元认知能力。以上诸多方面的综合学习实践,将促使学生在"漫步世界名著花园"学习主题的学习中实现语文学习能力和核心素养的稳步提升。

二、"整本书阅读"学习任务群的教学案例分析

根据学习任务群的内涵,我们可以从以下 7 个方面分析"整本书阅读"学习任务群的教学案例,分析与评价标准如表 9-6 所示。

表 9-6   "整本书阅读"学习任务群教学案例分析与评价表

任务群学习 7 大要素	分析标准
学习内容	是否具备课程标准中提及的"整本书阅读"学习任务群需要掌握的语文要素?涉及哪些要素?它们之间的关系如何?
学习情境	是否科学合理地立足教材,紧扣该学习任务群的整合性特点,结合日常生活的真实情境进行教学?满足了学生当下或者未来哪一类的生活需求?
学习任务	具体设计了哪些学习任务(趣味性)?学习任务之间的关系如何(进阶性/逻辑性)?学习任务与学习内容、学习情境的关系如何(逻辑性)?
学习活动	具体设计了哪些学习活动?这些学习活动是如何落实"整本书阅读"学习任务群的学习内容要求的?能否达到了目的?
学习方法	是否为学生提供了可供操作的学习支架与方法?
学习资源	是否为学生提供了充足的、丰富的学习资源,以及寻找学习资源的方式方法?
学习评价	从评价类型的多样性、评价方式的有效性、评价指标的合理性和科学性几个角度进行分析

从学习内容来看,"漫步世界名著花园"学习主题具备清晰的"整本书阅读"学习任务群所提及和要求的语文要素。"漫步世界名著花园"学习主题围绕"世界名著读与写"进行一体化设计,组织"通读世界名著""世界名著我来说""名著梗概我来写"系列学习任务,让学生借助多种形式的语文实践活动,深入体验"整本书阅读"的全过程。借助这样的活动,学生得以更好地领悟整本书阅读的目的性和连贯性的重要性。

"通读世界名著"学习任务涉及故事情节讲述、人物形象刻画、环境描写等要素,帮助学生了解和欣赏经典的冒险故事,培养对文学作品的阅读理解能力。"世界名著我来说"学习任务涉及的语文要素有:对故事情节、人物形象和小说主题的理解,口头表达和交流技巧,以及引用原文观点、分辨他人观点等。"名著梗概我来写"学习任务涉及的语文要素主要是作品梗概。《语文课程标准(2022 年版)》要求教师需准确理解每个学习任务群的相关内容。"漫步世界名著花园"学习主题所要求的语文要素涵盖了《语文课程标准(2022 年版)》中"整本书阅读"学习任务群要求掌握的所有要素。除此之外,这些明确的语文要素贯穿与学习任务相关的语

文实践活动,并促进语文实践活动的高品质展开,力求通过复杂的语文实践活动,锻炼学生"整本书阅读"所需要的各种语文能力,让学生在学习任务的探究中,培养自主发展、终身学习的能力。

从学习情境来看,"漫步世界名著花园"学习主题按照学科逻辑和生活逻辑设计真实情境任务,从而生成学习情境。该学习主题是对教材的二次开发,将其与语文学习内容相结合,以真实的文学体验任务引导学生通读世界名著。通过这样的学习任务设计,学生被引导将课堂所学应用到具有真实生活情境的语文实践活动中,并在具体情境中解决相对复杂的问题。这样的学习任务设计培养了学生根据具体目的和对象交流解决问题的能力,同时帮助他们在阅读过程中进行多元思考,充分利用了阅读资源的综合效应。

从学习任务来看,"漫步世界名著花园"学习主题创设的三个学习任务具有链条性的特征。具体来说,"通读世界名著""世界名著我来说""名著梗概我来写"三个学习任务既相互关联,又层层递进。首先,该学习主题第一个学习任务是"通读世界名著",学生需要阅读《鲁滨逊漂流记》(节选)、《骑鹅旅行记》(节选)、《汤姆·索亚历险记》(节选)三篇课文,通过深入的阅读来增进对世界经典名著的理解和欣赏。接下来,第二个学习任务是"世界名著我来说",学生需要将他们对所读世界名著的理解和感受进行表达和分享。他们可以通过口头或书面的方式,以个人的观点、评论和评价来传达自己对作品的理解和反思。最后,第三个任务是"名著梗概我来写",学生需要总结所读世界名著的核心内容和情节,并以简明扼要的方式撰写梗概。通过这个学习任务,学生不仅能够提炼出作品的主要线索和故事情节,还能够培养习作能力和概括能力。

从学习活动来看,在"漫步世界名著花园"学习主题中,具体学习任务下的多个活动之间是完整的,是为学习任务服务的。以"通读世界名著"学习任务中的《鲁滨逊漂流记》(节选)阅读为例,学生不但需要默读梗概,了解这部小说写了鲁滨逊流落荒岛的哪些事,还需要在通读节选片段后,说一说鲁滨逊都克服了哪些困难,他的心态发生了怎样的变化,认为鲁滨逊是一个什么样的人,并且需要想想最近自己遇到什么困难和烦恼,要像鲁滨逊一样把坏处与好处列出来,再说说这样做对自己是否有帮助。这体现了读写结合的完整语文学习过程。

从学习方法来看,"漫步世界名著花园"学习主题为学生提供了可供操作的学习策略与方法指导。具体来看,"通读世界名著""世界名著我来说""名著梗概我来写"三个学习任务均提供了明晰的学习策略,以帮助学生完成该学习任务所涉及的一些学习活动。以"名著梗概我来写"学习任务为例,该学习任务提供了"读懂内容,把握脉络""筛选概况,合并成段""锤炼语言,连贯表达"三种策略。学生不仅可以通过这三种策略完成该学习主题下设计的整本书梗概的习作任务,还可以从具体策略中理解活动背后所需要掌握的知识,有助于学生形成有效的学习习惯和提高自主学习能力。

从学习资源来看,"漫步世界名著花园"学习主题为学生提供多样的、支架式的学习资源,这些学习资源旨在帮助学生更好地理解和掌握世界名著,提供丰富的学习材料和工具,促进学生的学习和思考。

首先,该学习主题提供了《鲁滨逊漂流记》《骑鹅旅行记》《汤姆·索亚历险记》等多本世界名著供学生选择阅读。这些书籍经过精心挑选,具有代表性和经典性,涵盖了不同的文学题材和历史时期。学生可以根据自己的兴趣和能力选择适合的名著进行阅读。其次,为了帮助学生更好地理解和分析世界名著,该学习主题提供了丰富的辅助阅读材料,如课前的导言、名著的梗概、知识卡片等,这些都有助于学生深化对所读世界名著内容、行文思路的理解,提高阅读质量。最后,该学习主题为学生提供了世界名著的阅读指导和学习支架,如"通读世界名著"学习任务通过课后练习题的方式引导学生快速了解小说的主要内容、主人公人物形象及与自身生活之间的联系;"世界名著我来说"学习任务向学生展示可能涉及的交流话题、交流可采取的具体步骤,以及如何使自己的观点更有说服力,使自己讲的理由更充分的小技巧;"名著梗概我来写"学习任务为学生提供了写梗概的步骤和方法;此外,教材还向学生提供了评价名著人物的原则、整本书的阅读方法等。通过这些多样、支架式的学习资源,学生可以根据自己的需求和兴趣选择适合的材料和工具,丰富自己的学习体验,并深入探索世界名著的丰富内涵。同时,这些学习资源也为学生提供了广阔的学习空间和机会,能激发他们的学习兴趣和创造力,促进他们在阅读和研究过程中进行思考和发现。

从学习评价来看,"漫步世界名著花园"学习主题以"整本书阅读"学习任务群学业质量标准为依据,明确了学习要求,但在评价的科学性上还有待提高。"漫步世界名著花园"学习主题给每一个学习任务都设置了明晰的学习要求,这些学习要求以"整本书阅读"学习任务群学业质量标准为依据,符合《语文课程标准(2022年版)》的要求。在具体的教学设计中,该学习主题也关注学生表现的评价意识。然而,除了评价方向与指标,还需要指标的具体表现参考,以此引导学生完成活动。但"漫步世界名著花园"学习主题并未将学习要求或评价方向进一步细分,为学生提供具体的水平标准,供学生参考。具体而言,教师可以考虑从以下方面来提高评价的科学性:

首先,除了依据"整本书阅读"学习任务群学业质量标准进行评价外,教师还可以引入多元的评价方式。例如,可以结合学生的口头表达、书面作品、阅读笔记等不同形式的作品进行评价,以全面了解学生在世界名著阅读方面的能力和水平。其次,除了明确学业质量标准外,教师还可以进一步细化评价指标,涵盖世界名著阅读的不同层面和要素。例如,评估学生对于故事情节、人物形象描写、主题和意义等方面的把握能力,以更具体和全面地评价学生的学习成果。再次,考虑到学生的个体差异和学习特点,教师可以采用个性化评价的方式。例如,鼓励学生在阅读过程中表达自己的观点和思考,将个人的阅读体验纳入评价范围,以更好地反映学生的个性和独特贡献。最后,评价应该不仅仅是对学生的总体表现进行判定,还应该提供及时的反馈和指导。通过评价结果,教师可以帮助学生了解自己在世界名著阅读方面的优势和不足,并进行相应的指导,促进学生进一步提升和发展。

　　总的来说,虽然“漫步世界名著花园”学习主题在学习评价方面有明确的学习要求,但仍有提升的空间。通过引入多元评价方式、细化评价指标、开展个性化评价和提供反馈指导,教师可以更科学地评价学生在世界名著阅读方面的学习成果。

课例:第一学段“走进《小鲤鱼跳龙门》”(曾昭敏)

课例:第二学段“做个问不倒的小博士”(张贺珍)

案 例

第三学段“漫步世界名著花园”教学案例呈现

学习目标

　　1. 借助课后练习指导,理解并掌握世界名著的整体故事情节、人物形象和主题。

　　2. 借助学习支架,学会用恰当的语言表达对世界名著的理解、评价和观点,包括对主人公和其他人物形象的评价,对故事情节的理解和解读,对主题的思考。

　　3. 能够简明扼要地概括世界名著的故事情节和主要人物形象,掌握写作梗概的基本技巧,能够通过写作梗概整合自己对世界名著的理解和把握。

　　4. 培养对世界名著的兴趣,激发阅读整本书的主动性,保持持久性。

学习要求

“漫步世界名著花园”学习任务群的学习要求如表 9-7 所示。

表 9-7　“漫步世界名著花园”学习任务群的学习要求

学习任务	学习要求
通读世界名著	1. 阅读《鲁滨逊漂流记》(节选)、《骑鹅旅行记》(节选)、《汤姆·索亚历险记》(节选)及相应梗概,用小标题的形式列出主要事件,把握小说的主要内容。 2. 细读节选片段,说说主人公都遇到了哪些困难,心态发生了什么变化,并对主人公进行评价。 3. 联系自己的生活实际,说说如果自己遇到了像主人公一样的困难,自己会怎么做,说说主人公的做法对自己是否有帮助

学习任务	学习要求
世界名著我来说	1. 能够在前面阅读的基础上,对所读的世界名著进行分析和解读,理解其中的主题、情节和人物形象,并形成自己的观点。 2. 运用丰富的词语和句式,引用原文说明观点,准确地表达自己的思想,使观点更具说服力。 3. 能够辩证地分析世界名著的优点和局限性,形成全面的观点,并能够分辨别人的观点是否有道理,能够接受他人的不同意见
名著梗概我来写	1. 能够准确理解所读名著的主要情节,能够筛选和概括名著中的重要场景、事件和人物形象,形成清晰的梗概,突出故事的主线。 2. 具备较高的语言表达能力,能够用简洁、准确的语言描述名著的情节梗概,能够选择恰当的词语和句式,使梗概具有逻辑性和连贯性,能够准确传达名著的主题和核心内容。 3. 能够在梗概中把握名著的整体结构和情节关联,使梗概内容有机衔接,能够通过梗概突出名著的主题和思想,传达作者的意图和观点。 4. 通过锤炼语言,适当补充内容,使梗概过渡更自然,语意表达更连贯

学习准备

1. 学习经验:学生的相关阅读经历,阅读积累。

2. 学习资源:

(1)《鲁滨逊漂流记》《骑鹅旅行记》《汤姆·索亚历险记》等相关书籍。

(2) 故事梗概、课前导言、知识卡片等学习支架。

(3) 相关电影。

3. 学习工具:

(1) 网络搜索。(关键词:世界名著。)

(2) 思维图式:提纲图、思维导图。

(3) 学习单:分类表、梗概评分表。

学习情境

每一本名著都是独一无二的"花朵"。当你漫步在世界名著花园中,与心仪的书籍不期而遇时,一定会惊喜地停下脚步。让我们一起走进世界名著,读一读,说一说,写一写,体会世界名著的独特魅力。

学习过程

学习任务一:通读世界名著

▶ **学习活动一:小说故事人物初探究**

1.《鲁滨逊漂流记》(节选)

(1) 默读梗概,想想这部小说写了鲁滨逊流落荒岛的哪些事,用小标题的方式列出来。

流落荒岛——

（2）读节选的片段，说一说：鲁滨逊克服了哪些困难？他的心态发生了什么变化？你觉得鲁滨逊是一个什么样的人？和同学交流。

2.《骑鹅旅行记》（节选）

（1）以迅速阅读课文为起点，思考课文的整体结构，将其划分为若干部分，并仿效《鲁滨逊漂流记》的做法，为每个部分起一个简短的标题，以串联起课文的主要内容。

（2）当尼尔斯变成小人儿后，他的世界发生了翻天覆地的变化，他经历了一系列的奇遇。请完成表9-8，记录它们之间发生的事情。

表9-8　尼尔斯及周遭世界变化表

变成小狐仙后遇到哪些动物	用文中的话说说动物们的表现及情感	尼尔斯自己的变化
麻雀		
鸡		
猫		
牛		

（3）在文章中寻找描述动作、语言和内心的句子，以便进一步感受尼尔斯变小后的内心变化。

3.《汤姆·索亚历险记》（节选）

（1）迅速默读课文，简要勾勒人物形象，梳理人物之间的关系，并以小标题的形式总结每个自然段的主要内容。

（2）对于汤姆，你认为他是一个什么样的人？你是从哪些地方读出这样的印象的？

（3）汤姆展现出机智勇敢和富有冒险精神的特点，他非常重视友谊，讲义气。然而，他也有吹嘘和显摆的倾向。在汤姆的形象中，你是否能够找到与自己或身边伙伴相似的影子呢？请与同学进行交流。

4. 整体比照

《鲁滨逊漂流记》（节选）、《骑鹅旅行记》（节选）、《汤姆·索亚历险记》（节选）这三篇文章在人物塑造方面分别用了哪些描写手法？选出你喜欢的描写手法并说明理由。

学习活动二：小说人物我来评

自主选择《鲁滨逊漂流记》（节选）《骑鹅旅行记》（节选）《汤姆·索亚历险记》（节选）中的任何一个主人公，通过网络搜集相关资料，仿照示例，对主人公进行评价（表9-9）。

示例：

《汤姆·索亚历险记》主人公汤姆·索亚：在我眼里，汤姆·索亚是一个热爱自由、喜欢冒险的孩子，同时他又很有趣，还有点儿虚荣心。从小说中的很多地方都能看出他的这些特点。

表9-9　主人公评价

主人公	评价
《鲁滨逊漂流记》（节选）主人公鲁滨逊	
《骑鹅旅行记》（节选）主人公尼尔斯	
《汤姆·索亚历险记》（节选）主人公汤姆·索亚	

▶ 学习活动三：联系生活深思考

从《鲁滨逊漂流记》（节选）、《骑鹅旅行记》（节选）、《汤姆·索亚历险记》（节选）中任选一篇，联系自己的生活实际，说说如果自己遇到了像主人公一样的困难，自己会怎么做，说说主人公的做法对自己是否有帮助。

☆ 小贴士：

可以像鲁滨逊一样，把所遇到的困难和自己的能力水平都列出来，形成对比，以此衡量自己能否战胜困难。如果困难低于能力水平，则可以战胜；如果困难与能力水平相当，则基本可以战胜；如果困难高于目前能力水平，则可能需要先提升一下自己的能力。

（学习策略）

1. 比较阅读策略

请学生选出自己喜欢的描写手法，需要学生在体验不同描写方法的基础上，分析其各自的表达效果。采用比较阅读策略，有助于学生习得不同描写的妙处，把握不同人物形象的特点。

2. 换位体验策略

为了使学生明白小说里人物的遭遇，让学生换位思考，将自己自拟为小说主人公，体会所遇到的困难和面对困难所采取的办法，以此引导学生更为深入地把握小说主人公的品质特点。

　　3. 表达内化策略

　　为了让学生学会评价小说人物形象,特别设置"小说人物我来评"活动,主要是为了加深学生对小说人物特别是主人公的理解,为后面主题的探究和梗概的撰写作铺垫。

学习任务二:世界名著我来说

▶ 学习活动一:分析和解读世界名著

　　1. 再次快速地阅读《鲁滨逊漂流记》(节选)、《骑鹅旅行记》(节选)、《汤姆·索亚历险记》(节选)。

　　2. 理解并总结三篇课文的主题、主要情节和主要人物形象特点。

　　3. 结合自己对三篇课文的阅读和思考,形成对课文的个人解读报告。

▶ 学习活动二:主题探索和讨论

　　1. 小组讨论三篇课文的主题,形成较为一致的看法。

　　2. 再次分析课文中的情节和人物形象,找出与主题相关的部分。

　　3. 进行课文主题汇报,就不同观点展开讨论,分享本小组对课文主题的理解和解读。

▶ 学习活动三:观点表达和习作

　　1. 每个小组成员都通过习作或口头表达,将自己对课文主题、主要情节和主要人物形象特点的观点和解读表达出来。

　　2. 使用论据和例子支持自己的观点,试着对同桌进行表达。

　　3. 接受他人对观点的反馈和讨论,进一步完善自己的观点。

☆ 小贴士:

　　交流之前,想想围绕话题谈论哪些具体内容。可以借助批注梳理思路,深入表达自己的想法或观点。要以内容为依据,从书中找出例子来说明自己的观点。要勇于表达自己的真实想法,哪怕你的想法与大多数人都不一样。交流时,认真听别人的发言,准确地理解别人的想法。对于不同的想法,想想他们的理由是什么。

　　引用原文说明观点,使观点更有说服力。分辨别人的观点是否有道理,讲的理由是否充分。

学习策略

　　1. 学习支架辅助策略

　　该学习任务为学生适时提供了两个学习支架,学习支架一是关于如何列出自己在生活中所遇到的困难和做法,以确保所写内容的有效性。学习支架二是关于观点表达,以帮助学生表达得更具有说服力,也更清楚别人所表达的观点。

2. 言语实践策略

该学习任务涉及多种形式的交流和表达活动。学生不但需要就不同观点展开讨论,分享个人对课文主题、主要情节和主要人物形象特点的理解和解读,还需要就相关话题与同学进行交流,从而不断深化认识,完善自己的观点。

学习任务三:名著梗概我来写

▶ 学习活动一:内容理解与脉络把握

1. 阅读《鲁滨逊漂流记》《骑鹅旅行记》《汤姆·索亚历险记》整本书,理解其内容,提取出整本书的主要情节和脉络。

2. 将《鲁滨逊漂流记》《骑鹅旅行记》《汤姆·索亚历险记》整本书内容按照章节或重要事件进行分类,整理出整本书的基本框架和要点。

▶ 学习活动二:筛选概括与段落合并

1. 筛选并概括《鲁滨逊漂流记》《骑鹅旅行记》《汤姆·索亚历险记》每个章节或重要事件的内容,将其用简明的叙述性语言表达出来。

2. 将这些概括的内容进行段落合并,确保每个段落包含一个主要观点或情节,去除冗余的细节和次要信息。

▶ 学习活动三:语言锤炼与连贯表达

1. 对所写的内容进行语言上的修饰和改进,使表达更加精练、准确和连贯。

2. 补充适当的细节,确保语意清楚,过渡自然,使整个概括的内容更加完整和易于理解。

▶ 学习活动四:朗读与修改

1. 将自己所写的内容朗读给同学听,倾听他们的理解和反馈。

2. 根据同学的反馈对所写内容中未清楚表达的地方进行改进,确保他人能够明确理解书籍的大意。

学习策略

1. 活动调适策略

在学习活动一中,学生需要根据不同的情境和交流对象,灵活调整自己的表达方式。这包括理解整本书内容的基本框架和要点,并根据不同章节的特点进行概括和归纳。学生需要在不同的学习情境中调整自己的语言和表达方式,以适应不同的表达目的。

2. 反省提升策略

在学习活动四中,学生需要将自己所写的内容读给同学听,并接受他们的反馈。这个策略强调学生进行自我反思和提升。通过倾听同学的理解和反馈,学生可以发现自己习作中可能存在的不清晰之处,并进行相应的改进。这种反思和提升的过程能帮助学生意识到自己的习作能力和表达方式的局限,并激发他们不断提升自己的动力。

情境实践练习

1. 思辨型练习

情境设定:学生在学校图书馆或班级图书角发现了一本新的小说,书名为《神奇的冒险之旅》。他们对这本书非常感兴趣,但没有详细了解其内容。你作为教师,决定开展一次关于整本书阅读活动,让学生通过全面阅读这本书,进行综合阅读理解和创作活动。

2. 实践型练习

请你根据本章所学的内容,参考"整本书阅读"学习任务群教学案例分析与评价标准(表9-6),以小学语文教材提供的内容资源为基础,任选一学段,设计一份满足课程标准教学要求的"整本书阅读"学习任务群的教案。

(任务要求及提示)

文献摘要

[1] 吴欣歆.培养真正的阅读者:整本书阅读之理论基础[M].上海:上海教育出版社,2019.

摘要:该书梳理、总结了"整本书阅读"的国际经验、传统模式与当代探索,从学习领域、生涯规划、核心素养的视角审视整本书阅读的价值。书中用教学理论、经验研究,以及学习心理、眼动研究成果解读"义务教育课程标准"和"普通高中课程标准"的相关要求,厘清"阅读取向""阅读策略""阅读活动"几个核心概念,提炼出整本书阅读的五种策略,选择小学、初中、高中重要的阅读书目,详细分析了这些策略在教学中可能的活动形式及其对深度阅读的促进作用。该书结合具体的案例对"整本书阅读与研讨"的教学设计、考试评价以及对教师的要求进行了深刻阐释。

[2] 徐鹏.整本书阅读:内涵、价值与挑战[J].中学语文教学,2017(1):4-7.

摘要:"整本书阅读"是学生在语文课程的学习中,运用个性化的阅读方法、围绕整部经典作品展开的与作者、文本、教师、同伴对话的过程。它能够有效整合语文课程内容,推动语文课程的深层变革。在当前的课程情境中推行整本书阅读会面临诸多挑战,这些挑战涉及教材、教学和评价三个方面。

[3] 吴欣歆,刘晓舟,孙凤霞.小学整本书阅读教学指导:上、下册[M].北京:教育科学出版社,2020.

摘要:《小学整本书阅读教学指导》选择小学整本书阅读教学中具有代表性的案例,从学习方式设计、教学组织形态、教学内容选择、测试内容与形式探索四个方面分别展开研讨。上册案例涉及的书目包括《青蛙和蟾蜍》《安徒生童话》《查理和巧克力工厂》《昆虫记》《山海经》《亲爱的汉修先生》《中国民间故事》《窗边的小豆豆》《草房子》《狼王梦》等十部。下册案例涉及的书目包括《弗朗兹的故事》《中国古代寓言故事》《草原上的小木屋》《十万个为什么》《长袜子皮皮》《西游记》《青铜葵花》《杀死一只知更鸟》《绿山墙的安妮》《春秋故事》等十部经典文本。每个案例分为书册名片、文本价值、教学价值和全过程阅读指导。该书能够很好地帮助小学语文教师进行整本书阅读教学探索。

第十章
"跨学科学习"学习任务群课程标准解读与教材分析

■ 章前引言

　　近年来,国际课程改革发展十分强调传统学科的相互融合,以培养学生在未来社会的生存能力和竞争力。为顺应这一趋势,《语文课程标准(2022年版)》提出了"跨学科学习"学习任务群,旨在培养学生综合运用语文及多学科知识发现问题、分析问题、解决问题的能力,发展团队协作、实践创新等综合素养。长期以来,学科独立教学是语文教学的主要形态,基于语文学科开展跨学科学习,对一线语文教师来说是一个巨大的挑战。本章将从课程标准解读、教材分析、教学案例分析等方面带领学习者有效认识、理解"跨学科学习"学习任务群。

■ 学习目标

1. 认识"跨学科学习"学习任务群的定位和功能。

2. 了解"跨学科学习"各个学段的学习内容。

3. 掌握"跨学科学习"学习任务群的教学要求。

4. 能够选取小学语文教材的相关内容设计"跨学科学习"学习任务。

5. 能分析"跨学科学习"教学案例的主题选择、任务设置、活动设计与评价方案的合理性。

6. 能利用小学语文教材,设计"跨学科学习"的教学方案。

■ 学习指要

1. 比较阅读:与基础型学习任务群和发展型学习任务群章节比较阅读,理解"跨学科学习"作为拓展型学习任务群的功能价值;与"整本书阅读"学习任务群章节比较阅读,体悟"跨学科学习"学习任务群的内容特征与目标要求。

2. 理解评价:尝试基于对本章内容的学习,对具体的"跨学科学习"学习任务群的教学案例进行分析与评价,反思和促进自己对于该学习任务群理论与实践层面的理解。

3. 实践操作:基于本章的教学建议与教学案例,立足小学语文教材内容资源,尝试设计"跨学科学习"学习任务群教学方案,将理论学习与实践操作相结合。

第一节 "跨学科学习"学习任务群的课程标准解读

跨学科学习是综合运用两个或两个以上的学科知识,解决真实问题的学习方式。语文跨学科学习旨在培养学生在真实情境中综合运用语文及其他学科知识发现问题、分析问题、解决问题,并在过程中进行语文实践活动,提高语言文字运用能力,发展学生的团队协作精神、沟通协调能力、创造力和批判性思维等综合素养。本节主要介绍《语文课程标准(2022 年版)》关于"跨学科学习"学习任务群的功能定位、学习内容与教学要求。

一、"跨学科学习"学习任务群的功能定位

跨学科学习受到国内外研究者的广泛关注,STEM 教育、STEAM 教育、创客教育、跨学科项目式学习集中代表了跨学科学习的理念。"跨学科学习"学习任务群是义务教育语文学科六大学习任务群中的拓展型学习任务群,指向培养学生的高阶思维和解决复杂问题的能力,学习难度和整合度更大,集中体现了语文学科学习的综合性和实践性。跨学科学习强调语文学科与其他学科的融合,要求学生在真实情境中融通生活经验,综合运用语文及多学科知识解决问题,发挥了语文学科整体育人的优势,可以培养学生在未来社会的生存能力和竞争能力。可以说,"跨学科学习"学习任务群既是传统学科教学的延伸,也是实现课程育人的有效载体。

(一) 跨学科学习是对语文学科碎片化学习的修正

长期以来,语文教学主要关注单篇文本,注重对知识点的讲授、技能点的反复训练,学生收获的往往是碎片化、浅表化的知识,他们很难形成立体的知识结构网络。课堂情境与学生的日常生活相距较远,学生学习语文比较机械,难以将课内所学知识迁移运用到日常生活中。跨学科学习力求修正语文碎片化、浅表化的学习状态,进行三重整合:一是整合学科核心知识,聚焦跨学科融合的结合点;二是围绕跨学科学习主题,整合多学科知识,设计精要的学习任务;三是整合教学与评价,通过逆向教学设计实现以评价促进学习。总体而言,跨学科学习旨在以深度统整培养学生在复杂情境中解决复杂问题的能力。

(二) 跨学科学习是语文学科综合育人功能的回归

语文是一门综合性、实践性的学科,语言文字的运用包括生活、工作和学习中

的听说读写活动,存在于人类社会的各个领域,贯通所有学科,也贯通学生个人成长过程。语言文字运用能力为跨学科学习奠定了基础,并且保留着语文学科的本质特色。以语言文字运用为主的跨学科学习,为学生在学习与生活中建立起一座桥梁,除了培养语言能力,更是为培养学生文化自信、家国情怀、审美情趣和高尚人格奠定了基础,从而形成跨学科学习与日常生活、精神成长彼此滋养的良性循环,助力立德树人育人目标的落地。

(三) 跨学科学习是应对未来社会挑战的必然选择

科技进步和社会发展对基础教育提出了新的要求,促使传统教育进行改革,这无疑也对语文学科提出了新的挑战,即语文学科如何对需要生活在未来社会中的学生提供助力。在全球化、数字化的时代中,科学的发展和技术的更迭日益迅速,"互联网+"、人工智能、创客教育冲击着传统的教育方式。人们面临的问题多样而复杂,仅靠单一学科的知识无法解决复杂问题。跨学科学习具有整合性、情境性、高阶性的特点,突破了线性的分科思维模式,有利于引领学生成为具有分析能力的批判性思考者、具有团队协作能力的自主学习者、具有创新思维的问题解决者。

链接标准

本学习任务群旨在引导学生在语文实践活动中,联结课堂内外、学校内外,拓宽语文学习和运用领域;围绕学科学习、社会生活中有意义的话题,开展阅读、梳理、探究、交流等活动,在综合运用多学科知识发现问题、分析问题、解决问题的过程中,提高语言文字运用能力。

——《义务教育语文课程标准(2022 年版)》

二、"跨学科学习"学习任务群的学习内容

《语文课程标准(2022 年版)》分学段编制了"跨学科学习"学习任务群的学习内容。接下来,我们以识字与写字、阅读与鉴赏、表达与交流、梳理与探究四类语文实践活动为分类依据,分学段对"跨学科学习"学习任务群的学习内容进行整理(表 10-1)。

表 10-1 "跨学科学习"学习任务群的学习内容

语文实践活动	第一学段	第二学段	第三学段
识字与写字	围绕爱图书、爱文具、爱学习等主题,走进图书馆、阅览室、书店、文具店,学习识字		

续表

语文实践活动	第一学段	第二学段	第三学段
表达与交流	围绕爱图书、爱文具、爱学习等主题,走进图书馆、阅览室、书店、文具店,学习与他人沟通、交流	选择自己发现和关心的问题进行调查研讨,与同学交流	参与学校和社区举办的戏曲、书法、篆刻、绘画、刺绣、泥塑、民乐等相关文化活动,体验、感知、传承中华优秀传统文化,运用多种形式分享自己的经验与感受。 运用跨媒介形式分享研学成果。 选取衣食住行、学校、地球、太空等某个方面,设计人工智能时代的未来生活,运用多种形式丰富自己的语言表达,呈现与分享奇思妙想
梳理与探究	在班级、学校或家里养护一种绿植或小动物。综合运用语文、科学、数学等多学科知识,学习日常观察和记录。 参与学校、社区举办的节日和风俗活动,留意身边的传统节日、风俗习惯等文化现象,感受和学习生活中的中华传统优秀文化	尝试运用科学、艺术、信息科技等相关知识和技能,富有创意地设计并主动参与朗诵会、故事会、戏剧节等校园活动; 参观物质文化遗产,了解非物质文化遗产;关注传统节日节气、民俗风情、民间工艺、历史和传说等;探寻日常生活中龙凤、松竹梅兰等中华文化意象。积极参加学校、社区举办的文化主题活动,在活动中学习语文,获得多样的文化体验。 选择自己发现和关心的日常语言、行为、校园卫生、交通安全、家庭教育等方面的问题进行调查研讨,尝试写出简单的研究报告	综合运用语文、道德与法治、科学、劳动等多方面的知识和技能,通过小组研讨,集体策划、设计参观考察活动方案,运用跨媒介形式分享研学成果。 选取衣食住行、学校、地球、太空等某个方面,设计人工智能时代的未来生活,运用多种形式丰富自己的语言表达,呈现与分享奇思妙想

(一) 学习主题:从抽象文本走向学校、社会生活

从学习主题来看,从第一学段到第三学段所涉及的主题领域呈逐渐扩大趋势:第一学段为爱文具、爱图书、爱学习等个人生活领域,从最贴近学生个人的日常生活发起学习;第二学段涉及朗诵会、故事会、戏剧节,从学生的个人日常生活扩展到学校生活、社区生活;第三学段更是扩展至社会层面,提及学校、地球、太空等主题场景,学生需要调动自己的社会生活经验,以社会成员的身份完成研学。总体来看,小学阶段"跨学科学习"的学习主题突破了传统课堂中从静态的、抽象的文本和教

材中抽取学习主题的思路,将跨学科学习和学生的生活经验结合起来创设情境,形成了个人生活—学校、社区生活—社会生活的路径,呈现出主题领域逐段扩展的趋势,折射出"生活和实践是跨学科学习的生长点"的理念。这种进阶性的学习主题设计契合学生认知发展规律,有利于"跨学科学习"学习任务群教学在小学阶段循序渐进地开展。

(二) 学习方式:独立探究与团队协作互为补充

从学习方式来看,跨学科学习强调学生独立探究和团队协作相互影响。第一、第二学段的学习方式集中体现为学生个人在日常生活中发现自己感兴趣的问题,并与同学交流,其中第二学段有一定的调查研讨、写研究报告的任务。第一学段和第二学段的学习方式主要为学生个人探究,注重个人的观点分享和交流,团队协作并未凸显。第三学段明确了提出小组研讨、集体策划等方式,相比前两个学段更加注重学生的团队协作和沟通交流能力,强调团队协作成果的产出。与此同时,个人的感受和思考也并未被轻视,学习内容与语文实践活动中依然多次提到"分享自己的感受""分享奇思妙想"。可见,"跨学科学习"学习任务群的学习方式强调学生个人的独立探究与团队协作互相补充,在培养学生沟通协作能力、团队协作能力、领导力的同时,也注重个人创造力和个性的发展。

(三) 学习活动:语言实践与问题解决水乳交融

在学习活动方面,跨学科学习始终紧扣语言主线,围绕着语文实践活动进行组织,以解决问题或产出成果为目的。在第一学段中,学生需要学习日常观察和记录;第二学段以"写出简单的研究报告"为主要的语文实践活动,学生需要对自己关心的校园、安全、家庭等方面的问题进行调查研究;第三学段以"活动方案"和"设计人工智能时代的未来生活"为问题情境,鼓励学生产出学习成果,并提出了"多种形式分享自己的经验与感受""运用多样形式丰富自己的语言表达""跨媒介形式分享"等语言实践要求。整体来看,"跨学科学习"学习任务群的学习活动包含感受体验、观察记录、调查研究、创意设计几个类型,以综合的情境创设为载体,语言实践和问题解决密不可分。其中,语言文字运用能力既是完成跨学科学习的工具和助力,也是跨学科学习的训练焦点和最终提升目标。与其他五个学习任务群的学习活动相比,"跨学科学习"学习任务群的学习活动设计要求教师兼具学科视野和跨学科视野,并不断增强教学方式的统整性、灵活性。

三、"跨学科学习"学习任务群的教学要求

《语文课程标准(2022 年版)》对"跨学科学习"学习任务群做出具体教学提示,

主要从创设真实情境、解决实际问题、兼顾过程和结果评价来指导教学。

(一) 以真实情境为起点,提高语言文字运用能力

《语文课程标准(2022年版)》在"教学提示"中指出:引导学生在广阔的学习和真实情境中学语文、用语文,提高沟通交流、团队协作和实践创新能力。跨学科学习具有整合性、情境性和高阶性,在进行跨学科学习时应贴近学生的真实生活,无论是个人生活、学校生活还是社会生活,都需要进行符合学生经验和发展的情境创设,综合运用语文及多学科知识去分析、解决问题,以推动学生主动参与、自主实践和主动建构。

例如,四年级上册第三单元的语文要素是"体会文章准确生动的表达,感受作者连续细致的观察",教材选文是《爬山虎的脚》《蟋蟀的住宅》,这两篇选文分别以日常生活中的动物、植物为观察对象。通过文本细读我们发现,完成一篇好的动植物观察日记需要作者储备一定的生物学知识,并结合细致的观察和准确的语言表达,形成一篇高质量的观察笔记。所以,教师据此提出以"观察记录建设蝴蝶园的过程"为主题,创设情境:

为发展旅游业,当地政府部门准备建设一个旅游景点'蝴蝶园',以吸引更多的游客来此旅游观光。在建设过程中,请你以协助者的身份参与其中,去了解、记录、观察蝴蝶,最后写一篇关于蝴蝶的观察日记。

学生观察记录建设蝴蝶园的过程将教材内容、地域特色和社会热点结合了起来,既需要调动生物学知识,又需要迁移课内学到的语文知识。学生在学习过程中围绕"写一篇关于蝴蝶的观察日记"这一核心语言任务反复实践,最后产出一篇高质量的蝴蝶观察日记,体现了在真实情境中提高语言文字运用能力,在语言运用过程中发展核心素养。

链接标准

要引导学生在广阔的学习和生活情境中学语文、用语文,提高沟通交流、团队协作和实践创新能力。注意引导学生掌握问题探究的基本步骤和方法,学会提炼、表达、呈现学习成果,着重培养学生综合运用多学科知识解决实际问题的能力。

——《义务教育语文课程标准(2022年版)》

(二) 以解决实际问题为抓手,合理设计学习活动

在学习活动的设计上,《语文课程标准(2022年版)》的"教学提示"主要提到

"组织、策划多样的学习活动。考虑每学期的课时安排,把握活动周期和难度,第一至第三学段以观察、记录、参观、体验为主""充分利用图书馆、互联网、社区生活场景、文化场馆等,为学生开展跨学科学习提供必要的支持;也可以结合学校和社区开展的文化活动进行语文跨学科学习"。

学习活动的设计需要在考虑学段学生适应性的基础上体现活动的进阶性。例如,第一、第二学段教师需要更多地设计体验、感受、观察等活动,激发学生的兴趣,第三学段的活动设计则需要体现更高的认知挑战性,如调研、策划、分享及展示,体现出"理解—运用—分析—评价—创造"的认知逻辑链条,最终指向实际问题的解决。

学习活动还需要充分利用各类学习资源。例如,校外图书馆、社区生活场景、文化场馆等线下场景资源,互联网、虚拟现实、人工智能等信息技术资源,以及各类校本资源。这些学习资源可以为学生进行跨学科学习时提供专业而典型的案例支持与策略指导,帮助学生解决问题和产出成果。

值得注意的是,学习活动的设计需要避免"活动中心化""活动拼盘化"。造成学习活动堆砌乱象的原因是在设计活动的过程中教师忽略了语言文字运用在跨学科学习中的核心地位,导致学习活动中的语言训练焦点模糊不清。在设计活动时,教师需要以学科和跨学科的知识结合点作为学习活动设计的出发点,紧扣语言文字运用,设计指向实际问题的学习活动,并且最终能够回归语言文字的运用。例如,第一学段以"养护小绿植"为主题展开跨学科学习,在学习过程中,对于"写观察日记"这一活动,教师需要提供必要的策略指导,帮助学生围绕核心语言任务进行反复实践,最终产出一篇形质兼备的观察日记。

链接标准

充分发挥跨学科学习的整体育人优势,增强跨学科学习的计划性和目标意识。根据不同学段学生生活的范围、学习兴趣和能力,精心选择学习主题和内容,组织、策划多样的学习活动。考虑每学期的课时安排,把握活动周期和难度。第一至第三学段以观察、记录、参观、体验为主……

要拓展学习资源,增强跨学科学习的综合性和开放性。充分利用图书馆、互联网、社区生活场景、文化场馆等,为学生开展跨学科学习提供必要的支持;也可以结合学校和社区开展的文化活动进行语文跨学科学习。

——《义务教育语文课程标准(2022年版)》

（三）兼顾学习过程和结果，综合评价学生的表现

对语文跨学科学习的评价工作，《语文课程标准(2022年版)》提示了从学生在各类探究活动中的表现和完成的方案、海报、调研报告等学习成果入手，即抓住过程和结果两方面进行评价。《语文课程标准(2022年版)》在学业质量部分对跨学科学习提出了如下学业成就表现描述(表10-2)：

表 10-2　"跨学科学习"学业质量标准描述

学段	学业质量标准
第一学段	在跨学科学习和探究活动中有好奇心和求知欲，喜欢观察、提问，能用自己喜欢的方式呈现学习所得
第二学段	参加跨学科学习活动，乐于观察、提问、交流，能参与简单的活动策划、组织工作；能根据不同学习活动主题搜集、整理信息和资料，提出自己感兴趣的问题；能用照片、图表、视频、文字等展示学习成果，并与他人分享
第三学段	积极参加跨学科学习活动，能利用多种信息渠道获取资料，在简单的调查、访谈等活动中记录真实生活；能根据活动需要，结合自己的知识积累和生活经验提出要探究、解决的主要问题；能借助跨学科知识和相关材料，与同学合作探索解决问题的具体方法，运用相关知识解释自己的想法，记录探究的过程及结论，写简单的研究报告；能组织讨论和专题演讲，发表自己的观点，在交流反思中辨别是非、善恶和美丑。能根据校园、社会活动的需要，自己或与同学合作撰写活动计划、实施方案或活动总结

"跨学科学习"学习任务群属于拓展型学习任务群，具有较大的学习跨度、难度和整合程度，对学生的评价需以鼓励为主，激发学生在现实生活中运用跨学科知识解决问题的兴趣和自信心。具体来看，第一学段关注重点在学生对学习探究活动表现出来的好奇心、求知欲；第二学段除了观察、交流，运用多种方式分享学习成果也是评价重点；第三学段的"解释想法""在交流反思中辨别"等表述，将评价重点从单纯的接收信息、分享信息提升到反思信息层面，考查学生在多向信息交互中运用理性思维进行辨别和反思的能力。教师在设计评价时可以根据不同学段的学生特质和学习活动，以学习表现和学习成果两个基本点为评价重心，达成学生核心素养的进阶。

"跨学科学习"的评价除了以"鼓励"为主要态度、以过程和成果为主要评价内容，在评价的整体设计上教师可以考虑采取逆向设计思路，即评价先行，围绕跨学科大概念，设计核心任务，针对核心任务所指向的学习成果，设计具体的评价维度。此外，学生也可以提前了解完成跨学科学习任务需要在哪些方面、哪些环节达成何种成果，以及成果能够达到哪一层级，从而带着目的开始自己的跨学科学习"旅程"，更好地发挥学习评价"以评促学"的功能。

链接标准

　　评价主要以学生在各类探究活动中的表现,以及活动过程中完成的方案、海报、调研报告、视频资料等学习成果为依据。教师可以针对主要学习环节和内容制订评价量表,邀请相关学科教师、家长、社会人士参与评价。评价要关注学生综合运用多学科知识思考问题、解决问题的态度和能力。评价以鼓励为主,既充分肯定学生的发现和创造,又引导学生自我反思提升,不断提高跨学科学习的质量。

　　过程性评价要拓宽评价视野,倡导学科融合。把学生参与社会实践、志愿服务和跨学科主题活动的表现纳入评价范畴,着重考察学生在真实情境中表现出的情感态度和语言能力。要注重校内外评价的结合,关注学生在家庭生活和社会生活中的语言发展情况。

——《义务教育语文课程标准(2022 年版)》

四、"跨学科学习"学习任务群的教学环节

　　"跨学科学习"学习任务群设计应贯彻"教—学—评一体化"的原则,以跨学科主题统整不同学科之间的课程,围绕主题设计学习任务群目标,提高目标的统整性。设计真实情境,增强学习的代入感;以核心学习任务贯穿始终,围绕核心任务制订评价方案,避免学习过程的碎片化、浅表化。同时,核心学习任务不是一蹴而就的,教师需要将核心任务分解为具体的、进阶性的学习任务,保证学习任务群实施具有操作性。具体来说,"跨学科学习"学习任务群教学可以分为以下三个主要环节:

(一) 提炼跨学科的主题,确定学习任务群的学习目标

　　教师依据核心素养目标和教材内容,通盘考虑跨学科学习内容的特点提炼学习主题,以此统摄学习任务群学习,可以提高课程整合的深度、广度和结构化水平。依托小学语文教材选文,凝练跨学科学习主题,整合两个或两个以上学科的核心概念来解释现象、解决问题、创造作品,从而产生新的理解,创造出新的意义,则可以提供一种"跨学科学习"学习任务群设计的路径。

　　跨学科学习需要寻找学科与跨学科之间的结合点。主题是普遍的学科内容与学生心理经验和社会生活相融合而生成的探究要旨,教师既可以从课程标准建议的主题中选择学生喜闻乐见的主题,也可以基于课程标准的要求、教材内容、当

地社会生活和学情特点,生成新的跨学科学习主题。[①] 例如,学生在三年级已经了解了日记的一般格式,初步养成了写日记的习惯,也知道要仔细观察,注意事物的变化,把观察到的事物写清楚。小学语文教材四年级上册第三单元的语文要素是"体会文章准确生动的表达,感受作者连续细致的观察"。在学习单篇的基础上,教师如果能够关联学生生活实际创设问题情境,使之综合运用多学科知识分析在观察中发现的问题,并着力解决问题,经过真实体验,学生更有可能写出高质量的观察笔记。在此基础上,教师可以将跨学科学习主题确定为"观察记录建设蝴蝶园的过程",围绕这一主题,学生需要综合运用语文、数学、科学、美术学科知识,调查分析蝴蝶少见的原因,为蝴蝶园建设部门推荐一种蝴蝶,写一篇蝴蝶观察日记。在学习主题的统领下,"跨学科学习"学习任务群的教学目标可以确定为:

1. 调查蝴蝶现状的数据并分析其少见的原因,培养收集、处理、分析信息的能力、与人沟通的能力以及团队协作能力。(数学、科学、语文)

2. 通过连续观察一种蝴蝶,制作蝴蝶推荐卡,培养语言表达能力、手工制作能力和审美能力以及生态保护意识。(语文、美术)

3. 基于跨学科视角,写一篇蝴蝶观察日记。(语文)

语言艺术的背后是实践过程中蓄积的情感体验,是分析问题、解决问题的思维过程。上述三个目标从学科出发,走向跨学科,最终回到学科,以提高学生的语言运用能力为最终目标。

(二)沟通学科与社会生活,创设真实情境和核心学习任务

在跨学科学习的过程中,学生直接面对的是基于真实情境的任务,教师创设真实情境,设计核心学习任务,可以引导学生打破学科知识的壁垒,面向真实世界,运用不同学科知识对这一学习任务进行探究,通过多学科间不可分割的联系完成任务,达到对知识的整体的深度的理解,学生的核心素养在这样的理解与探究中得以提升。

通过对小学语文教材四年级上期第三单元的学习,学生学会了连续观察的方法,习得准确生动的表达;通过数学学科学完初步的统计知识,学生具备了一定的信息收集、整理能力;通过科学学科学习,学生具备了初步的合作、探究能力;通过美术学科学习,学生具有了一定的手工制作能力和审美能力:这些为学生开展跨学科学习提供了知识基础与能力基础。按照逆向教学设计理念,以核心学习任务贯穿始终,作为评价任务群学习预期结果的主要抓手,教师可以创设如

---

① 张紫屏.跨学科课程的内涵、设计与实施[J].课程.教材.教法,2023,43(1):66-73.

前文所述的:

"写一篇关于蝴蝶的观察日记"的真实情境,引导学生将课内知识迁移运用到日常生活中,在解决问题的过程中实现对知识的深度理解,又回归语言文字的运用,提高学生的核心素养,同时培养学生关注城市发展、关心生态保护的意识和能力。

(三) 深入整合跨学科知识,设计进阶性的学习任务

"跨学科学习"学习任务群的学习周期较长,为保证学生学习的持续性、投入度,教师需要将核心学习任务转化为驱动性问题,充分预估学生可能遇到的学习难题,并提供相应的学习支架,帮助学生实现自主学习、合作学习、深度学习。

1. 设置驱动性问题,促进高阶思维发展

学习任务在本质上是解决问题的过程,问题是学习任务的内核。驱动性问题具有指向本质、开放性、"黏性"的特点,能激发学习者的学习兴趣,保持较长时间的学习投入,并引发高阶思维,促进意义的建构,可以作为跨学科学习主题的有效载体。如教师设计驱动性问题如下:

据报道,2009 年重庆成为"新蝴蝶王国",蝴蝶种类增加到 554 种,在全国排名第四。虽然重庆地区蝴蝶种类有 500 多种,但我们却很难在城市里见到,这是为什么呢?

这一问题能引发学生的认知冲突,形成一定的挑战性,同时又具有开放性和不确定性。学生想要回答这一问题,就需要考虑蝴蝶的种类、生活习性和生长环境等,获得这些信息需要查阅资料、整理信息、实践调查、分析探究,进而提出观点、分析推理并得出结论。

2. 搭建学习支架,构建进阶性的学习任务

学习支架能给学生提供清晰、明确的学习方向,为学生独立完成学习任务提供有效支持。学习任务一为结构地梳理蝴蝶生存现状。针对该学习任务,教师设计了"蝴蝶生存现状调查与分析"任务单(表10-3),学生在完成这一任务单的过程中,需要综合运用数学学科、语文学科的知识和技能,对本地蝴蝶的数量、种类、生活习性和生长环境等进行深入了解,为探究蝴蝶少见的原因提供扎实证据。完成任务单后,教师组织学生汇报调查结果,形成初步的研究结论,并基于研究结论,为建设蝴蝶园提出建议。

表 10-3 "蝴蝶生活现状调查与分析"任务单

维度	数量	种类	生活习性	生长环境	其他	方法建议
2017 年						
2018 年						1. 查阅网络、报刊等资料;
2019 年						2. 走进博物馆或科技馆了解;
2020 年						3. 向专家请教;
2021 年						4. 实地观察
蝴蝶数量条形统计图:			蝴蝶种类条形统计图:			
从以上统计图,我们发现:						
根据调查了解,我们认为某地蝴蝶少见的原因有: 1. 2.						

学习任务二为"我为蝴蝶代言"。为增强学习任务的挑战性,教师创设了新的情境:

在吸收大家的建议后,蝴蝶园的建设方案逐渐得到完善。但是已有的蝴蝶种类还不够丰富,工作人员计划向大家征集十种既能适应环境又有特点的蝴蝶,请你运用连续观察的方法,可以从下面图片中的凤蝶中选择一种进行实地或视频观察,也可以自选其他一种蝴蝶进行实地或视频连续观察,为你推荐的蝴蝶代言(教师发给学生《常见凤蝶科蝶类表》)。

要求:(1)连续观察你想推荐的一种蝴蝶;(2)为它制作一张精美的推荐卡;(3)通过你的连续观察,准确生动地为它写一段推荐理由来介绍蝴蝶,呼吁人们保护环境、爱护蝴蝶(如从外形、颜色、习性、价值等方面来写)。

学习任务二要求学生在学习任务一的基础上,将调查结论迁移运用到新的情境中,解决更具挑战性的问题。作为学习支架,《常见凤蝶科蝶类表》共包含翼凤蝶在内的 16 种凤蝶品种,并分别提供凤蝶的分布地区、习性和寄主植物信息。学生综合分析上述信息,通过在生活中或在视频中连续细致地观察,运用美术、语文知识和技能制作"我为×××蝴蝶代言"推荐卡,用准确、生动的语言写清楚推荐理由,并上台进行推荐。教师围绕学生介绍时声音是否响亮、语言是否流畅、仪态是否自然大方等维度,设计评价量表,通过师评、生评,推选出十位最佳蝴蝶代言人。

语文的外延即生活的外延,让语文与生活和实践联结,可以拓宽学语文、用语文的天地。学习任务三是"为蝴蝶园写推荐词",该学习任务引导学生既关注语文学习,又关注社会发展,关注生态保护,从而发挥语文学科的育人功能:

同学们,在你们的帮助和工作人员的辛勤付出下,我们期待已久的蝴蝶园即将建成。这段时间以来,我们走进博物馆、采访专家,了解到我们这里蝴蝶少见的原因;我们通过连续细致的观察,更加深入地了解了蝴蝶,与蝴蝶实现了一次美丽又深刻的邂逅。让我们拿起笔,为你这段时间以来观察的蝴蝶写一篇观察日记吧!

要求:(1)生动、准确地记录蝴蝶及它的变化;(2)可以写一写你观察的过程以及你当时的想法和心情;(3)可以附上你的推荐卡或图画、照片;(4)在写作过程中,反复回读第三单元课文,借鉴课文写法,不断修改完善自己的日记。

基于跨学科视角去了解、记录、观察蝴蝶,写一篇关于蝴蝶的观察日记,这是跨学科学习的核心学习任务。学生在不同的情境中,经历发现、界定需要解决的问题,完成富有挑战性的阅读、梳理、探究、表达等语言实践过程,培养了收集、处理、分析信息的能力,提高了团队沟通协作的能力,也发展了手工制作能力,强化了生态保护意识和对大自然的热爱之情,而这些正是语言运用背后起决定性作用的因素。

第二节　"跨学科学习"学习任务群的教材分析

课程标准是教材编写的重要依据,《语文课标标准(2022年版)》将"跨学科学习"列为拓展型学习任务群,现行小学语文教材的编写与出版早于《语文课标标准(2022年版)》的颁布,因此,教材中较少直接体现该学习任务群的单元,其中的跨学科要素散见于不同的单元、篇章之中,需要进行深度统整。

一、内容资源

根据《语文课程标准(2022年版)》中关于"跨学科学习"学习任务群的目标与学习内容要求(表10-1),我们分学段总结了当前小学语文教材中关于"跨学科学习"学习任务群的相关内容(表10-4、表10-5、表10-6)。

学习活动

请你尝试按照表10-4、表10-5、表10-6的格式总结小学语文教材三年级下册中"跨学科学习"学习任务群的相关内容资源,并以小组为单位分享你的总结过程与教学感悟。(温馨提示:教学感悟可以从该册内容资源特点,以及与其他册教材的衔接等层面展开。)

表 10-4 第一学段"跨学科学习"学习任务群小学语文教材内容资源梳理

册次	课文	识字	口语交际	语文园地
一年级上册	《画》		小兔运南瓜	《剪窗花》 前后左右、东西南北 《春节童谣》
一年级下册	《端午粽》 《棉花姑娘》 《小壁虎借尾巴》			
二年级上册	《小蝌蚪找妈妈》 《我是什么》 《植物妈妈有办法》			《企鹅寄冰》 《鲁班造锯》
二年级下册	《小毛虫》	传统节日		看导览图

表 10-5 第二学段"跨学科学习"学习任务群小学语文教材内容资源梳理

册次	课文	习作	口语交际	综合性学习
三年级上册	《大自然的声音》 《父亲、树林和鸟》 《带刺的朋友》			
三年级下册	《昆虫备忘录》 《海底世界》	我的植物朋友 我做了一项小实验		中华传统节日
四年级上册	《蝙蝠和雷达》	写观察日记	"我们与环境"	
四年级下册	《飞向蓝天的恐龙》	"故事新编"		

表 10-6 第三学段"跨学科学习"学习任务群小学语文教材内容资源梳理

册次	课文	习作	口语交际	综合性学习
五年级上册	《圆明园的毁灭》 《太阳》			遨游汉字王国
五年级下册	《金字塔》	中国的世界文化遗产		
六年级上册	《竹节人》 《宇宙生命之谜》 《故宫博物院》	"变形记"		
六年级下册		"家乡的风俗" "插上科学的翅膀飞"		

在小学语文教材中，"跨学科学习"学习任务群的内容资源较丰富，涵盖了课文、习作、语文园地、口语交际、综合性学习、识字等板块。整体来看，课文、习作板块中的跨学科学习要素比较集中，识字、口语交际、语文园地、综合性学习四个板块中的跨学科学习要素相对分散。跨学科学习要素是相对而言的，表10-4、表10-5、表10-6中所列内容，相对来说更容易与其他学科建立关联，这种关联主要指向三个方向：一是社会生活，可以关联历史、民俗、美术等学科，如课文《画》《端午粽》《圆明园的毁灭》，语文园地《剪窗花》《春节童谣》，习作"中国的世界文化遗产"等；二是自然科学，可以关联数学、物理、生物等学科，如课文《棉花姑娘》《小壁虎借尾巴》《大自然的声音》《蝙蝠和雷达》《金字塔》，习作"插上科学的翅膀"，口语交际"我们与环境"等；三是个人实践，可以通过手工制作等方式，运用多学科知识，解决问题，加深体验，如课文《竹节人》，综合性学习"遨游汉字王国"等。

无论按照哪个方向进行学习任务群设计，教师都需要提炼跨学科学习主题，以学习主题为统领，围绕驱动性问题，整合学习任务群的学习资源、目标、情境、任务、支架，使之成为一个完整的学习事件。

二、编排方式

在基于教材进行"跨学科学习"学习任务群设计时，教师除了要了解相关内容资源，还要把握教材编排方式。教师可以从宏观、中观和微观三个层面把握小学语文教材编排方式，对跨学科学习要素进行深度统整。

（一）宏观层面：以落实核心素养为旨归，构建了立体多元的人文主题系列

人文主题，即各单元课文大致按照内容类型进行组合，体现同一主题下文章内容的丰富性和包容性。[①] 从内容资源来看，与"跨学科学习"学习任务群相关的人文主题主要包括"人与社会""人与自然""人与自我"三个方面，人文主题本身包含着丰富的跨学科学习要素，可以丰富学生的学科理解，拓展学生的跨学科学习意识，为凝练跨学科学习主题提供方向。小学语文教材三年级下册第一单元的人文主题是"飞鸟在空中翱翔，虫儿在花间嬉戏。大自然中，处处有可爱的生灵"，主要指向"人与自然"。与此类似的还有三年级上册第七单元的人文主题"大自然赐给我们许多珍贵的礼物，你发现了吗？"，五年级下册第七单元的人文主题"足下万里，移步换景，寰宇纷呈万花筒"，这些人文主题主要指向帮助学生了解不同国家、不同民族的建筑特色、人文景观，拓展文化视野，可以归入"人与社会"。想要理解和掌握这些人文主题，学生不仅需要掌握相应的语文学科知识，还需要关联多学科

① 王本华. 正本清源，双线并进，建构语文核心素养[J]. 语文学习，2017（12）：4-7.

知识,从"举一反三"走向"举三反一",实现融会贯通。

(二) 中观层面:提供了"人文主题+语文要素"与"跨学科学习"融合的知识系统

小学语文教材按照"人文主题"和"语文要素"双线组元的方式进行编排,兼顾了语文学科的人文性和工具性。人文主题有利于强化学生的审美、情感、文化体验,为跨学科学习主题的提炼提供了方向;语文要素涵盖了学生必须掌握的语文知识、能力、策略、习惯,可以保证跨学科学习的语文学科本位。这样的设计巧妙融合了事实性知识、概念性知识和程序性知识。以小学语文教材五年级下册第七单元为例,人文主题为"足下万里,移步换景,寰宇纷呈万花筒";语文要素包括"体会静态描写和动态描写的表达效果""搜集资料,介绍一个地方",蕴含着丰富的事实性知识和概念性知识;单元助读系统包括脚注、阅读联结、旁批,除了提供文章写作的背景信息、作者信息、阅读要点,还以进阶性的问题(如"不可思议的金字塔"设计了7个问题)引导学生综合运用多学科知识,进行有序思考,属于比较典型的程序性知识。需要注意的是,目前小学语文教材中的元认知知识较少,尚不能充分发挥促进学生反思、改进的作用。

(三) 微观层面:教材内容隐含着学科和跨学科的知识结合点

小学语文教材内容主要是为了落实语文学科学习的需要,并非按照跨学科学习的逻辑设计的。基于教材内容设计"跨学科学习"学习任务群,需要从教材内容中发掘学科和跨学科的知识结合点,使之从隐性化走向显性化。例如,小学语文教材二年级上册的课文《小蝌蚪找妈妈》和二年级下册的课文《小毛虫》都讲述了动物成长变化的过程,如果只是从单篇的角度讲解,较少涉及跨学科知识,学生的体验也很难深入;如果将两篇课文整合在一起,以"记录动物变化过程"为知识结合点,就可以有效关联生物学科,丰富学生分析问题、解决问题的知识内容和概念体系。

三、实施建议

课程实施是"跨学科学习"学习任务群教学的关键,教师需要综合分析多方面因素,对课程内容进行灵活处理,并综合运用多种教学方式,最大程度促进学生的自主学习、合作学习和深度学习。

(一) 综合考量学段、学情与教材内容特点,灵活进行课内、课外统整

从小学语文教材内容资源和编排方式来看,开发"跨学科学习"学习任务群,教师一是要加强课内统整,即教材内部的统整;二是要加强课内、课外的统整,拓展

学习任务群的深度和广度。

课内统整,首先是对人文主题相近的课文的统整,使之形成基本的内容框架,既可以是一个教材单元,也可以是人文主题相近的多个教材单元。需要注意的是,所谓统整,不等于照搬教材单元内容,而是根据学习需要,进行必要的增删,以实现课程内容的结构化。其次是课文系统与其他教材系统的统整,如围绕相近的跨学科学习主题,将课文与口语交际、语文园地、习作或者综合性学习等统整为结构化的课程资源。课外统整,主要是指基于教材,联系日常生活相关资源,凝练驱动性问题,增强学习任务的情境性、真实性。

教材内容是统一的,不同地区、不同学校、不同学段和班级的学情却存在着显著的差异,围绕同一个跨学科学习主题,教师在选择文本、设计情境和进阶性学习任务时,都需要充分考虑学情,如学生的知识基础、认知风格,确定学生的"最近发展区",以最大化带动学生参与问题解决过程,调动其积极性、主动性,实现其自主学习为旨归。

(二) 以驱动性问题为内核,体现跨学科学习任务设计的进阶性

学习主题可以统摄一系列事实、现象,但不足以揭示原理和规律,还必须依赖特定的概念或问题。跨学科学习不是为了跨学科而跨学科,而是为了提高学生语言文字运用的能力,这就需要一个指向概念性理解的、真实的驱动性问题来揭示文本世界、生活情境中语言运用的内在规律。将教材关联生活,实现学科和跨学科的有机结合,教师需要挖掘出一个好的驱动性问题作为"灵魂"。

一个好的驱动性问题,实际上就是跨学科大概念的外显。以驱动性问题统摄跨学科学习任务,可以使众多的学习任务围绕一个中心展开,避免碎片化、浅表化活动的简单堆砌。

语文学科与其他学科的融合不是一蹴而就的,而是随着学习任务的推进,逐步深化的,学习任务之间呈现出进阶性的特征。在不同学习任务之间,教师可以按照"理解—运用—分析—评价—创造"的逻辑进行设计,体现认知的进阶性;同时,随着活动的开展,学生经历"感受—体验—认同—内化"的情感进阶过程,在学习过程中不断增强对祖国语言文字的感情。

跨学科学习需要在复杂情境中解决复杂问题,学生在完成任务的过程中,可能会遇到诸多困难,仅靠自身的力量难以跨越。因此,在设计进阶性学习任务时,教师需要充分考虑学生可能在什么环节,遇到哪种类型的困难,需要提供怎样的辅助性学习支架。例如,在完成"采访"任务时,学生需要确定采访对象,拟写采访提纲,但拟写访谈提纲对小学生来说很有挑战性,如果没有典型案例参考和专业指导,小学生很难凭自身的经验完成。

（三）从跨学科回归学科，以问题解决综合提升语言运用能力

跨学科学习是培养学生的核心素养的有效途径，但只有语文学科本位下的跨学科学习才能很好地培养学生的语文运用能力。语文跨学科学习要有"语文味"，如果没有语文学科本位的观念，就很容易成为多个学科活动的叠加，表面热闹，实则是个"花架子"，失去跨学科学习的意义，背离发展学生核心素养下的跨学科学习初衷。"建设蝴蝶园"跨学科学习是以语文学科的连续观察、生动准确的书面表达和自信流畅的口头表达培养为主线，以科学、数学学科的调查、分析、探究和美术学科的手工制作与审美为辅助来进行设计的。在培养学生语文运用能力的同时，其综合能力又在这些活动中同步得到促进与发展，从而跨学科学习促进学生语言运用能力发展的课程愿景得以实现。

综上所述，教师要以跨学科的视角整合知识，设计驱动性问题，创设真实的、开放的、复杂的情境，促使学生在分析问题、解决问题的过程中突破单一学科的束缚，增强知识运用的灵活性。与此同时，紧密围绕语文实践活动这条主线，设计进阶性学习任务，才能始终保持语文学习的底色。

第三节 "跨学科学习"学习任务群的教学案例分析

在对"跨学科学习"学习任务群理论理解的基础上，通过学习优秀教学案例，尝试将理论与实践相结合，用于指导"跨学科学习"学习任务群的教学实践，可以提高学习者的教学实践能力。本节将从描述和分析两方面呈现"跨学科学习"学习任务群的教学实践案例。

一、"跨学科学习"学习任务群的案例描述

"和谐之美"学习任务群的设置主要基于《语文课程标准（2022年版）》对"跨学科学习"学习任务群第三学段"参与学校和社区举办的书法、绘画等相关文化活动，体验、感知、传承中华优秀传统文化，运用多种形式分享自己的经验和感受""运用跨媒介形式分享研学成果""选取衣食住行、学校、地球等某个方面，设计人工智能时代的未来生活，运用多种形式丰富自己的语言表达，呈现与分享奇思妙想"等内容要求；以及"能针对学习和生活中的问题，开展跨学科学习，根据需要策划创意互动，从相关学科材料中搜集资料，整合信息，发现解决问题的线索；能通过多种方式获取资料……关注信息的权威性和科学性；能运用实证性

材料对相关问题作出合理的解释与推断……通过合作,能综合运用绘画、表演、创作等多种活动形式开展校园活动或社会活动"等学业质量要求。教师通过确定"和谐之美"为跨学科学习主题,衔接教材内容与现实生活,关联语文、美术、音乐、信息技术等学科,引导学生综合运用多学科知识,分析问题、解决问题,实现对知识可迁移的深度理解。

　　从"和谐之美"学习任务群的内容来看,该学习任务群选择以小学语文教材五年级上册第七单元(课文《古诗词三首》《四季之美》《鸟的天堂》《月迹》,习作"＿＿＿即景")为切入点,将教学目标确定为:通过赏析文段、视频、音乐,感受其中的和谐之美,培养审美意识和能力;通过拍摄或编辑视频(网络下载)的实践活动,培养实践创新能力和团队协作意识;通过运用动态、静态等描写方法为视频配文,培养语言表达能力和审美能力。教师设置了"'和谐之美'宣传视频制作"的大情境,然后将之分解为视频拍摄与编辑,赏析素材与学习方法,撰写视频配文、视频配文、配乐,分享、评价和反思等五个学习任务,以"如何使宣传自然美景的视频、配文、配乐保持和谐一致"为驱动性问题贯穿始终,使学生在运用多学科知识的过程中,发展核心素养。其中,撰写视频配文需要运用课内核心知识,属于书面语言实践活动;分享、评价和反思属于口头语言实践活动。

二、"跨学科学习"学习任务群的案例分析

　　根据学习任务群的内涵,我们可以从以下 7 个方面分析"跨学科学习"学习任务群的教学案例,分析与评价标准如表 10-7 所示。

表 10-7　"跨学科学习"学习任务群教学案例评价分析与评价表

学习任务群 7 大要素	分析标准
学习主题	是否能够有效关联学科知识与跨学科知识,使学习任务群成为一个整体?
学习目标	是否能够涵盖语文学科与其他学科的核心知识、运用知识解决问题的必备品格和关键能力?
学习情境	是否科学合理地从教材出发选择切入点,结合日常生活的真实情境进行教学? 是否包含一个真实的驱动性问题?
驱动性问题	能否激发学生持续学习的内部动机?
学习任务	具体设计了哪些学习任务(趣味性)? 学习任务之间的关系如何(进阶性、逻辑性)? 学习任务与学习内容、学习情境的关系如何(逻辑性)?
学习支架	是否为学生提供了可供操作的支架与学习方法?
学习评价	是否围绕核心任务,开发针对性的表现性评价量表?

从学习主题来看，"和谐之美"教学案例既涵盖了五年级上册第七单元的语文要素——"初步体会课文中的静态描写和动态描写"和"学习描写景物的变化"，又融合了信息技术、美术、音乐等学科，引导学生从多学科视角理解"和谐之美"的内涵和表现形式，使学习任务群具有整体性。

从学习目标来看，"和谐之美"教学案例既关注习得性学习目标，帮助学生获得事实性知识和基本技能，即掌握静态描写和动态描写结合的手法，主要指向课内内容的学习，这类目标更强调教师有效的教；也追求意义获取性目标，引导学生在学习中构建重要思想和过程的意义，如为视频配文，这类目标重在引导学生对复杂问题进行探讨和识别；还关注迁移性目标，支持学生在新的学习情境中将自主学习和有效学习的能力进行迁移，如拍摄或编辑视频的实践活动，培养学生的团队协作意识和实践创新能力，这类目标强调教师监督、指导学生的学习过程，为学生提供辅助性学习支架。

从学习情境来看，拍摄或编辑一段能够展示当地自然之美的视频，让更多的人了解当地的自然美景，符合《语文课程标准（2022年版）》要求的"教师应利用无时不有、无处不在的语文学习资源与实践机会""语文学习情境源于生活中语言文字运用的真实需求，服务于解决现实生活的真实问题"的要求。这一情境着眼于挖掘日常生活中的课程资源，引导学生建立起语文学习与日常生活的联系，具有较强的拟真度，有利于拓展学习空间，激发学生探究问题、解决问题的兴趣和热情。

从驱动性问题来看，视频内容、配文与配乐的风格保持和谐一致，是制作或编辑视频以表现自然风光之美的关键，也是运用多学科知识解决问题的核心，以此统摄五个学习任务，可以化繁为简，避免碎片化、浅表化地开展学习活动。同时，"和谐之美"不是单一的、封闭的，选取的自然风光不同，与之匹配的配文、配乐也会有差异，学生可以根据自己的体验，自主选择，学习具有较强的开放性和"黏性"。学生在解决这一问题的过程中，必然需要综合运用分析、综合、反思、创新等高阶思维。

从学习任务来看，学习任务一为"视频拍摄与编辑"，小组课前通过头脑风暴的方式，加深对核心任务的理解，并对核心任务进行分解，便于分工合作。学习任务二为"赏析素材与学习方法"，一是语文教师带领学生回顾课文中包含的写景技巧，促进迁移运用；二是拓展课外视频，重点分析视频与解说的匹配度。学习任务三为"撰写视频配文"，学生需要考量视频内容、长度、风格，灵活运用课内知识撰写配文，通过小组头脑风暴，形成定稿。学习任务四为"视频配文、配乐"，学生运用信息技术将配文录成音频文件，将音频及配乐整合到视频中。学习任务五为"分享、评价和反思"，学生通过分享、互评和反思，明确本组视频的优点、不足，为进一步修改、完善提供方向。

　　从学习支架来看,教学案例一是回顾课文经典语段,提炼出明暗、大小、动静和谐统一的策略和动态、静态描写结合的写作手法;二是拓展三个课外视频,涵盖了动静、色彩、虚实的和谐统一,分析了背景音乐选择的技巧。这些辅助性学习支架都为各小组独立完成视频制作提供了参考。

　　从学习评价来看,按照"逆向教学设计"的理念,围绕核心任务,设计表现性评价量表,充分发挥评价促进学习的作用。该学习任务群围绕视频配文撰写、视频拍摄或剪辑、视频分享与反思和团队协作等评价要素,分新手、学徒、胜任、专家四个等级,开发了表现性评价量表,对每个等级都进行了具体的描述,既可以作为指导学生完成视频制作的方案,也可以用来评价各小组的作品,贯穿学习任务群始终,过程性评价与终结性评价相统一,并引导学生在评价过程中学会评价。

案 例

第三学段"和谐之美"学习任务群教学案例

和 谐 之 美

学习目标

　　1. 通过赏析文段、视频、音乐,感受其中的和谐之美,培养审美意识和能力。

　　2. 通过拍摄或编辑视频(网络下载)的实践活动,培养实践创新能力和团队协作意识。

　　3. 通过运用动态、静态等描写方法为视频配文,培养语言表达能力和审美能力。

学习要求

　　"和谐之美"学习任务群的学习要求如表 10-8 所示。

表 10-8　"和谐之美"学习任务群的学习要求

学习任务	学习要求
视频拍摄与编辑	1. 教师指导学生拍摄视频。 2. 教师指导学生运用视频编辑软件编辑视频。 3. 小组讨论本次"和谐之美"视频如何拍摄、如何编辑以及如何分工完成
赏析素材与学习方法	1. 赏析一个文段、三段视频和三段音乐,感受文字、视频和音乐中的和谐之美。 2. 在赏析文段、视频和音乐的过程中,学习表达和谐之美的方法。 3. 欣赏三段视频中的其中一个(配有文字、音乐),整体感受和谐之美
撰写视频配文	1. 各小组根据选择的主题和素材,撰写视频配文,要求运用动态描写、静态描写等方法,体现和谐之美,200 字左右。 2. 小组交流,形成配文定稿

续表

学习任务	学习要求
视频配文、配乐(课后)	1. 把配文录成音频文件。 2. 使用视频编辑软件,将音乐和配文录音添加进视频。 3. 根据画面和配文的播放速度添加配文字幕
分享、评价和反思	1. 通过小组各成员的团结协作,各小组完成作品,派一名代表上台分享本组的视频。师生评价。 2. 各小组的视频各具特色,根据评价量表投票选出一个最能展示"和谐之美"的视频,发布在社交平台上进行展示宣传。 3. 各小组回顾工作流程,总结出优点和需要改进的地方

学习准备

1. 学习过五年级上册第七单元内容。

2. 摄像机或数码相机、手机、电脑、三脚架

学习情境

为宣传当地的自然美景,学校征集一个主题为"和谐之美"的宣传视频,把它发布在当地网站和社交媒体上,让更多的人了解这里的自然风光。

【驱动性问题】如何使宣传自然美景的视频、配文、配乐保持和谐一致?

学习过程

学习任务一:视频拍摄与编辑(信息技术教师)

▶ 学习活动一:视频拍摄指导

播放一段风景视频,学生欣赏,谈感受。

这段视频由哪几个部分组成? (视频画面、配文、背景音乐)

听说你们也要拍摄一个"和谐之美"视频发布到社交平台对吗? 老师今天就教教大家怎样去拍摄和剪辑视频。

首先确定拍摄主题;然后根据主题选择要拍摄的素材;

思考:拍摄时怎么来表现出素材的特点? 采用什么角度拍摄更好? 如何拍好细节?

拍摄的要求:拍摄时,保持画面稳定;每个素材的拍摄都采用 1 920×1 080 像素,使它们尺寸相同;视频格式为 MP4。

▶ 学习活动二:视频编辑指导

1. 怎样进行剪辑拍摄好的视频呢?(怎样把从网络上下载的视频剪辑好呢?)

2. 剪辑后的视频是零散的,我们要把这些零散的视频按播放的先后顺序排个序,排序后,再组合在一起。

3. 添加音频(音乐;配文朗读需要先录好后再添加)。

4. 根据画面和配文的播放速度添加字幕。

5. 为视频封面添加主题。

▶ 学习活动三:小组讨论,理解拍摄任务

小组讨论:

1. 本次拍摄的风景视频或下载的风景视频是什么主题?

2. 为了体现"和谐之美"这个主题,我们要选择哪些有代表性的风景进行拍摄?

3. 拍摄时怎么来表现出这些风景的特点?

4. 采用什么角度拍摄更好?

5. 如何拍好细节?

小组分工:

1. 拍摄或下载网络视频。

2. 编辑视频。

设计者手记

此学习任务中运用了任务驱动策略、技术支持策略和合作学习策略。

任务驱动指在学习的过程中,学生在教师的帮助下,紧紧围绕一个共同的学习任务活动中心,在强烈的问题驱动下,通过对学习资源的积极主动应用,进行自主探索和互动协作的学习,并在完成既定任务的同时,产生一种学习实践活动。本案例通过制作一个主题为"和谐之美"的视频发布在社交平台,用以宣传当地自然风光这一学习任务为驱动,组织学生进行学习、探索,培养学生的语言表达能力、实践创新能力和审美能力。

"跨学科学习"学习任务群教学实施需要不同学科间的教师合作。对于第三学段的学生来说,要制作一个配有音乐和文字朗读的视频,难度是很大的。为了给孩子们搭建学习支架,突破这个教学难点,"如何制作视频、如何剪辑视频"需要信息技术教师为学生提供技术上支持,这样才能为本次学习实现最终目标打下非常重要的基础。这样的跨学科学习更加体现了问题解决的真实性,学生解决问题的能力在真实的情境中得以真正培养。

合作学习是指学生为了完成共同的任务,有明确的责任分工的互助性学习。制作一个较为优质的视频,是一项复杂的任务,要经历拍摄、剪辑等具体过程,在这些过程中又包括主题讨论、素材选择、拍摄角度选择、细节表现等更为细致的任务。学生通过小组合作讨论本次拍摄任务,并进行任务分工,既培养思维,又发挥自主性,提高任务完成效率,还培养了团队协作意识和能力。

学习任务二:赏析素材与学习方法

同学们,在信息技术教师的指导下,我们学会了如何拍摄、剪辑视频,那我们要如何为这个视频配文呢? 让我们走进《四季之美》的这段文字,去看看作者是怎样表达的。

▶ 学习活动一:赏析文段

1. 出示:《四季之美》片段:

秋天最美是黄昏。夕阳斜照西山时,动人的是点点归鸦急急匆匆地朝窠里飞去。成群结队的大雁,在高空中比翼而飞,更是叫人感动。夕阳西沉,夜幕降临,那风声、虫鸣,听起来也愈发叫人心旷神怡。

2. 在《四季之美》这篇文章里,作家清少纳言用这段文字给我们描绘了一个秋日黄昏的世界。在这样的文字里,你看到了什么样的美?

生:……(明暗相衬)

生:……(大小相宜)

生:……(动静相谐)

3. 小结:绚丽的夕阳,墨黑的乌鸦,明暗相衬;西山巍峨,归鸦小巧,大小相宜;静默的西山,急飞的归鸦,一动一静;这夕阳斜照西山,成为点点归鸦最美的背景,这背景的映衬为急飞的归鸦增添了无穷的意趣。作者为我们呈现了一幅动静相谐、明暗相衬、大小相宜的美丽画卷。(板书:动态描写　静态描写　明暗　大小)

▶ 学习活动二:赏析视频

1. 除了在课文的字里行间发现和谐之美,还可以在这一幅幅视频画面中发现和谐之美。(播放:无声视频)

播放:荷塘视频。

2. 如果你来为这段视频配文,你会怎么配?

3. 我们看看原文是怎么来体现和谐之美的。(出示配文,齐读。)

"接天莲叶无穷碧,映日荷花别样红。"你看,接天的莲叶绿意无穷,朵朵荷花红意无限。娇嫩的荷花在碧绿荷叶的映衬下,如同少女粉红的面颊。红与绿的色彩鲜明,和谐相宜。微风吹过,田田的荷叶,如一片层层起伏的绿浪。粉红的荷花如婀娜的仙子在风中舞蹈,为碧绿的莲叶带来阵阵欣喜。

4. 你发现作者配的文字是怎样体现出和谐之美的?

小结:在这段配文中,我们学到了作者通过对荷花的红与荷叶的绿两种色彩的描写来体现色彩和谐,也学到了对荷叶与荷花进行动态描写和静态描写,从而体现了动静和谐。

播放黄鹂、白鹭视频。

5. 这段视频,你又会怎么配?

6. 我们看看原文是怎么写的。(出示配文,抽生读。)

林间,一只可爱的黄鹂站在枝头,它褐色的双脚紧紧地抓住灰白的树干,一边左顾右盼,一边欢快地鸣叫,像一个黄色的精灵在呼唤它的伙伴。"扑棱"——它扇动翅膀,如箭一般飞了出去,停在另一棵树上。它啄啄胸前的羽毛,又左右瞧瞧,似乎在继续寻找它的朋友。远处,一只白鹭宛如白云般轻盈飘逸地向前飞行,那片片洁白的羽毛在阳光下闪烁着光芒,它仿佛是一位优雅舒展的芭蕾舞者,向人们传递一种自由、无拘无束的生命力。瞧,又有两只白鹭也展翅起飞了,这些自由自在的白鹭,犹如一幅幅优美的画卷在我们眼前展开。

7. 在这段文字中,你发现作者又是怎样来体现和谐之美的?

小结:作者通过对一远一近的白鹭与黄鹂的描写,让我们感受到了画面中有动有静,有声有色,远近分明,色调柔和淡雅,充满了和谐之美。(板书:远近　声色)

播放梯田视频。

8. 再看这段视频,你又会怎么配文?

9. 我们看看它的配文。(出示配文,齐读。)

"荡胸生曾云,决眦入归鸟。"缭绕的云雾如一块巨大的纱罩,为大地披上一层薄薄的轻纱。透过云雾,那层层的梯田如叠叠的浪在山间涌动。云雾像一顶顶白色的绒帽,又像一朵朵给梯田绣上的白色大花。微风吹动,乳白的云雾时而如袅袅的轻烟,时而如万顷波涛,时而如轻盈的羽衣。它们时浓时淡,神秘缥缈,让人仿佛置身蓬莱仙境。

10. 作者的这段配文又是怎么体现和谐之美的?

小结:是啊,作者笔下神秘、缥缈的云雾,与清晰、实实在在的梯田形成上下呼应之势,缭绕的云雾与梯田形成绝妙的对比,这一上一下、一虚一实的对比,让画面充满了和谐之美。(板书:上下　虚实)

这位拍摄梯田云雾的作者把他的文字配到了视频中,我们来欣赏一下吧。(播放梯田云雾视频。)

小结:同学们,我们不仅能用明亮的眼睛去捕捉生活中的和谐之美,还可以抓住事物的动静、色彩、远近、明暗、虚实等方面去表达和谐之美。

▶ 学习活动三:欣赏音乐

1. 同学们,刚才欣赏了几段风景视频,虽然风景很美,配的文字也很美,但总觉得还差点什么,你有什么建议吗?

2. 说得好,为让画面更有感染力,更有意境美,咱们可以为视频配上音乐。老师这里有三段音乐,你能为上面第一至第三段视频各选择一段合适的音乐吗?

3. 播放三段不同旋律的音乐。

4. 你认为哪一段音乐与哪一个视频匹配更和谐?为什么?

5. 这些视频配上你们选择的音乐,就更有意境美了。让我们一起来播放三段视频中的其中一个(已配文字、音乐),整体感受和谐之美。

设计者手记

　　此学习任务中运用了学习支架策略。根据学生的认知与心理发展,教师为学生搭建起学习支架,通过学习支架把学习任务逐渐转移给学生自己,当教师撤去学习支架,学生便获得学习的方法与技能,从而形成能力。"赏析文段"是对教材内容(静态描写和动态描写等方法)的回顾,是联结学生的已有认知;"赏析视频及视频配文"是引导学生走出教材,学习更多种形式的体现和谐之美的描写方法;"欣赏音乐"并为视频配乐,是进一步发展学生的审美意识,将视频、文字、音乐三者融合,使整个视频作品从三个方面最大限度地体现和谐之美。在这些学习支架的帮助下,学生习得动态描写、静态描写等多种描写方法,为下一个学习活动"撰写视频配文"作好了充分的学习准备和铺垫。

学习任务三:撰写视频配文

▶ 学习活动一:撰写配文

　　各小组根据选择的主题和素材,撰写视频配文,要求运用动态描写、静态描写等方法,体现和谐之美,200字左右。

▶ 学习活动二:交流评价

　　小组交流评价,形成配文定稿。

设计者手记

　　此学习任务中运用了迁移运用策略。学习的目的在于运用知识、方法、技能解决问题,发展语言和思维等多种能力。通过让学生把在教材内、外所学知识运用于新的情境中以解决问题,有利于培养学生的语言表达能力以及解决问题的能力。上一个学习活动,学生在多种资源形式中学习表达方法,而本次学习活动"撰写视频配文"是让学生把学习到的方法运用到自己拍摄的视频配文中,从而培养学生的语言文字运用能力和在新情境中解决问题的能力。

学习任务四:视频配文、配乐(课后完成)

▶ 学习活动:编辑视频

1. 把配文录成音频文件。

2. 使用视频编辑软件,将音乐和配文录音添加进视频。

3. 根据画面和配文的播放速度添加配文字幕。

4. 为视频封面添加主题。

设计者手记

　　此学习任务中运用了行为练习策略。跨学科学习的核心目标是以现实问题的研究和解决为依托,以学科为依托,同时超出单学科研究的视野,关注复杂问题或课题的全面认识与解决。学生带着本次学习活动的大任务"制作并在社交平台上发布一个主题为'和谐之美'的视频",通过运用旧知识以及新知识进行实践练习,学会运用动态描写和静态描写等方法为视频配文,既实现了语言文字所表达的和谐之美,又实现了视频、文字、音乐三者融合的整体和谐之美。此学习活动既是教学任务,也是学生的学习实践成果。在这一学习活动中,学生的语言表达能力、思维能力、审美能力以及学生的团队协作能力得到全面培养,学生的核心素养也得以提升。

学习任务五:分享、评价和反思

▶ 学习活动一:分享与评价

通过小组各成员的团结协作,各小组完成作品,派一名代表上台分享本组的视频。师生评价。评价量表见表10-9。

表 10-9 "和谐之美"视频制作表现性评价量表

评价维度	4=专家	3=胜任	2=学徒	1=新手	分数
视频配文撰写	精心选择恰到好处的景物,使得画面具有高度美感和视觉冲击力。准确、细致地描述季节特色,使观众完全沉浸其中。高度熟练地运用静态描写和动态描写,每一个画面都能呈现出生动、有趣的特点	选择恰当的景物,使得整体画面具有较好的呈现效果。准确地描述季节特色,突出其特性。有效地运用静态描写和动态描写描绘每一个画面,使得观众能够感受到季节的氛围和变化	选择部分恰当的景物。描述季节特色时,准确性较高,但仍可能存在一些遗漏。能较好地运用静态描写和动态描写描绘大部分画面	只能选择简单的景物。不能准确地描述季节的特色。只能用静态描写或动态描写	
视频拍摄或剪辑	能精准地选择背景音乐来配合视频的内容,使得音乐与画面相得益彰。画面、语言和音乐之间的结合非常和谐,营造出令人愉悦的观影体验	能选择合适的背景音乐,与视频内容完美匹配。能将画面、语言和音乐有效地结合在一起,形成和谐的整体	选择一部分合适的背景音乐来配合视频的内容。画面、语言和音乐之间的结合较好,但仍有改进的空间	难以选择合适的背景音乐来配合视频的内容。画面、语言和音乐之间的结合不够和谐,可能存在不协调的情况	
视频分享与反思	以清晰、详细的方式向他人介绍自己的视频,全面展示创作意图和亮点。能深入反思自己的工作过程,全面认识到自己的优点和改进的空间	清晰地向他人介绍自己的视频,包括重点内容和关键亮点。能进行有效的工作过程反思,准确找出自己的优点和需要改进的地方	能较清晰地向他人介绍自己的视频,部分内容遗漏或不充分。能进行一定程度的工作过程反思,找出一些优点和改进的空间	介绍自己的视频时表达不够清晰。对工作过程的反思较少,难以找出自己的优点和需要改进的地方	
团队协作	与团队成员高效配合,密切合作,充分发挥协同效应。能积极倾听和接纳团队成员的意见和建议,形成良好的共识和决策	有效地与团队成员合作,协同完成任务。能充分尊重和接受团队成员的意见和建议,形成良好的工作氛围	与团队成员合作完成任务,但沟通和协作还有改进的空间。能接受部分团队成员的意见和建议,可能存在一些抵触情绪	在团队协作中存在交流不畅或不积极参与的情况。对团队成员的意见和建议接受度较低	

▶ 学习活动二:投票评选 平台发布

各小组的视频各具特色,师生根据评价量表投票选出一个最能展示"和谐之美"的视频,发布在社交平台上进行展示宣传。

▶ 学习活动三:回顾流程 总结反思

各小组回顾工作流程,总结出优点和需要改进的地方。

设计者手记

此学习任务中运用了表现性评价策略和反省提升策略。学生运用先前获得的知识、方法在真实的学习情境中制作视频并发布视频,这个过程考查了学生对运用动态描写和静态描写等方法来体现和谐之美的掌握程度,同时考查了学生解决问题能力、实践能力、交流合作能力。此外,学生将自己的作品发布到社交平台上后,组织学生围绕本次活动流程进行梳理、反思和总结,有利于培养学生建构此类活动经验,形成解决问题的能力。

(设计:申小艳)

情境实践练习

1. 二维码中链接的是"菜谱与采购清单设计"的教学片段,试分析该教学片段涉及的跨学科学习主题、驱动性问题、表现性任务与目标、表现性评价量表,同时试评价该教学片段的教学成效。

"菜谱与采购清单设计"教学片段

2. 请你根据本章所学的内容,参考"跨学科学习"学习任务群教学案例分析与评价标准(表10-7),以小学语文教材提供的内容资源为基础,任选一学段,设计一份满足课程标准教学要求的"跨学科学习"学习任务群的教案。

文献摘要

[1] 任明满,申小艳. 小学语文"跨学科学习"任务群的价值探析与设计策略[J]. 小学语文,2023(3):9-14.

摘要:"跨学科学习"是《语文课程标准(2022年版)》新提出的拓展型学习任务群。该研究借鉴国内外相关研究,提出了"三步骤、两环节"的设计策略。"三步骤"即提炼跨学科大概念,设计跨学科学习任务群目标;创设真实情境,设计大任务;整合跨学科知识,设计学习任务群。"两环节"即设置驱动性问题,促进高阶思维发展;搭建学习支架,构建进阶性的学习任务。

[2] 张紫屏. 跨学科课程的内涵、设计与实施[J]. 课程·教材·教法,2023,43(1):66-73.

摘要:跨学科课程是学生运用两种或两种以上学科的观念、知识与方法探究一个现实问题或学科问题,进而发展跨学科理解及核心素养的课程。它指向深度学习,是信息时代的基本课程形态,包括多学科课程、狭义的跨学科课程和超学科课程。跨学科课程设计包括相互联系的五个方面:确定跨学科单元主题;围绕跨学科理解、跨学科能力和品格、关键学科知识和技能确定跨学科单元目标;提出跨学科引导问题;研究跨学科理解表现,设计表现性评价;设计系列跨学科探究任务。实施跨学科课程需要建立综合化学校课程体系,走向跨学科教学,并将跨学科课程的评价作为综合素质评价的主体。

第十一章
以专业阅读促进专业发展

■ 章前引言

　　教师的专业发展需经历不同的阶段,是一个终身持续的过程。依据教师专业发展相关研究,考虑小学语文教师的职业特点,我们可以主要针对小学语文教师的专业发展的职前准备阶段、职后发展巩固阶段和成熟创新阶段这三个阶段来分析,这三个阶段对应的教师分别为职前教师、骨干教师和卓越教师。

　　在教师专业发展的不同阶段,专业阅读都发挥着重要作用。专业阅读指的是围绕教师专业领域,注重研究与审辨,促进教师专业成长的深度阅读。不同阶段的专业阅读具有不同的特点。在职前准备阶段,教师需要广泛阅读本学科的专业书籍和跨学科著作,进行基础性阅读,为专业发展做好充分准备;在职后发展巩固阶段,教师需要结合工作中的问题,聚焦指向性阅读,坚持教育写作,不断提升专业素养;在成熟创新阶段,教师应着力于批判性阅读,归纳提炼教育经验,形成自己的教学风格。应当指出的是,对不同发展阶段教师专业阅读类型的区分是相对的,只是表明相应阶段专业阅读的侧重点。例如,基础性阅读在教师专业发展各个阶段都是需要的,只是在职前准备阶段所占比重更大。因此,教师应根据自身实际,选择合适的论著和阅读方式,不断提升自身的专业素养。

■ 学习目标

1. 理解小学语文职前教师专业阅读的内容和要求,把握职前教师专业学习的基本路径。

2. 认识小学语文教师指向性阅读的内容和要求,理解教学反思和写作在骨干教师成长中的作用。

3. 掌握小学语文教师批判性阅读的内容和要求,了解成长为卓越教师的基本路径和方法。

4. 能够根据语文课程标准和相关课程文件的要求,制订自己的阅读计划。

5. 在专业阅读的过程中撰写读书笔记,并能与同学交流阅读体验。

■ 学习指要

1. 专业阅读:阅读《义务教育语文课程标准(2022 年版)》和《教师教育课程标准(试行)》,明确专业阅读的范围和要求,循序渐进地进行专业阅读。

2. 反思评价:了解小学语文教师的专业发展阶段,分析自己的语文学习经历;阅读名师实践类书籍,了解名师的成长经历、教育思想,并尝试作出评价。

3. 实践操作:广泛阅读语言学、文学、教育学及相关学科的论著,撰写读书笔记,明确专业发展路径。

第一节　进行基础性阅读,提升职前教师 素养

想要成为一名合格的小学语文教师,就应该在职前学习阶段结合专业课程的学习,广泛阅读语言学、文学、教育学、心理学及相关学科的论著,养成良好的读书习惯,积淀丰厚学识,打下良好基础。这里说的基础性阅读指的是围绕专业领域,以夯实专业基础和提升教学能力为旨归的阅读。它对教师的专业发展具有重要作用,教师应当长期坚持阅读。

一、阅读语文学科论著,夯实专业基础

师范生在职前学习阶段应当广泛阅读语文学科论著,为未来发展奠定坚实的基础。这些论著既包括语文课程标准及其解读类著作,也包括语言学、文学、教育学、心理学等学科的基础论著。

(一) 研读语文课程标准,树立课程意识

语文课程标准是指导语文课程与教学的纲领性文件,是小学语文职前教师的必读材料。小学语文职前教师应该具有课程意识,了解语文课程的基本要素及其相互关系,深入理解语文课程的理念,把握语文课程的实施要领。

研读语文课程标准应当具有系统观念,关注不同要素之间的联系。语文课程标准是由不同要素构成的有机系统,包括课程性质与理念、课程目标、课程内容、学业质量、课程实施建议等。课程性质与理念是语文课程的基础,为语文课程的建构指引方向;课程目标体现课程性质,反映课程理念,是学生在语文学习活动中预期要达成的结果;学业质量是学生在完成课程阶段性学习后的学业成就表现,为核心素养的评价提供基本依据;课程实施建议包括教学建议、评价建议、教材编写建议、课程资源开发与利用、教学研究与教师培训等,从不同角度为课程的实施提出具体建议,是开展语文教学活动的重要参考。综合考虑不同层面课程要素的联系,才能更好地理解与实施语文课程。

除了阅读《义务教育语文课程标准(2022 年版)》,小学语文职前教师还应阅读语文课程标准解读著作,了解课程标准的精髓及其背后的设计依据,如《义务教育语文课程标准(2022 年版)解读》,这样有利于全面、深入理解语文课程标准,为语文课程标准的实施提供保障。除此之外,小学语文职前教师也可以阅读语文课程标准案例式解读著作,如《义务教育语文课程标准课例式解读:小学语文》,它针对

各种类型的学习任务群提供了课例,对职前教师理解、落实语文课程标准会有很切实的帮助。

研读语文课程标准,不仅要阅读语文课程标准本身,还要阅读语文课程标准所关涉的书籍。要求学生阅读的书籍,教师要先阅读。例如,整本书阅读是《语文课程标准(2022 年版)》新增的课程内容,对学生学习和教师教学都提出了新的挑战。对于"整本书阅读"学习任务群所涉及的书目,小学语文职前教师应该先行阅读,例如《宝葫芦的秘密》《稻草人》《西游记》《可爱的中国》《朝花夕拾》《红星照耀中国》《十万个为什么》《海底两万里》等。小学语文职前教师不能仅仅满足于"读过",而是要联系相关作品进行关联性阅读,并能结合相关论著对作品进行鉴赏。

对于语言文字积累与梳理、实用性阅读与交流、文学阅读与创意表达、思辨性阅读与表达学习任务群所涉及的书目,小学语文职前教师也应尽可能广泛地去阅读,为日后的从教打下坚实的基础。

(二) 阅读学科基础论著,丰富自身积淀

对于小学语文职前教师来说,阅读语言学、文学、教育学、心理学等学科的经典书籍是很有必要的。这些书籍能够为小学语文职前教师的专业发展奠定基础,为其未来的专业成长提供持续动力。

链接标准

> 语文教师要养成良好的读书习惯,不断丰富语言学、文学、教育学、心理学等方面的知识,注重中华优秀传统文化积累,提升自身文化修养。……要注意语文学科与其他学科的关联,提高跨学科整合课程资源的意识和能力。
>
> ——《义务教育语文课程标准(2022 年版)》

l. 进行专题阅读,提升语言文学理论素养

小学语文职前教师应当结合相关课程的学习或者自学,阅读语言文学方面的经典教材和其他论著。对于语言学、文学、文章学等学科知识的学习,小学语文职前教师不应当局限于某一种教材,而可以采用比较阅读、专题阅读的方式,涉猎相关的教材和书籍。例如,小学语文职前教师在学习中国现代文学史时,可以阅读参考钱理群等人撰写的《中国现代文学三十年》和朱栋霖等人主编的《中国现代文学史》;在学习中国古代文学史时,可以比较阅读袁行霈主编的《中国文学史》和章培恒、骆玉明主编的《中国文学史新著》;在学习文学理论时,可以阅读童庆炳主编的《文学理论教程》和杨春时著《文学理论新编》;在学习现代汉语时,可以阅读参考黄伯荣、廖序东主编的《现代汉语》和兰宾汉、邢向东主编的《现代汉语》;在学习古代

汉语时,可以阅读参考王力主编的《古代汉语》和郭锡良主编的《古代汉语》。在参照比较的阅读过程中,小学语文职前教师对语言文学知识会有更加全面和辩证的认识,这有助于夯实专业基础,提升思维力。

小学语文职前教师还应特别关注文本解读方面的著作,提升文本解读能力。良好的文本解读能力是做好教学设计的基础,也是小学语文教师必备的素养。长期以来,由于阅读量有限,缺少文本解读方面的训练,很多一线教师的文本解读能力有所欠缺,专业发展受限。所以,小学语文职前教师在学习文学史、文学理论等课程的过程中,要特别重视阅读原著并尝试对作品进行解析,提出自己的见解。除此之外,还应当有意识地阅读文本细读方面的著作,学习解读方法,提高文本解读能力。例如,小学语文职前教师可以阅读叶嘉莹的《古诗词课》、袁行霈的《中国诗歌艺术研究》、孙绍振的《名作细读》、王崧舟的《崧舟细读文本:小学语文教材文本解读与教学设计》等著作,在理论研习和文本解读的实践中不断提升自身的阅读鉴赏水平。

2. 结合课程与教材,阅读古今中外文学作品

想要奠定厚实的专业基础,除了需要阅读语言学、文学理论著作,小学语文职前教师还需要广泛阅读与课程、教材相关的古今中外文学作品。

小学语文职前教师的文本解读能力是在阅读经典文学作品的过程逐渐形成的。文本解读能力具有很强的实践性,仅靠学习文学史和文学理论是难以提升的。只有广泛阅读古今中外的优秀文学作品,才能不断提升文本解读能力。

小学语文职前教师应当广泛阅读与小学语文课程、教材相关的文学作品。为了更好地开展语文教学工作,教师应该具备比学生宽厚得多的阅读积淀。例如,小学语文职前教师应当对中国古代四大名著《三国演义》《西游记》《水浒传》《红楼梦》有所涉猎,因为小学语文教材已经选入了这些名著的片段。小学语文职前教师可以结合专业课程的学习阅读经典文学作品,增强自己的文学底蕴,提高自己的欣赏品位。就古代文学作品来说,小学语文职前教师可以阅读不同朝代有代表性的文学作品,如先秦的《诗经》《楚辞》,诸子百家的代表作品,汉乐府、唐诗、宋词、元明清戏曲小说等。就中国现当代文学作品来说,小学语文职前教师可以阅读鲁迅、郭沫若、巴金、茅盾、老舍、曹禺、沈从文、徐志摩等作家的代表作品,关注茅盾文学奖获奖作品。就外国文学作品来说,小学语文职前教师可以阅读现实主义、浪漫主义、现代主义等不同文学流派的代表作品。当然,小学语文职前教师还可以根据自己的兴趣,广泛阅读其他优秀文学作品。

3. 注重学以致用,研读教育学、心理学著作

一名合格的小学语文教师需要学习教育学、心理学知识并学以致用。从事小学教育工作,必须了解教育的本质和规律,把握小学生的心理特征。小学语文职前教师应认真学习教育学类、心理学类课程并阅读相关学科的经典著作,提高自己的教育理

论修养。

国家颁布的教师教育课程文件对教育类课程的设置和教师专业素质有明确要求,可以为职前教师的阅读提供参考。2011 年,教育部颁布《教师教育课程标准(试行)》,提出育人为本、实践取向、终身学习等理念,对教师教育机构教育类课程的设置作出明确规定。2012 年,教育部颁布《小学教师专业标准(试行)》,对小学教师的专业素质提出具体要求,强调师德为先、学生为本、能力为重、终身学习。

链接标准

掌握小学教育教学基本理论。

掌握小学生品行养成的特点和规律。

掌握不同年龄小学生的认知规律和教育心理学的基本原理和方法。

掌握所教学科的课程标准和教学知识。

——《小学教师专业标准(试行)》

按照《教师教育课程标准(试行)》的要求,小学职前教师的学习领域包括儿童发展与学习、小学教育基础、小学学科教育与活动指导、心理健康与道德教育、职业道德与专业发展、教育实践等。每一学习领域都应开设若干课程模块,如“小学学科教育与活动指导”学习领域,该课程标准建议开设小学学科课程标准与教材研究、小学学科教学设计、小学跨学科教育、小学综合实践活动等课程模块。小学语文职前教师可以围绕这些学习领域,阅读相关著作,提升教育教学修养。例如阅读小学语文课程与教学论、小学语文课程标准与教材解析等方面的著作,提高小学语文教学设计和活动指导能力。

职前教师应注重对经典教育著作的研读,在学习教育学、心理学理论时,不能仅仅阅读教材,还应阅读教育家、心理学家的原作,开阔知识视野,这样才能有更多的收获。例如,在教育学方面,职前教师可以阅读苏霍姆林斯基的《给教师的建议》,加深对教育的理解,获得很多宝贵的教育经验;在心理学方面,可以阅读马斯洛的《动机与人格》,对需要层次理论会有更深刻的理解,更好地认识动机在教育工作中的重要作用。小学语文职前教师在阅读教育学、心理学的经典著作时,要注重联系语文学科实际,将所学理论具体化,用来指导日常教学工作。

二、阅读名师实践类著作,把握教学门径

做好小学语文教学工作,既需要课程与教学方面的理论性知识,也需要语文教学实施方面的实践性知识。小学语文职前教师既需要阅读语言学、文学、教育学、心理学等学科的理论著作,也需要阅读一线语文教学名师所写的实践类书籍,并且

最好将二者结合起来进行阅读。

(一) 了解名师成长轨迹,获取实践智慧

小学语文职前教师缺少语文教学经验,阅读一线语文教学名师所写的实践类书籍是很有必要的。语文教学实践类书籍凝结着语文教学名师的心血,反映教师的实践智慧和成长心路历程。阅读这类著作,可以学习他们的教育经验,感受他们的教育情怀,提升教育教学能力。

小学语文职前教师应当阅读具有代表性的小学语文名师的著作,汲取成长养分和教育智慧。新中国成立以来,我国涌现了很多优秀的小学语文教师,他们进行了卓有成效的教学实践,形成了独特的语文教育思想。老一辈的小学语文教学名师有斯霞、霍懋征、李吉林、于永正等,新一代的小学语文教学名师有王崧舟、窦桂梅、薛法根等。为了更好地学习名师的教育思想,我们不仅要阅读名师本人的著作,而且要了解他人对名师的研究,这样才能对名师的理论与实践有更加全面、准确的认识。

读书同时读自己(于永正)

小学语文名师的成长是与终身学习相伴随的,他们扎根一线,不断求索,不断成长。以李吉林为例,她从一名普通小学语文教师成长为语文教育专家,经历了曲折漫长的过程。李吉林曾这样描述自己的成长经历:贫穷也是一笔财富,我选择了小学,似风中瘦竹,天高任鸟飞,近水楼台先得月,暖融融的厚爱,喜从天降,诗情画意没有穷尽。[①] 从这些诗意的描述中,我们可以看出她成长的艰辛与收获的喜悦。她在刚入职时,一边工作一边进修,规定自己每天读书三小时。为了锻炼自己的意志和品格,她每天5:30起床,诵读唐诗宋词,阅读名家作品,提升语言文学素养。在工作中,她将教学与科研相结合,提出情境教学理论,并不断优化,在全国范围内产生广泛影响。情境教学从最初"外语情景教学法"的尝试移植,到吸纳民族文化经典,创造性地运用于作文教学,走出具有中国特色的道路;她又借鉴运用图画、音乐、戏剧等艺术手段,让阅读教学"美"起来,逐步形成了促进儿童快乐、高效学习的情境教学。在探索的过程中,情境教学吸收其他教学法的长处,优化语文教学结构;同时汲取我国当代语文专家的思想,在不断地反思、追问中构建起情境教学、情境教育以及情境课程的理论框架和操作体系。[②] 李吉林不仅在教育实践领域取得了很高的成就,在教育研究方面也有很深的造诣,是小学语文教师专业发展的楷模。

在阅读中经营生活(窦桂梅)

读书与境界(王崧舟)

了解教学名师的成长经历,小学语文职前教师能够得到多方面的启发,坚定成

---

① 李吉林.李吉林与情境教育[M].北京:北京师范大学出版社,2006:1.
② 李吉林.为儿童快乐学习的情境教学[J].课程·教材·教法,2013,33(2):3-8.

为优秀小学语文教师的信念,获得成长的勇气和智慧。

(二) 采取辩证态度,认识名师教学模式

小学语文职前教师在学习教学名师的语文教育思想与实践时,不能简单地盲从和照搬,而应依据一定的理论框架,对教学名师的教育经验进行审视,取其精华,融合到自己的教学实践中。

小学语文教学名师一般都形成了自己独特的语文教学模式,产生了较大的影响。这些语文教学模式有其合理性,但是不宜照搬。教学模式是在一定的教学思想指导下建立的比较典型和比较稳定的教学程序,一般包括理论基础、功能目标、教学理念、活动程序、实现条件等要素,是一个有机的系统。将教学模式的诸要素割裂开来,孤立地加以研究和运用,不仅是不恰当的,而且是行不通的。

例如,学习李吉林的情境教育思想,要有整体观念,全面把握,辩证认识,灵活地加以运用。具体说来,我们可以从理论基础、功能目标、教学理念、活动程序、实现条件等方面来认识。情境教育的理论基础包括中国古代文论的"意境说""境界说",哲学上人在与环境相互作用和谐统一的活动中全面发展的理论,心理学中的暗示诱导原理、情感驱动原理、角色转换原理、心理场整合原理等。它的功能目标是促进儿童全面发展,包括身心同时得到发展,知情意行协调发展,促进全体儿童的发展,具体到语文教学则包含审美陶冶、思想教育、思维发展和语言训练。情境教育的教学理念强调形真、情切、意远、理寓其中。它以培养兴趣为前提,诱发主动性;以指导观察为基础,强化感受性;以发展思维为核心,着眼于创造性;以激发情感动因,渗透教育性;以训练语言为手段,贯穿实践性。它的活动程序包括创设情境、感知体验、引导理解、深化情感。除了这些,我们还要考虑情境教育的实现条件:教师需具有较强的语言表达能力,最好能擅长唱歌、画简笔画等,较适合记叙性文章的读写教学,需要具备一定的物质条件,可能会受到学生生活经历、所处环境的制约。综合考虑这些因素,我们才能对情境教育思想有比较客观、理性的认识。

除了对情境教育思想的多种要素进行考察,小学语文职前教师还应看看其他研究者对这一教学模式的评价。例如,有学者指出,情境教育以思想教育为核心的多元目标偏离言语交际能力培养这一核心;通过创设情境理解词语多,而结合上下文领悟词句少;对重点段详细分析多,而整体意会少;等等。当然,对于各类研究者的评价,小学语文职前教师也应采取思辨的态度,在批判性思维的基础上判断其合理性。

总之,学习小学语文教学名师的教学模式教育思想,要坚持系统思维,考虑特定教学模式的要素及其相互关系,取其精华,适当改造,将其融入自己的教学体系。

三、阅读跨学科著作，拓展知识视野

小学语文职前教师不仅要阅读语言学、文学、教育学、心理学等学科的专业书籍，也要阅读与之相关的跨学科著作。《小学教师专业标准（试行）》对小学教师应当掌握的通识性知识也提出了明确要求，包括自然科学知识、人文社会科学知识、中国教育基本情况、艺术欣赏与表现知识、信息技术知识等，为小学教师的拓展阅读提供了参考。

链接标准

具有相应的自然科学和人文社会科学知识。

了解中国教育基本情况。

具有相应的艺术欣赏与表现知识。

具有适应教育内容、教学手段和方法现代化的信息技术知识。

——《小学教师专业标准（试行）》

语文课程是学习国家通用语言文字应用的综合性、实践性课程，所涉及的知识范围较为广泛，并且《语文课程标准（2022年版）》已经设立"跨学科学习"学习任务群，这些都对教师的跨学科素养提出较高要求。为了更好地开展跨学科学习，小学语文职前教师应该有意识地提升自己的跨学科素养，适当涉猎民俗学、现代科学技术、中华优秀传统文化、人工智能等领域的论著，增加知识积累，开阔知识视野。需要指出的是，跨学科阅读不是漫无边际的阅读活动，小学语文职前教师应当围绕专业展开跨学科阅读，采取"由近到远"的阅读策略。

首先，阅读与语文学科关系较为密切的社会科学著作。为了更好解读文本、设计教学，小学语文职前教师应当对哲学、历史、社会学等学科的经典著作都有所了解。例如，在哲学方面，小学语文职前教师可以阅读罗素的《西方哲学史》和冯友兰著《中国哲学简史》，这样对中西方哲学就会有大致的了解；在历史方面，可以阅读袁行霈等主编的《中华文明史》和钱穆著《国史大纲》，这样对中国历史的发展会有更加深入的认识。

其次，适当阅读艺术欣赏与表现方面的书籍，了解艺术欣赏知识，陶冶审美情趣，发展艺术鉴赏能力。例如，阅读朱光潜撰写的《文艺心理学》和李泽厚的《美学三书》，对审美欣赏有更全面认识的同时，提升自身的鉴赏能力。

最后，阅读与小学语文学科有一定关联的自然科学著作。小学语文教师掌握一定的自然科学常识也是有必要的。小学语文职前教师应根据语文课程标准和教材所涉及的学科知识，选择相关的读物来阅读。小学语文职前教师可以多阅读自

然科学方面的科普著作,增加相关学科的知识。这一方面的阅读不要求教师成为专家,了解通识性知识即可。例如,如果想了解现代物理学发展的常识,小学语文职前教师可以阅读《文科物理十五讲》,把握物理学发展的梗概,从而为语文与科学的跨学科教学设计打下基础。

广泛阅读跨学科著作,积累丰富的知识,小学语文职前教师在之后进行教学设计时就能游刃有余,并且容易创新。

四、注重读写结合,提升阅读效益

小学语文教师应该采用科学的阅读方法,加深对文本的理解,提高阅读质量。小学语文职前教师在阅读的过程中,要养成动笔的习惯。作批注、画思维导图、写读书笔记等是比较有效的阅读方法。

(一) 阅读过程作批注,加深对文本的理解

作批注指的是在阅读过程中将自己的感受和认识,用线条、符号或简洁的文字加以标注的方法。它强调读者与作者之间的"对话",有助于读者对文本进行细读,加深对作品的理解,形成读者自己的见解。批注包括旁批和总批,其中旁批是读者在阅读过程中对作品个别语句的批注,总批是读者读完作品一章或一节后所作的批注。批注既可以是对作者观点的概括、推论、引申,也可以是自己的感悟、见解、启示。作批注能够促进高阶思维的发展。作批注不仅在阅读教育书籍的时候可以用,在备课的过程中也可以用。职前教师可以将自己在阅读教材过程中产生的思考和认识写在书上,作为写教案的参考,提升独立解读教材的能力。作批注的好处是职前教师可以随时记下自己的认识,避免阅读时产生的好想法随着时间推移而消逝。

(二) 画思维导图,把握论著结构

画思维导图是将书籍所蕴含的知识直观化和显性化的方法,有助于读者更好地把握作者的思想和认识。专业阅读经常要面对一些有难度的著作,读者对这些著作理解起来较为吃力。职前教师在阅读过程中可以尝试使用画思维导图的方法,厘清作者的论证思路,每读一个章节就画出该部分的思维导图,读完一本书再将各章节的思维导图整合在一起,弄清各部分之间的逻辑关系,要特别注意全书的目录和各级标题,思考它们和具体内容之间的联系及其相互关系。例如,阅读杜威的名著《我们怎样思维——再论反省思维与教学的关系》,可以尝试画思维导图的方法。该书可以分为三个部分:第一部分包括第一章至第四章,主要讨论思维训练的问题;第二部分包括第五章至第十三章,主要进行逻辑的探讨;第三部分包括第十四章至第十九章,主要探讨思维的训练(图 11-1)。针对该书每一部分,读者都

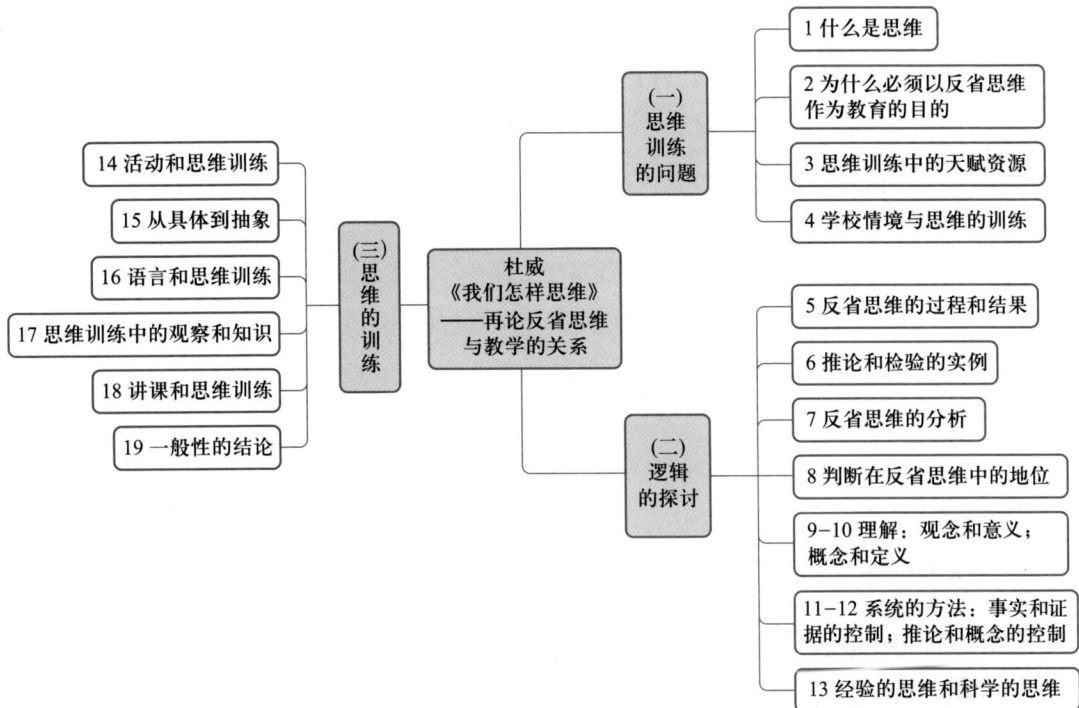

图 11-1　杜威《我们怎样思维——再论反省思维与教学的关系》思维导图

可以画出思维导图,把握不同部分的联系,形成知识网络,从而更好地把握全书的精髓。

(三) 撰写读书笔记,整合阅读所得

对于职前教师来说,写读书笔记是一种有效拓展阅读深度的方法。在阅读本学科的专业书籍和跨学科著作时,除了作批注、画思维导图,职前教师还应及时撰写读书笔记。读书笔记一般包括三个部分:全书提纲、精华摘录和阅读心得。阅读专业书籍,首先要对全书结构有一个整体把握。在做读书笔记时,职前教师要注意摘录书的标题、作者、版本信息、各章标题等,不要遗漏关键信息。对于作品重要的、精彩的内容,可以做适当摘录。这样做一方面可以加深印象,另一方面便于以后查询引用。在摘录的基础上,职前教师可以写下自己的感悟和认识,既可以是对作品的评论,也可以是由作品触发而产生的思考。写阅读心得是对作品进行深加工的过程,是从阅读到写作转换的关键环节,有利于所学知识的迁移运用。

职前阶段的学习对于小学语文教师的专业发展来说是非常重要的。小学语文职前教师应结合专业课程的学习进行基础性阅读,建构认知框架,提升学科素养,为以后的专业发展奠定坚实的基础。

第二节　聚焦指向性阅读，促进教师持续发展

　　小学语文教师在入职之后，需要在工作中不断积累经验，获得专业成长。小学语文教师应结合实际进行指向性阅读，不断提升专业能力，努力成长为骨干教师。指向性阅读指的是根据教育实践中遇到的问题，有针对性地选择读物并指向教学改进的阅读活动。

　　启功先生曾给北京师范大学毕业生写过赠言："入学初识门庭，毕业非同学成，涉世或始今日，立身却在生平。"这段话强调修身和终身学习的重要性，对于小学语文教师的成长来说也是很有启发意义的。

一、围绕专业领域，拓展阅读深度

　　这一时期教师的专业阅读是与教育实践紧密相关的，应立足实践并指向教学问题的解决。根据自身知识结构和教学中的困惑，教师要选择合适的读物，有针对性地阅读，并将阅读所得运用到实践中。

（一）阅读各领域专著，解决实际问题

　　教师入职以后，不能再满足于阅读教育学、心理学、语文课程与教学论等方面的教材，而应更多地关注与小学语文教学相关的专著，增加阅读的深度和广度。

　　首先，关注语文教育实践中儿童身心发展的规律，研读教育学、心理学相关著作。教师应当阅读教育学及心理学领域有影响的著作，更新自己的教育理念，提高对教学的系统认识。教育学方面可以阅读泰勒的《课程与教学的基本原理》、加涅的《学习的条件和教学论》、安德森等人的《学习、教学和评估的分类学》等著作，有助于获得对课程与教学设计更加系统的认识。心理学方面可以阅读埃里克森的《同一性：青少年与危机》、皮亚杰的《儿童心理学》、维果茨基的《思维与语言》等著作，有助于更好地认识儿童的心理特点和发展规律，从而更有效地因材施教。

　　其次，针对新课程背景下语文教学的具体问题，阅读研究语文教学不同领域内容的专著。在职前阶段，师范生对语文课程与教学所涉及的领域会有基本的认识，掌握了语文教学设计的基本技能。在工作之后，教师需要对小学语文教学各领域有更加深入地了解。具体来说，教师应当对不同文体作品的教学有更加细致的把握。不同文体作品有不同的阅读方法，教学也有不同的策略。实用文与文学作品在内容和形式上有

明显的区别,教师应当关注它们在教学上的差异。进一步来看,同为文学作品,寓言、诗歌、散文、小说等文体之间也很多不同,教师在进行教学设计时都要加以区分。

(二) 阅读期刊论文,借鉴他人经验

对于处于职后发展巩固阶段的教师来说,养成阅读教育期刊的习惯是非常重要的。教育期刊上既有教育理论和理念方面的文章,也有指向教学实践的论文和案例,对教师有切实的帮助。

"学然后知不足,教然后知困。"(《礼记·学记》)教师在工作中遇到困难时,可以通过阅读小学语文教学方面的专业期刊开阔视野,在思维碰撞中获得解决问题的思路。教育期刊具有不同的类型,体现不同的特色。有的期刊理论性较强,有的期刊则与实践联系较为紧密。同时,期刊评价指标体系也可以为教师提供重要参考。中文社会科学引文索引来源期刊(CSSCI)、北京大学图书馆版核心期刊等相对来说较为权威,其他期刊也有相应的参考价值。

首先,为了解课程改革的理念和动向,教师可以阅读《课程·教材·教法》《中国教育学刊》等刊物。它们属于综合性教育期刊,经常会发表小学语文教学方面体现课程改革方向、具有引领性的文章。其次,为更好地将教育理念应用到实践中,教师可以阅读《语文建设》《中小学教材教学》《教学月刊》等刊物。它们所发表的文章与教材联系紧密,分析较为深入。最后,为不断提升教学设计和实施能力,教师还可以阅读《小学语文》《小学语文教学》《小学语文教师》等刊物。它们所发表的文章与小学教学实践联系紧密,能够提供很多教学内容与方法选择方面的建议。

教师阅读教育期刊应采取切己体察、辩证思考的态度,在了解他人的教育理念和实践的基础上,反思自己的教育行为,思考自己的优点和不足。对于他人的教育经验,不要轻信和盲从,而应综合考虑多种因素,作出恰当的评价。学习借鉴他人的做法,不能照搬,而应根据实际加以改造和灵活运用,融入自己的教学体系。

教师阅读教育期刊,除了获取语文教学方面的理念和经验,也可以学习语文教育论文的写作方法和技巧,为写作教育论文打下基础。学写教育论文首先要从阅读开始,了解相关领域的研究进展,学习优秀论文的写法,发现值得研究的论题。

二、增强问题意识,在反思中成长

小学语文教师的职后发展不仅离不开读书,也和上课、观课、评课紧密联系在一起。小学语文教师要在教学实践的过程中反思,在反思中成长;要做研究型的教师,在持续读书、不断解决实践问题的过程中提升自我。教师的阅读、实践、写作常常是交织在一起的,阅读指向实践问题的解决,同时为写作奠定基础;写作基于对现实问题的反思,也是对阅读成果的创造性运用。

链接标准

　　语文教师要勇于面对课程实施过程中遇到的新问题和新挑战,紧紧围绕课程标准实施和教材使用过程中出现的突出问题,立足学情,因地制宜,以研究的态度探索问题的解决办法,提高教学研究水平。要注意收集、借鉴优秀课例,在观摩和反思中增强自己的实践智慧,提高教学能力。

——《义务教育语文课程标准(2022 年版)》

(一) 读书与课堂观察相结合,不断提升专业素养

　　在一线教学实践中,教师的阅读往往是和课堂观察活动联系在一起的。教师阅读了书籍和文章,获取了某种知识和方法之后,往往要将其运用到课堂教学当中。而对教学效果的评判,则要通过专业的课堂观察来实现。在课堂观察的基础上,教师把握知识在应用中的问题,了解自己的优点和不足,并进一步通过读书来提升素养。

　　近年来,很多学者都提出新的听评课方式。华东师范大学崔允漷等人倡导的课堂观察的 LICC(learning,instruction,curriculum,culture)模式,是一种具有代表性的听评课方式。所谓课堂观察,"就是通过观察对课堂的运行状况进行记录、分析和研究,并在此基础上谋求学生课堂学习的改善、促进教师发展的专业活动"[1]。借鉴这一课堂观察理论架构,教师可以设计语文学科的课堂观察模式。

　　语文课堂观察具有一般课堂观察的共性,也具有语文学科的特点。相对于其他学科来说,语文学科具有一些鲜明的特点,如课程目标的概括性、教学内容的多样性、与学生思想情感联系紧密等,这使得语文课堂观察有自己特别的关注点。

　　首先,观察教学内容和教学方法并重,全面认识与评价课堂。当代语文课堂教学内容存在的一个突出问题是随意性较大,教师对教学内容的科学性缺乏学理审议。为了提高语文教学内容的科学性、合理性,我们主张从教学内容和教学方法的角度观课、评课。

　　教学方法不能脱离内容。杜威认为:"方法就是安排教材,使教材得到最有效的利用。""方法就是使教材达到各种目的的有指导的运动。"[2] 从他的话中我们可以看出,方法绝对不能脱离教材,脱离教材的方法往往是不合适的。比如说,品味形象是诗歌教学的有效方法,可是如果用来教一般性的说明文就不妥当了。教学

---

①　沈毅,崔允漷.课堂观察:走向专业的听评课[M].上海:华东师范大学出版社,2008:74.

②　杜威.民主主义与教育[M].王承绪,译.北京:人民教育出版社,2001:181.

是一种特殊的认识活动,是教师指导下的学生学习,在学生和教材之间有教师这样一个中介,教师除了指导学生用正确的方法来阅读教材,还应采用种种办法让学生与文本接触,深入文本,学得知识与技能。

在教学内容基本确定的前提下,"怎么教"要重点考虑学生的情况,不同班级学生总体情况不同,班内还有个体差异,更为重要的是,学生情况在课堂上是动态变化的,这就为教学方法的选择提供了极大的空间。在教学内容确定的前提下,教学方法还有更多的选择。上每节课之前,教师首先要设计教学内容,虽然说有些是教学过程中生成的,但教师之前必须有预设。在设计教学内容的时候,必须同时考虑教学方法,这就需要教师细致考虑教材内容、学生整体水平与个体差异等因素,合理选择教学方法。语文教学内容和语文教学方法有密切的联系,但是前者并不必然决定后者,语文教学方法有一定的独立性;教学设计既要考虑教学内容的合理性,又要考虑教学方法的适切性。从观课的角度来说,教师可以侧重一个方面,但不能忽视另外一个方面。

其次,进行语文课堂观察,不仅要关注结果性目标的实现,也要观察表现性目标的落实。语文课程标准里不仅有结果性目标,也有表现性目标。结果性目标大多属于知识、能力、方法维度的目标,容易观察,而表现性目标多属于情感、态度、价值观方面的目标,不太容易考查,而后一类目标对语文学科来说非常重要。观课教师要特别关注这一类目标,关注语文学习过程。

再次,要重视对课堂进行"连续性观察"。评价一节课的"好"与"不好",仅凭一次观察是不够的,还应将它放置在前一堂课与后一堂课、前一周与后一周乃至前一学期与后一学期的关系之中。这并不意味着观课教师要观察一位教师的所有课,而是要了解教学内容的前后联系,站在全局的角度考查一节课的合理性。进行语文课堂观察,要关注学生实际所得到的学习经验。教是为了帮助学生学,最终也要落实到学生的学习上。观察课堂不能仅仅关注学生说了什么、做了什么、写了什么,还要考查语文学习的实际效果。仅仅观察学生在课堂上的表现,还不能完全看出学生的发展。对学生学习经验的了解,应该"前伸后延",在上课前,观课教师就应该通过一定的观察工具了解学生相关学习经验,在一节课结束之后,还应通过作业、检测等手段了解学生的知识掌握情况。

课堂观察对授课教师和观课教师的专业发展都会起到促进作用。对于授课教师来说,多维度展示课堂教学,听取他人建议,能确切了解自身的优点和不足,从而更好地提高专业技能。对于观课教师来说,可以通过细致观察学习授课教师的长处,发现授课教师的不足,反思自我,在以后的教学中扬长避短。

教师在课堂观察活动中发现了问题,可以更有针对性地开展专业阅读活动。例如,教师发现自己教学解读不够细致和深入,可以进一步文本解读方面的论著,如《名作细读》；不太善于创设情境，可以阅读《李吉林与情境教育》；在作文教学方面存在困惑，可以阅读《丁有宽与读写导练》；对"双减"政策背景下作业布置和批改不太有把握，可以阅读作业研究方面的著作，如《作业设计：基于学生心理机制的学习反馈》。这样的阅读与实践紧密联系，指向性较强，教师的收获也会更大。

课堂观察与读书相结合，可以有效促进教师的专业成长，提高教师从事教育科研的能力。为了进行规范的课堂观察，教师需要阅读课堂观察方面的专著，获取最新的观察评价理念。教师在听评课的过程中，需要设计量表、交流探讨、分析总结，开展一系列活动，加深对课堂教学的认识，为科研积累资料。教师针对在观察中发现的问题，进一步阅读，深入思考，就有可能写出较为扎实的教育论文。

(二) 带着问题读书，在反思中改进

反思在小学语文教师的专业成长中发挥着重要的作用。《教师教育课程标准(试行)》指出："教师是反思性实践者，在研究自身经验和改进教育教学行为的过程中实现专业发展。"只有勤于反思、不断反思，教师才能够更快地成长。

在职后发展巩固阶段，教师的专业阅读往往是和教学反思结合在一起的，二者是一种相互促进的关系。教师通过专业阅读获取的知识与技能，可以在工作中加以运用，改善教学效果；在工作中遇到的问题，又可以通过阅读来获得启发，找到解决的办法。那么，此时教师的阅读更多是一种指向性阅读，根据自身的需求来选择阅读对象，获得启示，并在实践中加以验证。

1. 合理选择反思的角度，获得解决问题的思路

教学反思可以分为不同的类型。根据反思的性质和内容，教学反思可以分为直觉感受型、感性体验型、理性批判型和理论研究型，分别对应起步型教师、适应型教师、成熟型教师和专家型教师。[①]教学反思的内容包括教材内容、教学技能、教学内容、教学策略，也可以涉及教学理念和教学艺术。当然，这种区分是相对的，教师可以侧重某些内容进行反思，不必拘泥于特定内容。

教师在教学实践中经常会遇到问题，这时就需要及时进行反思。首先是对教学中的困惑进行描述、概括，将问题聚焦，从教学技能、教学方法、教学艺术、教学理论等角度进行反思。在部分情况下，教师的反思以及与同事的交流未必能解决问题，这时教师就可以带着实践中的问题去读书，找到适合的书籍，深入研读，从而获得解决问题的思路。

2. 注重系统探究，加深对教学现象背后深层理论的认识

根据反思的深度，教学反思可以分为点式总结和系统探究。点式总结是以某

悄悄地长大
(薛法根)

一个小学教师的专业成长编年史(朱煜)

寻一条通往远方的路(魏瑜)

---

① 步进. 中学语文教师课堂教学反思的类型[J]. 中国教育学刊,2009(9):79-81.

个主题而非明确的问题为对象,用较为概括性的语言来描述各种教学现象及其之间的关系,主要形成的是对现象的表层而非背后深层理论的认识。系统探究就是围绕具体问题,详细地探究相关事件的现状、发生的前因以及导致的后果,揭示背后的主观理论。①

小学语文教师的教学反思一般是从点式总结开始的,随着经验的积累和认识的深入,逐渐过渡到系统探究。李海林提出的教师读书五步法,操作性很强,可供参考。它的具体程序是这样的:在身边找问题;带着问题去读书;在读书过程中获取某种观点、立场和方法;运用这种观点立场和方法来反思;在反思中改善行动。②教师的阅读与问题解决紧密结合,能够提高其阅读的积极性,在提升自身素养的同时改善教学效果。

3. 注重反思与重构,寻找解决问题的方案

小学语文教师在反思的过程中,可以从行动理论的视角进一步审视自己的教学活动。在行动理论看来,人同时拥有"宣称理论"和"使用理论"。宣称理论是教师所相信的,在行动中将会遵从的理论,它存在于教师的意识层面,容易随外界的影响而改变;使用理论存在于教师行为中,是实际上缔造着教师行动的理论,它往往以缄默知识的形式,存在于教师的无意识层面。

在反思的过程中,教师需要围绕所讨论的主题,去澄清自己做了什么,这样做的结果是什么,自己为什么这样做,希望自己如何做等问题。也就是说,教师需要通过探究行动理论中各个要素的意义,以及要素之间的关系,来揭示自己行动的逻辑,寻找改善教学的可能方案。③为了更好地认识和改进自己的教学行为,教师可以研读与教学活动相关的论著及案例,透过现象看本质,在反思和重构中提升教学品质。

应当指出,教师的教学反思不是一次性完成的,而是持续进行的,呈现螺旋式上升的状态。这一次教学反思的终点就是下一次教学反思的起点。随着教学反思的持续进行,教师对教学问题的认识会不断深化,逐渐形成自己的教育思想。在这一过程中,专业阅读也是伴随始终的。教学反思推动教师进行专业阅读,而专业阅读又进一步促进教学反思的深化。

三、注重阅读分享与写作,促进共同成长

对于职业发展巩固阶段的教师来说,不仅要上好课,而且要结合实际开展语

---

① 赵明仁,黄显华. 从教学反思的过程看教师专业成长:基于新课程实施中 4 位老师的个案研究[J].教育研究与实验,2007(4):37-42.

② 王荣生.语文教师专业发展十四讲[M].上海:华东师范大学出版社,2015:71.

③ 赵明仁,黄显华. 从教学反思的过程看教师专业成长:基于新课程实施中 4 位老师的个案研究[M].教育研究与实验,2007(4):37-42.

文教研活动。教师的专业发展除了需要自身的勤奋、努力之外，也需要依靠集体的力量。教育家朱永新倡导组建专业发展共同体，并将其称为"站在集体的肩膀上飞翔"。

（一）依托专业发展共同体，进行阅读和教研

教师应加入阅读共同体，在交流中成长。为了更有效地进行专业阅读，参与读书会是一种非常有效的方式。教师读书会在本质上是专业学习共同体，是教师专业发展的助推器。教师的阅读是知行合一的，"读书会的阅读要与教育教学实践打通，不要成为屠龙之技。读书是为了促进教师专业成长，参加者要带着实践中的困惑去阅读，通过阅读去反思和破解教育教学中的难题"[1]。只有与教学实践紧密结合，读书会才容易坚持下来并落到实处。读书会能够督促教师读书，使教师在规定的时间内读完相关著作，获得有益启示。教师可以根据学校和自身实际，参与线上、线下多种形式的读书会，在阅读和分享的过程中实现自身的成长。

链接标准

学校要充分重视并不断加强语文教研组建设，以教研组为依托，结合学校情况和学科发展趋势，围绕语文课程内容的选择、教学活动的组织、学习任务群的设计和实施等关键问题开展教学研究，落实课程标准要求，推动语文教学变革。要根据教师的研究兴趣和专长，组建形式多样的校本教研共同体，有计划地开展主题式校本教研活动，提高教研品质，促进教师发展。

——《义务教育语文课程标准（2022年版）》

教师还应依托备课组、教研组建设教学研究共同体，促进自身的专业发展。教师的专业发展离不开听课、评课，需要结合课例反思教学经验，在交流中获得提升。教师应当有意识地加入教学研究共同体，开展规范的课堂观察，促进自己和同伴的专业成长。为了更好地开展教研，教师应当阅读课堂改进、教育科研方面的书籍和论文，了解教师专业发展的最新研究成果。除了校本教研，教师也要积极参与校外教学观摩、研讨会等教学研讨活动，提升专业素养。

（二）撰写教育随笔和教育论文，提炼教学成果

坚持教育写作，对处于职后发展巩固阶段的小学语文教师来说非常重要。写作能够帮助教师更快地成长，是从普通教师成长为骨干教师的关键。

① 郝晓东．教师成长力：专业素养发展图谱［M］．上海：华东师范大学出版社，2022：66-67.

教育写作可以分为两种:一种是教育随笔;另一种是教育论文。教育随笔是教师在日常教学生活中随时记下的文字,包括对教育生活的记录和自己的思考,具体形式有教师在教案末尾所写的教学后记、教育日记、教学随感等。它的特点是与教师日常教学生活联系紧密,切入点小,较为灵活。李镇西提倡教师每天做好"五个一工程":上好一堂语文课、找一位学生谈心或书面交流、思考一个教育或社会问题、读书不少于一万字、写一篇教育日记。在每天的教学工作中坚持读写,时间长了,自然会有不小的收获。

教育论文是较为系统和严密地反映教师教育经验及思想的文章,是教师教学探索成果的集中体现。它具有较强的理论性,并且要求有所创新。在写作教育论文时,教师不仅要对自己的教育实践和观念进行反思,而且要广泛阅读相关领域的著作和论文,了解研究进展,找到创新点,避免做重复研究。教育论文是在教师平时实践和思考的基础上写出来的,与教育随笔存在一定的关联。只有平时勤于动笔,不断反思,才能够写出高质量的教育论文。

在职后发展巩固阶段,小学语文教师应结合工作实际,开展指向性阅读,注重反思与教研,坚持教育写作,这样就能更快地成长,在学校及所在地区发挥更大的作用。

第三节 着力批判性阅读,实现专业成长跨越

小学语文教师在成长为骨干教师之后,仍然需要不断学习,提升自我。处于成熟创新阶段的教师应坚持批判性阅读,对自己的教学实践进行系统性思考,提炼教学特色,形成教学风格,努力成长为卓越教师。

批判性阅读是借助批判性思维的基本原理、策略与技能开展的阅读活动,以阅读主体的能动性、阅读过程的对话性和阅读意义的建构性为核心特征。[①]它强调在阅读思考的基础上形成独立见解,对教师的专业成长是非常有价值的。

一、重新审视经典,促进二次成长

小学语文教师在熟练掌握教学技能的基础上,需要采用批判性阅读的方式,继续进行专业阅读,重新审视教育经典论著,获得更深刻的认识,同时对自己的教育经验进行总结提炼,实现成长跨越。

---

① 欧阳林.批判性思维与中学语文阅读教学[M].北京:中国人民大学出版社,2019:33-35.

（一）不断挑战自我，实现成长蜕变

成为卓越教师至少需要经历两次专业成长。第一次专业成长是在职后发展巩固阶段，这一时期教师聚焦指向性阅读，进行反思性实践，经过较长时间的努力，逐渐成长为骨干教师。第二次专业成长是在成熟创新阶段，着力批判性阅读，形成教学风格，不断突破自我，蜕变为卓越教师。教师需要在实践的同时进行广泛的阅读，提升理论素养，注重教学经验的总结和提炼，形成自己的教学风格。

教师在步入教师岗位五年左右，一般会经历第一次专业成长，由新手教师逐渐成长为骨干教师。教师进入第一次成长期的主要标志有：熟悉教材，掌握基本的教学步骤与方法，比较关注学生，有与同伴合作的强烈愿望，开始追求学生的考试成绩。教师在工作中不断积累经验，将所学理论与实践相结合，提升自己的教学能力，获得实践智慧。

在成为骨干教师若干年之后，很多教师的成长陷入停滞，进入高原期。这一时期的标志有：第一，感觉到自己很难像前一个时期那样快速成长；第二，能够保持中等状态的教学效果，但再怎么努力也没有明显的提高；第三，工作内容和范围长期没有变化，自己也不知道还有什么事情可以做；第四，发现自己从同伴那里再也不能学到更多的东西，觉得同伴懂的，自己基本也懂了；第五，工作热情明显下降，但也能维持基本的工作状态；第六，开始关心教学理论，但没有哪一种理论能完全说服自己，觉得这些理论都与自己的切身感受不一样。

为了走出高原期，教师需要寻求突破。经过一段时期的探索，很多教师身上会发生一些变化，进入第二次成长期。这一时期的主要表现有：转移关注点，开始有一些新的、更高层次的事情进入自己的视野；开始对某一种理论有热情，甚至成为某种理论的追随者；非常注意对自己教育教学资料的搜集；对一些固定的东西可能有一些不满意了；开始怀疑自己的一些信念；等等。[①]

小学语文教师第二次专业成长的主要方式是理论指导下的反思性实践。教师需要进一步阅读学科专业书籍，借助理论来反思自己的教育实践，为自己的教学活动找到依据，梳理自己积累的课程与教学资料，审视自我教育经验，概括教育特色。同时，教师可以利用参加培训会、研讨会等活动的机会，在专家的帮助下提炼自己的教育思想。在总结反思的基础上，撰写教育论著，全面呈现自己的教育实践和理论。

总之，在成长为卓越教师的道路上，批判性阅读是提升自我的重要活动，交流研讨是锤炼教育思想的必要环节，撰写论著是关键的一步。

---

① 王荣生.语文教师专业发展十四讲[M].上海:华东师范大学出版社,2015:63-67.

(二) 进行批判性阅读,形成个人见解

在成为骨干教师以后,教师需要继续采取批判性阅读的方式读书。批判性思维是理性的探究和实证的过程。它由理智品质和高阶思维能力构成。具体来说,理智品质包括求真、谦虚、谨慎、客观、公正、反省、开放等,高阶思维能力包括阐明、辨析、分析、推理、判断和发展。[①] 把握了批判性思维的特质,就能更好地开展批判性阅读活动。

批判性阅读是一种积极的阅读活动,强调在阅读过程中的自我意识和自我控制,将个体的知识积累和经验融入阅读过程,通过阅读过程中的主体参与,独立探究,反思质疑,分析与评价,对文章和作者形成自己的观点和看法,从而实现意义上的建构。[②] 采取这样的阅读方式,教师对专业书籍会有不一样的认识,获得更多的启发。

成为骨干教师以后,教师已经积累了较为丰富的经验,继续实践可能只是重复自己的经验。在这种情况下,教师特别需要采取批判性阅读的方式阅读理论书籍,用理论来剖析自己的教学,提炼自己的教学特色。理论能够为教师提供分析的框架,提供解释教学现象的工具。教师不再是被动地应用理论,而是结合实践对教学理论进行反思,进而提出自己的见解,将教学理论进一步具体化。

采取批判性阅读的方式,进一步研读名师实践类书籍,不是简单接受,而是分析名师的教学思想是如何形成的,获得提炼教学经验的路径,并进行评价。以往学习更多是为了接受,现在则是为了形成自己的教学风格。例如,阅读《窦桂梅与主题教学》一书时,教师要思考主题教学理论背后的依据,梳理主题教学思想发展的历程,考虑它的教学程序和实现条件,从而获得概括教学模式方面的启示。

在成熟创新阶段,教师不论阅读哪一类书籍,都应采取批判性阅读的方式,注重辩证分析、迁移应用,加深对自身教育实践的认识。

二、注重总结审思,形成教学思想

成为骨干教师以后,教师有了较多的教学经验,需要在总结、回顾、审视的过程中逐渐提炼自己的教学特色。同时,还需要加强对教育理论的研习,形成自己的教育思想。

(一) 依据教学模型,提炼教学特色

如果想在专业领域有更大的发展,骨干教师就应提炼自己的教学特色,形成自

---

① 董毓.批判性思维十讲:从探究实证到开放创造[M].上海:上海教育出版社,2019:6.
② 欧阳林.批判性思维与中学语文阅读教学[M].北京:中国人民大学出版社,2019:34.

己的教学风格。提炼教学特色的路径是多样的,包括:

首先,教师应对自己积累的教育资料进行梳理和反思,整合信息。在长期的教学工作中,教师一般都积累了大量的教案、教学实录、学生作业、教育随笔、教育论文等资料。为了发现自己的教学特色,教师就需要对这些资料进行反复阅读、思考,找出自己教学有特色的地方,提炼关键词,形成初步的教育主张。

其次,教师需要进一步阅读教学理论著作,找到理论与实践的契合点,发现自己的创新点。教师在梳理、反思经验的基础上,重新阅读教育理论著作,找到理论依据,对自己的教学主张进行论证。教师需要进一步思考,相比于前人和同时代人的教育思想,自己的教育思想的独特之处。通过阅读、论证,教师进一步提炼自己的教育思想。

最后,教师需将提炼出的教育思想应用到实践中,进行验证。教师提炼出自己的教学思想,形成分析框架。为了验证分析框架的有效性,教师可以将它用来分析他人的教学经验,修正自己的教育思想,在验证的基础上,进一步优化表达,形成理论。

有学者建构了骨干教师专业成长的“金字塔”模型,该模型包括教师专业成长的四种核心能力:整合信息,“我是这样做的”;形成解释,“我为什么这样做”;作出评价,“我为什么这样想”;建立联系,“我认为我应该这样做”。这四种核心能力分别关涉关键事件、教学规律、理论视角、教学信念等条件因素。[①] 小学语文骨干教师可以依据这一模型来提炼教学特色,形成教学思想。

(二) 注重理论研习,形成教学思想

教师在提炼教学特色的过程中,理论指导下的实践反思具有非常重要的作用。骨干教师具有丰富的教学经验,但受限于理论素养和自身视野,往往难以将自己的经验上升到理论层面。在这种情况下,除了教育实践和反思,加强理论研习是非常有必要的。利用参加培训、研讨会等活动的机会,向专家请教、与同侪交流也是非常有效的提升自我的路径。

于永正在语文教育求索过程中,注重反思,同时注重理论研习,最终形成了自己的教育思想和教学风格。他刚教语文时,主要“跟着感觉走”——觉得应该教什么就教什么,觉得应该怎样教就怎样教。在起始阶段的探索过程中,他认识到培养习惯的重要性:教育的最大成功,是让学生有学习兴趣、有理想、有追求,并养成良好的学习习惯(包括思考习惯)。从 20 世纪 70 年代末到 90 年代末,于永正持续进行语文教学探索,并得到张庆及其徐州团队的指导和帮助,对语文教学的认识发生

---

① 吴欣歆.“金字塔”模型:破译骨干教师专业成长的“密码”[J].中小学管理,2015(7):40-43.

了质的变化。他上了大量的课，但不再"跟着感觉走"，而是"跟着理念和思考走"。他提出"五重教学"的主张，形成以"简约"为特色的教学风格。"五重教学"指的是重情趣、重感悟、重积累、重迁移、重习惯。"简约"主要指的是操作层面的一种哲学思考和方法，具体来说包括教学目标简约、教学内容简要、教学过程简洁、教学方式简练、教学作业简化。[①]于永正在探索和反思的基础形成了自己的教学思想和教学风格，在全国产生了较大的影响。

三、进行深度研究，促进成果转化

在教师专业发展的成熟创新阶段，教师应对自身经验有系统性反思，形成自己的教育思想。有学者指出，教师的专业成长具有个体认同、自我养成和自主生发的内在逻辑法则，教师专业成长更应该尊重教师个体、回归教师本位、关注各种内生因素的联动与互动。为了成长为卓越教师，教师要特别注重自主生发：一是更加注重生成自我；二是能在实践中生成有意义的问题；三是能不断生成教育智慧。[②]这也是对处于成熟创新阶段教师提出的更高要求。

（一）开展基于教育实践的专题研究

对于小学语文骨干教师来说，开展规范的课题研究是专业发展的重要方式。开展课题研究，有助于教师将教学理论与实践更好地结合起来，提炼教学成果，推进教学创新。

首先，教师要选择合适的研究题目。教师应具有明确的问题意识，针对教育教学实践问题展开研究：选题应具有新意，体现课程与教学改革的新理念，例如新版语文课程标准的实施、语文教材的使用等；要了解所选题目研究进展，建立坐标系，明确选题在当前研究中的位置；最好有一定的前期积累，包括论文、课例、教学反思等；所选题目切口要小，拓展要深。

其次，教师要广泛查阅资料，把握研究进展。查阅资料不仅有助于写作开题报告，而且有助于研究的拓展和深化。对于研究相关的论文和著作，教师要努力做到"穷尽式搜罗"，充分占有资料，借鉴他人成果；同时，要分析不同成果的研究层次和水平，多关注核心期刊论文，选择有参考价值的文献。

再次，教师要写好开题报告。教师应写清楚研究目的和意义，研究思路要清楚，逻辑要合理；做好文献综述，提取主要观点，分类呈现，并作出评述，特别注意分析已有研究的优点和不足；还应提炼好研究的创新点，创新点不要太多，一般不超过

为儿童快乐学习的情境教学（李吉林）

任务驱动下的专业成长（吴超）

静水流深处彩蝶翩飞时：新时代教师的专业发展与自我修炼（唐静）

---

① 于永正．于永正：我教语文［J］．江苏教育，2011（7）：19—22.
② 洪早清．教师专业成长：认同、养成、生发［J］．课程．教材．教法，2013，33（12）：99—105.

三个,明确所做研究的价值和特色。

最后,教师扎实推进研究课题的实施。教师应充分阅读资料,选择恰当的理论支撑,注意所选理论与自己研究的契合性;注意对研究过程做好记录,留下各类资料;借助现代信息技术,做好调查和访谈,可以借助问卷网站、移动通信工具等进行调研,及时对调研结果进行分析;扎实开展教学实验,进行前后比较;组建研究共同体,互助提高;做好成果的梳理和提炼,对教学成果进行总结和概括,既要有理论高度,也要有实践支撑。

(二) 撰写个人专著,形成教学风格

对于卓越教师的成长来说,撰写专著是比较关键的环节。专著是对教师教学经验和思想的系统总结,是教师专业发展成果的集中体现。

教师应当对自己的教学经验进行深入反思,提炼区别于其他教师的教学特色,找到属于自己的符号。教师的专著是在实践的基础上形成的,是对个人教育思想的系统总结。

应当指出,基础教育一线教师的专著和大学教师、科研机构研究人员的专著具有明显的不同,具有鲜明的理论联系实际的特色。它既可以表达教师的教育思想和教育理念,也可以收录教育随笔、教案、教学设计等内容。它反映教师探索的理论成果和实践性知识,体现教师的实践智慧。这种鲜明的实践品格,恰恰是很多学院派著作所不具备的,因而也是非常宝贵的。例如,李吉林的专著《李吉林与情境教育》包含五部分内容,分别是"成长的故事""我心中的儿童教育""我和学生在课堂里""思想索引""权威评价"。其中"成长的故事""我和学生在课堂里"属于教育随笔和课例,其他三部分呈现作者的情境教育思想及相关评价。再如,丁有宽的专著《丁有宽与读写导练》包括四部分内容,分别是"成长历程""读写结合训练法十三篇""读写结合教学导练教案""社会影响",其中"成长历程"和"读写结合教学导练教案"是教育随笔和课例,其他两部分呈现作者读写导练训练法的内容和社会影响。这样的著作理论与实践紧密结合,能够给教师带来多方面的启示。

在我们所生活的数字化时代,小学语文教师是需要终身学习的职业。钱梦龙曾用八句古诗来形容语文教师成长的四种境界,非常贴切:"不言春作苦,常恐负所怀"对应实践操作层面,"却顾所来径,苍苍横翠微"形容经验积累层面,"欲穷千里目,更上一层楼"形容理论探索层面,"行到水穷处,坐看云起时"对应形成风格层面。小学语文教师就是在阅读、教学、反思、写作交织的过程中不断成长的。

从职前准备阶段到职后发展巩固阶段及成熟创新阶段,小学语文教师应将专业阅读作为职业生活的重要组成部分,综合运用基础性阅读、指向性阅读、批判性阅读等多种阅读方式,优化专业实践,提升综合素养,实现专业发展理想。

情境实践练习

1. 研读《义务教育语文课程标准(2022年版)》,了解课程标准对教师专业阅读和教研活动的要求,并与同学交流。

2. 阅读《李吉林与情境教育》,概括李吉林情境教育思想的形成历程,并谈谈启示。

3. 阅读一位当代小学语文教学名师的著作,分析专业阅读在该教师专业发展中的作用。

文献摘要

[1] 吴欣歆. 以专业学习实现终身成长:《义务教育语文课程标准(2022年版)》倡导的教师发展观[J]. 语文建设,2022(5):12-15.

摘要:时代发展对语文教学提出了新的要求,对教师的专业发展也提出了新的挑战。该文指出,正确理解并树立《义务教育语文课程标准(2022年版)》倡导的教师发展观,需要认识到专业发展是教师生命历程的重要组成部分,统整自主学习、教研活动和教师培训三种专业支援方式,借助专业阅读稳固专业基础,依托研究过程形成思想方法,基于对照反思实现认知升级,形成系统思维、问题导向和实践探索意识。

[2] 王婷,孙涛. 优秀小学语文教师专业成长的叙事研究[J]. 中小学教师培训,2021(5):22-26.

摘要:在新的历史时期,教师专业素质对教育质量的影响越来越大。该文采用叙事研究的方法,以已从事语文教学工作12年的W老师为研究对象,分析其专业成长各阶段的特征及影响因素。该文认为:职前教育是实现语文教师专业成长的前提,应扎实建构学理体系,丰富语文学科素养,优化整合教学内容,强化语文实践能力;职后教育是促进语文教师专业成长的关键,应坚定教育热情,提高自我发展意识,聚焦前沿与时俱进,观摩优课守正创新,创设合作交流平台,完善教师帮扶制度。

读者意见反馈

为收集对教材的意见建议，进一步完善教材编写并做好服务工作，读者可将对本教材的意见建议通过如下渠道反馈至我社。

咨询电话　400-810-0598
反馈邮箱　gjdzfwb@pub.hep.cn
通信地址　北京市朝阳区惠新东街 4 号富盛大厦 1 座
　　　　　高等教育出版社总编辑办公室
邮政编码　100029